일본 대중문예의 시원,

에도희작과 짓펜샤 잇쿠

2013년도
대한민국학술원 선정

우수학술도서

이 도서는 교육부의 지원으로
대한민국학술원에서 선정한
"2013년도 우수학술도서"임

지은이 강지현(康志賢, Kang Ji-Hyun)은 1991년 제주대 일문과 학사졸업 후 한국외대 일본어과 석사 취득, 일본문부성 국비유학생으로서 九州大學 국문학전공 석·박사학위를 취득하였다. 일본학술진흥회 특별연구원으로 초빙 받아 東京大學 종합문화연구과 객원연구원, 国際日本文化研究센터의 초빙을 받아 외국인연구원으로 근무하였다. 2000년 2월 여수대학교 부임 후 현재 전남대 국제학부 교수로 재직 중이다. 일본 및 한국에서 40편 이상의 논문을 발표하였고, 저서『근세일본의 대중문학, 에도희작과 짓펜샤잇쿠 연구』, 번역서『근세일본의 대중소설가, 짓펜샤 잇쿠 작품선집』이 있다.

일본 대중문예의 시원, 에도희작과 짓펜샤 잇쿠

1판 1쇄 발행 2012년 4월 25일 **1판 2쇄 발행** 2013년 8월 31일

지은이 강지현 **펴낸이** 박성모 **펴낸곳** 소명출판 **출판등록** 제13-522호

주소 서울시 서초구 서초동 1621-18 란빌딩 1층

전화 02-585-7840 **팩스** 02-585-7848 **전자우편** somyong@korea.com **홈페이지** www.somyong.co.kr

ISBN 978-89-5626-695-4 93910

값 30,000원

ⓒ 강지현, 2012

이 저서는 2008년 정부(교육과학기술부)의 재원으로 한국학술진흥재단의 연구지원을 받아 수행된 연구임
(KRF-2008-812- A00197)

책머리에

　강군이 규슈대학 문학부의 내 연구실에 문부성 국비유학생으로서 입실한 것은, 1990년대 초반 무렵이었던 걸로 기억된다. 그것도 한참 동안은 연구생활과 투병생활이라는 이중의 압박감 속에서 불안한 심경의 나날을 보냈으리라.

　이윽고 연구테마를 결정할 단계에 오자, 짓펜샤 잇쿠와 한국의 골계문학 '흥보전'이라든지 '춘향전'과의 비교연구를 하고 싶다고 했지만, 무엇보다도 '흥보전' '춘향전'과 같은 작품 자체에 대해 내가 전혀 아는 바가 없었으므로, 어쨌든 쓴 것을 보여 달라고 말했다.

　제출된 논문을 보고, 한국의 골계문학이란 것과 잇쿠 작품의 기반을 이루는 골계에 대한 결정적 차이에 대해 놀라움을 금치 못하였다. 요컨대 한국문학사상 비록 골계문학이라고 평가 받는 작품일지라도 분명 그것들은 지식계급 본위의 산물이며, 잇쿠의 작품처럼 현저한 에도적 대중문화라고 하는 것과는 전혀 다른 기질의 문학인 것 같다고 하는 것을 그대로 강군에게 전했다.

그 말을 듣고 완전히 결심이 선 듯 강군의 시점은 잇쿠 작품의 에도적 특성 탐구로 특화해갔다. 이른바 고전문학연구의 왕도를 확실히 밟아나간 것이다.

잇쿠의 작가로서의 가장 큰 특징은 비정상적이라고 할 만큼 방대한 작품수이며, 가령 '국서총목록(国書総目録)'(일본 저작물의 총목록)의 저자별 색인을 보더라도, 오직 혼자서 3페이지 분량을 독점한다고 하는 어마어마한 다작으로 인해, 일본인 연구자가 잇쿠의 전문가가 되는 것을 꺼려하는 최대의 이유인데, 강군의 탐구 자세는 단지 잇쿠 작품의 세밀한 분석에 그치지 않고, 그 대표작 '히자쿠리게'(도보여행기)의 영향 하에 생성된 보다 대중성이 강한 우키요에(풍속화), 쌍륙(주사위판), 연극, 만화, 나아가서는 영화, 텔레비전, 게임 등 가장 현대적인 서브컬처의 영역에까지 이르고 있다. 실로 강군은 이른바 최초의 잇쿠 연구 전문가일 뿐만 아니라, 잇쿠의 존재를 초현대적인 매스미디어로까지 연결할 수 있는, 지금 현재 유일한 잇쿠 연구 전문가라고 해도 과언이 아닐 것이다.

일찍이 병약했던 일개 유학생이 오로지 혼자 힘으로 여기까지에 이르는 대 진전을 이룩한 것에 대해 아낌없이 박수를 보내고 싶다고 생각하는 것은 결코 나 혼자만은 아닐 것이다.

한 도서관의 소장품으로 치면 일본 국내의 어느 도서관보다도 많은 '합권(合巻)'이라고 하는 대중문예의 보고를 다행히 서울대학교 도서관이 갖고 있다. 이 합권은 다작자로서의 잇쿠 최대의 활약의 장이기도 했다. 강군이 잇쿠 해부를 위해 가하는 예리한 메스를 기대할 수 있는 최고의 무대가 뜻밖에 한국 땅에 이미 준비되어 있는 것이다. 최상의 지리적 조건 하에서의 강군의 활약에 한층 기대를 거는 이유이다.

마지막으로 무엇보다 바라마지 않는 것은, 지금은 완전히 건강을 회복한 듯하지만 또 무리를 해서 건강을 해치는 일이 없도록 자중자애하기를.

2011년 9월

규슈대학 명예교수 나카노 미쓰토시(中野三敏)

차례

서장

1. 에도희작(江戸戯作)의 전개와 문학사적 의의

근세 중·후반기(18·19세기)의 소설그룹을 가리키는 문학사상의 용어 중 하나가 '희작'(戯作, 게사쿠)이며, 희작을 집필한 에도 시대 소설가를 '희작 자'(戯作者, 게사쿠샤)라고 부른다. 소설 장르(양식)로는

① 담론본(談義本, 코믹풍자소설)

② 화류소설(洒落本, 유곽을 소재로 손님과 유녀가 노는 모습이라든지 유곽의 풍속 을 그린 회화체 소설)

③ 황표지(黄表紙, 삽화와 문장이 혼연일체가 된 30페이지짜리 그림소설책. 일본 특 유의 넌센스 문학)

④ 합권(合巻, 중·장편그림소설책)

⑤ 골계본(滑稽本, 유머소설)

⑥ 독본(読本, 전기 판타지소설)

⑦ 인정본(人情本, 연애소설)

등이 이에 포함된다.

　문학사적 배경을 간추려 설명하자면, 18세기 중엽에 접어들면서 일본 근세소설문단은 전환기를 맞이하였다. 당대의 세태를 묘사하면서 논의하는 가운데 골계와 풍자를 살린 당기본(談義本)이 성행하게 된 것이다. 당기본은 종래의 와카(和歌)·한시문 등 아(雅)문학에 종사하던 지식인들이 여기(余技)로서 집필하였으므로, 속(俗)문학을 장난삼아 짓는다(戱れに作る)고 하여 '희작'이라는 명칭을 사용하기 시작했다. 당기본은 지식인으로서 사회에 공헌한다는 기치 하에 서민교화를 목표로 하였고, 따라서 쉬운 문장으로 창작하고자 출발하였으나, 점차 문장 표현 그 자체에 흥미를 두는 작품들이 나타나게 되었다.

　이 당기본의 흐름을 이어받아 18세기 말엽에 등장하게 되는 샤레본(洒落本)·전기 곳케이본(滑稽本)·기뵤시(黃表紙)들은, 우스움(오카시미, 可笑しみ)만을 유일한 미의식으로 표방하는 '희작'정신을 확립하기에 이른다. 오로지 웃음(와라이, 笑い)을 위하여 생각해 낼 수 있는 모든 표현기교를 총동원하고, 천착(우가치, 穿ち)이라든지 얼버무림(챠카시, 茶化し)과 같은 발상을, 빗대기(야쓰시, やつし)·비유(미타테, 見立て)와 같은 기법을 구사하면서 전개시켜 나간다.

　그러는 가운데 간세이(寬政)개혁(1787~93)의 바람이 불면서 희작자층의 대폭적인 전환이 이루어진다. 즉 같은 집단 동료, 특히 무사집단(이른바 상류층)에서 형성되었던 희작자층 및 독자층이 상인(町人)중심으로 전환되는 것이다. 이렇게 해서 바야흐로 19세기에 접어들면서 '에도 대중문학시대'가 도래했다고 할 수 있다.

간세이 개혁을 축으로 했을 때, 주로 그 이전에 활약했던 대표적 희작자(전기戱作者)로는 후라이 산진(風來山人)·호세이도 기산지(朋成堂喜三二)·고이카와 하루마치(恋川春町)·오타 남포(太田南畝)를 들 수 있으며, 이후에 활약하는 대표적 희작자(후기戱作者)로는 짓펜샤 잇쿠(十返舍一九)·시키테이 삼바(式亭三馬)·교쿠테이 바킨(曲亭馬琴)·다메나가 슌스이(為永春水)·류테이 다네히코(柳亭種彦)를 들 수 있다. 한편 전기 희작자와 후기 희작자의 중간자적 존재로서 산토 교덴(山東京伝)이 있다.

전기 희작자들은 여가시간을 활용, 취미생활로써 스스로 즐기고자 희작의 붓을 들었다고 한다면, 후기 희작자들은 독자를 즐겁게 하고자 붓을 들었다고 할 수 있다. 따라서 대중오락물로서 일반서민의 갈채를 받고자 온 힘을 기울여 읽히는(=팔리는) 작품 창작에 몰두하였다. 표현·취향·발상의 기묘함을 겨루다보니 사상성은 결핍되었으나, 구어체적 문장을 사용함으로써 보편적·통속적인 도덕과 인정을 묘사 했고, 다양한 언어유희의 발달을 도모하여 일본어의 문학적 표현력을 최대한 발휘하게 했던 '에도희작'은, 세계문학사적으로도 유례를 찾아보기 힘든 특이한 존재·장르이다.

한편 본 연구서에서 상정하는 소설작품들이 '근세 대중문학사'에 있어서 어떠한 장르에 속하는지 다음과 같이 표로 확인할 수 있다.

[도표 1] 희작 문학과 본 연구서의 범위

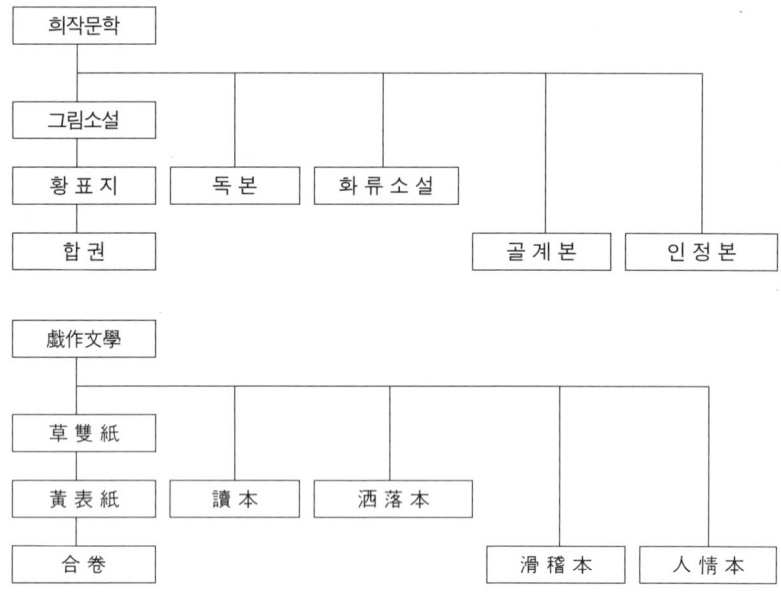

2. 연구동기와 목적－에도희작(江戸戯作)과 짓펜샤 잇쿠(十返舎一九)

① 일본에서는 근세문학이 붐을 일으킨 지 이미 오래지만, 국내의 일본 근세문학 연구계에 있어서는 아직도 가장 미답의 분야가, 웃음을 위한 갖가지 표현 기교를 봉원했던 일본 특유의 이른바 에도희작(江戸戯作)이라고 하는 독특한 소설양식일 것이다. 에도희작에 대한 연구가 부진한 이유는 한국문학사에 이와 대응되는 장르가 없기 때문에 동감하기 힘든 분야라는 점, 이와 더불어 지극히 통속적인 내용이어서 오늘날의 일본인조차 이해하기 힘든 당대의 유행어까지 외국인이 완벽하게 이해해야 한다는 점 등

이 외국인연구자의 기피요소로 작용했기 때문이다. 그러나 그렇기 때문에야 말로 외국인의 모국어에 의한 에도희작에 대한 본격적인 연구서가 필요한 시점에 와 있다고 할 수 있다. 따라서 일본 특유의 골계(滑稽)정신에 기인하는 진(珍)문학을 **동아시아적 시각**에서 이해할 수 있기를 바라면서, 미약한 저자의 능력으로나마 본 연구서 집필을 결심한 바이다.

저자가 한국인 에도희작 연구자라는 특이한 입장을 최대한 살릴 수 있는 본 연구서는, 세계문학적 특히 동아시아적 시각에서 비교문학을 광범위하게 바라보게 하는 연구방법론까지 제시해 줄 수 있으리라 기대한다. 예를 들면 같은 19세기 초에 한국을 대표하는 해학 문학으로서 널리 읽혀졌던 『홍보전』, 『춘향전』 등과의 비교고찰, 또는 후기샤레본과 기녀등장 방각본소설을 비교문학적 시각에서 고찰하는 것이 가능하리라.

② 희작의 웃음의 특색은 '웃음을 위한 웃음'이다. 이른바, '교훈을 위한 웃음'이 아니라는 점이다. 따라서 작자의 비판정신이라든지 교훈성이 내포되지 않는 희작의 웃음은 종래 일본문학계에서도 그다지 중요시되지 않았다. 그리고 1945년 이후 50년대까지 일본문학에 있어서 '근대'란 무엇인가, 라고 하는 성찰이 전면적으로 행해지면서 이러한 '희작문학(戲作文学)'은 전근대의 유산으로서 간주되기에 이른다. 문학적 근대의 지표를 '자아확립'으로부터 찾을 때 희작문학은 인생관적 가치 면에서 보잘 것 없는 '위안(慰み)의 문학'이라고 하는 부정적 시각으로부터 벗어날 수 없게 된 것이다.

그러나 문학연구란 작품 각각의 흥미로운 개성의 해명에 있다고 생각할 때 애당초 서구에서 창안해 낸 척도(자아확립, 사회비판 등)로만 문학성을 논하고자 하는 태도는, 근본적인 것을 간과할 위험이 있지 않을까. 왜냐하면 일본의 근세희작문학은 정치표면적 쇄국 체제 하에, 외국문화와의 교섭이 비교적 적었던 에도 시대의 산물이므로 일본적 요소가 농후하기 때문이다.

따라서 어떤 작품이 세상의 빛을 보고 어떠한 작용을 했는지 또는 후세까지 문화적 유산으로서 어떠한 영향을 미쳤는지, 라고 하는 점을 탐색하는 데서부터 연구하는 작품의 가치는 자연히 생성된다고 생각한다. 이에 대해서 본 저술서 제1장에서 다루고자 한다.

③ 예술품은 작자를 떠나는 그 순간부터 예술적 가치와는 별도로 화폐나 여타의 물질적 가치로 환산할 수 있는 상품으로서 유통된다. 자본주의적 생산관계가 문화예술의 영역까지 지배하는 근현대사회의 현상이 일본의 경우, 에도 시대(1603~1867)에 이미 성립하였음을 볼 수 있다. '상품으로서의 예술품'이 유통하는 '예술품시장'이 형성된 것이다. 예술품을 거래하는 전문적인 공간(絵草紙屋)이 형성되고, 그 유통에 종사하는 부류들이 출현하였으며, 소설과 그림 역시 판매를 목적으로 하는 상품적 성격을 띠고 제작되는 현상이 벌어졌음을 뜻한다. 이러한 현상은 이전시대에 없었던 것으로 예술사회학에서 주목할 만한 가치와 필요가 있다고 여겨진다.

또한 본 저술서 제1장 2절 3절에서는 문학―고답적인 '문예'―에 편중하는 경향이 있었던 종래의 문학연구로부터 탈피하여, '이미지' 분석을 중심에 두고자 한다. 여기에서 '이미지'라고 하는 것은, 회화로부터 영화·텔레비전·CG에 이르기까지 포섭할 수 있는 확장된 의미에 있어서의 영상현상을 말하며, 따라서 필연적으로 가장 풍요로운 테마영역으로서, 대중문화가 꽃을 피우는 현대의 미디어 공간까지 상정하고 있다.

이와 더불어 이미 에도 시대에 비주얼화상이 흘러넘치는 미디어공간이

곳곳에 형성되고 있었음을 주목하고자 한다. 19세기 전후의 일본미술계를 대표하는 '우키요에(풍속화)'와 문학계를 대표하는 '에도희작'이야말로 당대의 대표적 비주얼장르라고 할 수 있기 때문이다. 이들은 서민문화가 꽃피었던 에도 시대를 고스란히 담고 있는 대중예술인 것이다.

④ 대중소설은 독자들의 현재 관심사를 작품화하므로 당대를 첨단에서 호흡한다. 이것은 대중소설이 갖는 현재성이다. 상품성을 중시하기 때문에 소설구매자인 독자층의 열망을 반영하게 되는 것이다. 오늘날 한일 양국의 고전소설의 전통은 '진지하고 예술적인' 작품들이 아니라, '가볍게' 만들어진 통속소설과 만화, 애니메이션, 게임 따위의 대중문화에서 더 잘 나타난다. 따라서 본 연구서 제1장 3절에서는 전통의 현대적 계승이라는 측면에서 21세기에도 살아 숨쉬는 대중소설이야말로 오히려 진정한 '고전(classic)'이라고 할 수 있다는 점을 강조하게 될 것이다.

한편, 본 저술서의 목차에서 알 수 있는 바와 같이 본 연구는 타 분야와의 소통을 도모한다. 즉 미술, 연극, 만화, 영화와의 소통이다. 저술서 제목을 '대중문학'이 아닌 '대중문예'로 상정한 까닭도 바로 여기에 있다. 또한 에도 시대의 인기상품이 21세기의 인기상품으로까지 계승 발전되는 일본 대중문화의 특이한 현상에 대해서도 고찰하게 되므로, 고전과 현대의 소통을 통한 한국 인문학의 발전방향을 제시할 수 있으리라 기대한다.

⑤ 에도희작의 한 장르인 황표지(黃表紙, 단편 그림소설책)·합권(合卷, 중·장편그림소설책)은 에도 시대의 성인용 코믹만화라고 할 수 있다. 따라서 본서 '제2장 에도 시대 만화책 구사조시(草双紙)의 시각적 읽기'의 연구 결과

가 국내 일본문화 연구자들에게, 일본인의 만화·애니메이션에 대한 열풍과 저력은 어느 날 갑자기 형성된 것이 아니라 에도 시대부터 성행했던 황표지·합권과 같은 에도희작의 전통 속에서 출현한 것이라는 새로운 시각을 확보케 함으로써 문화사적 연구에 활기를 불어 넣어주고, 나아가 전통단절 시각을 보완 비판하는데 일조할 것이다.

더불어 일본인의 만화에 대한 관심이, 서양문물 흡수 이전 에도 시대에 이미 대중적인 그림소설로서 높았었고, 그리하여 근세에서 현대까지 지속, 변형 생성됐다는 문화사적 능력을 배경으로, 오늘날의 문학교육과 디지털사회에서의 효용성을 탐색할 수 있다는 점 또한 피력하게 될 것이다. 즉 본 저술서 테마를 바탕으로 한다면 문학과 타 매체 예술 장르 및 현대 매스미디어와의 연계를 시도할 수 있다.

다시 말하면 일본 대중문예의 始原을 에도 시대의 대표적 대중소설가, 베스트셀러 작가라고 할 수 있는 짓펜샤 잇쿠(十返舍一九) 및 동시대 희작자들을 매개체로 탐색하고자 하는 것이 본 연구서이다. 독특한 일본적 취향이 엿보이는 일본만화 저패니메이션의 저력은 바로 이러한 에도희작의 탄생과 발전, 그리고 현대적 계승에 기인하는 바가 크다는 점을 본 연구서로 인해 수긍하게 되리라 기대한다.

⑥ 일본인은 에토부디 즉 10세기 헤이안 시대부터 문장에 그림을 덧붙이는 것(絵巻物)을 즐겨왔다. 18세기의 황표지와 합권은 이러한 일본적 그림문화 전통에 기반을 둔다. 이야기를 문자로 읽는 것에 만족하지 않고 눈에 보이는 이미지, 표상으로 가상체험하기를 원했던 것이다. 에도 시대의 다양한 장르의 목판본 책자에 삽입되는 삽화들은 대중의 구매의욕을 불러

일으키는 중요한 촉매제 역할을 하였다. 따라서 삽화가 계발되고 발전하면서, 독자의 기호에 맞도록 기발한 그림에 기상천외한 스토리가 맞물리며 앞을 다투어 창작된 것이다.

에도 시대의 황표지·합권·독본, 그리고 현재의 망가(일본만화)·저패니메이션이 예나 지금이나 일본 성인들의 읽을거리·볼거리로 자리 잡게 된 데에는, 이와 같은 뿌리 깊은 문화적 전통이 자리 잡고 있는 것이다.

특히 황표지 본문의 만화적 디자인은 가히 혁신적이라고 할 수 있다. 책을 펼치면 먼저 눈에 들어오는 게 그림이다. 그리고 등장인물 바로 옆에는 지금의 만화처럼 마치 말 풍선인 냥 독특한 기호가 표시된 뒤 대사가 적혀 있다. 지문은 그림 여백 윗부분에 따로 칸을 마련하지 않고 적힌다. 합권·독본의 경우는 지금 만화책에서도 종종 볼 수 있듯이 권두의 처음 몇 페이지를 컬러로 인쇄하기도 하나, 본문은 흑백이다.[1] 거듭 말하지만 이들은 어른들이 즐겼던 장르이다.

황표지의 황당무계한 스토리와 기발한 착상의 삽화, 합권·독본의 파란만장한 스토리와 그로테스크하면서도 강렬한 삽화가 맞물려, 독자들에게 이미지로 각인되는 참신한 그림소설책들을 잉태했다. 일본 대중문예는 에도 시대에 전개된 다양한 시각예술―회작문학뿐만 아니라 가부키·인형극과 같은 무대예술, 회화―속에 그 진수를 발견할 수 있음을 본 연구서를 통하여 확인할 수 있으리라.

---

1 이상 ⑥의 내용은 졸저 「서장」, 『근세일본의 대중소설가, 짓펜샤 잇쿠 작품선집』, 소명출판, 2010, 참조.

⑦ 17・18・19세기에 다른 나라와 달리 일본에서 유달리 그림소설이 발전할 수 있었던 이유로는 '목판본'을 사용했기 때문이라는 기술적 측면을 생각하지 않을 수 없다. 활자판을 주로 사용했던 유럽 또는 중국・한국에서 책자에 그림을 삽입하고자 할 경우, 그림을 새긴 목판과 활자를 조립한 금속판을 함께 나무틀에 집어넣어 같은 페이지에 인쇄하거나, 또는 그림을 음각으로 새긴 금속판과 활자를 양극으로 조립한 금속판을 따로 준비하여 본문과 삽화를 다른 페이지에 인쇄하였다. 어느 경우에든 동일한 목판에 그림과 본문을 같이 새긴 일본의 그림소설책만큼은 삽화와 본문이 밀접한 관계를 맺지 못했으리라는 사실을 짐작할 수 있으리라. 따라서 활자판 책자의 경우 활자 즉 문장이 문학의 주도권을 쥐게 되었고, 그림은 문장을 돕는 보조적 역할인 문자 그대로 '삽화' 기능에 만족해야 했던 것이다.

⑧ 에도 시대의 대표적 대중소설가, 베스트셀러 작가라고 할 수 있는 잇쿠(1765~1831)를 매개체로 하여 근세대중문학의 독특한 일본적 취향을 엿보고자 하는데 본 연구의 중요한 목적이 있음은 앞서 서술한 바와 같다. 그가 평생 동안 출판한 총 작품 수는 580종[2]을 넘으며, 일본 근세기(17~19세기)를 통틀어 교쿠테이 바킨(曲亭馬琴)과 더불어 최다 집필 작자이다. 작품(戱作) 집필만으로 생활을 유지한 일본 최초의 전업 작가이기도 하다. 그럼에도 물구하고 동 시기의 바킨(馬琴)・교덴(山東京伝)에 비하여 작품 내용이 통속적이라는 관념 때문인지 잇쿠는 한국에서 연구 대상으로 전혀 인기가

2　예를 들어 와세다대학이 소장하는 짓펜샤 잇쿠의 작품 147점이 동대학 고전서적종합데이터베이스에 화상과 함께 탑재되어 있음.

없는 작가인 것 같다.

가령, 한국에서 출판된 에도희작 관련 단행본을 2008년 시점에서 찾아보면, 최경국의 일본어박사논문『江戸時代における「見立て」の研究』(J&C, 2005)와, 최관의 번역서『춘색매화달력』(소명출판, 2005) 외에는, '한국어'로 집필된 에도희작 연구서 및 에도희작 번역서는 찾을 수 없다.[3] 한국어로 번역하고 이해하기가 참으로 곤란한 언어유희가 난무하는 장르라는 점이 가장 큰 요인으로 작용하고 있기 때문이리라. 그러나 고전과 현대를 아울러 일본 문학사에서 차지하는 비중을 생각할 때, 희작자 잇쿠는 한국의 일본문학 연구가가 반드시 짚고 넘어가야 할 존재이다.

본 저자 또한 지금까지는 일본학자들에게 읽힐 것을 염두에 두어, 일본어로 작성한 논문은 35여 편에 이르나 한국어 논문은 10여 편에 불과하였다. 이 점을 반성하고 연구 성과의 소통성을 제고하는 측면에서, 한국어로 된 에도희작 연구서를 집필하고자 한다. 이번 연구저서를 계기로 에도희작 용어의 한국어번역을 제시하게 될 것이며, 동시에 한국 인문학과의 내적소통을 도모하는 계기가 될 것이다.

⑨ 일본 측 선행연구를 보면 1926년부터『동해도 도보여행기』에 관한 작품 연구가 이루어졌고, 비교적 최근에는『十返舎一九』(棚橋正博, 新典社, 1999),『十返舎一九研究』(中山尚夫, おうふう, 2002)라는 책자도 발행되었다. 그러나 여전히 그의 전기는 불투명한 점이 많으며, 특히 그의 대표작인

---

3   최근에 필자의 논문집『근세일본의 대중문학, 에도희작과 짓펜샤 잇쿠 연구』(전남대 출판부, 2009)
     와 번역서『근세일본의 대중소설가, 짓펜샤 잇쿠 작품선집』(소명출판, 2010)이 출간되었다.

『동해도 도보여행기』에 관해서는 연구사 초기의 편견에 사로잡혀 그 작품성을 제대로 평가받지 못하고 있는 실정이다. 그 밖에도 잇쿠의 작품은 대부분이 일본에서도 미번각인 일차 자료로서 남아 있으므로 앞으로 번각과 해제라는 기초 작업을 실시할 필요가 있다.

따라서 본 연구저술에서는 우리나라 독자로 하여금 에도희작에 대한 본질적 이해를 바탕으로 고찰내용을 이해하기를 기대하는 측면에서, 제1장 2절 2)《동해도 도보여행기물》주사위판그림(絵双六)의 계승을 통하여,『동해도 도보여행기』축약본이라고도 할 수 있는 미번각 그림주사위판 작품을 선정, 도판 게재와 더불어 한국어로 번각하고 비교 분석하는 작업을 동시에 실시하고자 한다.

제1장
골계소설(滑稽本)의 탄생과 계승

1. 밀리언셀러 탄생 - 『동해도 도보여행기(東海道中膝栗毛)』

1) 저본에 대해

『동해도 도보여행기』[1]는 장편소설인 만큼 그 범위가 방대하다. 즉, 1802년 초편 간행 후, 속편(『續膝栗毛』)으로 이어지면서 1822년까지 쓰여졌기에 그 분량이 광범위하다. 현재 학계에서는 주인공인 야지(彌次), 기타하치(北八)[2]가 여행 출발을 결심하게 되는 과정을 묘사한 발단(1814년 간행)을 덧붙여서, 이하 5편추가 까지를 이세참배(伊勢參宮), 6 · 7편을 교토(京都) 구경, 8편(1809년 간행)을 오사카의 스미요시(大阪 · 住吉) 참배를 묘사한 정편

---

1 작품성립 사정상 작품명은 『浮世道中膝栗毛』 초편 · 『道中膝栗毛』 2, 7편, 발단 · 『東海道中膝栗毛』 3, 4, 5편 · 『膝栗毛』 6, 8편의 변화를 보인다. 본 연구서에서는 『동해도 도보여행기』로 통일한다.

2 『東海道中膝栗毛』 원문에서 이름의 표기는 弥次 · 弥二 · 弥次郎 · 弥次郎兵衛 · 弥次郎兵へ · 北八 · 北 · 喜多 · 喜多八 등 여러 가지로 사용되고 있다. 원문인용 시에는 텍스트에 준하나, 그 밖에는 야지 · 기타하치(弥次 · 北八)로 통일한다.

(正編)으로서 취급하고 있다. 본 저술서에서 『동해도 도보여행기』 텍스트는 특별한 표기가 없는 한, 발단을 포함하여 정편 즉 초편부터 8편까지를 범위로 하는 『東海道中膝栗毛』(나카무라 유키히코(中村幸彦)교정·해설. 일본고전문학전집, 소학관, 1975. 이와 더불어 1995년 재간행된 신편일본고전문학전집『東海道中膝栗毛』를 병용함)를 사용한다.

『동해도 도보여행기』의 판본에는 1802년의 초판본, 1809년의 재각본, 1862년의 개제본『동해도중골계53역』이 있다. 1802년 초편이 나오고 나서 1822년까지 21년에 걸쳐 총 43권이 간행되지만, 도중 초편 등의 판본마멸로 인해 재각 되었던 것이다.

『동해도 도보여행기』 정편의 권수는 '초편(1802) ~8편(1809) + 발단(1814) =18권'과 같이 도식화할 수 있는데, 오늘날 남아있는 『동해도 도보여행기』의 판본은 재판이 대부분으로, 재판인 경우 에도 시대부터 18권 세트로서 발단을 맨 처음 위치에 편집해서 판매하고 있었다. '동해도'에 관한 이야기인 이 18권이 본 저술서의 대상 텍스트, 저본이 되겠다. 한편『속편 도보여행기(續膝栗毛)』는 1810년부터 1822년까지 23권이 발행되어 일단 완결된다. 베스트셀러이면서 롱셀러인 셈이다.

2) 작자의 시선

'골계본'이라는 장르를 확립시켰을 정도로 혁신적인 『동해도 도보여행기』를 집필하기에 이른 작자의 초심을 엿보고자 한다면, 우선 초편의 서문과 범례를 살펴보아야 할 것이다. 작자의 집필방침이 단적으로 나타나 있기 때문이다. 서문을 번역하면 다음과 같다.

하코네 8리를 넘어가는 마부의 평화로운 노동가(長持歌)는 거친 일꾼들의 마음을 부드럽게 하고, 마부노래 "대나무에 참새"의 재미는 쌉쌀한 독주조차 따스하게 한다. 이는 노래의 은덕이라 할 것이다. 마셔라 불러라 즐기면서 도읍으로 올라가는 도중에 짐샀으로 거듭 소란을 피우니, 이를 붓으로 옮기면서 인력꾼이 어영차 가마를 짊어지듯이 적어내린 이 동해도 기행은, 서투른 익살(駄洒落)과 잡담(無駄口)과 입에서 나오는 대로의 수다를, 요즘 값을 올린 숙박료와 같이 2퍼센트 불려서 썼다. 쓰는 김에 교카(狂歌)도 넣고, 또 숙소 색시(飯盛)와의 하룻밤의 밀회도 집어넣고 해서, 잡다한 짐으로 어지러운 여관과 같이 무리한 이야기들이 한 아름 모인 숙소나 마찬가지다. 이를 양해해 주시고 아무쪼록 읽어주시기를 기원합니다.[3]

이 초편 서문에서 짐작할 수 있는 바와 같이, 기행문 하면 떠오르는 명소·명승지에 관한 감상에 『동해도 도보여행기』의 집필 목적이 있는 것이 아니라, 작자의 시선은 짐샀을 둘러싼 소동, 기생과의 하룻밤과 같은 여행객의 행태를 묘사하는데 향하였음을 알 수 있다. 이와 같은 창작 자세는 이어지는 초편 범례에서 재차 표방된다(원문은 한자를 다용한 狂文調 문어체이므

---

3 宮根八里の長持唄には、猛き宰領の心を和らげ、竹に雀の馬子唄には、鬼殺を燗せしむ。是その哥の德利酒、吞や謠の旅衣、都をさして行がける駄賃帳を繰返し、筆の建場に雲駕の、息杖をしてゑいやらやつと、書編たる東海道、五十三次の記行に、無滑稽と方言の二割まし、重荷に僻言夷曲歌、それが中にも唯一夜、鮓のめし盛押かけて、商ふ戀の宮枕、その有ましを宿帳の帖となしたるは、空尻の殻無躰なる、ほんの噺の問屋場もどき、ハイ賴ます賴ます。

로 이하 발췌하면서 의역하고자 한다).

○이 책은 동해도를 왕래하는 귀인에서부터 짐꾼 등의 서민에 이르기까지 그 모습을 묘사하였다.

○도중의 아름다운 풍경 등은 기존 여행기에 자세하므로 이 책에서는 생략하여, 특산품과 풍속을 골계스럽게 묘사하고자 한다.

○또한 여관 여인들과의 유희와 장난을 주로 서술하였다.

○그 중에 삽입한 교카(狂歌)는 억지 빗대기(故事付け)와 농담이 특히 두드러지므로 맘껏 웃어 주십쇼. 이 몸이 짓는 교카는 원래 이런 식이므로, 여태 돈을 내서 교카집에 수록한 적은 없소. 이는 내 성격이므로 어쩔 도리가 없구려.

○이 초편은 에도(江戶), 시나가와(品川)로부터 오다와라(小田原)까지 가서 끝나고 있다. 이어지는 다음 편 초고도 완성되어 있으므로, 나중에 후편을 발표하고자 한다. 이 밖에 올해 발표해야 할 작품들이 전혀 완성되어 있지 않은 것은, 내가 게으르고 후안무취하기 때문인데 출판사에서는 화를 내지 않는다.

3) 작품의 매력

1802년 짓펜샤 잇쿠(十返舍一九)라는 희작자(戲作者)에 의하여 간행되기 시작한 『동해도 도보여행기(東海道中膝栗毛)』는 이후 20여 년 간에 걸쳐 속편 형식으로 연작화한다.[4] 『동해도 도보여행기』는 19세기 초반의 일본전국을 강타한 초대형 베스트셀러이면서, 두 주인공 야지(弥次)·기타하치

(北八)로 하여금 어릿광대장난꾼이라는 이미지로서 오늘날의 일본인들조차 모르는 사람이 없을 정도로 톡톡히 유명세를 치르고 있는 작품이다. 또한 작가 잇쿠로 하여금 일본 역사상 최초로 붓 하나로 생계를 꾸릴 수 있게끔 자리매김 해 준 작품이며, 일본문학사에 '골계소설(滑稽本)'이라는 장르를 확립시켜 준 작품이기도 하다.

출판문화가 대단히 성황을 이루고 발달했던 에도 시대였으나, 이 장편의 골계소설『동해도 도보여행기』만큼 폭넓게 그리고 오랫동안 일본 전국 도처에서, 또한 현대에 이르기까지 모방작을 낳고 있는 작품은 없을 것이다. 그만큼 대중적일 수 있는『동해도 도보여행기』의 저력은 도대체 어디에 있으며, 대중성을 확보할 수 있었던 작품의 매력은 무엇일까.

에도(江戸, 현재의 동경지역)의 간다 핫초보리(神田八丁堀)라는 뒷골목에 살고 있던, 야지・기타하치는 어느 날 문득 여행을 결심하고, 얼마 안 되는 가재도구를 팔아치워서 여비를 마련하고자 한다. 그 모습이 초편에 다음과 같이 묘사되어 있다.

> …… 있는 재산을 전부 쓸어 모아 짐 보따리 하나에 챙겨 넣는데도 미련이 없다 …… 돈이 될 만한 것은 골동품가게에 맡겨서 돈으로 바꾸고, 돈이 안 되는 잡동사니는 집주인에게 맡기고는 약간의 사례를 받아……[5]

---

4 이하 3)의 내용은 졸고「여행과 해학의 베스트셀러『東海道中膝栗毛』」(한국일어일문학회,『일본문학의 키워드』, 글로세움, 2003)의 내용을 토대로 보충하면서 인용하였음.
5 …… 身上のこらず、ふろしき包となしたるも心やすし …… ふめるものは、みたをしやへさづけて金にかへ、がらくた物は店(たな)うけにしょはせて礼をうけ……

이렇게 해서 여비를 장만했다고는 하나, 어차피 하루하루를 그 날 번 것으로 먹고 살아야 하는 일용직 처지였으므로, 장기여행을 대비한 목돈을 마련할 수는 없었을 것이다. 그러나 언뜻 보기에 찰나적인, 또한 오늘날 상상하기 어려운 행동에서 『동해도 도보여행기』 성립 당시의 시대적 배경을 떠올릴 수 있다. 즉, 두 주인공의 순간충동적인 여행출발은 당시 서민의 여행 동기일 수도 있다는 사실이다. 물론 소설 상의 과장이 있기 마련이나, 이와 같은 묘사가 가능할 수 있었다는 것 자체가 이전과는 다른 시대적 배경을 말해주고 있기 때문이다.

『동해도 도보여행기』가 시리즈물로서 연속 간행되고 있던 19세기 초반은, 에도의 상류층상인(町人)이 주류 문화 담당자라는 입장으로부터 물러나, 도시의 중하층 서민 또는 지방 사람들이 생활에 뿌리를 둔 문화를 향유하던 시기였다. 에도 서민들은 만담장(寄席)・꽃꽂이(生け花)・차도(茶の湯)・향도(聞香) 등의 예능오락에 참가했으며, 사찰 및 신사 참배, 명소관람, 온천욕, 꽃구경, 축제를 즐기기 위해 여행을 떠나는 등, 다방면에 걸친 여가활동을 전개하게 되었다. 지방농촌에서도 읽고 쓰기, 그림, 꽃꽂이, 인상학 등을 종합적으로 가르치는 스승이 있을 정도였다.

이와 같은 문화의 대중화, 광역화의 한 현상으로서 근세 후기에 여행 또한 대중화하게 된 것이다. 그 배경은 무엇일까. 선행연구들을 참조하면서 다음과 같이 요약할 수 있겠다.

① 에도막부가 지방영주들을 일정기간 수도에 머물게 했던 참근교대(參勤交代)라는 제도로 인해, 정기적인 왕래가 반복되면서 여행길과 숙소가 정비되었다.

② 막부의 정책에 의해 영세 농민이 자립하고, 농업기술 진보로 생산력

이 높아지면서 농민의 지위가 향상되었다.

③ 출타 노동자가 대도시와 지방을 끊임없이 왕복했다.

④ 간세이개혁(18세기후반의 정치사회개혁) 이후, 사회정세의 급격한 변화에 의해 갖가지 통제를 강요당하고 있었던 일반민중이, 이러한 규제를 벗어나 향락적인 여행을 추구했다.

⑤ 오카게마이리(이세신궁참배)가 대유행했다. '일생에 한번은 이세참배(一生に一度は伊勢参り)'라는 구호가 생길 정도였다.

⑥ 에도 시대 초기인 17세기 무렵부터 명소안내 책자, 동해도 지도가 활발히 간행되고 있었다.

⑦ 『동해도 도보여행기』의 간행이 일반서민들의 여행 열을 더욱 부추겼다.

그러면, 야지기타의 원래 여행목적이었던 '이세참배'의 당대적 의미는 무엇이었을까. 『동해도 도보여행기』가 완결되고 7년 뒤인 1830년(文政 13年), 에도 시대 최대의 오카게마이리가 일어났다. 이 때 불과 3개월 사이에 5백만 명이 이세에 집결했다(今野信雄,『江戸の旅』, 岩波書店, 1986)고 한다. 이는 당시 일본 총인구가 3,100∼3,300만 명이라고 일컬어지는 가운데, 총인구의 5분의 1 정도가 한 해 동안 이세참배여행을 떠났음을 말한다. 당시 "이세에 가고 싶어, 이세 길을 보고 싶어, 죽기 전에 단 한번만이라도(伊勢に行きたい伊勢路が見たい、せめて一生に一度でも)"라는 노래가 유행할 정도였다.

이와 같은 사회적 배경 하에서 역시 이세참배를 명목으로 길을 떠난 두 주인공이 일으키는 갖가지 골계담으로 이 장편소설은 구성된다. 식욕과 색욕으로 똘똘 뭉친 두 사람이 벌이는 사건은 가히 짐작이 가리라. 본능이 추구하는 대로 행동하는 두 사람이지만, 그러나 그 본능을 만족시키는 여행에서는 그다지 웃음이 일어나지 않을 것이다. 도중 만나는 여자들과 하룻밤을 같이 지내고자 시도하는 작업은 십중팔구 실패로 끝나며, 그 실패담이 독자로 하여금 배꼽을 쥐게 하는 것이다. 수많은 실패담이 있으나 몇 가지만 예로 들어보자.

초편의 오다와라(小田原) 숙소에서, 입욕 방법을 몰라서 궁리 끝에 화장실용 나막신을 신고 욕조에 들어간 기타하치, 뜨거운 나머지 발버둥 치다가 욕조를 부수고 엉덩방아를 찧는다. 3편 하의 하마마쓰(浜松)숙소에서, 한밤중 화장실 가는 길에 빨랫줄에 널려 있는 흰 속옷을 보고 유령이라고 생각한 야지가 기절한다. 5편 상의 욧카이치(四日市) 숙소에서, 동침을 도모하여 여자가 자고 있는 곳으로 가던 중에 여관의 선반을 무너뜨리고, 돌지장(石地藏)을 여자로 착각한 기타하치가 시체인 줄 알고 경악한다. 5편 하구모쓰(雲津)에서 야지가 짓펜샤 잇쿠인 척 흉내내다가 들키고는 쫓겨난다. 6편 하 교토(京都)의 방광사라는 절 기둥에 뚫린 구멍에 들어갔다가 뚱뚱한 야지는 몸이 끼어서 오도 가도 못한다.

이러한 장면들이 잇쿠의 박진감 넘치면서 리드미컬하고 스피디한 필체에 실려서 유머러스하게 펼쳐지는 것이다. 필시 에도서민은 이 작품에 몰입하여 스스로를 야지·기타하치라고 생각, 상상 속의 여행을 즐기거나, 어떻게 해서든지 시간을 내서 비용을 염출하여 현실에서도 여행을 떠날 수 있게 되기를 길밍했으리라.

한편 이 작품이 공전의 대히트를 기록한 것은, 야지·기타 두 콤비의 골계담 속에 동해도 각지의 풍토가 자연스럽게 녹아들어가면서 소개되어 있다는 것도 한몫을 차지한다고 생각한다. 실제로 동해도에 정통한 잇쿠였기에 다른 희작자들이 감히 생각해 낼 수 없었던 작품을 창작할 수 있었던 것이리라.

시즈오카(静岡)에서 태어난 잇쿠는 젊은 시절 수도인 에도로 나오게 되는데, 도사노가미(土佐守)를 모시는 하급관리였고, 상사를 따라서 오사카로 전근가게 된다. 여기 예능의 본고장 오사카에서 조루리(인형극) 극작가를 꿈꾼 덕분으로, 잇쿠는 관객(독자)들의 반응에 민감하게 반응할 수 있는 감각을 키워 인기작가로 부상하는 기틀이 마련되기도 했다. 그 후 에도로 다시 돌아온 잇쿠는 본격적으로 희작자가 되는 것이다. 즉, 이러한 그의 경력이 동해도를 몇 번이고 왕래하게 했던 것이다.

『동해도 도보여행기』에 영향을 미친 선행작으로서 근세 초기의 가나조시(仮名草子) 『지쿠사이(竹斎)』・『동해도 명소기행(東海道名所記)』이 일컬어진다. 일본문학사상에 있어서 이 두 작품이 그때까지의 여행문학과 다른 점은 여행을 오락으로 간주하고 웃음을 기조로 하고 있다는 점이다. 헤이안 시대의 『도사일기(土佐日記)』를 비롯하여 중세까지의 모든 여행문학에 있어서 여행은 슬픈 것, 괴로운 것으로 묘사되는 것이 문학적 전통이었고, 그 전통은 에도 시대 마쓰오 바쇼(松尾芭蕉)의 『오쿠로 가는 작은 길(奥の細道)』에 이르기까지 이어지고 있었다.

그러나 앞서 살핀 바와 같이 근세에 접어들어 각지의 교통망이 정비되고 서민들도 오락으로서의 여행을 즐기게 되자, 각 여행지의 특산품・말・가마의 대금까지 기록된 실용적인 휴대용 가이드북이 활발하게 간행되었다. 잇쿠는 『동해도 도보여행기』집필에 있어서 이러한 책들을 참고함으로써 서민들의 현실적인 여행 행태를 그리는데 성공할 수 있었던 것이며, 그 시기 적절한 새로운 감각과 필체의 골계소설이 서민들을 사로잡았던 것이다.

4) 초편 줄거리와 19세기 초반의 물가

어느 화창한 봄날, 에도의 간다 핫초보리(神田八丁堀) 뒷골목에 혼자 사는 야지로베와 기타하치는 이세참배를 목적으로 여행을 떠난다. 가와사키(川崎)의 만넨가게(万年屋)에서 나라찻밥(奈良茶飯)을 먹으며 여종업원을 희롱하고, 지나가는 영주님(大名)행렬을 보면서는 외설스런 농담을 주고받고, 마부의 음담패설에 귀를 기울인다. 이세참배 가는 꼬마를 놀리려고 하다가 오히려 떡을 사주게 되는 야지, 호도가야(保土ヶ谷)에서는 손님을 잡아끄는 여자와 나그네가 옥신각신하는 모습에 재미있어 한다. 도쓰카(戸塚) 역참에서는 부자지간 흉내를 내는데 여자(飯盛女)를 두고 서로 다투는 한심한 부자로 여겨진다. 후지사와(藤沢)의 찻집에서는 에노시마(江の島)로 가는 길을 장난으로 가르치는가 하면, 기타하치는 뜨거운 경단으로 입에 화상을 입는다. 기나긴 여행길에는 둘이서 수수께끼풀이를 하며 지루함을 이겨내기도 했다. 오다와라(小田原) 여관에서는 고에몬부로(五右衛門風呂) 목욕통 밑바닥을 깨부수고 한바탕 소동이 벌어진다. 목공예(挽物細工)기념품가게 아가씨가 자기에게 반했다고 생각한 야지는 담뱃갑을 원래 값보다도 비싼 가격으로 사고 만다. 이윽고 험난한 하코네 검문소(箱根関所)도 무사히 통과한 것을 기념하며 축배를 든다.[6]

6 　花のお江戸を出発した弥次北は、川崎万年屋で奈良茶飯を食し、通り過ぎる大名行列を見ながら猥雑な駄洒落を弄したり、馬方の尾籠な話に耳を傾けたりする。伊勢参りの子供にはまんまと一杯食わされて餅をおごらされ、保土ヶ谷では止め女と旅人たちの一悶着に興じる。戸塚の駅では親子のふりをしたものの、飯盛女を争う情けない親子になってしまう。藤沢の茶屋では江の島へ行く道をふざけて教えるかというと、北八は熱い団子で口を火傷する。長道中に二人は謎かけで退屈をしのぎ、小田原の宿では五右衛門風呂の底を踏み抜いて大騒ぎを起こす。挽

이상의 초편 본문내용을 좀 더 이해하려면 당시의 문화사회적배경을 알아 둘 필요가 있다. 초편을 비롯하여 『동해도 도보여행기』에는 '금전'을 둘러싼 분쟁 ― 기생의 화대, 가마 삯, 식사비, 숙박비, 특산품 가격 등등 ―이 종종 발생하곤 한다. 당대의 화폐가치, 즉 19세기 초반의 물가에 대해서 살펴보자.

시마다시(島田市)박물관에서 발행한 「시마다역참 오이강 건네기 유적(島田宿大井川川越遺跡)」에서는, 1文을 30円으로 환산하고 있다. 2008년 4월 8일에 게재된 투자칼럼 VOL.37(http://www.fujitomi.co.jp/trade/club/column/column_vol37.htm)에서도 동일하게 계산한다.

이들을 참고하여 화폐가치를 2008년 일본화폐단위로 필자 나름 환산해 보겠다.

에도 시대에는 동전과 은화, 금화 세 종류의 화폐가 있었다.

① 동전에는 '1文錢'과 '4文錢'이 있다. 단위는 文('문·푼'으로 번역).

錢1文=30円, 400文=12,000円

② 은화에는 150g의 '丁銀'과 1~10g의 '豆板銀', '朱銀'이 있다.

은화단위는 '匁'(본메 : '돈쭝·돈'으로 번역)와 그 10분의 1인 '分'(훈).

銀1匁=3,200円, 南鐐一片(2朱銀)=12,500엔, 銀1分=2朱銀(南鐐)2장=25,000円

③ 금화에는 1兩의 '小判'과 그 4분의 1인 '1分金'(부킨)이 있다.

金1兩('냥'으로 번역)=小判=20万円, 金1分('부'로 번역)=1分金 =5万円

物細工店の娘に惚れられたと思い込んだ弥次は、たばこ入れを途方もない高い値段で買ってしまうのであった。

종합적으로 金1兩= 銀60～65匁(1朱銀 16장, 2朱銀 8장)= 錢6,500～7,000
文= 20万円이라는 계산이 나오며, 다음과 같이 도식화 할 수 있겠다.

1文=30円, 1匁=3,200円, 1朱=6,250円, 1分銀=25,000円, 1分金=5万円,
1両=20万円[7]

따라서『동해도 도보여행기』초편의 경우, 이세참배 꼬마에게 5문(150
엔)짜리 떡을 대여섯 개나 사주는 야지의 기분이라든지, 고에몬부로 목욕
통을 부수고 수리비로 은화 한 닢(南鐐一片=二朱銀=12,500엔)을 지불하고 침울
해 하는 기타하치의 심정을 헤아릴 수 있다. 시주승에게 1문(30円)짜리 동
전을 던져주려다가 잘못해서 4문짜리 동전을 던져주고는 1문짜리 동전 세
개를 잔돈으로 돌려달라고 한다든지, 후지사와에서 가마 삯 350문(10,500
엔)을 200문(6,000엔)으로 깎는다든지, 300문(9,000엔)짜리 담뱃갑을 처음에
는 100문(3,000엔)으로 깎았다가 결국 400문(12,000엔)에 사고야 마는 에피
소드에서 야지기타의 성격을 엿볼 수 있다. 그 밖에 호도가야 역참 여관에
서의 하룻밤 숙박비가 200문(6,000엔), 도쓰카역참 여관 매춘부의 화대도
동일하게 200문(6,000엔), 에도의 남색사창가에서 남창을 사는 화대는 당시
一分金(5万円) 이었다는 당시의 물가 사정에 입각한다면 이야기 정황도 보
다 잘 이해할 수 있으리라.

---

7   최근 선행연구 山下則子,「江戸の笑いの表現様式」,『日本の笑い』, 国文学研究資料館, 2010.3에
     서 위 도식의 2분의 1 가치로 계산한 경우도 있다.
     즉 1両=10万円, 金1分=1分金=25,000円. 3分女郎; 75,000円이라고 한다. 현재 물가에 비추어 볼
     때, 이 쪽이 타당한 경우 등 여러 가지 경우수가 있을 수 있다.

5) 여행코스와 숙박지, 도보거리, 여비

야지 · 기타가 『동해도 도보여행기』 정편에서 걷고자 했던 동해도 53역
참[8]과 도보거리에 대해 살펴보자.

도쿠가와 이에야스(德川家康)는 1600년(慶長 5年) 세키가하라(関ガ原) 전투

〈도판 1〉 야지 · 기타하치의 여행자 차림(발단 口絵)

---

[8]　실은 원작에서 야지 · 기타는 욧카이치 역참까지는 동해도를 가나, 이후에는 동해도를 벗어나 이
세가도를 걸어서, 교토, 오사카까지 간다.

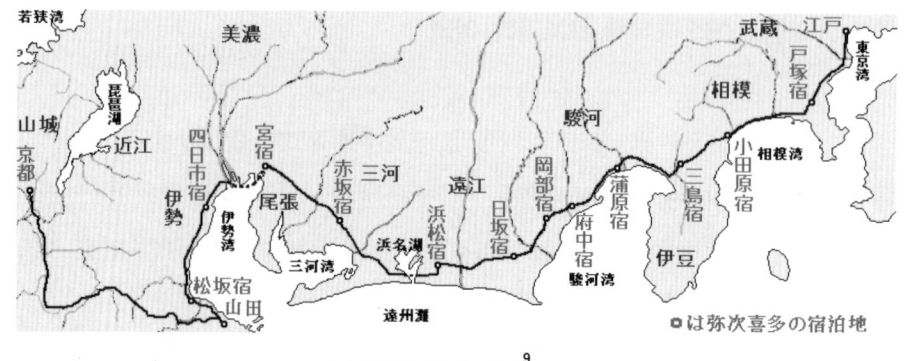

〈도판 2〉 야지기타의 숙박지[9]

에서 승리를 거두자 일본천하통일을 위하여 전국의 도로망 정비에 착수하게 되는데, 이듬해에는 동해도(東海道)에 역참 전마 제도(伝馬制)를 설치한다. 역참전마제란 주요간선도로변에 역참을 개설, 공무를 위한 여행객과 물자를 다음 역참까지 운송하기 위하여 필요한 인부와 말을 무료로 제공하는 제도이다. 동해도는 에도(江戸)의 니혼바시(日本橋)로부터 교토(京都)의 산조 오바시(三条大橋)까지 492킬로미터로, 53개의 역참이 있어서 53번 갈아타야 하므로 '東海道53역'이라고 불렸다.

그럼 야지·기타는 하루에 몇 킬로미터를 걸었을까. 에도를 출발하여 맨 처음에 묵은 역참은 도쓰카(戸塚)이다. 이튿째는 도쓰카에서 오다와라(小田原)까지 약 40킬로미터, 사흘째는 오다와라에서 하코네(箱根)까지 약 30킬로미터 이상을 걷는다. 동이 터서 해질녁까지 매일 10시간 정도 걸었고, 에도(江戸)를 떠난 지 11일 만에 욧카이치(四日市)에 도착하였다. 이후 야지기타는 원래 여행목적인 이세참배를 위하여 동해도를 벗어나 이세(伊

---

9   http://www013.upp.so-net.ne.jp/gauss/hizakuri.htm로부터 그림 인용.

勢)가도로 접어들어 마쓰자카(松阪)에서 1박, 야마다(山田=이세) 지역에서 2박 후, 교토, 오사카를 구경하게 된다.

그렇다면 교토(京都)까지는 14日에서 15日 정도로, 하루에 33킬로미터 이상 걸었다는 계산이 나온다.[10] 물론 도중에 가마와 말을 이용하기도 하므로 실제 도보거리는 이보다 약간 짧았을 것이다.

작자 잇쿠가 1805년에 이세참배를 취재 여행한 사실에 기초한 에피소드가 본 작품 5편 하에서 펼쳐지는데, 실제로 그는 10월 26일 에도 출발 → 이세참배 → 11월 5일 에도 도착이라는 여정을 밟았다고 한다. 저명한 작자였던 잇쿠라면 야지기타처럼 도보로 여행하기보다는 주로 가마와 말을 이용하지 않았을까 하는 추정도 가능한데, 당시 교통수단을 사용할 경우 이세는 열흘정도면 왕복 가능한 거리였던 셈이다.

여비는 얼마나 들었을까. 1박2식의 숙박비가 보통 200문(6,000엔)이므로 하루 300文(1文은 약30円) 소요된다 치면, 15日로 4貫500文(135,000엔)이 든다. 메밀국수 한 그릇이 16文(480円)이었으므로 여비 또한 만만치 않게 들었다고 생각된다. 가마를 타게 되면 할인한 가격이 그래도 200문이었으므로 여비는 더욱 불어나게 된다.[11]

---

10 이상 '동해도 53역'과 '도보거리'에 대해서는 http://kairos.web.infoseek.co.jp/kabuki29.htm 기사 일부를 참조하였으나, 기사 중 잘못된 부분은 수정하면서 필자 나름대로 많은 부분을 보충 설명하였다.

11 참고로 당시 책값을 알아보자. 18세기말 황표지(단편만화) 가격은 8문(240엔)~10문(300엔), 19세기 초중엽 합권(중장편만화) 가격은 88문(2640엔)~110문(3300엔), 교쿠테이 바킨의 합권 원고료는 2냥(40만엔). 佐藤悟,「文政末・天保期の合卷流通と価格」,『日本文学』, 日本文学協会, 2008.10 참조.

6) 작품의 평가문제

  합권(合巻, 중 · 장편만화책)과 더불어 에도희작의 한 장르인 골계본(滑稽本, 유머소설)은 다양한 계층의 지방 사람들까지 독자로 상정하여 작중에 유행 풍속과 유행가, 기타 갖가지 정보소개를 담는 등 독자서비스 정신에 투철 하였으므로 각 시대의 베스트셀러가 되었다. 작품 내용은 평범하며 속된 오락물이라고도 할 수 있으나, 그러나 문화라고 하는 것은 반드시 그 시대 를 반영하기 마련이다. 속(俗)문학이 그만큼 지지받고 있었다는 것은 당대 서민의 저력을 말하고 있다. 또한 당시의 작가들은 각각이 독자로 상정하 고 있었던 사람들(가령 잇쿠라면 에도 시대의 서민)을 위하여 작품을 창작했다. 현대의 문학적가치관으로만 작품을 평가해서는 안 될 것이다.

  즉 오늘날 잇쿠(十返舎一九)의 작품은 짓궂다, 외설적 표현이 두드러지는 것이 거슬린다, 라고 하는 식으로 학계에서도 비판받는 일이 많다. 주인공 의 주된 관심사가 여자와 음식에 있기 때문에 『동해도 도보여행기(東海道中 膝栗毛)』의 평판은 이와 같이 그다지 좋지 않다고 할 수 있다. 그러나 작품 이 산출된 당대에는 그러한 부분이야말로 매력이었던 것이다. 지나치다 싶을 정도의 서비스 정신. 음담패설 또한 그 일환이었던 것이 아닐까.

  잇쿠가 창작하고자 했던 것은 고상하고 격조 높은 문학은 아니었으리 라. 현대에 사는 우리가 "짓궂다", "외설적묘사가 ……" 등등의 비판을 하 기에 앞서 『동해도 도보여행기』는 오직 독자를 의식하고 노력한 잇쿠와, 그러한 그의 작품을 지지한 에도 시대의 서민들을 기반으로 성립했음을 잊지 말아야 할 것이다.

  물론 위 작품에서는 훌륭한 인물상이라든지 표현 등은 찾아 볼 수 없다.

그 점에 대해서는 다른 문학 작품과 비교하여 비판을 받고 부정적인 견해가 행해지더라도 반론의 여지가 없을 것이다. 그러나 어디까지나 대중의 문학으로서 대중과 융합할 수 있었던『동해도 도보여행기』가, 실생활을 있는 그대로 묘사하면서, '골계'의 표현에 있어서 다양한 문예성을 발휘하고, '골계'의 문학으로서 스스로의 위치를 확립할 수 있었다—즉 '골계본'이라는 장르를 창출했다—고 하는 점에 대해서는, 역시 높은 문학사적 가치 평가가 부여되어야 할 것이다.

참고자료_ 『동해도 도보여행기』의 영문소개[12]

Hizakurige 膝栗毛CATEGORY：art history / paintings

Lit. Shank's Mare. A ribald classic by Jippensha Ikku 十返舎一九(1765~1831)
tracing the adventures of the two bumpkins Yajirobee 彌次郎兵衛 and Kitahachi
北八 as they journey around Japan. Published in numerous installments
between 1802 and 1822, this definitive work of the *kokkeibon*滑稽本, "comical
book", genre describes countless locales where the "lustful, unscrupulous but
somehow lovable heroes" run afoul of local customs with comic results. The
first series *TOUKAIDOUCHUU HIZAKURIGE*東海道中. 膝栗毛, published
from 1802 to 1809, follows Yajirobee and Kitahachi's exploits along the
highway from Edo to Kyoto and Osaka (see *Toukaidou Gojuusantsugi東海道五
十三次), while the second series *ZOKU-HIZAKURIGE*続膝栗毛, 1810-22,
includes volumes on the Kiso highway (Kiso kaidou 木曾街道) as well as
pilgrimages to Konpira 金比羅 Shrine and to Miyajima 宮島. In 1814 Ikku added
an introduction to the whole series, filling in the lives of his heroes. The best
loved episodes ― the two men scalding themselves in an old-fashioned bath at
an inn in Odawara 小田原, Yajirobee being bit by a turtle in Mishima 三島,
frightened by the ghostly appearance of a robe *yukata*浴衣 drying at
Hamamatsu 浜松, and getting stuck in a hole in the pillar at the Houkouji 方広寺
Daibustuden 大仏殿, Kyoto―were illustrated by *ukiyo-e*浮世絵 artists, most
notably Utagawa Hiroshige 歌川広重 (1797~1858).

---

12 일본미술전자사전『JAANUS』 http://www.aisf.or.jp/~jaanus/deta/h/hizakurige.htm로부터 인용.

2. ≪동해도 도보여행기물≫ 풍속화(浮世繪)의 탄생과 계승

1) 들어가며

(1) 도보여행기물 풍속화 중 그림주사위판의 의미

우키요에(浮世繪)는 17세기 말엽에 탄생한 판화이다. 소재로는 당대의 유명연예인이었던 유녀(遊女)・가부키(歌舞伎)배우라든지 명소풍경 등, 당시의 풍속에 관련된 것들이 사용되었다.

에도희작(江戸戲作)은 문장과 삽화가 융화되는 그림소설책이다. 에도희작의 하위 장르 중 하나가 골계본(滑稽本)이며, 골계본을 대표하는 작품이 『동해도 도보여행기』이다. 작자는 짓펜샤 잇쿠(十返舎一九).

『동해도 도보여행기』는 19세기 초반 20여 년간에 걸쳐 간행되었다. 상업출판 문화가 대단히 성황을 이루고 발달했던 에도(江戸)시대였으나, 이 장편의 골계소설 『동해도 도보여행기』만큼 폭넓게 그리고 오랫동안 일본

전국 도처에서, 또한 현대에 이르기까지 모방작을 낳고 있는 작품은 없다고 보아도 과언이 아니다. 고전문학 작품의 확대재생산 방식을 여실히 보여주는 좋은 일례인 것이다.

이 우키요에와 에도희작은 19세기에 접어들면서 서민들의 오락문화 상품으로 완전히 자리매김하게 되었다.

한편 이들과 동시기에, 승패를 겨루는 오락게임이 서민들 사이에서 발달하는 가운데, 그림주사위판(絵双六) 놀이가 있었다. 약 신문지 한 장 크기의 지면에, 그림을 그려 넣은 구획 칸이 있어서, 목적하는 구획 칸에 빨리 도착하는 사람이 승리한다. 이 주사위놀이의 그림은 다른 니시키에(錦絵, 다색목판화)로 그려진 우키요에와 마찬가지로 주로 다색목판화의 기법으로 제작되고 있었다. 즉 우키요에의 일종인 것이다.

그럼에도 불구하고 일본미술계에서는 주사위판그림이 감상용으로 제작된 것이 아니라, 즉 화가의 예술적 감성이 발휘된 고급 수준의 것이 아니고, 대개 정형적 타입에 의해 게임수단으로 제작되었다고 하여 우키요에사(浮世絵史)에서 제외시키는 경향이 있다. 그러나 본래 우키요에 또한 지금의 배우 포스터 사진 또는 달력그림과 같이 실용적인 존재였다는 점, 우키요에를 그렸던 화가들이 동시에 주사위판그림도 그리고 있었다는 점, 다색목판화가 많다는 점, 주사위판그림의 소재 또한 당대의 유명배우, 미인, 풍경이 한몫을 차지한다는 점에서, 일반 우키요에와 마찬가지로 연구해야 할 중요한 텍스트라는 점을 강조하고 싶다.

특히 이 주사위판그림은 에도희작 연구자가 연구테마로 하기에 매우 적격의 자료일 수 있다. 즉 제재를 베스트셀러『동해도 도보여행기』로 하는 한 무리의 그림주사위판(絵双六) 작품 군이 존재한다는 사실이다. 에도 시대의 비주얼화상의 대표적 장르였던 우키요에와 에도희작이 결합하여 탄생한 '동해도 도보여행기 패러디 그림주사위판.' 이 존재야말로 자유자재로 장르를 횡단하면서 더욱 더 발전할 수 있었던 에도 시대 表象文化의 성과라고 할 수 있다. 아직 일본미술계에서도 일본문학계에서도 조명을 받고 있지 못한 이 장르에 필자가 주목하는 까닭이다.

(2) 소설과 회화

소설은 언어예술이고, 회화는 시각예술로서 표현매체와 전달방식이 서로 다르다. 그러나 에도희작은 일종의 그림소설책이며, 주사위판그림은 소설세계에 의존하는 면이 크다는 특수성이 근대소설, 근대회화와 상이하다. 따라서 사회사적 시각과 미술기호학 등을 참고, 접목시키는 연구법이 요구된다.

에도 시대풍속화인 우키요에(浮世絵)는 용어 자체가 의미하듯이 인간사(浮世)를 화폭 전면에 채우는 그림(絵)이다. 우키요에의 일종인 주사위판그림(絵双六) 또한 마찬가지이다. 따라서 본 2절 '《동해도 도보여행기물》풍속화(浮世繪)의 탄생과 계승' 편에서는 그림의 미적 형식(구도, 채색 등)에 대한 고찰보다, 그림이 전하고 있는 풍속에 대한 이런저런 고찰을 하고자 한다. 주사위판그림을 통해 에도 시대 풍속을 엿볼 수 있으리라 기대한다.

우키요에를 어떻게 읽을 것인가. 그림은 그림내부의 미학적 장치뿐만 아니라, 그것을 산생한 사회적 컨텍스트에서 읽어낼 때 좀 더 정확한 이해와 감상이 가능하다고 할 수 있다. '풍속화'란 말을 기계적으로 분할하면, 풍속+그림이 된다. '그림'에 대한 연구는 차고 넘친다. 수많은 전문가의 연구와 언급이 있다. 그러나 본 필자는 그림이 아닌 '풍속'을 읽고 싶다. 어떤 사회적 배경 하에서 그림의 제재가 되었으며, 어떤 사회적 변화가 그 속에 함축되어 있는지 묻고 싶다. 요컨대 풍속화 주사위판그림이 담고 있는 내용과, 그것이 그려진 사회적 컨텍스트는 무엇인지 따져보고 싶은 것이다.[13]

필자가 의도하는 바는 두 가지이다. 첫째 이른바 장난감용 그림(玩具絵, おもちゃ絵)이란 이름으로 묶여져 우키요에史에서 제외되고 있는 주사위판 그림을 문화예술사(놀이문화) 전체적 틀 속에서 이해·포섭하자는 것이고, 둘째 18, 19세기 이후의 문학예술을 좀 더 넓은 차원에서 이해해 보자는 것이다. 특히 후자의 경우, 전공영역이 너무 세분화되어 동시대의 현상을 총체적으로 파악하기 어렵게 되어 있다. 문학과 회화의 분리는 물론이거니와, 문학은 문학대로 회화는 회화대로 그 안에서도 여러 장르로 철저히 분화되어 연구된다. 따라서 이러한 제 장르에서 일어난 변화를 사회변화와 관련하여, 좀 더 거시적인 차원에서 통합하여 이해하는 방법이 필요하다. 요컨대 표상문화론에 입각하는 통합적 사고에 의한 접근이 필요시 된다.

(3) 표절, 모방, 그리고 독창성

일본 고전문학에서는 전거(典據)에 입각한 패턴을 추종하는 창작기술이, 당당히 지위를 확보하면서 활발히 행해지고 있었다. 특히 에도 시대에 이르러 속(俗)문학을 대표하는 운문·산문·연극 일체가 고전, 즉 선행문학

---

13 이상은, 강명관이 「풍속화를 어떻게 '읽을' 것인가(『조선 사람들 혜원의 그림 밖으로 걸어 나오다』, 푸른역사, 2004)」에서 혜원 김홍도의 풍속화를 읽기 위한 방법으로 제시한 내용이기도 하다. 이처럼 일본의 풍속화인 우키요에에도 그대로 대입시킬 수 있는 씨의 방법 및 논리에 필자 또한 찬성하는 바이다.

을 직·간접적으로 인용하는데 심혈을 기울이면서 경이적인 발달을 이루었다는 것은, 근세문학 연구계에 기정사실화되어 있을 정도이다.

이와 같은 현상이 특히 에도 시대의 시대적 현상으로써 회화분야까지 그 영역을 확장할 수 있었던 배경은 어디에 있는 것일까.

그것은 근세에 접어들면서 비약적으로 발전한 출판문화의 뒷받침 하에, 모방·번안하고자 하는 선행 작품이 일반적·보편적 정보로서 작자 및 독자에게 작용하게 되었음을 뜻한다. 동시에 당시 독서계의 요청에 따른 현상이었음을 말해준다. 이는 원고료(인세, 潤筆料)를 받고 생계를 꾸려나가는, 따라서 독자들의 인기를 먹고 살아가는 직업작가들 및 전문 화공들에게는 더욱더 사활을 건 문제가 아닐 수 없었다. 그리하여 당시 작자들의 창작상의 주된 관심사는, 선행 작품의 취향을 어떻게 환골탈태할 것인가, 그 취향상의 재미있는 요소를 어떻게 증대시킬 것인가, 하는 것이었음을 짐작하게 한다. 이러한 작자의 고심, 즉 표절, 모방, 그리고 독창성이 도보여 행기 패러디그림주사위판에서는 어떤 양상으로 나타났는지 살펴보면서, 그림의 미적형식이 아닌 그림에 담긴 내용·풍속을 조명하고자 한다.

그림주사위판에는 에도막부의 출판허가 도장표시(改印·極印)가 없는 경우도 많으며, 스승의 이름으로 작품을 발표하기도 하던 당대 화단의 관례 및 제작환경으로 인해, 그림주사위판의 상호영향의 선후관계 내지는 이동통로를 밝히는 것은 어려운 작업과정이 되리라 예상된다. 그러나 한 가지 분명한 것은 주사위판그림의 상호텍스트성이다. 즉 한국풍속화도 마찬가지지만, 모범적인 선례가 있으면 그것을 모방하고 차용하는 것을 매우 선호했다는 사실이다.

(4)『동해도 도보여행기』관련 상품 범위 및 서지

본서 '2)《동해도 도보여행기물》주사위판그림(絵双六)의 계승' 편에서
저본으로 할 5종의 그림주사위판 및 2종의 일반 우키요에 시리즈의 범위
와 서지는 다음과 같다.

[1] 《五十三驛滑稽膝栗毛道中図会》梓元好・一猿齋國升戲畵・大
坂心齋橋通塩町角 綿屋喜兵衛梓・출판허가도장 없음(이하《즈에図会》라
고 약칭하겠음). 이 작품에는 두 종류가 현존한다. ① 초판초쇄(本藍 : 천연염료
를 사용한 연한 남색)로써, 1848년~1854년 무렵(嘉永期) 간행이라고 필자가
추정하고 있는 동경도립중앙도서관소장의 작품(이하 본 책의 인용도판은 청구
번호061－S53을 사용함)과, 동경학예대학소장의 작품(50cm×71cm), ② 초판후
쇄(ベロ藍 : 화학염료를 사용한 짙은 남색. 線에 빈 공간・여백이 있음)로써, 1855년(安
政二) 간행이라고 판단되는 도요하시시 후타가와슈쿠 혼진(豊橋市二川宿本陣)
자료관소장의 작품이 이에 해당한다.

[2] 《浮世道中膝栗毛滑稽双六》一立齋廣重畵・板元 照降町 惠比壽
屋庄七・改印 : 改・卯五(1855년(安政二) 5월 간행. (이하《우키요浮世》라고
약칭하겠음). 본 연구서의『동해도 도보여행기』텍스트인 소학관전집『東
海道中膝栗毛』권두그림에는 나가무라 유기히고(中村幸彦)가 해설한 이 작
품《우키요浮世》가 사용되고 있다. 그러나 나카무라가 싣고 있는 작품(45.5
cm×70cm)은 색채를 보건데, 메이지(明治)시대의 후쇄이다. 한편 초판초쇄라
고 여겨지는 작품도 현존한다. 즉, 동경도립중앙도서관소장 작품(청구번호 :
061－S55, 48cm×71cm)이 그것이다. 초판초쇄인지는 확실치 않지만, 메이지

시대 인쇄한 것이 아니라 적어도 에도 시대 말기에 인쇄한 것임에는 틀림 없는 요코하마시 역사박물관소장의 작품(50cm×71cm)과 아라이 세키쇼(新居 関所)자료관소장의 작품(49.5cm×72.6cm) 또한 현존한다.

[3] 《伊勢參宮膝くりげ道中壽語錄》廣重狂畵・板元 山城屋甚兵 衛・改印：改・卯五(1855년(安政二) 5월 간행. (이하《이세伊勢》라고 약칭하겠 음). 이 작품에는 두 종류가 현존한다. ① 초판후쇄(선에 여백)라고 판단되는 동경대학南葵문고소장의 작품(47(41)cm×70(61)cm)과, ② 초판인지 판정은 불확실하나 후쇄임에는 틀림없는 동경도립중앙도서관소장의 작품(청구번 호：103−S1, 43cm×66cm, 袋付き・袋는 25cm×21cm)이 있다.

[4] 《新板膝栗毛道中双六》歌川重宣畵・山城や甚兵衛・改印： 改・辰九(이하《신판新板》이라고 약칭하겠음). 1856년(安政三) 9월의 출판허가 도장이 찍혀 있으나, 동경도립중앙도서관소장의 이 작품(청구번호：478−S1, 36cm×49cm)은 명치시대의 후쇄이다. 우타가와 시게노부(歌川重宣)는 후에 2 대 히로시게(二代広重)를 습명한다.

[5] 《しんはん東海道鬱散双六》丸竹・江戸れいかんじま志保丁・竹 内孫八板・改印：極(이하《기산지鬱散》라고 약칭하겠음). 동경도립중앙도서 관소장의 이 작품(청구번호：5247−S5)은, 1834년(天保五) 가을에 간행된 초쇄 라고 생각된다. 크기는 46(40)cm×67(60)cm.

이상 5종의 그림주사위판을 주 연구범위로 하는 바, 권두그림에도 게재 하고 있다. 다음 우키요에 시리즈 2종은 그림주사위판은 아니지만, 도보 여행기 패러디그림의 최대양산작자인 히로시게의 가장 유명한 우키요에 3작품이고, 본 절 연구대상 작품들과 영향관계가 엿보이므로 범위에 넣고 자 한다.

[6] 《東海道五拾三次》(広重画大判錦絵, 保永堂版, 1833년(天保四)〜1836년(天保七) 간행설이 유력함)

[7] 《道中膝栗毛》《膝栗毛道中雀》(広重画大判錦絵, 1830년대 간행된 시리즈)

이 밖에도 본론에서 언급하지는 않겠지만, 비교적 이른 시기에 간행된 동해도 도보여행기물 그림주사위판으로는 다음 3종을 들 수 있다.

[1] 1856년(安政三) 간행, 立川齋國郷畵《東海道五十三次道中双六名物入》

[2] 1859년(安政六) 간행, 一英齋芳艶畵《東海道五十三次滑稽双六》

[3] 1860년(万延元) 간행, 一惠齋芳幾畵《五十三驛東海道滑稽双六》

그리고 졸고에서 논한 바 있는 『동해도 도보여행기』의 후속 작품으로는 다음 개판본 골계소설과 합권을 들 수 있다.

[4] 改板本『東海道中滑稽五十三驛』(1862년 간행, 椀屋喜兵衛외 출판, 동경대학待鳥文庫소장)

[5] 합권『繪本膝栗毛』(溪斎英泉画, 1840년대 간행, 鳥居フミ子編『ソウル大学校所蔵近世芸文集』第六巻[勉誠出版, 2000 所収)

(5) 선행연구

본 연구에서는 『동해도 도보여행기』 초판본 텍스트로써 일본고전문학전집 『東海道中膝栗毛』를 채택하는데, 한편 이 책 권두그림에 나카무라 유키히코(中村幸彦)가 해설한 《우키요浮世》(《浮世道中膝栗毛滑稽双六》)가 실려 있다. 이《우키요浮世》는 여러 그림주사위판 중에서도, 오늘날까지 오쿠노(奧野카르타 서점에서 판매되고 있을 정도로 일반인에게 잘 알려진 그림주사위판이다. 그런데 문제는 나카무라가 싣고 있는 이 작품(45.5㎝×70㎝은 색채로 보아, 메이지 시대의 후쇄라는 점이다. 따라서 에도문학의 최고 권위자인 나카무라조차 후쇄를 권두에 싣고 있을 만큼, 그림주사위판 작품 군이 일본학계에서는 연구되고 있지 않다는 증거가 된다. 왜냐하면 초판초쇄(初版初摺)라고 여겨지는 同 작품도 일본 각지에 현존하기 때문이다.

아울러 나카무라는 위 책 해설에서 "《우키요浮世》(《浮世道中膝栗毛滑稽双六》)의 어느 장면이 원화(原話)의 어느 장면으로부터 전용되어지고 있는지에 대해 해설하는 것은 촌스럽기 그지없다. 독자여러분 나름대로 판단하십시오"라고 하고 있는데, 이 발언 태도야말로 현재 일본문학계의 그림주사위판에 대한 선행 연구시각, 아직도 변함없는 편견을 단적으로 시사하고 있다.

위 소학관 전집 『동해도 도보여행기』가 발행되던 1975년 시점이라면, 나카무라가 단언한 대로 고전지식이 그야말로 상식이었던 독자들이 많았기 때문에, 《우키요浮世》(《浮世道中膝栗毛滑稽双六》) 정도는 정확하게 감상하는 능력이 있었을 수도 있다. 그러나 근세문학 전공 연구자인 동시에 『幕末・明治の繪双六』(加藤康子・松本倫子編著, 国書刊行会, 2002)의 저자로써, 현재 학계에서 가장 왕성하게 그림주사위판에 대한 연구 활동을 하고 있는 가토 야스코(加藤康子)조차 「그림주사위판에 보이는 서민문화 공간(「絵双六に見られる庶民文化の空間」(『日本文学』 53, 日本文学協会, 2004.10)이라는 논문에서, 오해에서 비롯되는 해설을 덧붙이고 있다는 안타까운 실정이 있다. 이러한 오해가 생기는 첫 번째 원인은 전거가 되는 원작 『동해도 도보여행기』의 오독에서 비롯된다.

그 밖에 주목할 만한 선행연구로, 다카하시 쥰지(高橋順二)의 『日本繪双六

集成』(柏書房, 1994), 도요하시시 후타가와슈쿠 혼진(豊橋市二川宿本陣)자료관에서 전시회 자료집으로 펴낸 『道中双六』(和田実해설, 1998), 마스카와 고이치(増川宏一)의 『双六』II (法政大学出版局, 1995), 기타가와 히로코(北川博子)의 「上方における双六と役者繪」(『浮世繪芸術』 150号, 国際浮世繪学会, 2005.7), 졸고 「〈膝栗毛もの〉の繪双六 『しんはん東海道艷散双六』・『五十三驛滑稽膝栗毛道中図會』の位置付け」(『浮世繪芸術』 159号, pp.48~61, 國際浮世繪學會, 2010.1) 등이 그림주사위판을 직접적으로 다룬 대표적 선행연구이다.

그림주사위판에 대해서 직접적으로 언급하지는 않았지만, 졸고 「浮世繪に見る 『東海道中膝栗毛』滑稽の旅」(『浮世繪芸術』 151号, 国際浮世繪学会, 2006.2)에서는,『동해도 도보여행기』를 제재로 하는 히로시게의 우키요에를 고찰하면서, 미디어의 차이로 인해서 판본삽화와 회화에서는 묘사하고자 하는 포인트가 달라진다는 것을 논증하고 있으므로, 본 연구에서도 참고할 만하다. 졸고 「〈膝栗毛もの〉作品群の書誌ーその図様継承史の一環として一」(『国語国文』 923号, 京都大学文学部国語国文学研究室, 2011.7)에서는《동해도 도보여행기물》50종의 서지를 고찰하고 있다. 또한 스즈키 주조(鈴木重三)・기무라 야에코(木村八重子) 편저의 『保永堂版 廣重 東海道五拾三次』(岩波書店, 2004)는 그림주사위판에 대한 직접적 연구서는 아니지만, 본 '2)《동해도 도보여행기물》 주사위판그림(絵双六)의 계승'의 고찰 태도인, 표상문화론으로 풍속하를 읽어내고자 할 때, 가장 적합한 방법으로 히로시게의 우키요에에 담긴 풍속을 세밀하게 읽어내고 있으므로 꼭 참조해야 하는 선행연구서이다.

다시 말하면, 그림의 미적형식에 대한 연구가 아니라 그림이 전하고 있는 풍속에 대한 표상 문화론적 연구로서, 주사위판 그림을 통해 에도 시대

풍속에 대해 읽고자 할 때, 다음과 같은 국내연구서들도 좋은 길잡이가 되어준다. 국문학 및 한문학전공자인 김현주의『판소리와 풍속화 그 닮은 예술세계』(효형출판, 2000), 강명관의『조선시대 문학예술의 생성 공간』(소명출판, 2001),『조선 사람들 혜원의 그림 밖으로 걸어 나오다』(푸른역사, 2004)가 그것이다. 또한 우키요에를 다룬 국내석사학위 논문이 다섯 편 정도 있으나, 번역서를 참고한 용어의 오해가 있었고, 내용적 측면에서도 기존 우키요에史를 발췌한 것에 지나지 않은 면이 있으므로, 참고할 만한 선행연구에서 외람되나 제외시킨 바이다.

2)《동해도 도보여행기물》주사위판 그림(絵双六)의 계승

이치엔사이 구니마스(一猿斎国升)가 1848~1854년(嘉永期)에 간행했다고 필자가 추정(졸고「《동해도 도보여행기물》그림주사위판《신판 동해도울산주사위판》·《53역참골계 도보여행기 그림》의 위상」)하고 있는 그림주사위판《53역참골계 도보여행기 그림(五十三駅滑稽膝栗毛道中図会, 《즈에図会》)》의 구성은, 에도 간다 핫초보리(神田八丁堀)를 출발점(振出し)으로 53역참을 돌고 돌아서 교토를 도착점(上り)으로 하고 있다. 골계본『동해도 도보여행기(正編)』18권의 에피소드를 55개의 구획 칸에 나누어 그려서 한 장짜리 다색목판화(錦絵)로 완성하고 있는 것이다.

골계본『동해도 도보여행기』는 19세기 이후 일본인들에게 가장 친숙한 고전 작품 중 한가지로, 수많은 추종 작품들이 제작되어 이러한 상품들을 통하여 향수되었다. 그러한 추종 무리 중에 그림주사위판 그룹이 존재한다. 에도희작(江戶戱作)이라고 하는 장르 자체가 세계적으로 특이한 존재이지만, 나아가 소설을 소재로 하는 그림주사위판의 발달은 더욱더 전 세계적으로도 유사한 예를 찾아보기 어려운 존재가 아닐까 생각한다.

골계소설『동해도 도보여행기』(正編) 18권이라는 방대한 분량을, 화공이 한 장짜리 그림주사위판으로 엮고자 할 때 에피소드의 취사선택을 고민했으리라. 그림주사위판에 향수된 에피소드에는 과연 어떠한 특징이 있을까. 현대 일본인들에게 상기되는 야지기타의 유머러스한 이미지에는 이와 같은 회화의 도상에 기인하는 바가 크다는 사실을 여실히 보여줄《동해도 도보여행기물》그림주사위판 중에서도, 문장이 가장 많이 기입된《53역참골계 도보여행기 그림(五十三駅滑稽膝栗毛道中図会)》(이하《즈에図会》라고 약칭)을 기준으로, 영향관계가 보이는 그림주사위판 및 풍속화, 원본의 판본 삽화에 대하여 55칸 전체를 논하고자 한다.

그림주사위판의 지문은 번각본이 없으므로 필자의 전적인 해독에 의하는바 오독이 있을 수 있음을 밝힌다(판독 불가능한 부분은 ○으로 표시).

(1) 출발 : 니혼바시(日本橋 : 현재 동경도 니혼바시구)

《즈에図会》는 간다 핫초보리(神田八丁堀)를 출발점(ふりだし)으로 한다.

도치멘[杤麺]¹⁴ 가게의 야지로베[弥次郎兵衛] 혼례를 올리는 장면.
여자 "정말 이모히치씨, 여러모로 신세를 졌습니다."

〈도판 3〉 《즈에図会》 간다 핫초보리

야지 "헌데 혼례식은 끝났는데 예의 지참금은 어찌 됐나? 이모시치씨 잘 부탁합

니다."

이모시치 "아차, 그런데 오늘밤에는 맞출 수 없겠네. 내일은 받아서 곧 가져오게

할 테니까."

(문밖에서 기타하치) "세상없어도 오늘밤 안으로 돈 열다섯 냥 마련하지 못하면

큰 낭패인데, 야지씨 어떻게 해 줄 거야. 맙소사, 이것 참 큰일 났네."[15]

《즈에図会》의 이 장면은 골계본 『동해도 도보여행기』 발단의 에피소드

에 입각하고 있다. 멜대상인(棒手振り)[16] 이모시치의 중매로 여자의 지참금

14　칠엽수 열매 가루에 밀가루와 쌀가루를 섞어 메밀국수처럼 만든 식품.

15　「ふりだし・神田八町堀・とちめんや弥次郎兵衛こんれいの所」「や√ときにしうぎハすみやし
　　たが、右のちさんきんハどふだね、いも七さんよろしくおたのみもうしやす。いも七√おっと
　　しだが、こんやハまにあはねへ。あすハとってすぐともってよこすから。女√こりゃいもひち
　　さん、なにかとおせはさまでございましたヨ」(外の北八)√なんでもこんや中に十五両の金がな
　　くてハ大しくじり、だが弥次さんどふしてくれるのだ。イヨこいつハ大へんた。

열다섯 냥을 노리고 산달이 가까운 만삭의 오쓰보(お壺)를 맞아들여 혼례를 치룬 밤, 장소는【간다의 핫초보리 골목길에서 셋방살이하는 야지로네 집】[17]이다.【야지 "이봐 이모시치 지참금 소식이 없는데 어찌된 영문인가?" 이모시치 "그건 문제없네. …… 내일 점심 무렵에 영감(隱居)네로부터 틀림없이 온다고 하네"】호언장담하는 이모시치가 돌아가자,【"요전부터 자네에게 부탁한 열다섯 냥의 돈, 내일은 매상을 정리하는 날이므로 무슨 일이 있더라도 내일 아침까지 내가 탕진한 손실을 메워놓지 않으면 안되네"】라며 기타하치가 방문한다. 야지는 새 마누라가 기타하치에게 발견되면 일이 복잡해질까 봐 궤 속에 숨겨 두고 있었는데, 원작 삽화(〈도판 4〉)에서는 야지기타가 대화를 나누고 있을 때 오쓰보가【궤 안에서 뚜껑을 밀어 열고】복통을 호소하는 장면이 그려진다.

《즈에図会》와《우키요浮世》의 도안은 이 원작 삽화의 구상을 참조하면서도 이야기 흐름에 있어서 원작삽화보다 전 단계, 즉 야지와 오쓰보가 이모시치의 중매로 혼례를 올리고 밖에서는 기타하치가 엿보는 장면을 묘사하고 있다. 셋방살이하는 가난한 야지로의 처지가, '호리(ほり)'라고 쓰인 폐지(反古紙)로 벽의 균열을 감추고 있는 그림에서 잘 나타난다. 또한《우키요浮世》는 이《즈에図会》의 긴 본문만 제거한 판본을 그대로 사용하고 있음을 동일한 도상을 통하여 알 수 있다.

《즈에図会》보다 약 14년에서 20년 정도 앞서 발행된 그림주사위판《기사지鬱散》에서는,【니혼바시・시나가와까지 20리(日本橋・品川ヘ二里)】,【성・후지

<hr>

16 멜대의 양 끝에 생선, 채소 등을 담은 광주리를 메고 팔러 다니는 상인.
17 神田の八丁堀に、新道の小借(こじゃく)家住居(すまい)の弥次郎宅

〈도판 4〉 발단 삽화(야지기타와 오쓰보)

산 보이다(御しろふじやまみゆる)]라는 지문을 넣어 후지산과 에도성(江戸城)을 배경으로 니혼바시(日本橋)를 건너는 영주님(大名)행렬을 그리고 있다.

히로시게가 《우키요浮世》와 동시에 그린 《이세伊勢》에서는【니혼바시・야지로 기타하치 에도를 새벽4시경 출발(日本橋・弥二郎喜多八江戸なゝつ立)】, 《우키요浮世》・《이세伊勢》보다 일년 뒤에 발행된 《신판新板》에서는【니혼바시・야지로 기타하치 에도를 새벽4시경 출발]로, 《신판新板》은 《이세伊勢》의 지문을 그대로 모방 답습하고 있으며, 도안도 흡사하다.

위 그림주사위판 중에서 《기산지鬱散》・《이세伊勢》・《신판新板》은 실제로 동해도를 여행하고자 할 때 출발점이라고 할 수 있는 니혼바시를 출발지로 그리고 있으나, 원작 『동해도 도보여행기』 발단 및 초편에 니혼바시라는 지명은 보이지 않는다. 따라서 원작에 충실한 출발을 하고 있는 것은 《즈에図会》와 《우키요浮世》라고 할 수 있다.

(2) 제1역참 : 시나가와(品川 : 현재 동경도 시나가와구)

> (기타하치) "이봐 야지씨, 이것저것 몽땅 팔아치우고 이렇게 나오니 참 좋잖아."
> 야지 "그렇지. 핫초보리 집 중에서도 독채였으니까 말이여,[18] 이세참배부터 해서 관서지방까지 구경할 정도의 여비는 충분하지 뭐. 자, 여행 도중에 맘껏 익살을 떨 작정이니까, (각오는) 됐겠지? 어서 걷자고."[19]

이 《즈에図会》와 《우키요浮世》의 〈시나가와〉는, 『동해도 도보여행기』 초편의 【가진 재산 전부 팔아 보따리 행장에 둘러메니 마음 편하다(身上のこらず、ふろしき包となしたるも心やすし)】를 의식한 문장표현과 그림이라고 할 수 있다. 또한 이 《즈에図会》와 《우키요浮世》의 〈시나가와〉는, 《이세伊勢》의 【니혼바시 · 야지로 기타하치 에도를 새벽4시경 출발】하는 장면과 도안의 전체적인 분위기가 유사한데, 예를 들면 야지기타의 동작, 멜대상인 등의 모습이 비슷하게 묘사된다.

그런데 원작 『동해도 도보여행기』의 시나가와 역참에서는 사건이 그려

---

18 허풍을 떨고 있음. 출발점에 그려진 야지의 방은 벽에 간 금을 종이로 발라서 숨기고 있을 정도였음.
19 「品川」「(北八)√コウ弥次さんなにもかもぶちうって、こうしてでたところハ、とふもいゝじゃねへか。ヤ√そうヨ八丁ぼりのいてても一けんの内だもの。まアいせさんくうから上がたまでけんぶつぐらへのろぎんがたくさんだハナ。なんとどう中ハ十ぶんにしゃれるつもりだから、いゝかねサアあるきなせへ。」

〈도판 5〉《즈에図会》 시나가와

지지 않는다. 야지기타가 교카(狂歌) 한 수를 읊을 뿐이다. 따라서 《이세伊勢》·《신판新板》의 〈시나가와〉는 원작의 가나가와(神奈川)역참에서 있었던 사건을 차용하고 있다. 《이세伊勢》의 【시나가와·이세참배길의 아이에게 떡을 빼앗기다(品川·いせ参の子どもに餅をとられる)】의 문장을 축약해서 《신판新板》은 【시나가와·이세참배객에게 떡을 빼앗기다(品かわ·いせ参りにもちをとられる)】라고 하고 있으며, 도안 또한 상호 비슷하다.

《기산지鬱散》에는 【시나가와·가와사키까지 25리, 가즈사 보슈도 보인다(品川·カワサキへ二り半 かづさもぼうしうもみゆる)】라는 표현과 더불어, 바다쪽으로 쑥 튀어나온 지붕 딸린 난간에 서서 아와 가즈사(安房上総) 부근을 가리키는 남자와 놀란 듯한 모습의 남자가 그려진다. 원작 『동해도 도보여행기』 초편·가나가와 역참의 풍경을 《기산지鬱散》에서는 이처럼 시나가와

로 앞서 가져와 버렸다고 할 수 있다. 【여기(가나가와)는 길 한쪽에 찻집이 늘어서 있었는데 어느 집을 보든 2층 객실에다, 난간이 붙어있는 복도에다, 건물사이를 잇는 다리 등이 있어 바닷가 전망이 두말 할 나위 없이 좋은 곳이다】[20]라는 원작의 설명에 충실한 그림과 문장이라고 할 수 있겠다.

(3) 제2역참 : 가와사키(川崎 : 현재 가나가와현 가와사키시 가와사키구)

기타하치 "누님 어때요? 제 부탁을 들어줄 생각은 없는감요?"

(비구니복장의) 여자 "그 쪽은 터무니없는 사람이랑께. 오호호호 오호호호~"

야지(가 여자에게) "담배 한 모금 빌려주게나. 자네들은 어디로 가나? 우리와 함

〈도판 6〉《즈에図会》가와사키

20 愛(神奈川)は片側に茶店(ちゃや)軒をならべ、いづれも座敷二階造(づくり)、欄干つきの
廊下桟(かけはし)などわたして、浪うちぎはの景色(けいしょく)いつだてよし

〈도판7〉 4편 상 삽화

께 묵는 건 어떤가?"[21]

이 《즈에図会》와 《우키요浮世》는 『동해도 도보여행기』 4편 상·후타가와(二川)에서 있었던 사건을 앞선 가와사키 역참에서 사용하고 있다. 원작 4편 상의 해당 부분을 보자. 【그러는 동안 앞서거니 뒤서거니 가는 비구니는 나이도 아직 스물 두셋, 다른 한명은 중년, 열한 두 살의 어린 비구니와 더불어 세 사람이 동행한다. 그 중에서 젊은 비구니가 기타하치에게 다가

21 「川さき」「北√あねさんどふだおれがたのみを(「き」の脱字?)いてくれるきハねへかね。女√こんたハばかけた人さねヲホゝゝ／＼。ヤ√一ふくかしてくんなせへ、おめへたちハとけへいくのた、おれらと一しょにとまるハとふたナ」

오더니 "여보세요 불은 없으신지요?" 기타하치 "네네 지금 붙여 드리지요. …… 자 드시죠. 헌데 당신들은 어디에 가시나요? …… 오늘밤 함께 묵고 싶군요." …… 비구니 "그것 참 감사합니다. 저기요 부디 담배 한대 주시와요."]²² 그러나 찻집에 다다르자 비구니들은 옆길로 냉큼 들어가 버리는 것이었다.

《즈에図会》에서는 담배를 부탁하는 사람이 비구니에서 야지로 바뀌고 있으며, 따라서 담배를 얻으려고 비구니가 적당히 맞장구치고 있었던 원작의 취지와도 다른 이야기가 전개되고 있다. 원작의 기타하치의 대사를 《즈에図会》에서는 야지가 말하도록 화자도 변경시키고 있다. 《즈에図会》의 기타하치와 여자의 대사는 원작에서는 구사되고 있지 않으므로《즈에図会》의 창작이라고 할 수 있다. 또한 원작에서는 승려가 보이면 상대방의 짐을 대신 들어주는 '승려들기(坊主持ち)'라고 하는 게임을 펼치고 있던 와중에 일어난 사건이었으므로, 원래 스토리에 충실하기 위해서는 야지가 기타하치의 봇짐까지 전부 짊어지고 있어야 하는데,《즈에図会》에서는 각자 자신의 짐을 어깨에 메고 있다. 《즈에図会》의 비구니는 국자(柄杓), 손등 싸개(手っ甲), 앞치마(前垂れ)차림이다.

이 《즈에図会》〈가와사키〉의 도상은 《이세伊勢》〈오키쓰(興津)〉의 도상과 비슷하며, 원작『도보여행기』삽화(〈도판 7〉)와는 조금 다르다. 당시 비구니는 일반적으로 세 사람이 동행하기 마련인데, 원작『도보여행기』삽

---

22 「此内あとになりさきになり行びくには、まだとしも廿二三、今ひとりはとしま、十一二の小びくにともに三人づれ、中にもわかいびくにが、きた八のそばへよって、「モシあなた火はおざりませぬか。北八「アイ／＼今うってあげやせう …… サアおあがり。時におまへがたアどけへいきなさる。 …… 今夜一所に泊てへの。 …… びくに「それはありがたふおざります。モシどふぞお多葉粉を一ッぷくくださりませ。」

화(〈도판 7〉)로부터 《즈에図会》〈가와사키〉, 《이세(伊勢)》〈오키쓰〉의 도상까지 전부 두 사람이 동행하는 것처럼 묘사된다. 단발머리 스타일로 머리를 자르고 두건을 쓰고 있는 것은 공통점이다.

히로시게는 B4크기(大判) 채색판화(錦絵)〈동해도53역참 중 누마즈 황혼도(東海道五拾三次之内 沼津 黄昏図)〉(『保永堂版 広重 東海道五拾三次』所載本. 이 책에서 1833년(天保四)~1836년(天保七) 간행으로 추정)에서, 한 명의 곤삐라(金比羅)참배객과, 두 명의 비구니를 그리고 있다. 이 비구니 두 명에 대해서 종래에는 순례(順礼), 또는 이세참배객(拔け参り)[23]이라는 해설이 행해지고 있었는데, 이에 대해 스즈키 주조(鈴木重三)는 도판 해설에서 다음과 같이 반론을 제기하고 있다. "그러나 나는 다른 견해이다. 도판의 두 사람은 삿갓 아래로부터 후두부를 뒤덮는 천을 늘어뜨리고 있다. 이는 비구니의 복장이다. 더욱이 비구니라고 추정하는 근거로 이전부터 때때로 인용했던 잇쿠(一九)의 『속편 도보여행기(続膝栗毛)』4편 권두그림(口絵)〈여행 도중 오고가는 모습(道中ゆきかいぶり)〉에서 '비구니'라고 옆에 적고 회화풍(戯画風)으로 그린 풍속도가 있는데, 모습이 상당히 닮아있다. 히로시게는 (잇쿠의) 이 도판에서 힌트를 얻어 그렸을 가능성이 높다. …… 국자(柄杓)는 시주를 받는 용도, 어린 아이를 동반하기 때문에 모녀라는 해석이 주로 이루어지나, 소비구니(小比丘尼)라고 하는 제자를 동반하는 것이 보통이므로 그와 같이 해석하고자 한다"[24]라는 의견에 필자도 전적으로 동의하는 바이다. 왜냐하면『동

---

23 누케마이리(拔け参り) : 부모나 주인의 허락 없이 집을 빠져 나와 이세신궁에 참배하던 일. 참배하고 돌아와도 묵인해 주는 것이 관례였음.

24 「しかし私は今ひとつ別見解をもつ。図の両名は笠の下から後頭部をおおって布を垂らしている。これは比丘尼の服装と見る。しかも比丘尼と推定する裏付けに、前々から適時援用した一九の『続膝栗毛』四編口絵「道中ゆきかいぶり」に、「比丘尼」と傍記して戯画風に描いた風俗図が

해도 도보여행기』 4편 상·후타가와의 지문,《즈에圖会》와《우키요浮世》
의〈가와사키〉,《이세伊勢》의〈오키쓰〉의 도상이 스즈키의 견해, 즉 모녀
가 아니라 비구니라는 설명이 맞다는 것을 보여주기 때문이다.

　한편 원작『동해도 도보여행기』의 가와사키 역참에서는 어떤 사건이
있었을까. 야지기타는 만넨찻집(万年屋)에서 찻집 장식품과 여종업원에 대
해 농담을 하고, 영주님(大名)행렬을 보면서 시시덕거리고, 마부끼리 주고
받는 색정이야기를 주워듣는다.《이세伊勢》【가와사키·만넨찻집에서 술
잔치 두 사람 농담하다(川崎·万年やにて酒もり両人しやれる)】와,《신판新板》
【가와사키·만넨찻집에서 두 사람 농담하다(川さき·萬年やにて両人しやれ
る)】는 문장과 그림이 서로 유사한 가운데, 바로 원작의 가와사키역참 만넨
찻집에서 있었던 일화에 입각하고 있음을 알 수 있다. 즉 원작에【붕어가
소면을 먹는 거라고 생각했다(鮒がそうめんをくふのかとおもった)】는 등등의
익살(駄洒落)을 떠는 장면이 있다. 골계스런 사건이 펼쳐지지 않았는데도
불구하고 그림주사위판《이세伊勢》와《신판新板》에서 이 장면을 채택하고
있다는 것은, 만넷찻집에서의 말장난이 그만큼 당시 독자들에게 숙지된
유명한 농담이었기 때문이 아닐까 하고 생각한다.

　《기산지驥散》〈가와사키·가나가와까지 25리(川崎·カナ川へ二り半)〉의
본문은 판독이 불가능한 가운데, 그림은 잇쿠(一九)가 직접 그린『동해도
도보여행기』초편·가와사키 역참의 바닷가 풍경 삽화를 일부 사용하면
서도 바다가 아니라 '강'처럼 바꿔 그린 풍경화이다.

あり、風体がはなはだ似通う。広重はこの図からヒントを得て、転化した可能性が高い。
…… 柄杓は勧進の布施(ふせ)受け用、小さい子を連れ立っているため、母子の解釈がもっぱら
だが、小比丘尼という弟子を伴うのが常だからそのように解したい」

〈도판 8〉《즈에図会》가나가와

(4) 제3역참 : 가나가와(神奈川 : 현재 가나가와현 요코하마시 가나가와구)

(야지가 이세참배 꼬마에게) "네놈들은 오슈[奥州 : 현재 아오모리현] 출신이구나. 나도 오랫동안 그 쪽에 있었으니까 모두 잘 알고 있지."

(기타하치) "이봐 야지씨 관둬. 당신 아까부터 그 녀석들에게 속아서 떡을 빼앗기고 있다고."[25]

<hr />

25 「かな川」「(弥次)√てめへらゝおうしうのうまれかね、おれもなからくあつちにいたものだから、みなよくしつていらアナ。(北八)√これやちさんよしなせへ、おめへさつきからあいつらにかつかれて、もちをとられていらアナ」

《즈에図会》와 《우키요浮世》의 〈가나가와〉는, 『동해도 도보여행기』초편·가나가와 역참의 에피소드를 그대로 이용하고 있다. 【열 두 세살 정도로 보이는 이세신궁 참뱃길 꼬마가 앞서거니 뒤서거니 하면서 따라온다. 이세참배 "어르신네, 일문만 주시라요. …… 지는 오슈(奧州), ……" 야지 "나도 너희 쪽에 살았었지. …… 어떠냐 꼬맹아, 아주 잘 알고 있지?" 이세참배 "예예"라며 떡을 덥석덥석 삼킨다. 그러는 동안 동행인 이세참배소년이, 이 또한 앞머리를 밀지 않아 열 너 댓살쯤으로 보이는 소년 …… "먼저 떡을 사주시라요. 그렇지 않음 당신이 하는 말은 맞지 않을 것이래요." …… 기타하치 "이거 제대로 한방 먹었군."】[26]이라는 원래 에피소드의 핵심을 놓치지 않고,《즈에図会》〈가나가와〉에서는 적확하게 요약해서 표현하고 있다고 할 수 있다.

원작 에피소드에 의하면 떡을 한입 가득 물고 있는 꼬마는 조마쓰(長松)로, 즉 좌우의 귀 부분 또는 뒤쪽까지 두 군데 또는 세 군데의 머리카락만 남기고 다른 곳은 민 머리스타일로, 앞머리(前髮)보다도 더 어린 유아의 헤어스타일인 얏코 머리스타일이어야 하며, 야지에게 【제게도 떡을 사 주시라요(わしにももちよヲかってくれさい)】라고 조르는 소년은 머리의 중앙을 밀지 않고 이마위의 머리를 세워 모아서 묶은 미성년자의 머리형인 앞머리(前髮) 스타일이어야 하는데,《즈에図会》와 《우키요浮世》의 〈가나가와〉도안에서는 헤어스타일로 미루어 보건데, 먹고 있는 소년과 조르고 있는 소

26 十二三才ばかりのいせ参跡になり先になりて、イセ参「だんなさま、壱文くれさい …… わしらア奧州。 …… 弥二「おいらも手めへたちの方に居たもんだ。 …… なんと小ぞう、よくしっているだろふ。 イセ参「アイ／＼」ともちをしてやる。この内つれのいせまいり、これも十四五のまへがみ、 …… 先もちよヲかってくれさい。そふせないけりゃア、こんたのいふことがあたり申さない。 …… 北八「こいつはかつがれた」

년이 원작과는 바뀌어 이용되고 있음을 알 수 있다.

앞서 살펴 본《이세(伊勢)》의 〈시나가와(品川)〉에서는, 소년이 세 명이나 등장하고 있었다. 이 중 떡을 한가득 입에 물고 있는 소년은 어린 유아풍의 얏코 머리스타일, 떡을 조르고 있는 소년은 앞머리를 남긴 스타일로 보건데, 원작에 가까운 설정이라고 할 수 있다.

한편《이세(伊勢)》의【가나가와・에도의 불량배와 싸워서 말똥을 내밀어지다(神奈川・江戸のいさみとけんくわしてまくそをつきつけらるゝ)】와《신판(新板)》의【가나가와・말똥을 내밀어지다(神奈川・馬くそをつきつけらるゝ)】는 앞선 경우와 마찬가지로 전자의 문장을 축약해서 후자가 사용하고 있으며, 도안 또한 서로 흡사하다.

원작『동해도 도보여행기』초편의 가나가와 역참에서는 식당의 미녀종업원과 술안주거리 생선을 둘러싸고 벌어지는 일화 다음에, 이세참뱃길 소년에게 속아서 떡을 사주는 일화가 주를 이룬다. 가나가와로부터 33역이나 나중 역참인『동해도 도보여행기』4편 하 아카사카(赤坂) 역참에서 발생하는 에피소드를,《이세(伊勢)》와《신판(新板)》의 〈가나가와〉에서는 미리 차용하고 있는 것이다.

원작 4편 하에서【일행이 세 사람인 여행객, 이들도 에도사람으로 보여 조금 불량배기질(三人づれの旅人、是もゑどものと見へて、すこしいさみ肌)】인 그들이 어젯밤 자신의 꼴불견 소동을 조롱하는 것을 듣고 화가 치민 야지와 시비가 붙는다.【…… 여행객 "똥 먹어라!" 야지 "뭐 똥을 먹으라고! 이것 참 재밌네, 먹을 테니 쳐갖고 와 봐"라고 야지로 까매져서('빨개져서'의 역설법) 기를 쓴다. 그러나 상대는 혈기왕성한 불량배패거리, 말똥을 지팡이 끝에 걸치고, "자 갖고 왔으니까 먹어먹어!" 야지 "아니 말똥은 싫다!" 여행

〈도판9〉 4편 하 삽화

객 "싫다니 가당치 않은 소리! 무슨 일이 있더라도 먹지 않으면 안 되지"라며 셋이 달려들어 야지로를 윽박지른다. 우스워하며 보고 있던 기타하치 끼어들어, 기타하치 "이거 참 정말 죄송합니다."]²⁷

이 장면의 원작삽화(〈도판9〉)를 의식한 듯한 도상을 《이세(伊勢)》·《신판

²⁷ 「 …… 旅人「くそをくらへ。弥次「なんだくそをくへ。コリャおもしろへ。くふべいからもって うしやァがれ。卜弥次郎まっくろになってりきむ。されどあい手は、けっきさかんのいさみで やい、馬のくそをつゑのさきにつっかけ「サアもってきたからくらへ／＼。弥次「イヤ馬のくそ はきらひだ。旅人「きらひといふことがあるものか。是非(ぜっぴ)くはせにゃアおかぬ、卜三人 かゝって弥次郎を手ごめにする。きた八おかしく中へはいり、北八「イヤもふ御めんなせへ」

新板》의 〈가나가와〉는 그리고 있으나, 단 원작삽화가 사건의 발단을 표현하고 있다면, 그림주사위판 쪽은 사건의 클라이맥스를 표현하고 있다는 점이 다르다. 즉 말똥을 지팡이 끝에 걸치고 야지에게 들이미는 불량배와, 끼어들어 중재를 하는 기타하치가 그림주사위판에서는 그려지고 있다. 무대배경이 원작삽화에서는 '밭'이었는데, 가나가와 역참에 맞추어 '바다' 풍경으로 배경을 바꾸는 등, 화공의 세심한 고안이 돋보이는 그림주사위판 장면이다.

이와 비슷한 도상을《즈에図会》에서는 〈에지리(江じり)〉 역참에서 사용하고 있다. 발행순서로 추정하면《즈에図会》〈에지리〉의 도안의 영향을,《이세伊勢》·《신판新板》의 〈가나가와〉가 받았다고 생각할 수 있겠으나, 사건의 클라이맥스를 포착했다는 점은 동일하나, 등장인물의 위치, 인원, 동작, 무대배경 등이 상이하므로 도안을 직접적으로 모방했다고는 하기 어렵다.

히로시게는 B4크기(大判) 채색판화(錦絵) 〈동해도53역참 중 가나가와 언덕풍경(東海道五拾三次之内 神奈川 台之景)〉(『保永堂版 広重 東海道五拾三次』所載本. 이 책에서 1833년(天保四)~1836년(天保七) 간행으로 추정)에서, 수척의 배가 항만에 떠 있는 모습을 그리고 있는데,《이세伊勢》〈가나가와〉의 원경에 산재하는 배 두 척이라든지 산허리가 상호 유사한 부분이 있다.

덧붙여 말하자면 이 〈동해도53역참 중 가나가와 언덕풍경〉 오른 편에는, 찻집 앞에서 호객하는 여자 두 명이 나그네를 무턱대고 잡아끌자 "나그네 한명은 뿌리치는 자세, 또 한명은 끌어당겨지는 자세"(旅人の一人は振り払う姿勢、一人は引き込まれる姿勢, 鈴木重三氏解説)로 그려진다. 『동해도 도보여행기』초편・호도가야(程ヶ谷)의 에피소드가 히로시게의 우키요에 반영된 예로서 유명한 그림인데, 이는 또한《즈에図会》·《우키요浮世》의 〈호

도가야),《이세(伊勢)》의 〈오이소(大磯)〉에도 거리 풍속으로 계승되는 도안이기도 하다. B4 크기 채색판화의 도안이 그림주사위판의 작은 칸(약 사방 4㎝) 도안에까지 영향을 미치는 일례가 될 것이다.

《기산지(蟣散)》〈가나가와・호도가야까지 10리 남짓(神奈川・ホドカヤへ一り余)〉【(맹인) : 아니 지금 업힌 녀석은 뻔뻔스런 놈이다.((座頭)はていまおふさったやつへふといやろうだ)】는,『동해도 도보여행기』3편 하「닛사카・시오이강(日坂・塩井川)」에서 발생한 맹인을 속여서 등에 업혀 강을 건너는 일화를 미리 앞당겨 사용하고 있으며, 원작 삽화를 약간 의식한 듯한 도안을 그리고 있다.

(5) 제4역참 : 호도가야(程ヶ谷 : 현재 가나가와현 요코하마시 호도가야구)

(호객녀에게 나그네1) "그렇게 해선 안 되지! 봇짐이 빠지고 손목이 찢어진다고~ [28] 놔라 놔!"

(호객녀에게 나그네2) "묵고 싶어도 자네들 낯짝을 봐서는 밥을 못 먹겠네." [29].

'손이 빠지고 보따리가 찢어진다'고 말해야 할 것을 당황한 나머지 역으로 말하는 발상은『동해도 도보여행기』에서 작자 잇쿠가 즐겨 사용하는 골계수법인데, 이처럼《즈에(図会)》에서도 원작 분위기를 살리면서 나름대로의 대사를 창작해서 구사하고 있는 것이다.《즈에(図会)》를 그린 화공 이

---

28 '손목이 빠지고 봇짐이 찢어진다고'를 당황해서 거꾸로 말하는 골계.

29 「ほどがや」「(旅人1)√そうしてへいけねエ、ふろしきかもけて、てかやぶれるハア、はなせ／＼。(旅人2)√とまりたくても、きさまらのつらみてへめしか○○エ」

치엔사이 구니마스의 원작 이해도와 문장력을 가늠할 수 있는 부분이다.

이 장면에 해당하는 원작 내용을 살펴보자. 삽화는 없다. 【손님 끄는 여자들이, 마치 가면을 쓴 것처럼 덕지덕지 새하얗게 분칠한 얼굴로, 모두가 우물 정(井)자 무늬 짙은 남색 앞치마를 두르고 있었는데, …… 마부 "네 얼굴을 보니, 호오, 이 말 새끼가 머무르고 싶어 하는구면." …… 나그네 "이봐 손목이 빠진데도!" 호객녀 "손목 따위 빠져도 좋사옵니다. 여기에 머무르세요."】[30]

이와 같이 원작에 비추어 볼 때 《즈에図会》의 〈호도가야〉는, 『동해도 도보여행기』 초편·호도가야 역참의 에피소드를 충실히 재현하고 있음을 알

〈도판 10〉《즈에図会》 호도가야

---

30 「留おんなの顔は、さながら面をかぶりたるごとく、真白にぬりたて、いづれも井の字がすりの紺の前垂を〆たる …… 馬士「おまへのかほを見たら、ソレこのちくしゃうめがとまりたがらア …… 旅人「コレ手がもげらア。 とめ女「手はもげてもよふございます。 おとまりなさいませ。」

수 있다. 《즈에図会》·《우키요浮世》의 〈호도가야〉에서는 호객녀가 원작 설명과 같이 앞치마를 두르고 있으나, 이와 비슷한 도안인 《이세伊勢》〈오이소(大磯)〉의 호객녀는 앞치마를 두르고 있지 않다는 점에서도, 《즈에図会》작자의 세심한 고안을 엿볼 수 있다.

한편 《이세伊勢》〈호도가야(程ヶ谷)〉 역참에서는, 원작 『동해도 도보여행기』 8편 하·오사카(大阪)의 에피소드를 앞당겨 사용하고 있다. 야지기타는 【거름 나르는 영감(こへとりのおやぢ)】에게 천왕사(天王寺) 가는 길을 묻는다. 【"내 뒤를 따라오게나." 기타하치 "에이, 따라오라니 난처하군. 냄새가 역하다 역해." …… 야지로의 소매를 잡아당기며 작은 소리로 기타하치 "저것 봐. 거름통 안에 은비녀 끝이 보여." 그러자 야지로는 그 영감과 이야기를 나누면서 간다. 뒤쪽에서 기타하치는 마침 주변에 있던 대나무쪼가리를 주워 젓가락으로 해서 그 거름통 안의 비녀를 집어 들려고 할 때, 거름 나르는 영감, "어영차" 하고 어깨에 멘 멜대를 바꾸려고 하는 바람에, 기타하치 갖고 있던 젓가락이 튕겨나가 (거름이) 주변에 온통 튀니 야지도 기타하치도 "에이 이거 참 엉뚱한 일을 당하는군." 휴지를 꺼내서 닦는다.】[31]

이상의 원작의 꽤 긴 일화가 《이세伊勢》【호도가야·거름통 밑에 있는 은비녀를 집으려고 해서 거름을 뒤집어쓰다(程ヶ谷·こひたこのしたにあるぎんのかんざしを取らんとしてこひをあびる)】,《신판新板》【호도가야·거름통 밑

<hr>

31 「わしがあとへついてごんせ。北八「ェヽ ついてこいはあやまる。くさい／＼。 ……弥次郎の
そでをひき小ごへに、北八「アレ見ねへ。黄担(こへたご)の内に、銀のかんざしのあたまが見へ
る、ト弥次郎はかのおやぢとはなしながらゆく。うしろのかたにて、北八は、あたりにありあ
ふ、竹ぎれをひろひ、はしとなして、かのこへたごのかんざしをはさみとらんとしたるとき、
こへとりのおやぢ、やっとこさと、かたをかへんとするひゃうし、北八のもちたるはしを、は
ねとばされて、そこらあたりへとばしりかゝれば、弥次も北八も「ェヽ これは、とんだことを
した。はながみを出してふく。」

에 있는 은비녀를 집으려고 해서 거름을 뒤집어쓰다(程ヶ屋・こひたごのした
にあるぎんのかんざしを取らんとしてこひをあびる)】와 같이 간결한 표현으로 요
약 정리되고 있다. 전자와 후자는 동일한 문장에 도상도 흡사하다.

　이《이세(伊勢)》・《신판(新板)》의 〈호도가야〉 그림은, 《즈에(図会)》〈유이(由
井)〉의 도안과 아주 흡사하다. 간행년도로 판단컨대, 원작에서는 삽화로
그려지지 않은 장면을 《즈에(図会)》 작자가 창안하였고, 이를 《이세(伊勢)》가
모방했다고 할 수 있다.

　《기산지(麒散)》〈호도가야・도쓰카까지 20리(程ヶ谷・トッカヘ二り)〉・〈무
사시 사가미의 경계(むさしさかみのさかい)〉는, 다른 그림주사위판들과는 달
리 역참 풍경이 조감도형식의 원경으로 그려져 풍경화 성격을 띠고 있다.

(6) 제5역참 : 도쓰카(戸塚 : 현재 가나가와현 요코하마시 도쓰카구)

　　(야지) "것 참 고맙군. 기타하치 어때, 미남자는 각별하다고~ 아들아, (여종업원
　　과) 잠깐 할 얘기가 있으니까 어디에든 꺼지라고~"
　　(기타하치) "이렇게 함부로 말을 하니 이젠 부자지간 행세도 관뒀다!"[32]

　《즈에(図会)》・《우키요(浮世)》의 〈도쓰카〉는, 『동해도 도보여행기』 초편
도쓰카(戸塚) 역참의 에피소드를 그대로 묘사하고 있다. 야지기타가 부자
지간 행세를 하며 묵은 여관은 【오늘이 개점일(今日がみせ開き)】이라며 술대

32　「〈泊〉とつか」 「〈弥次〉√そいつアありかてへ北八とふたいろおとこハかくへつたろう。せかれ
　　ちっとはなしかあるから、とっちへなといてうせろ。(北八)√コウほん／＼いってハモウおや
　　このしゃれもやめたヨ。」

〈도판 11〉《즈에図会》도쓰카

접을 한다. 여종업원이【술안주를 담은 쟁반(스즈리부타 : 술안주와 요리를 담아 손님상에 놓는 얇고 길쭉한 쟁반)과 술병을 가져와서 …… 받은 술잔을 비우고 야지로베 쪽에 건네는(すゝりぶたてうしをもちいで …… うけたさかづきをほして、弥二郎兵へかたへさす)】원작 본문을, 그림주사위판이 도상으로 표현한 것이 아닐까 생각된다.

원작에서는 여종업원이 야지에게 술잔을 건넨 것을 시샘한 기타하치가 부자지간 약속 파기를 선언하기에 이르는 술자리 장면이 길게 이어지는데, 《즈에図会》는 이 원작 내용으로부터 크게 벗어나지 않도록 간결하게 요약 정리하는 대사를 새로이 창안하고 있다. 단 원작에서는 취기와 질투로 추태를 부리는 아들 기타하치를 말리는 아버지 야지라는 설정이었으므로, 《즈에図会》의 야지의 이 과격한 대사는 원작과는 조금 다른 분위기를

〈도판 12〉 8편 상 삽화

연출하고 있다고 할 수 있다.

한편 《이세(伊勢)》·《신판(新板)》의 〈도쓰카〉는 원작의 도쓰카 역참에서 벌어지는 일화가 아니라, 한참 후인 『도보여행기』 8편 상 「오사카 가와치 여관(大阪河内屋)」의 일화를 앞서 차출하고 있다. 《이세(伊勢)》의 【도쓰카〈숙박〉·과자를 훔쳐서 여안마사에게 빼앗기다(戸塚〈泊〉·くわしをぬすみて女のあんまにとられる)】와, 《신판(新板)》의 【도쓰카〈숙박〉·과자를 훔쳐서 여안마사에게 빼앗기다(戸つか〈泊〉·くわしをぬすみて女のあんまにとられる)】는 문장은 물론이고 도상까지 흡사하다.

원작의 8편 상 「오사카 가와치 여관」에는 삽화〈도판 12〉도 그려지는데,

《이세(伊勢)》・《신판(新板)》의 〈도쓰카〉 도안은 등장인물을 삽화의 과자장수 여자로부터 과자를 훔쳐 먹고 있는 기타하치로 변경하여 과자상자를 펼치고, 전체적 구도의 방향을 바꾼 것 외에는 유사하다. 환언하면, 원작『동해도 도보여행기』삽화는 사건의 서막을 그렸다면, 《이세(伊勢)》・《신판(新板)》은 사건의 절정을 그리고 있는 점이 다르다.

【얼굴이 곰보자국투성이인 여안마사(오타코. 장님이라고 자칭하며 삽화에서도 눈을 감은 모습으로 그려진다), 요염한 몸놀림으로, …… 야지로의 뒤로 돌아 주무르기 시작했는데, 어느덧 과자장수 여자(오나베)가 상자를 쌓아서 가지고 왔다. …… 과자상자를 내밀어 놓고 부엌에 가자, (기타하치가) 몰래 과자상자 밑에 쌓아놓은 상자로부터 아무개 과자를 대여섯 개 꺼내어 뒤에 살짝 감추자, 그 안마사 손을 내밀어 이 과자를 살그머니 낚아채어 소맷자락에 넣는 것을, 기타하치 전혀 눈치 채지 못한다. 야지로도 마찬가지로 …… 살짝 상자는 원래대로 쌓아놓고】[33]라고 하는 원작 장면을《이세(伊勢)》・《신판(新板)》은 묘사하고 있는 것이다. 그러나 안마사가 야지기타에게 들키지 않고 과자를【살그머니 낚아채】기 위해서는 야지기타가 나란히 같은 방향으로 앉아 있어야 하는데, 마주보고 앉아 있는《이세(伊勢)》・《신판(新板)》의 구도는 모순이다.

역참마다 에피소드를 할당하여 그려야 하는 여행주사위판(道中双六)의

---

33 「大あばたの女あんま、いやらしきふうにて、…… 弥次郎がうしろへまはり、もみにかゝると、此内、女のくわしうり、はこをかさねてもちきたり。…… くわしばこをつき出しおいて、かってへゆくと、(北八は)そっとくわしのはこの下に、かさねてあるはこより、何やらくわしを、五ツ六ツとりいだし、うしろへちゃっとかくすと、かのあんま、手を出して、そのくわしをそっとひったくり、たもとへいるゝを、北八いっかうにしらず。弥次郎もおなじく ……ちゃっとはこはもとのごとくかさねておき」

성격상, 오사카 교토(大坂京都)에서 발생한 사건 중에서 다른 역참으로 차출된 에피소드는, 당시에 그만큼 호평을 얻은 에피소드라는 방증이 되지 않을까 생각한다. 혹은 본 장면과 같이 원작에 삽화가 있고 그림주사위판의 도안이 이와 유사한 경우, 삽화의 도상을 이용하기 쉽다는 편리성, 환언하면 삽화의 영향력에 기인한다고도 볼 수 있을 것 같다.

그런데 이들 그림주사위판보다도 앞서 간행된 《기산지(鬱散)》는, 【도쓰카·후지사와까지 20리(戸塚・フジサワへ二り)】라는 여정 표시와 더불어, 【〈숙박〉뜻밖에 여자가 얻어 걸렸는데 자기에 적당한 곳이 없네, 빨리 자고 싶어라 자고 싶어(〈泊〉たま／＼おやまにありつけハねどこにこまるはやくねたい／＼)】라는 설명문이 덧붙여진다. 원작『동해도 도보여행기』의 특정 장면을 상정하고 있지는 않으므로《기산지(鬱散)》화공의 창작이라고 할 수 있으나, 야지기타가 여행 중 실패하는 주요 원인은 '색욕'이었다는 점을 상기하면 야지기타를 연상시키기에 충분한 대목이기도 하다.

(7) 제6역참 : 후지사와(藤沢 : 현재 가나가와현 후지사와시)

　(야지) "아뜨뜨뜨, 뜨거 뜨거~ 이거 참 큰일이네! 이봐 할멈! 이 경단은 어찌 된 겨? 입안이 불붙는군. 아뜨뜨 아뜨뜨 아뜨뜨뜨~"

　(할멈) "뭘요 식었길래 아까 데웠는디 그 때 숯불이 들러붙은 거겠지유. 불에 타서 죽지는 않는다니께유."

　(기타하치) "이거 재밌군 재밌어. 아하하 아하하 아하하~"[34]

34　「藤さは」「(弥次)√アつ＞＞あつい／＼、こいつハたいかんさ、コウばアさんこのたんこハと

〈도판 13〉《즈에図会》후지사와

　《즈에図会》·《우키요浮世》의 〈후지사와〉는 원작 『동해도 도보여행기』
초편·후지사와(藤沢)의 에피소드에 입각하고 있다.【기타 "할멈, 경단이
차가운데 좀 데워 줘." 찻집할멈 "어디 보자 한 번 더 구워드립지요"라며
꺼놓은 숯의 불을 휘저어대며, 재가 날라 다니는 것도 개의치 않고 마구 부
채질한다.】[35] 원작에서 할멈이 하지도 않은 말을 《즈에図会》에서는 이와
같이 원작 분위기를 살리는 한편, 뻔뻔스러운 노파의 성격까지 새롭게 부
여하면서 삽입하고 있다. 도상 또한 쟁반에 올려놓은 경단 등, 원작 스토

うしたんた、口のなかゝひになるあつゝ／＼アッゝゝ。(婆)√なにつめたいから今ぬくめたと
きに、けしつみのひかついたのでありませうに、やけしぬこたアこさいません。(北八)√こい
つゝおかしい／＼アはゝ／＼／＼」

35　北「ばあさん、団子はつめてへかチトあつためてくんな。ちゃ屋のばゞア「ドレやきなをしてし
んぜますべいトけしずみの火をかきさがし、灰のたつをもかまはず、あぶぎたてる」

리를 충실히 반영하고 있다. 즉 『동해도 도보여행기』 후지사와 찻집의 에피소드를 그대로 살린 문장과 도상이라고 할 수 있다. 이치가(一雅)가 그린 『동해도 도보여행기』의 삽화(〈도판 14〉)와 비교하면 찻집의 전체적 구조가 비슷한 면도 있으나, 할멈을 등장시키고 뜨거워하는 순간을 포착한 것이 평화로운 분위기의 원작 삽화와는 다른 시점으로 그려지고 있다고 하겠다. 또한 《즈에図会》에 그려진 인물의 나이로 추측컨대, 원작에서는 입안을 덴 인물이 기타하치였는데, 《즈에図会》에서는 야지로 변경하고 있는 점이 다르다.

〈도판 14〉 초편 삽화

이어지는 원작 『동해도 도보여행기』 초편의 해당 부분을 다시 살펴보자.

마구 부채질하며 한 번 더 구운 경단,【이윽고 주인 할멈, 경단 네 다섯 꼬치를 쟁반에 얹어 가져온다. …… (야지는) 꺼놓은 숯의 불이 경단에 들러붙어 있길래, 일부러 불이 붙어있는 쪽을 숨기고, 기타하치에게 쓰윽 내밀며, …… 기타 "앗 뜨뜨뜨뜨뜨거. 할매! 아 뜨뜨뜨뜨, 얼토당토않은 변을 당하게 하는군! 이봐 경단에 불이 들러붙어 있어, 아아 따끔따끔하네"】.[36]

원작삽화에는 그려지지 않는 찻집 노파가 《즈에図会》처럼 《이세伊勢》〈후지사와〉에도 그려지고 있다. 그러나 뜨거운 경단을 먹은 손님에게 노파가 친절하게도 쟁반에 찻잔을 얹어서 갖고 오는 등 《이세伊勢》〈후지사와〉 나름의 궁리가 엿보인다. 원래 스토리를 숙지하고 있는 당시 독자들은 주사위판그림의 이 장면을 보고, 불붙은 경단을 입에 넣고 뜨거워하는 기타하치를 보면서 놀려대는 야지까지, 그림이 의미하는 바를 순식간에 이해했으리라.

《이세伊勢》【후지사와·구운 경단에 불이 붙어 있는 것을 모르고 입을 데다(藤沢·焼だんこに火の付たるをしらずに口をやけどする)】, 《신판新板》【후지사와·구운 경단에 불이 붙어 있는 것을 모르고 입을 데다(ふち沢·やきだん子に火の付たるをしらずに口をやけどする)】. 이와 같이 《신판新板》〈후지사와〉는, 《이세伊勢》〈후지사와〉의 노파만 없앴을 뿐 도안이 흡사하며 문장도 그대로 이용했다.

---

36 「あるじのばゞだんごを四五くし、ぼんにのせてもって出る。 ……けしずみの火が、だんごにくっついているゆへ、(弥次は)わざと火のついているをかくして、きた八のほうへさしいだして ……北：アッゝゝゝゝばあさん、アッゝゝゝとんだめにあはせたコレ団子に火がくっついて、アゝぴり／＼する。」

『동해도 도보여행기』후지사와의 이 찻집에서 경단이 데워져 나오길 기다리는 동안에, 에노시마(江ノ島)로 가는 길을 묻는 할아버지에게 야지기타가 황당한 길안내를 하는 일화가 있다. 그 처음이【야지 "당신 에노시마에 가시오? 그렇다면 이쪽으로 똑바로 가서 말이요, 유행큰스님(遊行上人)의 절(遊行寺) 앞에 다리가 있으니까."】[37] 여기까지는 사실을 가르치고 있는 것 같다.

왜냐하면, 《기산지鬱散》〈후지사와・히라쓰카까지 30리 남짓(藤澤・ヒラッカへ三り余)〉〈유행사(ゆきやうでら)〉에도, 다리를 건너는 여행자들과 건너편 소나무숲 속에 사찰이 그려지고 있기 때문이다. 이 경치가 사실적이라는 것은 《기산지鬱散》(1834년(天保五) 가을에 간행)와 비슷한 시기에 발행된 히로시게의 B4 크기(大判) 채색판화(錦絵)〈동해도53역참 중 후지사와 유행사(東海道五拾三次之内 藤沢 遊行寺)〉(『保永堂版 広重 東海道五拾三次』所載本. 이 책에서 1833년(天保四)~1836년(天保七) 간행으로 추정)와 도상이 비슷하다는 점에서도 알 수 있다. 즉 히로시게는 소나무 숲 속에 위치하는 유행사(遊行寺)를 원경에 높이 그려 놓고, 안개(すやり霞)를 사이에 두고, 그 밑을 흐르는 사카이강(境川)과 강에 걸린 다이기리다리(大鋸橋)를 중경(中景)으로 그리고 있는 것이다(지명은 위 『保永堂版 広重 東海道五拾三次』의 해설 참조). 《기산지鬱散》〈후지사와〉는 히로시게의 〈동해도53역참 중 후지사와 유행사〉 그림의 방향만 바꾸었을 뿐으로, 유행사(遊行寺) 본당 건물의 모양새라든지 하얀 안개까지 비슷하다.

---

37 「弥：おめへゑのしまへいきなさるか。そんならこりよヲまつすぐにいつての、遊行さまのお
    寺のまへに橋があるから」

여기서 그림주사위판들을 상호 비교해 보면, 《즈에図会》・《우키요浮世》・《이세(伊勢)》・《신판新版》의 〈후지사와〉는, 찻집에서 숯불이 붙은 경단을 먹고 혼이 나는 장면을 픽업하여 풍속화로 그리고 있는데 반해, 이들보다 앞서 간행된 《기산지嬉散》〈후지사와〉는, 에노시마(江ノ島)로 가는 길의 경치를 조감도 형식의 풍경화(名所絵)로 그리고 있다는 특색이 있다.

(8) 제7역참 : 히라쓰카(平塚 : 현재 가나가와현 히라쓰카시)

(짐꾼1)[38] "어르신, 3백문(=9,000엔) 삯의 가마를 150이라면 당신이 짊어지고 간다 했으니, 깎아드립죠. 자, 150문 내서 가마한쪽을 짊어지소 (다른 한쪽은 내가 멜테니)."

(짐꾼2) "옳소 옳소, 어르신께 짊어지게 하고 너는 타는 게 좋겠어."

야지 "또 아주 큰 낭패로군. 이것 참 실례했네 실례했어."[39]

《즈에図会》・《우키요浮世》의 〈히라쓰카〉는, 『동해도 도보여행기』 초편・후지사와(藤沢)에서 뜨거운 경단으로 혼이 난 찻집을 나선 야지기타가 가마를 타려고 가마꾼과 교섭하는 장면이 이어지는데, 이 일화에 근거하고 있는 것 같다. 원작 일화에서는 동료가마꾼과 야지가 하지 않는 내용의 대사를 《즈에図会》에서는 새롭게 덧붙임으로써, 원작 일화의 분위기를 한

---

38 구모스케 : 역참 같은데서 짐을 나르거나 가마를 메던 떠돌이 일꾼.

39 「平つか」「(雲助)√たんな三百のかこを百五十ならてめへかついていくといったからまけやせう、サア百五十たしてかたほうかつきなさい。(朋輩)√そうだ／＼たんなにかついてもらって、てめへのるかいゝゝ。ヤ√又大しくしりだ。こいつハまつひらた／＼」

〈도판 15〉《즈에図会》히라쓰카

층 더 생생하게 살리는 역할을 하고 있다.

　참고로, 원작『동해도 도보여행기』초편에서는 〈히라쓰카(平塚)〉라는
지명은 등장하지 않으며, 대신 바뉴(馬入川 : 현재 가나가와현 히라쓰카시에 있는
相模川의 하류)의 강 포구와 시라하타(白旗)마을에서 야지가 교카(狂歌)를 읊
을 뿐이다. 바뉴강과 시라하타마을은 히라쓰카 역참에 속한다. 에도를 출
발했을 경우 지리상 시라하타 신사 다음에 바뉴의 강포구가 있는데,『동해
도 도보여행기』에서 잇쿠는 착각하여 역순으로 오기하고 있다.

　한편 문장과 도상이 서로 흡사한《이세(伊勢)》【히라쓰카・기타하치 하급
포졸과 싸워서 야지로 말리다(平塚・喜多八おり介(＝仲間)とけんくわ弥二郎とり
さへる)】와,《신판(新板)》【히라쓰카・기타하치 하급포졸과 싸움 야지로 말
리다(平塚・喜た八おり介とけんくわを弥二郎とりさへる)】는, 원작『동해도 도보

여행기』 4편 상·후타가와(ふた川)의 에피소드를 22역참이나 앞서서 차용하고 있다.

【이 역참(후타가와)은 어느 영주님인지 잠시 쉬시고 있는 듯하여 본진여관(本陣) 앞에 …… 야지 "아파파파파, 엉뚱한 곳에 우비소쿠리를 쳐넣었네"라며 발끝이 걸려 넘어져서 투덜대는 것을, 임시 고용한 하급포졸(中間)로 보이는 사내 "이 자식 우비소쿠리를 흙투성이 발로 짓밟아대다니 …… 뭐야 이 녀석 베어버리겠다!" 야지 "네 놈들의 붉게 녹슨 칼(붉은 정어리)로 뭐 벨 수나 있겠냐? …… 자 베어라 베!" (그 하급포졸이) 뽑아서 찌르려고 하는 죽도를 야지로 거머잡고 비틀어 쓰러뜨리니, …… 어느새 여관에서 쉬시던 분이 출발하시는 듯하여 …… 싸움은 그것으로 끝났다.】[40] 원작에서는 이처럼 야지의 싸움이었던 것을,《이세(伊勢)》와《신판(新板)》에서는 기타하치로 변경하고, 원작 싸움에서는 말리는 사람이 등장하지 않았던 것을 그림주사위판에서는 야지로 하여금 중재역할을 시키고 있다.

《이세(伊勢)》와《신판(新板)》의 〈히라쓰카〉는, 이보다 앞서 간행된《즈에(図会)》〈후타가와(ふた川)〉와 도상이 닮아 있다. 하급포졸의 단도가 끝이 꺾여 그러짐으로써 죽도라는 것을 이들 그림주사위판에서는 공통적으로 표현하고 있는 것이다.《이세(伊勢)》〈히라쓰카〉와《즈에(図会)》〈후타가와〉의 무대배경이 돌담(石垣)이라는 점도 공통점으로 본진여관 앞에서 발생한 사건임을 나타내

---

40 「このしゅく(二川)はいづれのとのさまにや、お小休(こやす)みと見へて、御本陣のまへに ……　弥次「アイタヽヽヽ わりい所に合羽籠をおきやアがる。トけつまづいてこゞとをいふを、おやといの中間ていにみゆる男「コノやろうめ、合羽かごへ土足をふみかけやアがって、…… なんだこいつ、ぶちはなすぞ(＝斬り付けるぞ)、弥次「きさまたちの赤鰯でナニきれるものか。…… サアきれ／＼。(かのお中間)引ぬいてつきにかゝる竹みつを、弥次郎ひっつかんでねぢたをせば、…… 此内はやとのさまのおたちと見へて …… けんくはもそれぎりとなり」

고 있으나, 우비소쿠리를 사실적으로 그려 넣고, 죽도를 치켜 든 포졸의 손목을 야지가 비틀려고 하는 순간을 포착하는 등,《즈에図会》〈후타가와〉쪽이 원작에 입각하여 훨씬 세밀한 표현을 하고 있음을 엿볼 수 있다.

《기산지鬱散》〈히라쓰카・오이소까지 27정(平塚・大イソへ廿七丁)》【아 아파파파파, 뭐야 자라가 물고 늘어졌네. 아 아파 아파. 데굴데굴데굴(アイ タヽヽヽなんだすっぽんがくらいついたアイタ／＼ごろ／＼／＼)】은, 원작 『동해도 도보여행기』 2편 상・미시마(三島)숙소에서의 에피소드를 전용하고 있다. 원작에는 잇쿠 자신이 그린 삽화가 붙어 있는데, 이 삽화를 간략화해서《기산지鬱散》〈히라쓰카〉에서는 이용하고 있는 듯하다. 자라가 손가락 끝에 들러붙은 야지의 모습과 용모가 삽화와 매우 흡사하다. 삽화에서는 동침하던 유녀와 도둑 주키치까지 등장해서 소란을 피우는 장면이 그려지나,《기산지鬱散》에서는 자라에 물린 야지와 이를 보고 놀라는 기타하치에 초점을 맞추어 간략화하면서, 대사 또한《기산지鬱散》나름 생동감 있게 표현하고 있다고 하겠다.

(9) 제8역참 : 오이소(大磯 : 현재 가나가와현 나카군 오이소초)

> 호랑이바위[虎が石].
> (야지?) "거기서 방귀가 나오지 않도록 꽉 힘을 주시게. 됐나?"
> (기타하치?) "어때, 으윽~ 들어서, 이래도 들리질 않네."[41]

---

41 「大いそ」「(弥次?)√そこてしっかりへのてないやうにきはりなせへ、よしかね。(北八?)√とふ た、くっともちあけてこれても上らねへの〈虎ヶ石〉」

〈도판 16〉《즈에図会》오이소

　《즈에図会》·《우키요浮世》의 〈오이소〉는 원작『동해도 도보여행기』에
없는 일화를 창작하고 있다. '도라의 돌(虎ヶ石, 호랑이바위)'의 속설로서『제
국여행기(諸国道中記)』의 【이 돌, 미남자 들면 올라간다. 비호감 남자가 들
면 미동도 하지 않는다고 나그네가 읊조린다】[42]를 이용한 새로운 장면이
다. 야지기타가 돌을 들지 못하면 미남자가 아니라는 것이므로, 어떻게 해
서든지 들고자 힘을 쓰는 그들의 모습에서 독자들이 자신을 투영해 보기
도 히면서 웃게 되는 신안이라고 할 수 있다. 원작『동해도 도보여행기』의
오이소(大磯)역참에서는 야지기타가 도라의 돌(虎が石)에 얽힌 교카(狂歌)를
각자 한 수씩 읊고 지나갈 따름이다.

42　此石よきおとこあぐれば上ル。あしき男上るには、すこしもあがらずと、たび人の口ずさみ也

《이세伊勢》는 【오이소·호객녀 두 사람을 잡아끌다(大磯·とめ女両人を ひっぱる)】,《신판新板》은 【오이소·호객녀 두 사람을 잡아끌다(大いそ·とめ 女両人をひっぱる)】로 동일한 문장에 도상도 서로 유사하다.『동해도 도보여 행기』초편·호도가야(程ヶ谷) 역참에서 야지기타는 호객녀와 나그네들이 옥신각신 다투는 것을 구경하는데,《이세伊勢》·《신판新板》의 〈오이소〉 장면은 바로 이 에피소드에 입각하고 있다고 할 수 있다. 이와 비슷한 도안 인《즈에図会》·《우키요浮世》의 〈호도가야〉에서는 호객녀가 원작 설명과 같이 앞치마까지 충실히 두르고 있었으나,《이세伊勢》·《신판新板》〈오이 소〉의 호객녀는 앞치마를 두르지 않는다.

《기산지蟄散》〈오이소·오다와라까지 40리(大磯·オタハラへ四り)〉〈도 라의 돌(とらがいし)〉은 받침대 위에 놓인 큰 돌을 보면서 재미있어 하는 승 려와 두 명의 나그네 일행이 묘사되고 있다.『동해도 도보여행기』원작에 는 등장하지 않는 장면이라고 할 수 있다. 이와 같이《즈에図会》·《우키요 浮世》·《기산지蟄散》의 〈오이소〉 모두가 원작에 의거하지 않은 이야기를 화공 나름 창안하여 삽입하고 있는 것이다.

(10) 제9역참 : 오다와라(小田原 : 현재 가나가와현 오다와라시)

기타하치 "아이고 아이고, 목욕통바닥이 빠져서 큰일일세 큰일~. 아프다 아
파~. 뜨겁다 뜨거워 뜨거워~"

야지 "이것 참 우스워라. 나막신을 신고 목욕통에 들어갔나 보네. 하하하하 하하
하하~ 이거 목숨에 별탈은 없겠군."

여관주인 "아이고 맙소사, 어처구니없는 짓을 하는 손님일세."[43]

《즈에図会》·《우키요浮世》의 〈오다와라〉는 『동해도 도보여행기』 초편·오다와라(小田原)의 에피소드를 충실히 재현하고 있다. 【주인 "어찌 된 일입니까?" 기타 "아니 뭐 생명에는 별 지장 없는데, 가마솥바닥이 빠져서 아 아파파파파"】[44]라는 대사까지 화자를 변경시키면서 《즈에図会》는 비슷하게 옮겨 적고 있다.

《이세伊勢》와 《신판新板》의 〈오다와라〉도, 《즈에図会》·《우키요浮世》와 동일한 장면을 포착하고 있다. '오다와라' 하면 고에몬욕조가 연상될 만큼 원작 사건이 당시부터 인구에 회자된 유명한 사건이 되었기 때문이 아닐까 생각한다. 《이세伊勢》【오다와라〈숙박〉·고에몬욕조의 바닥을 뚫어서 대소동(小田原〈泊〉·五右衛門ぶろのそこをぬきて大さはぎ)】, 《신판新板》【오다와라〈숙박〉·고에몬욕조의 바닥을 뚫어서 대소동(小田原〈泊〉·五右衛門ぶろのそこをぬきて大さはぎ)】이라고 동일한 문장에 도안도 상호 흡사하다.

『동해도 도보여행기』작자 잇쿠의 삽화(〈도판 18〉)에는 욕조에 들어가 있는 인물과 이를 엿보는 인물(어느 쪽이 야지기타라고 해석해도 상관없음), 즉 두 명이 그려져 있었는데, 《이세伊勢》·《신판新板》·《즈에図会》·《우키요浮世》의 〈오다와라〉 전부가 원작삽화와 욕실 구조는 비슷한 가운데, 등장인물 수가 한 명에서 세 명까지 다양하며, 무엇보다도 큰 차이점은 원작 삽화가 평화롭게 입욕 중인 사건의 서막을 포착했다면, 주사위판 그림들은 욕조바닥이 빠져서 난리법석을 떠는 사건 절정의 순간을 포착했다는 점이

---

43 「〈泊〉小田原」「北√ヤア／＼ふろのそこがぬけて大へん／＼、いたい／＼あつい／＼／＼。ヤ√こいつハおかしい、けたをはいてふろへはいったとみへる、ハゝゝゝ／＼コア命にやべつしゃうなしさ。ていしゅ√これハ／＼とんだことするおきやくさんだヨ」

44 「亭主「どふなさいました。北「イヤモウ命に別条はねへが、かまのそこがぬけてアイタゝ ゝゝゝゝ」

〈도판 17〉《즈에図会》 오다와라

〈도판 18〉 초편 삽화

가장 큰 특색이라고 하겠다.

《기산지(鬐散)》〈오다와라・하코네까지 40리(小田原・ハコネへ四リ)〉【〈숙박〉(기타?) : 아 아파파파파파 가마바닥이 빠졌어. (가마꾼) : 어르신네는 떨어져도 지들은 가벼워서 좋구만요.】[45] 『동해도 도보여행기』 3편 상・가나야(金谷)의 기쿠가와(菊川)언덕길에서 가마를 탄 기타하치가 시주를 요구하는 순례자들과 실랑이 끝에 가마 안에서 힘을 주는 바람에 가마바닥이 빠지는 에피소드를 차용하고 있다. 《즈에(図会)》〈가나야〉의【(가마꾼) : 짝아 이제는 가벼워서 더 좋네(あいぼョこれてかるくていっそいいね)】와 대사의 취지가 같다고 할 수 있다.

그러나 원작의 가마꾼은【부상은 없으십니까요? …… 죄송하구먼요. 다른 뜻이 있었던 건 아닌데】[46] 등등의 사과의 말을 하고 있었으므로, 정반대의 설정이라고 하겠다. 따라서 《즈에(図会)》가 《기산지(鬐散)》의 영향을 받은 대표적 장면이 아닐까 생각된다. 원작에서는 실랑이를 벌였던 순례자들이 고소하다는 듯이 웃어댔지만, 《기산지(鬐散)》에서는 순례자가 그려지지 않는 대신 앞 뒤 가마꾼들이 함박웃음을 짓고 있으며, 《즈에(図会)》・《우키요(浮世)》에서는 순례자들은 물론 가마꾼들까지 웃고 있으니 처지가 가엾어진 기타하치이다.

---

45 「〈泊〉(弥次／喜多)アイタヽヽヽかごのそこかぬけたはへ(駕籠かき)√旦那ハおちてもこちやかるくてゑゝはへ。」

46 「怪我アさっしゃりませぬか。 ……ゆるさっしゃりませ。あんとせるもんで。」

〈도판 19〉《즈에図会》 하코네

(11) 제10역참 : 하코네(箱根 : 현재 가나가와현 아시가라시모군 하코네초)

원작 『동해도 도보여행기』의 「하코네(箱根)」 편을 보면, 야지는 사팔뜨기 아가씨가 자신에게 반했다고 착각한 나머지 부른 값보다도 오히려 비싸게 담뱃갑을 사고 만다. 그 후 하코네 관문(箱根関所)도 무사히 통과한다. 여기까지가 초편이며 이후 후편(2편)이 이어진다.

【흰 손수건을 쓰면 얼굴색이 하얘져서 굉장한 멋쟁이로 보인다(白い手拭をかぶると、顔の色がしろくなって、とんだいきな男に見へる)】고 생각한 기타하치는 【소맷자락에서 흰 무명천 손수건을 꺼내 얼굴에 쓰고 꽉 묶자, 지나치던 (영주님 영토에서 에도로 입성하는) 시녀들, 기타하치의 얼굴을 들여다보고 한결같이 웃으며 지나간다.】[47] 이 손수건이 실은 【어젯밤 목욕하러 갈 때

아랫도리 샅바를 소맷자락에 넣어 둔 채 잊어버린(ゆふべ、ふろへはいると
き、ふんどしを袂へいれて、それなりにわすれた)】 바로 그 샅바였던 것이다. 이
렇게 창피를 당한 후, 주키치(十吉)와 일행이 되어 아이들로부터 자라를 사
는 이야기가 하코네의 다음 역참인 〈미시마(三島)〉에서 전개된다.

그러면《즈에図会》의 〈하코네〉 장면을 보자.

> 기타하치 "수건을 머리에서 뺨까지 얼굴에 두르면 호남으로 보인다니까, 어떻게
> 든 저 여자에게 수작해서 반하게 할 작정이여."
>
> 야지 "이것 참 기묘하군."
>
> 여자1 "어머 어머, 저 사람은 엣추 샅바로 얼굴을 두르고 있어."
>
> 여자2 "오호호호 우스워라."
>
> 여자3 "오호호호호 오호호호호."[48]

이와 같이《즈에図会》·《우키요浮世》의 〈하코네〉는,『동해도 도보여행
기』2편 상·하코네(箱根)의 에피소드를 그대로 축약해서 묘사하고 있다.
원작의 여자들은【영주님의 영토에서 에도로 들어오는 시녀들(大名のお国か
らおゑど入の女中たち)】로 기타하치의 얼굴을 보고는 웃고 지나간다는 설정
이었다. 왜 웃고 지나갈까 이상하게 생각한 야지가 자세히 들여다보니, 얼
굴에 쓴 것은 손수건이 아니라 속옷 샅비였다. 원작에서는 야지의 말이었

---

47 「たもとから、さらしの手ぬぐひを出して、ぐっとほうかぶりにすると、とふりすがひに(大名の
お国からおゑど入の)女中たち、きた八がかほをのぞいて見て、みな〳〵わらひとふりすぎる」

48 「はこ根」「ヤ√これへきめう。北√ほうかむりすれバいゝ男見へるといふから、なんてもアノ
おんなにいやみしておもひつかすつもりた。女√ヲヤ〳〵、アノ人へえちちうふんとしてほう
かむりしいるヨ。女「ヲホゝゝおかしいね。女√ヲホゝゝゝ〳〵」

던 것을 이처럼 시녀들이 제각기 한마디씩 하도록 그린 것은 《즈에図会》의 고안이다. 영주님의 시녀라는 높은 신분답게 차려입은 여자들 앞에서 멋을 부리려다 창피를 당하는 기타하치의 처지가, 《즈에図会》의 글과 그림으로 인하여 한층 더 선명히 부각되는 효과를 내고 있다.

《이세(伊勢)》의 〈하코네〉도 위 에피소드를 채택하고 있으며 도상 또한 《즈에図会》와 흡사하다. 《이세(伊勢)》【하코네・기타하치 손수건이라고 착각하여 샅바를 쓰다(箱根・喜多八手ぬぐひとまちがへふんどしをかぶる)】. 《신판新板》은 '하코네(はこ根)'라고 지명만 기입되어 있고 그림이 없다. 대신 그 다음 역참인 〈미시마〉에서, 《이세(伊勢)》 〈하코네〉의 시녀들만 빼고 샅바를 얼굴에 쓴 기타하치와 그 뒤에 야지라는 배치를 그대로 모사하고 있다. 문장 또한 【미시마〈숙박〉・기타하치 손수건이라고 착각하여 샅바를 쓰다(三しま〈泊〉・北八手拭とまちがへふんどしをかぶる)】와 같이, 《이세(伊勢)》 〈하코네〉의 문장을 옮겨 적고 있다.

〈하코네〉의 전 역참인 〈오다와라〉까지는 《이세(伊勢)》와 《신판新板》이 동일한 에피소드를 그리고 있었으나, 《신판新板》 '하코네'에 그림이 없고 여기에 그려져야 할 그림이 다음 역참인 〈미시마〉에 그려지는 관계로, 《신판新板》은 원작과 《이세(伊勢)》보다 한 역참씩 뒤늦게 에피소드를 그리게 된다. 그러다 보니 《신판新板》은 잠자리를 그린 장면인데도 불구하고 〈숙박〉이라고 표시하지 않는, 문장과 그림이 불일치하는 모순이 생긴다. 《신판新板》이 《이세(伊勢)》를 안이하게 모방한 결과라고 생각한다.

《기산지鬐散》에는 〈하코네・미시마까지 30리 28정(箱根・ミシマへ三り廿八丁)〉【관문에 다다르니 흔한 일인데 통행증명서를 깜박해서 에도로 되돌아간다(御せきしょへあたれゝおさだまりてがたをわすれゑとへかへる)】는 설명과 함께, 하코네 검문소에서 엎드려 통행 허락을 구하는 여행자와 심사하는 관

리가 그려져 있다. 원작『동해도 도보여행기』에서는 【이로부터 하코네의
관문을 무사통과하여, '(봄바람에) 통행증명서를 보여드리고 태평성대에 문
도 잠그지 않는 관문을 넘는 경사스러움이란 (더할 나위 없도다)' 이렇게 축하
하며, 하코네 고갯길 역참에서 기쁨의 술잔을 서로 기울였다】[49]와 같이 간
단히 기술하고 생략되는 부분을,《기산지(鬻散)》〈하코네〉에서는 통행증명
서를 깜박했다는 새로운 설명을 덧붙이면서 통상적인 하코네 관문 풍경이
조감도 형식으로 그려지고 있는 것이다.

(12) 제11역참 : 미시마(三島 : 현재 시즈오카현 미시마시)

(야지) "야 야 야~ 이건 무슨 일이람. 허리춤 전대의 돈이 전부 돌이여. 아이고
아이고, 큰일 났다. 큰일 났어. 이건 어젯밤 함께 묵었던 주키치 놈이 호마의 재[護
摩の灰][50] 도둑놈임에 틀림없어. 어서어서 여관주인을 부르라고 불러 불러!"
(기타하치) "그럼 이제 여기서부터 에도로 돌아가지 않겠나."[51]

《즈에(図会)》・《우키요(浮世)》의 〈미시마〉는『동해도 도보여행기』2편
상・미시마(三嶋)의 에피소드를 묘사하고 있다. 야지의 대사는 【…… 분하
다! 그 놈에게 바꿔치기 당하다니. 이 봐 여종업원! 주인을 불러줘. 빨리

---

49 「それより御関所を打過て'春風の手形をあけて君が代の戸ざさぬ関を越ゆるめでたさ' 斯祝して
　峠の宿に悦びの酒くみかはしぬ」
50 고마노하이 : 여행객으로 위장하여 다른 여행객의 금품을 훔치는 도둑.
51 「三しま」「(弥次)√ヤア／＼／＼ コリャとふしゃ、うちかへの金ハみないした、サア／＼大へ
　ん／＼ コリャタアーしょにどまった十吉めか、こまのはいにちけへねへ、サア／＼ていしゅを
　よ○／＼／＼。(北八)√それじゃモウこゝから江とへけへるしゃねへカ。」

〈도판 20〉《즈에図会》미시마

〈도판 21〉 2편 상 삽화

빨리!]^{52}에 입각한 대사이며, 기타하치의 대사는 원작에서 미시마 역참을 나와, 낙담한 야지의 ["차라리 에도로 돌아갈까?" 기타하치 "아무럼 돌아갈 게 뭐 있어? 국자를 들고 무전 걸식하면서라도 이세신궁까지 갔다 오지 않으면 체면이 안 서지"] 입각한다. 이와 같은 발화자의 역전은 《즈에図会》에서 종종 구사되는 수법이다. 대사뿐만 아니라 도상 또한 삽화(〈도판 21〉)에 의존하고 있음을 엿볼 수 있다.

《이세伊勢》[미시마·〈숙박〉자라에게 손가락을 물려 당황해서 소란을 피우다(三嶋〈泊〉·すっぽんにゆびをくはへられうろたへさわぐ)]는, 원작 『동해도도보여행기』 미시마의 에피소드 그대로의 문장과 원작자 잇쿠가 그린 도안(제28역참 참조)을 활용하고 있다고 할 수 있다. 즉 [(자라에게 야지는) 손가락을 물려서 아야야야야~. 상대유녀 오타케도 눈을 뜨고 …… 무턱대고 당황하며 소란을 피운다(ゆびさきをくひつかれて「アタ ヽ ヽ ヽ ヽ」あいかたお竹も目をさまし …… むしゃうにうろたへさわぐ)]는 장면을 묘사하고 있는 것이다.

《신판新板》[미시마·〈숙박〉기타하치 손수건이라고 착각하여 샅바를 쓰다(三しま〈泊〉·北八手拭とまちがへふんどしをかぶる)]는,《이세伊勢》〈하코네〉의 문장과 동일하며, 도안도 흡사하다.

《기산지鬱散》의 〈미시마·누마즈까지 15리(三嶋·ヌマツへ一り半)〉[(주인)이거 참 이거 참, 달밤도 아닌데 무턱대고 짓밟아서 가마솥을 뚫었네. 가만 안 둘껴. 가만 안 둘껴((亭主)これハ/＼つきよでもないにやみくもにふみちらかしてかまをぬいたすまぬぞ/＼)]는, 원작 초편·오다와라(小田原)의 에피소드

---

52 「…… くやしい、今のやろうめに、すりかへられた。コレ女中、御亭主を呼でくんな。はやく
　　／＼」

를 차용하고 있다. 도안은 《이세伊勢》〈오다와라〉와 유사하나, 주인의 말장난 섞은 대사는 원작에는 없는 창작이다.

(13) 제12역참 : 누마즈(沼津 : 현재 시즈오카현 누마즈시)

(야지) "아 아프다 아파, 무슨 영문이람. 아 아파 아파. 돈은 도둑맞지, 머리는 부닥치지, 나 이젠 죽고 싶을 정도라네. 아 아파 아파 아파~"

(편지함을 짊어진 파발꾼) "이 찢어죽일 놈이, 조심하라고! 아앗사 아싸 아싸 아싸~"[53]

이 《즈에図会》・《우키요浮世》의 〈누마즈〉는 『동해도 도보여행기』 2편 상・미시마 역참을 나와 누마즈 역참에 도착하기 전의 에피소드를 묘사하고 있다. 【둘이 함께 지팡이에 의지해 휘청휘청 걸어가는데, 맞은편에서 편지함을 짊어진 파발꾼 "아앗사 아싸 아싸~." 기타하치 "뭐야, 상투 튼 위태천[54] 같이 마구 처달려오네. …… 이크, 위험해. 이쪽으로 비켜." …… 지나치면서 편지함 모서리로 야지로의 옆머리 끝을 탁 부딪친다. 야지 "아, 아파파파파파." 파발꾼은 전혀 상관 않고 "아 아앗사 아싸~." 야지 "아아아아, 아프다 아퍼. 무슨 인과응보로 이런 일을 겪는 걸까? 나 죽고 싶어졌네."】[55] 야지의 기분을 헤아려 설상가상의 심경을 표현하는데 적합

---

53 「〈泊〉ぬまづ」「(弥次)√アゝいたい／＼、とふしてくれるのた、アゝいたい／＼。かねハとられる、あたまハこわされ、おらハモウしにたいくらいた、アゝいたい／＼／＼。(御状箱の人足)√このはっつけやろうめ、きをつけろ、エイさっさ／＼／＼／＼」

54 걸음이 빠르다는 불법의 수호신.

55 「ふたりながらつゑにすがり、ゑちら／＼と行むかふから、状箱をかつぎしにんそく「エイさっさ／＼／＼。北八「なんだ野良の韋駄天さまア見るよふに、やみとかけてきやアがる …… ソレ

〈도판 22〉《즈에図会》누마즈

한 장면을 추출하고 있는 것이다. 그러나 미시마가 숙박(泊)이 되어야 하는
데, 묵지도 않은 누마즈가 숙박(泊)이 되어 있는 것은 모순이다.

《이세(伊勢)》【누마즈·호마의 재에게 돈을 도둑맞아 깜짝 놀라다(沼津·
ごまのはいに金をとられてきもをつぶす)】는, 『동해도 도보여행기』미시마에서
【(야지는) 품에서 전대를 꺼내 흔들어 보자, 종이에 싼 것들이 툭툭 떨어진
다. 열어 보니 전부 돌멩이. 야지 "야아 야아 야아~. …… 무슨 일이기는
고사하고 돈이 돌로 변해 버렸네, 아이고 아이고~"】[56]라고 하는 장면으로,

あぶねへ。こっちへよんな。…… トとふりすがいに、御犬ばこのかどで、弥二郎が小びんさき
へがつたりとあたる。弥二「アイタヽヽヽ。にんそくはいさいかまはず「エイこりゃさっさ／
＼。弥二「アヽアヽいたい／＼。なんの因果でこんな目にあうか。おらアしにたくなった。」
[56]「(弥二は)ふところからどうまきを出し、ふるって見れば、かみにつゝんだやつががつたりとお

원작 삽화와도 흡사하다.

《신판新板》【누마즈·자라에게 손가락을 물려 당황해서 소란을 피우다
(沼津·すっぽんにゆびをくはへられうろたへさわぐ)】는,《이세伊勢》〈미시마〉의
문장과 동일하며 도안도 비슷하다.

같은 미시마 역참에서의 사건을 《이세伊勢》에서는 이와 같이 미시마와
누마즈로 나누어 나타내고,《신판新板》에서는 누마즈와 하라로 나누어 나
타내고 있다. 이로 인해 이후에는《이세伊勢》또한 역참과 그림이 원작에
비해 한 장면씩,《신판新板》은 두 장면씩 늦게 그려지게 된다. 즉 원작에서
는 앞 역참에서의 사건이 《이세伊勢》에서는 다음 역참에,《신판新板》에서
는 다음다음 역참에 묘사되는 것이다.

《기산지蟣散》의 〈누마즈·하라까지 15리(沼津·ハラへ一里半)〉【〈숙박〉
명물 단술(〈泊〉めいぶつしろさけ)】은 역참 거리를 그린 풍경화이다.

(14) 제13역참 : 하라(原 : 현재 시즈오카현 누마즈시)

(거지낭인) "예에, 아무쪼록 노전을 보태어 도와주시옵소서."
(기타하치) "아니 글쎄 우리도 어젯밤 호마의 재에게 여비를 도둑맞아 땡전 한
푼 없소. 아무쪼록 저희를 도와주십시오."[57]

《즈에図会》·《우키요浮世》의 〈하라〉는 『동해도 도보여행기』 2편 상·

ちる。あけてみればみないしころ。弥二「ヤア／＼／＼ …… 金が石になってしまったヱ丶ヱ丶」
57 「はら」「(物乞浪人)√○○どふそごこうりょくにおこゝもちをねかい升。(北八)√いやモウ
わっちらもゆふへ、こまのはいにろきんをとられて一文なしさ、とふそこちらへねかひ升」

〈도판 23〉《즈에図会》 하라

요시와라의 에피소드를 그리고 있다. 즉 원작에서는 다음 역참에서의 에
피소드였던 것을 차용하고 있는 것이다. 【다 떨어진 삿갓을 쓴 낭인인 듯
한 남자가 부채를 들고, " …… 아무쪼록 노전을 보태어 도와주시옵소서."
기타하치 "아니 글쎄, 우리도 어젯밤 호마의 재에게 여비를 도둑맞아 땡전
한 푼 없소. 부디 모아둔 동냥이 있다면 우리를 도와주십시오"】[58]라는 원작
의 대사와 삽화(〈도판 24〉)를 거의 그대로 활용하고 있다. 중요한 에피소드
라고 할 것도 없고 단지 짤막한 대화를 나눌 뿐인 장면을 《즈에図会》에서
선택한 것은 원작 삽화의 영향이 아닐까 생각한다.

---

58 「やぶれあみがさをきたるらう人ものとおぼしく扇をもちて「 …… なにとぞ路銭の御合力をねが
    ひます。 北八「イヤモウ、 わっちらアゆふべごまの灰に、 路用をとられて壱文なしだ。 どふぞ
    もらひためがあらば、 こっちへ御合力ねがひます。」

〈도판 24〉 2편 상 삽화

《이세(伊勢)》【하라・두 사람 어려운 처지에 빠져 무사에게 가죽주머니를
팔다(はら・両人なんぎしてさむらひにきんちゃくをうる)】는,『동해도 도보여행
기』누마즈에서【(기타하치 말하기를) 여비를 완전히 빼앗겨 버렸기에, 매우
어려운 처지에 있습니다. …… 허리에 찬 가죽 주머니를 꺼내서】[59] 무사에
게 팔고 여비를 마련한다는 이 〈누마즈〉에서의 사건이,《이세(伊勢)》에서는
다음 역참인 〈하라〉에,《신판(新板)》에서는 다음다음 역참인 〈요시와라〉에

59 (北八曰く)さつぱり路用はとられてしまいましたから、大きに難儀をいたします。 …… こしに
さげたる、いんてんのきんちゃくをいだし

그려져, 나중 역참에서 벌어지는 사건으로 다루어진다.

한편 『동해도 도보여행기』의 「하라」에서는 메밀국수집에서 메밀국수 한 상과 국수 삶은 물로 공복을 채운다. 원작과 같은 역참에서의 에피소드를 사용하지 않고 앞 역참의 에피소드를《이세伊勢》「하라」에서는 차용하고 있는 것이다.

《신판新板》의 【하라・호마의 재를 만나다(はら・ごまのはいにあう)】는,《이세伊勢》〈누마즈〉의 도안을 거의 그대로, 문장은 축약해서 사용하고 있다.

《기산지鬱散》의 〈하라・요시와라까지 20리○(原・ヨシハラヘ二里○)〉 【예예, 늑대님, 저희는 나그네로 묵을 곳도 뻔합니다. 배웅하실 (필요 없사옵니다?)(ハイ／＼大かめさまわたくしども八たびのものでとまりもしれておりますお送りに八(およびません?))】는 원작에 입각하지 않는 새로운 에피소드로, 늑대를 향해 땅에 납작 엎드려있는 나그네 두 명이 그려져 있다.

(15) 제14역참 : 요시와라(吉原 : 현재 시즈오카현 후지시 요시와라구)

(야지) "이 과자는 얼마냐? 하나에 3문(90엔)이라고? 그렇다면 다섯 개 먹었으니 3×5는 6문(180엔) 내마. 됐지?"

(꼬마) "3문씩 다섯 개를 늘어놓고 가시라요."

(기타하치) "턱없는 꼴을 당하게 하는구."[60]

---

60 「よし原」「(弥二)√このくわしん八いくらた、一ッか三文か、そんなら五ッくたから、三五六文はらふイ〉か。(小僧)√三文つゝ五ッならへていかっしゃい。(北八)√あらいめにあわしおった。」

〈도판 25〉《즈에図会》요시와라

　《즈에図会》·《우키요浮世》의 〈요시와라〉는,『동해도 도보여행기』2편 상·요시와라의【기타하치 "5문씩이라면 이렇게, 둘이서 여섯 개 먹었으니 5×6은 15문, 엣다 여기 있다." 꼬마 "아니, 이 손님들은! …… 5문 씩 여섯 개 줘유." …… 기타하치 "뜻밖의 봉변을 당했네"」[61]라는 에피소드를 묘사하고 있다.

　《이세伊勢》【요시와라·아이를 속여서 과자를 먹으려고 하다가 또 실패하다(吉原·子どもをだましくはしをくはんとしてまたしくじる)】또한《즈에図会》·《우키요浮世》의 〈요시와라〉와 같은 장면을 묘사한다. 즉『동해도 도보여행기』

61　北八「五文ヅヽならこうと、ふたりで六ックったから、五六十五文、ソレやるぞ。小ぞう「イヤこのしゅは、 …… 五文ヅヽ六ックれなさろ。 …… 北八「とんだ目にあった。

요시와라에서는 시주를 구걸하는 거지낭인 및 승려와의 사건 후, 【열 너 댓살쯤으로 보이는 앞머리 상투 튼 소년,[62] 제방 한 곳을 허물어 만든 아궁이에 주전자를 걸고 과자 같은 것을 진열하여 …… (十四五のまへがみ、どてをくづしてやくはんをかけ、くはしなどならべて……)】팔고 있는 곳에, 구구단을 할 수 없는 아이라고 얕잡아 본 야지기타는 과자를 마구 먹어대는데, 결국 비싸게 과자를 사게 된다는 장면을 묘사하고 있는 것이다.

《신판新板》의【요시와라・두 사람 곤란해져 가죽주머니를 팔다(吉原・両人こまりきんちゃくをうる)】는,《이세伊勢》〈하라〉의 도안을 거의 그대로, 문장은 축약해서 사용하고 있다.

《기산지鬱散》의 〈요시와라・간바라까지 30리(吉原・カンハラへ三里)〉【후지산 보이다(ふじ山みゆる)】는, 후지산을 그린 풍경화로, 히로시게그림(広重画) 〈동해도 14, 53역참 하라(東海道 十四, 五十三次 原. 이른바 隷書東海道, 1849년 (嘉永二)간행)〉와 흡사하다.

(16) 제15역참 : 간바라(蒲原 : 현재 시즈오카현 시즈오카시 시미즈구)

노파 "여보쇼, 모두 이층으로 와 주소. 도둑이 와서 어딘가로 떨어졌지라. 어서어서 등불을 밝히소, 밝히소."

(기타하치) "아이쿠 아이쿠 아이쿠, 아프다 아파 아파~, 찾는 물건을 가지러 (이

---

62 마에가미 : 성인처럼 머리의 중앙을 밀지 않고, 이마 위의 머리를 세워 모아서 묶은 미성년자의 스타일.

〈도판 26〉《즈에図会》간바라

《즈에図会》・《우키요浮世》의 〈간바라〉는, 『동해도 도보여행기』 2편 하・간바라의 에피소드를 묘사한다. 【이층의 할멈 "모두 일어나소 일어나소!" …… 육부 "엄청난 소리가 났지라. 불을 키래이!"(二かいのばゞ「みんなおきなさろ／＼。 …… 六部「どゑらいおとがした。あかりをつけなさろ。)라고 원작에서는 두 명의 대사를 여기에서는 한 명의 대사로 처리하고 있다.

《즈에図会》・《우키요浮世》의 〈간바라〉와《이세伊勢》〈유이(由井)〉의 도

---

63 「〈泊〉かん原」「ばゝ√コラみなにかいへきてくんさい、とろぼうがきてどこかおつこちたヨ、サア／＼あかりつけさすせへ／＼。(北八)√ヤア／＼／＼いたい／＼／＼さがす物をとり上ったんたア」

상은 서로 모사한 것이 아닐까 싶을 만큼 흡사하다.

《이세(伊勢)》【간바라〈숙박〉·수건이라고 착각하여 삳바에 밥을 싸서 야지로에게 먹이다(蒲原〈泊〉·手ぬくひをまちがへふんどしへめしをつゝみ弥二郎にくはせる)】는, 『동해도 도보여행기』 2편 하·간바라에서 영주님이 머무는 공인여관이 혼잡한 틈을 타 숨어들어갔던 기타하치가 야지에게 【수건에 싼 밥을 꺼낸다. …… (야지는) 남김없이 먹어치우고 "…… 네 놈이 불알인가 뭔가를 씻은 수건이잖아. 아아, 속이 메슥거리네 퉤! 퉷!"】[64]라고 하는 장면을 나타낸다.

그 후, 싸구려 여인숙에 투숙하는 야지기타는 육부와 순례의 우스꽝스러운 신세한탄을 듣게 된다. 이윽고 모두 잠자리에 들었는데, 【(불빛 없어 깜깜한 어둠. 기타하치는) 이층에 올라가 보니, 천장은 대나무를 성기게 엮어서 만든 마루판자 바닥으로, 그 위에 돗자리를 깔았으니 걸으면 삐그덕 삐그덕 나는 소리에 놀라, …… 순례 여자라 생각하고 할멈이 자고 있는 이불 속으로 기어들어가, …… (놀란 할멈 목소리에) 도망치는 순간에, 발에 대나무 가시가 찔려 푹 고꾸라지면서, 대나무판자 마루바닥을 세게 밟아 구멍을 뚫고 아래로 털썩 떨어지는 소리, 삐걱삐걱 와르르 쿵~. …… 기타하치, 천장을 세게 밟아 구멍을 뚫고 아래로 떨어진 곳이 …… 불단 안에 떨어진】[65] 장면을 표현 한 것이 《이세(伊勢)》에서는 하나 뒤 역참인 〈유이〉, 《신

---

64 「手ぬぐひにつゝみしめしをいだす …… (弥二は)のこさずくってしまい …… 手めへが金玉やなにかをあらった、手ぬぐひだものを。アヽむねがわるいペッ／＼」

65 (北八は真っ暗闇の中)二かいへあがり見れば、天井はたけすのこにて、そのうへにむしろをしきたれば、あるくと、ミシリ／＼となるにおどろき、…… むすめとおもひ、(主の)ばゝアがねている、ふとんの中へはいりこみ、…… (驚いた婆の声に)にげだすひゃうしに、あしへたけのとげをたてゝ、ばったりこけると、竹すのこをふみぬき、下へどっさりおちるおと、ミシ／

판新板》은 두개 뒤 역참인 〈오키쓰(奥津)〉이다. 동일한 간바라 역참에서의 사건을 《이세(伊勢)》에서는 간바라와 유이로 나누어 표현하고, 《신판新板》에서는 유이와 오키쓰로 나누어 표현하고 있는 것이다.

《신판新板》【간바라・아이를 속여서 실패하다(蒲原・子供をだましてしくじる)】는, 《이세(伊勢)》〈요시와라〉의 문장을 축약, 그림은 거의 그대로 활용하고 있다.

《기산지(驥散)》의 〈간바라・유이까지 10리(蒲原・ユィへ一里)〉【마누라영혼을 불러내서 울다 엉엉(か丶アをくちによせてなくハワイ/＼)】은, 『동해도 도보여행기』 3편 상・닛사카(日坂)를 미리 차용한 것이다.

(17) 제16역참 : 유이(由井 : 현재 시즈오카현 시즈오카시 시미즈구)

(기타하치) "에잇, 냄새야 냄새 냄새 냄새~"

야지 "이봐 그런 농담해서는 안돼. 아, 냄새야 냄새 냄새~[66]"

(분뇨수거인부) "예이, 부탁합니다 부탁합니다 부탁합니다~"

《즈에(図会)》・《우키요(浮世)》의 〈유이〉는, 『동해도 도보여행기』 8편하・오사카의 다음 에피소드를 앞당겨 사용하고 있다. 제4역참 호도가야 설명에서 인용한 원문이지만 재인용하고자 한다.

＼ガラ／＼ストウン。……北八てんじゃうをふみぬき、下へおちたところが……ぶつだんのなかへおちし」

66 「由井」「(北八)√エゝくさい／＼／＼／＼。ヤ√コレそんな上だんしてへいけねへ、アゝくさい／＼／＼／＼。(肥え取り)√ハイたのみます／＼／＼」

〈도판 27〉《즈에図会》유이

【거름장수 영감(こへとりのおやぢ)】에게 천왕사(天王寺)로 가는 길을 묻자 【"내 뒤를 따라오소." 기타하치 "에잇 따라오라니 난처하군. 냄새야 냄새." …… 야지로의 소매를 잡아끌며 작은 소리로 기타하치 "저것 봐. 거름통 안에 은비녀 머리가 보여." 그리고 야지로는 그 영감과 이야기 하면서 간 다. 뒤쪽에서 기타하치는 마침 주변에 있던 대막대기를 주워 젓가락처럼 해서 그 거름통의 비녀를 끼워서 집으려고 할 때, 거름장수 영감, 어영차 하고 어깨를 비꾸려고 하는 참나에, 기타하치가 갖고 있던 젓가락이 튕겨 나가 그 주변에 마구 튀어서 야지도 기타하치도 "젠장 이거 참 엉뚱한 봉변 을 당했군." 휴지를 꺼내서 닦는다. 이 사이에 영감은 앞쪽이 된 거름통 안 에 비녀를 발견하고】라는 원작 이야기에 준할 때, 대나무젓가락으로 비녀 를 집으려고 시도하고 있는 자가 기타하치이고, 야지는 영감과 이야기를

나누고 있어야 하는데, 인물이 역전되고 상황 또한 약간 각색된다.

이《즈에図会》〈유이〉와《이세伊勢》〈호도가야程ケ谷〉의 도상이 모사했을까 싶을 만큼 흡사하다. 문장은 회화체인 점이《이세伊勢》와 다르다. 이와 같이 상이한 작품에 있어서 게다가 다른 역참에서 한결같이 다루고 있는 점으로 보아 호평을 얻은 에피소드라는 것을 짐작케 한다.

《이세伊勢》【유이・기타하치 싸구려여인숙에서 천장의 대나무판자 마루바닥을 밟아 구멍을 뚫고 불단으로 떨어지다(由井・北八きちん宿にて天井のすのこをふみぬきぶつだんへおちる)】는 앞서 서술한『동해도 도보여행기』2편 하・간바라를 묘사하고 있다.

《신판新板》【유이・수건이라고 착각하여 샅바에 밥을 싸서 야지로(에게 먹이다)(由井・手拭とまちがへふんとしへめしをつゝみ弥二郎(にくはせる))】는,《이세伊勢》〈간바라〉와 동일한 문장에 그림도 흡사하다.

『동해도 도보여행기』2편 하의 유이에서는 별다른 에피소드 없이 단지 교카 한 수를 읊을 따름이었다. 원작에서는 묵지도 않은 〈유이(由井)〉에《이세伊勢》에서 잠자리 장면을 그리고 있는 것은 모순이라고 할 수 있다.

《기산지饑散》의 〈유이・오키쓰까지 20리(由井・オキツヘ二里)〉【삿타고개(さったとうげ)】는 풍경화이다.

(18) 제17역참 : 오키쓰(興津 : 현재 시즈오카현 시즈오카시 시미즈구)

야지 "뭐여, 콩고물인가 했더니 이건 겨잖어(겨를 묻혔잖아). 에잇 웩 웩 웩~, 속이 메슥거려서 안 되겠군."

기타하치 "그것 봐. 경단은 관두라고 했는데 말을 안 들으니까 (그런 꼴을 당하지)."[67]

〈도판 28〉《즈에図会》 오키쓰

《즈에図会》·《우키요浮世》의 〈오키쓰〉는,『동해도 도보여행기』2편
하·오키쓰의 에피소드, 즉 찻집에서 콩고물 묻힌 경단을 샀는데 알고 보
니 겨를 묻힌 경단이었으므로 개에게 줘버리는 장면을 표현하고 있으나,
기타하치의 대사는 창작이다. 원작에서는 야지와 찻집 할멈, 가마꾼집 아
이의 대화가 있을 뿐이다. 이《즈에図会》·《우키요浮世》의 〈오키쓰〉와
《이세伊勢》〈미쓰케(見附)〉의 도상이 서로 유사하다.

《이세伊勢》【오키쓰·야지로○여자○○는 비구니와 동행하여 놀림을
받다(弥二郎○女○○ヘびくにとつれだちてひやかされる)】는,『동해도 도보여행

---

⁶⁷ 「おきつ」「ヤ√なんだな豆のこかとおもったらコリャぬかだエゝケエ／＼／＼むねがわるくて
いけねエ。北√それミネエだんごヘよしねといったにきかぬからヨ」

기』4편 상·후타카와(二川)에서 일어난 비구니관련 사건을 앞당겨 차용한 것으로 보인다. 이 《이세(伊勢)》〈오키쓰〉와 《즈에(図会)》〈가와사키〉의 도상이 유사하다.

《신판(新板)》【오키쓰·기타하치 싸구려 여인숙에서 천장을 밟고 구멍을 뚫어 불단에 떨어지다(興津・北八きちん宿にて天井をふみぬき仏たんへをちる)】는 《이세(伊勢)》〈유이〉의 문장과 그림을 축약답습하고 있다.

《기산지(鬱散)》의 〈오키쓰·에지리까지 10리2정(興津・エシリへ一里二丁)〉【야아 야아, 어제 저녁 녀석은 호마의 재다. 돈주머니에서 돌이 나왔다 예예(ヤア／＼ゆふべのやつハごまのはいた　どふまきからいしかでたハイ／＼)】는 『동해도 도보여행기』2편 상·미시마의 에피소드를 차용한 것임을 알 수 있다. 원작 삽화와 도안도 유사하다.

(19) 제18역참 : 에지리(江尻 : 현재 시즈오카현 시즈오카시 시미즈구)

(불량배) "이 새끼, 이런 것을 사람에게 던지다니 가만 안두겠어. 용서 못하겠다 바보새끼야~"

야지 "아이고 아이고, 제발 제발 용서해주십시오. 용서해주십시오."[68]

《즈에(図会)》·《우키요(浮世)》의 〈에지리〉는 『동해도 도보여행기』4편 하·아카사카의 에피소드를 표출한다. 원작에서는 협객기질의 세 남자일

---

68 「江じり」「(男)√このやろうめこんなものをひとにぶつゝけてそれてすむかへりゃうけんなら
　ないばかやろうめ。ヤ√ヤア／＼まつひら／＼ごめん／＼／＼」

〈도판 29〉《즈에図会》에지리

행에게 당하면서도 마지막까지 물러서지3 않았던 야지인데, 여기《즈에図
会》에서는 완전히 겁을 집어먹고 있다. 불량배의 대사도 원작과는 취지가
다르다. 원작에서는 남자가 말똥을 갖고 와서 야지에게 먹이려고 하기 때
문이다.

이《즈에図会》・《우키요浮世》의 〈에지리〉와《이세(伊勢)》〈가나가와〉의
도상이 유사하다. 차이점은 배경이 가나가와의 바다가 아닌 점, 두 명의
불량배가 등장하는 점, 방향이 반대인 점이다. 또한 문장이 회화체인 점이
《이세(伊勢)》〈가나가와〉와의 차이점이라 하겠다. 같은 장면을《이세(伊勢)》
에서는 지문으로 표현하고,《즈에図会》에서는 대사로 표현하기 때문이다.
이른바,『동해도 도보여행기』의 지문(ト書き)과 회화라고 하는 문체가 양
작품에서 따로 따로 구현되고 있는 것이다. 환언하면, 양 작품을 합치면

『동해도 도보여행기』의 문체가 표출된다.

《이세(伊勢)》【에지리〈숙박〉·혼례를 엿듣다가 실수로 맹장지문이 떼어져　당황하다(江尻〈泊〉·こん礼をたちぎゝあやまってからかみをはづしてうろたへる)】는, 『동해도 도보여행기』 4편 상·아카사카 역참에서 발생한 다음과 같은 혼례 소동을 차용하였다. 【어느덧 맹장지문 한 장 사이인 옆방에서 신랑신부가 자는 듯. …… 잠들지 못하고 야지로 그대로 살그머니 일어나서 맹장지 문틈으로 엿본다. 기타하치도 벌거벗은 채 기어 나와서, …… 야지로가 정신없이 엿보고 있는 것을, 떼어놓으려고 잡아당겨도 비키지 않으려고 힘껏 버틴다. 그 바람에 맹장지문이 털썩 건너편 방 쪽으로 넘어가자, 두 사람도 같이 맹장지문 위로 뒹군다. 신랑신부도 맹장지문 아래에 깔려 소스라치게 놀라]⁶⁹라는 에피소드를 충실히 그려내고 있는 것이다.

이 《이세(伊勢)》〈에지리〉는, 《즈에(図会)》〈세키(関)〉, 《신판(新板)》〈구사쓰(草津)〉와도 도상이 흡사하다. 《즈에(図会)》〈세키〉에서는 넘어진 각등(行灯)까지 선명하게 그려진다.

《신판(新板)》【에지리〈숙박〉·비구니와 동행하여 놀림을 받다(江尻〈泊〉·びくにとつれだちひやかされる)】는, 《이세(伊勢)》〈오키쓰〉의 문장과 도상을 축약하면서 이용하고 있다.

『동해도 도보여행기』 2편 하·에지리에서는 마부와 말 탄 손님의 자랑 이야기(임금을 받거나 지불하는 입장을 주객전도한 골계담)가 있다. 원작에서 에지

---

⁶⁹ 「はやふすまひとへとなりのざしきに、むことよめがねるよふす。 ……ねられぬまゝに弥次郎そっとおきたち、ふすまのすき間から、さしのぞく。北八もはだかのまゝ、はひおきて、……卜弥次郎がむちうになりてのぞきいるを、ひきのけんとひっぱれども、のかじといちばる。はづみにばったり、ふすまがあちらのまへたをれると、二人も、ともにふすまの上へころげる。むこもよめも、おしにうたれてきもをつぶし」

리에서는 투숙하지 않는다.

《기산지(驥散)》의 〈에지리·후추까지 20리20정(江尻·フチウヘ二り廿丁)〉 【〈숙박〉스루가의 성(〈泊〉するがの御しろ)】은 풍경화이다.

(20) 제19역참 : 후추(府中 : 현재 시즈오카현 시즈오카시 아오이구)

> 기타하치 "어이 젊은이, 한잔 마시게."
> (유곽사환?) "예 예 예."
> (유곽사환) "어르신 예, 실례합니다. 한잔 드십시오."
> (기타하치?가 유녀에게) "이사카와(유녀이름)씨, 어떤가?"[70]

《즈에(図会)》·《우키요(浮世)》의 〈후추〉는, 『동해도 도보여행기』 2편 하·후추의 다음 장면을 묘사한다. 【야지로의 상대 유녀, 이름은 고자사노, 짙은 청색과 갈색 줄무늬의 명주 솜옷에, 줄무늬의 새틴 허리띠, 오글오글한 잔주름의 하늘색 비단 예복. 기타하치의 상대 유녀는 이사카와, 오글오글한 잔주름의 줄무늬 비단 솜옷에, 금실 들어간 비단 허리띠, 오글오글한 잔주름의 검정 비단 예복. 둘 다 옷 안감은 다홍색 이다. …… (유곽사환은) 곧 넓적 술잔 얹은 받침대와 술 주전자와 술안주 담은 쟁반을 가져와, 정해진 헌배 의식[71]도 각각 미치고, 야지 "젊은이, 한 잔 하게." 유곽시환 "예." …… 기타하치 "이봐 너희들 좀 더 가까이 와서 한 잔 마시게나."】[72]

---

70 「〈泊〉ふちう」「北√コウわけへしゅひとつのみなせへ。(弥二・若い者?)√ハイ／＼／＼。(若い者)√だんなハイごめんなさいひとつめし上りませ。(北八?)√いさ川さんどふだね」
71 삼삼 아홉배 : 혼례식 때 신랑신부가 세 개의 잔으로 서로 세 번씩, 모두 아홉 번 술을 주고받는 의례.

〈도판 30〉《즈에図会》후추

원문에 의하면【사방 여덟 치(약24㎝)[73]의 상위에 찬합(이 놓여져 있고 찬합 안에) 주먹(5문)짜리 아베강 떡[74](八寸のうへに ……ちうばこへに ……ちうばこ(が載つけてあり、重箱の中に)あべ川の五文どり)】이 들어있다. 그러나 사방 여덟 치의 상(折敷)은 모퉁이가 각지지 않은 술상 형태로 그려진다. 원작에서는 팁을 받은 사례로서 상을 내오므로 일반적인 술자리에서의 술상일 가능성이

---

72 「弥二郎があいかた、名は小ざゝの、うへだの小そで、しまじゅすのおび、そらいろちりめんのうちかけ。北八があいかたいさ川しまちりめんに、きんもふるのおび、くろちりめんのうちかけ。いづれもみな、もみうらなり。……(若者は)ほどなくさかづきだい、てうしすゞりぶたをもち出、おさだまりのさかづきも、それ%\にすんでしまい、弥二「わけへしゅ、ひとつのみな。わかいもの「ハイ。……北八「コウおめへがたア、もっとこっちへよって、一ッ呑なせへ。」

73 치(寸)는 한 자(척, 尺)의 10분의 1. 한 치는 약 3㎝.

74 아베카와모찌 : 구운 떡에 설탕 섞은 콩고물을 묻힌 떡.

있다. 유곽사환은 작은 술잔(猪口)이 아니라, 칠기로 된 술잔을 얹은 술 받침대를 들고 있다. 술을 담아서 따르는 술 주전자 형태의 칠기(銚子)도 보인다. 두 유녀 모두 원문의 의상과 예복(打掛)의 색 등이 불일치한다. 술잔 술 주전자 같은 소도구는 일치한다. 촉대를 그려 넣음으로써 야간임을 표현하고 있다. 《즈에図会》〈출발(振出し)〉의 혼례장면과 비교하면, 네 모퉁이를 각지게 자른 발 달린 상(折敷) 외에는 술 받침대와 술 주전자가 동일하다.

《이세伊勢》【후추·니초 거리의 유곽, 사지 않고 구경만 하는 모습(府中・二丁まちのくるわそめきのてい)】,《신판新板》【후추·니초 거리의 유곽, 사지 않고 구경만 ('하는 모습'이 안 보임)(府中・二丁町のくるわそめき(「のてい」))】으로 문장이 동일하다. 도상은 우측 절반만 빼 닮았다. 이와 같이 〈후추〉에 이르러,《이세伊勢》·《신판新板》『동해도 도보여행기』의 역참과 그림이 일치하게 된다.《이세伊勢》·《신판新板》의 〈후추〉는 원작 삽화와도 유사하다. 원작에서는 니초 거리의 기생집에 묵고 있으므로, 여기에 〈숙박〉표시가 있어야 하나 표시되지 않는다.

『동해도 도보여행기』2편 하·후추에서, 니초 거리로 나간 야지기타가 보게 되는 풍경에【유객인 듯한 이는 문양이 새겨진 검은 무명천 겉옷 입고 (옛날식으로) 수건 끝을 묶지 않고 쓰고 있으며, 안내하는 (유객 중개소) 찻집 여자는 삼나무로 된 나막신[75]을 질질 끌고 있고, 유객이 데려온 남자 게이샤[76]인 듯한 이는 대부분 (츠스럽게) 모모히키[77]를 입고 짚신을 신고, 그리고

---

75 焼杉の駒下駄 : 표면을 불로 그을려서 삼나무의 나뭇결을 두드러지게 만드는데, 굽을 따로 달지 않고 삼나무 통나무로 깎아 만든 왜나막신.
76 神, 幇間, 太鼓持ち : 술자리에 나가 손님의 비위를 맞추고 흥을 돋우는 것을 업으로 하는 남자.
77 股引 : 타이츠 비슷한 바지모양의 남성용 의복. 속옷용, 작업용이 있음.

〈도판 31〉 2편 하 삽화

한결같이 걷어 올린 옷자락 끝을 허리띠에 끼운(祖父端折り, 진지바쇼리) (촌스
린) 모습이다]⁷⁸라고 되어 있는데, 삽화(〈도판 31〉)에서 왼쪽 남자의 복장이
수건 끝을 묶지 않고 쓴(吹き流しの頬被り) 데다가 검은 무명천 옷(黒羽二重)을
입고 있으며, 격자문안을 들여다보는 사람의 복장이 진지바쇼리이다.

《기산지(饑散)》의 〈후추·마리코까지 15리(府中·マリコへ一り半)〉【저 사람

---

78 「客とおぼしきが黒き木綿に紋のつきたる羽織などきて、手拭のさきを結ずしてかぶり、おくり
行茶屋の女は、焼杉の駒下駄をひきずり、客人の神と見へしは、おほくは股引草鞋にて、いづ
れも祖父(ちんち)ばしょりなり。」

은 삳바를 쓰고 가네 오호호호(あの人ハふんとしをかぶつてゆくヲホヽヽ)]는, 『동해도 도보여행기』 2편 상・하코네의 에피소드를 전용한 것이다. 이《기산지鬱散》〈후추〉와《즈에図会》・《우키요浮世》・《이세伊勢》의 〈하코네〉는 도상이 상호 유사하다.

(21) 제20역참 : 마리코(鞠子 : 현재 시즈오카시 스르가구)

> (참마가게주인) "이 못생긴 년, 맛이 어떠냐!"
> (마누라) "때릴 테면 쳐때려 봐!"
> 야지 "허참 재미 검게 있네[79]. 하하하하~"[80]

《즈에図会》・《우키요浮世》의 〈마리코〉는 『동해도 도보여행기』 2편 하・마리코(丸子)의 에피소드를 묘사한다. 야지의 말장난 등, 세 명의 대사는 원작에 없는 완전한 창작이다. 방향을 바꾸기만 했을 뿐으로《이세伊勢》〈마리코〉와 도안이 흡사하다.

《이세伊勢》【마리코・부부싸움하여 참마 즙에 미끄러지면서 서로 치다(鞠子・ふうふげんくわしてとろゝにすべりなからうちあふ)】, 《신판新版》【마리코・부부싸움하여 참마 즙에 미끄러지면서 서로 치다(丸子・ふうふけんくわしてとろゝにすべりなからうち合)】라고 동일한 문장에, 부부 그림만 그대로 척출하여 사용하고 있다.

---

79 '재미있다'에 해당하는 '面白い'를 반대로 '面黒い'로 말하고 있음. 당시 유행한 말장난이다.
80 「まりこ」「(亭主)√このおふくめどふしや。(女房)√ぶつならふつてみやがれ。ヤ√こいつハおもくろいはゝ／＼」

〈도판 32〉《즈에図会》 마리코

　『동해도 도보여행기』 2편 하・마리코의 【마누라(오나베) …… 양념 절구통을 집어던지니, 주변 여기저기에 참마 즙이 흘러내린다. …… 주인 …… 절구공이를 휘두르며 덤벼들었는데】,[81] 말리러 온 【앞집 아주머니(む かふのかみさま)】 포함하여 【셋 다 온 몸이 참마 즙 범벅으로 미끈거리니 이쪽으로 뒹굴고 저쪽으로 미끄러지고, 아수라장이 되었다. 야지 "이건 뭐 허사겠구먼. 좀 더 갈까?"】[82] 그대로의 도안인 것이다.

　《기산지鬱散》의 〈마리코・오카베까지 20리(鞠子・オカベヘ二里)〉【참마

81　女ぼう(おなべ) …… すりばちをとってなげると、そこらあたりへとろゝがこぼれ …… てい主 …… すりこ木をふりまはして、立かゝりしが、」

82　「三人がからだ中、とろゝだらけに、ぬる／＼してあっちへすべり、こっちへころげて、大さわぎとなる。弥二「こいつははじまらねへ。さきへいかふか。」

즙 명물 도로로 경단(とろ﹅・めいぶつとろ﹅だんご)}은, 『동해도 도보여행기』 마리코의 에피소드에 입각하고 있으나, 나그네 두 명이 먹고 있는 장면은 호에이도판(保永堂版) 히로시게그림(広重画)과 유사하며, 원작과는 다르다. 우쓰노야 고갯길 열경단(十団子)의 찻집 근처에서 야지가 미끄러지는 이야기가 원작에 있는데, 그 열경단(도단고)과 참마 즙(도로로)을 착각한 문장일까. 열경단 또한 원작에서는 먹고 있지 않다.《기산지鬪散》의 그림에서는 경단이 아니라 참마 즙을 먹고 있는 것처럼 그려진다.

(22) 제21역참 : 오카베(岡部 : 현재 시즈오카현 후지에다시 오카베초)

> (찻집여주인) "에그머니나, 조심하지 미끄러지셨네. 가엾어라."
> 야지 "아이고아이고, 아프다 아파 아파~ 에라 열 받네."
> (기타하치) "아하하하 아하하하~"[83]

《즈에図会》·《우키요浮世》의 〈오카베〉는 『동해도 도보여행기』 2편 하·우쓰노야 고갯길의 에피소드를 그린다. 그러나 원작에서는 대사조차 없는 짧은 삽화(挿話)인데다가 찻집 여주인은 등장도 하지 않는다. 따라서 대사는 완전한 창작인 것이다. 언덕길이 아닌 점, 찻집 바로 앞에서 구르고 있는 점 등은 원자과이 차이점이다. 한편《우키요浮世》는《즈에図会》와 달리 길의 구분이 없어져 있으므로 고갯길인지 알 수가 없다.

---

83 「おかべ」「(茶屋の女将)√ヤレコラすべらしゃったきのどくだ。ヤ√ヨヲ／＼いたい／＼／
＼エ〉はらがたつへ。(北八)√アハゝゝ／＼」

〈도판 33〉《즈에図会》오카베

《이세(伊勢)》와 《신판(新板)》의 〈오카베〉는 【기타하치 산길에서 엉덩방아
를 찧다(北八山道にてしりもちをつく)】로 문장이 동일하며 도상도 비슷하다.
특히 《이세(伊勢)》에서는 빗속 언덕길에서 구르는 모습이 극명하게 표현된
다. 『동해도 도보여행기』 2편 하·마리코를 나와【우쓰산의 우쓰노야 고
갯길에 다다를 무렵부터 비는 점차 바람과 더불어 장대같이 세차게 퍼부
우니, 담쟁이 넝쿨진 좁은 길도 불안하게 지팡이에 의지하여 열경단[84]의
찻집 근처에 이르렀는데, 야지로 무심코 그만 비탈길에 미끄러져 굴렀다.
'내려대는 비 / 또 싸락눈 떡 아니 / 열경단 굴리듯 / 굴러서 허리 다친 / 우
쓰의 산길이여]'[85]가 해당 원문 전부인 사소한 에피소드를 「오카베」에 가

---

[84] 팥알 정도의 작고 단단한 경단 알 10개를 실로 연결한 것. 식용이 아니라 부적임.

져오면서, 실제로 굴렀던 야지 대신 기타하치로 변경시키고 있는 것이다.

『동해도 도보여행기』 3편 상 「오카베」에서는 오이강이 막히고 다음 역참인 후지에다(藤枝)·시마다(島田)가 숙박객들로 만원이라고 하여, 「오카베」에 묵은 후, 출발, 찻집에서의 대화가 있을 뿐이다. 따라서 원작에 의하면 「오카베」가 숙박지여야 한다.

《기산지(鬱散)》의 〈오카베·후지에다까지 10리26정(岡部·フジエタへ一里卄六丁)〉【다나카로 가는 길 있음(たなかへゆくみちあり)】은, 역참 거리 풍경을 묘사한다. 히라시마 입구(平島口)에는 히라시마 마을(平島村)을 지나 다나카 성(田中城)까지 가는 갈림길이 있었다. 히라시마 입구에서 다나카까지는 십수 지역이나 떨어져 있었다고 한다.

(23) 제22역참 : 후지에다(藤枝 : 현재 시즈오카현 후지에다시)

> 맹인 "어디 (말뼈다귀 같은) 자식이 내가 장님이라고 사람을 따돌리고 선수를 친대가다. 이건 첨벙, 하하하하, 꼴 좋~다."[86]

《즈에図会》·《우키요浮世》의 〈후지에다〉는, 『동해도 도보여행기』 3편 하 「닛사카·시오이강(日坂·塩井川)」의 【이누이치는 몹시 안달이 나서, "이봐, 사루이치~ 어디에 있냐?" 사루이치 강 한가운데에서, "얼레? 이 녀

---

85 「宇津の山にさしかゝりたるに、雨は次第に篠をを乱し、蔦のほそ道心ぼそくも、杖をちからに十団子の茶屋ちかくなりて、弥次郎おもはず、さかみちにすべりころびければ「降しきる雨やあられ11の十だんごころげて腰をうつの山みち。」

86 「藤えだ」「ざとう√どこのやろうかめくらとおもって人をたしぬきやがつたかはりだコリャどんぶりこ／＼ハゝえいさまた」

〈도판 34〉《즈에図会》후지에다

석은 누구지?" 라며 기타하치를 물속에 철버덩 떨어뜨린다. 기타하치 "야
아~ 살려줘, 살려줘~" 손발을 허우적거리며 떠내려가기에[87]라는 에피
소드를 묘사하고 있다. 원작 삽화(〈도판 35〉)와 다음의《이세(伊勢)》와는 달
리 사건의 클라이맥스, 즉 기타하치가 강에 떨어지는 순간이 포착되어진
다. 맹인의 대사는 창작이다.

　《이세(伊勢)》와《신판(新板)》의 〈후지에다〉는【세토강에서 둘은 맹인을 속
여 강을 건너다(せと川にて両人ざとうをたばかりかはをわたる)】,【세토강 둘은 맹

---

[87] 「犬市は大きにせきこみ「コレさる市、どこにゐる。さる市川中にて「イヤこいつはだれだ。と
　　 北八を川の中へ、どんぶりおとす。北八「ヤアイたすけてくれ／＼。ト手あしをもがきながれ
　　 るゆへ」

〈도판 35〉 3편 하 삽화

인을 속여 강을 건너다(せと川両人ざとうをたばかり川をわたる)】로 문장도 그림
도 흡사하다.

『동해도 도보여행기』 3편 상·후지에다에서는 시골영감과 맞부딪힌
기타하치가 물웅덩이에 구르는 바람에 시골영감에게 한바탕 위세를 부린
다음에,【웃으며 세토강을 건너 …… 세토라고 하는 곳에 이르렀다(打笑ひ
つゝ瀬戸川を打越 …… 瀬戸といふ所にいたる)】. 그러자 찻집에서 기다리고 있던
아까 그 시골영감이 대접하는 척하면서 먹고 도망가 버리는 사건이 이어
진다. 따라서 이 〈후지에다〉의 일화가 아니라, 『동해도 도보여행기』 3편

하 「닛사카·시오이강」에서 발생한 맹인 속이기 일화를 《이세(伊勢)》와 《신판(新板)》의 〈후지에다〉에 전용시킨 것임을 알 수 있다. 원작 삽화와 도상 또한 비슷하다. 원작에서 기타하치는 강물에 빠지게 되므로, '둘은'이라고 하는 문장은 모순이라고 하겠다.

《기산지(杏散)》의 〈후지에다·시마다까지 20리(藤枝·シマタヘ二里)〉【자자, 세토강에 왔습니다(サア／＼せとかわへきました)】는 원작에 없는 새로운 에피소드이다.

(24) 제23역참 : 시마다(島田 : 현재 시즈오카현 시마다시)

> 기타하치 "어서 빨리 가라고. 자네 하지 않아도 될 쓸데없는 농담을 해서 관리사무소[問屋] 영감이 열 받는 거라고. 어서어서~"
>
> (관리) "이 자식, 기다려라~ "
>
> 야지 "이것 참 이상하네. 죄송합니다 죄송합니다."[88]

원작 『동해도 도보여행기』 3편 상·시마다(嶋田)에서, 【관리 "접힌 칼을 차고 다니는 무사가 어디 있냐! …… 헛소리하면 포승줄로 꽁꽁 묶어주마." 기타하치 "이봐 야지씨, 수습이 안돼. 빨리 가자." 손을 잡고 강제로 끌어당기자, 야지로베 그것을 호기로 슬그머니 꽁무니를 내뺀다][89]고 하는

---

88 「しまだ」「北√サアはやくゆきなせへ、おめへいわねへてもいゝむたくちをいったから、といやばのおやぢがあつくなるのサ、サア／＼。(問屋)√このやろうめ、まちをれヤイ。ヤ√こいつへへんちきたごめんさっせい／＼。」

89 「といや「かたなのおれたのをさす武士がどこにあるもんだ。 ……たはごといふとくゝしあげるぞ。北八「コウ弥次さんおさまらねへ。はやくいかふ。ト手をとって引づられ、弥次郎兵へ

〈도판 36〉《즈에図会》시마다

상황을 그대로 묘사한 것이 《즈에図会》·《우키요浮世》·《이세(伊勢)》의
〈시마다〉이다. 원작 삽화(〈도판 37〉)와 구도라든지 소도구까지 유사하다.
이 그림 주사위판들은 상호 모사한 것처럼 흡사하나, 기타하치, 관리, 야
지 각각의 대사처리에《즈에図会》만의 개성이 돋보인다.

　《이세(伊勢)》〈시마다〉의【야지로 무사 흉내를 내다가 들통이 나 꾸중을
듣다(弥二郎さむらひのまねをしてあらわれしかられる)】를 요약한 듯한 문장이《신
판新板》의【시마다·야지로 무사흉내를 내다가 들통나다(しまた·弥二郎さむ
らいのまねをしてあらわれる)】이며, 상호 도안 또한 흡사하다.

　　それをしほに、こそ／＼とにげ出す。」

《기산지鬱散》의 〈시마다・가나야까지 20리(島田・カナヤへ二里)〉【강 관리사무소・짧은 칼을 두 자루 치는 무사가 어디 있나(川役処・わきざしを二本さすさむらいがあるものか)】 또한 동일한 에피소드를 사용하였음을 알 수 있다. 무사라면 긴 칼과 짧은 칼 두 자루를 차야하고 서민은 짧은 칼 한 자루만 차기 마련인데, 짧은 칼 두 자루를 찬 사실을 지적하고 있는 것이다. 즉 야지가 기타하치의 짧은 칼을 빌려 찬데다가 자신의 칼은 칼집을 늘려 긴 칼처럼 보이게 찬 것이 들통 나는 순간이다.

〈도판 37〉 3편 상 삽화

(25) 제24역참 : 가나야(金谷 : 현재 시즈오카현 시마다시)

『동해도 도보여행기』 3편 상·가나야에서 기타하치는 가마에 타는데, 【때마침 비가 내리기 시작한지라, 낡은 돗자리 한 장 가마 위에 덮어 주고 짊어진다. 어느새 기쿠가와 언덕에 다다르자, 순례[90] 두세 명】[91]이 다가와서 구걸을 하므로 한바탕 실랑이 끝에 【갑자기 힘을 주자 어찌된 영문인지 가마바닥이 쑥 빠져 기타하치 쿵 엉덩방아를 찧고, "아, 아퍼퍼퍼퍼퍼!" 순례 "하하하하하." …… 기타하치 "야 이 자식들아, 왜 이런 가마에 태운 거냐!" 가마꾼 "용서해주시라요. 일부러 그런 것도 아닝께라]"[92]라고 하는 상황을 그대로 묘사한 것이 《즈에図会》·《우키요浮世》의 〈가나야〉이다. 《즈에図会》에서는 손가락질하며 웃고 있는 순례까지 화면에 등장시킨다.

> (가마꾼1) "짝아~ 이러니 가벼워서 훨씬 좋은걸."
>
> (순례) "저 것 봐, 보라고."
>
> 야지 "아프다 아파, 이런 가마에 태워대다니 가만 안 둬 가만 안 둬 가만 안 둬. 엉덩방아를 찧어서 일어설 수가 없다고. 아프다 아파 아파~"
>
> (가마꾼2) "뜻밖의 사태로군."[93]

---

90 巡礼(쥰레) : '사이고쿠쥰례(西国巡礼)'의 약칭. 관서지방 33개 관음을 안치한 절을 순례하며 참배하는 사람. 에도 시대에는 오이즈뤼겉옷 조끼를 입고 삿갓을 쓰고 종아리덮개[脚半] 손등덮개[甲掛け]를 하고 짚신을 신고 노래하며 유리걸식하는 순례자를 가리킨다.

91 「おりふしあめふりいだしければ、古ござ一まい、かごの上からうちかぶせ、かつぎ出しては やくもきく川の坂にかゝると、順礼が二三人」

92 「りきむはづみにいかゞしけん、かごのそこがすっぽりぬけて、北八どっさりしりもちをつき、「アイタゝゝゝ。じゅん礼「ゝゝゝゝ。……北八「コレ手ヘたちやアなぜこんなかごにのせた。かごかき「ゆるさっしゃりませ。あんともせるもんで。」

<도판 38> 《즈에図会》 가나야

　이《즈에図会》〈가나야〉는 순례가 두 명이나 그려진다는 점 외에는《이세(伊勢)》〈가나야〉와도 화면이 흡사하다. 《즈에図会》·《이세(伊勢)》모두 무대는 언덕길로 묘사된다. 《신판(新板)》【가나야·가마바닥이 빠져서 야지로 순례의 비웃음을 사다(金谷·かごのそこかぬけ弥二郎順礼にわらわれる)】는,《이세(伊勢)》【가나야·가마바닥이 빠져서 야지로 떨어져 순례의 비웃음을 사다(金谷·かごのそこがぬけて弥二郎おちじゅん礼にわらわれる)】를 축약한 것이라고 할 수 있으며 화면 또한 매우 비슷하다. 원작과《즈에図会》의 차이점으

---

93 「かなや」「(棒組)√あいぼヨこれてかるくていっそいいね。(順礼)√あれみさっせ／＼。ヤ√いたい／＼こんなかごにのせおってすまねへぞ／＼／＼こしがぬけてたてねへいたい／＼／＼(棒組)√とんだことだ」

로는 ① 떨어진 사람이 야지로 변경되는 점, ② 가마꾼의 농담(원작에서는 떨어진 것을 그저 딱하게 생각해서 대책을 강구하는 인물상이었음), ③ 다른 대사도 상황에 맞추어 어투를 바꾸고 있는 점 등이다. 이는《즈에図会》의 특징이기도 하다.

《기산지鬱散》〈가나야·닛사카까지 10리31정金谷·ニッサカへ一里三十一丁)》【〈숙박〉사요노 나카야마 무한의 종(〈泊〉さよの中山むけんのかね)】은, 풍속화가 아니라 산길을 그린 풍경화이다.

(26) 제25역참 : 닛사카(日坂 : 현재 시즈오카현 가케가와시)

원작『동해도 도보여행기』3편 상·닛사카에서【드디어 야지로 기타하치, 안쪽 방에 들어가서 부탁한다. 무녀 여느 때의 상자를 꺼내서 (자신 앞에) 바로 놓자, …… 여관 여자, 물을 떠 온다. 야지로 죽은 마누라 일을 떠올리며 붓순나무 잎에 물을 공양하자(묻혀 무녀에게 흔들어 뿌리자), …… 무녀는 가래나무 활을 치운다(상자에 담는다)】[94]고 하는 상황에 입각하여 묘사한 것이 《즈에図会》·《우키요浮世》·《이세伊勢》·《신판新板》의 「닛사카」이다.

> 무녀 "비석에도 딱 한번 성묘를 오셨을 뿐이므로, (비석이) 지금은 울타리 밑 돌 딤이 되어서 개가 오줌을 뿌립니다. 물 한번 공양해 준적이 없지요. 징밀 징밀, 오래 죽다보면 갖가지 고생을 합니다."

---

94 「やがて弥次郎きた八おくのまへはいりたのむと、いち女れいのはこを出してなをすと、……やどの女、水をくみ来る。弥次郎すぎさりし女房のことを思ひだして、しきみのはに水をむけると、……いちこはあづさの弓をしもふ。」

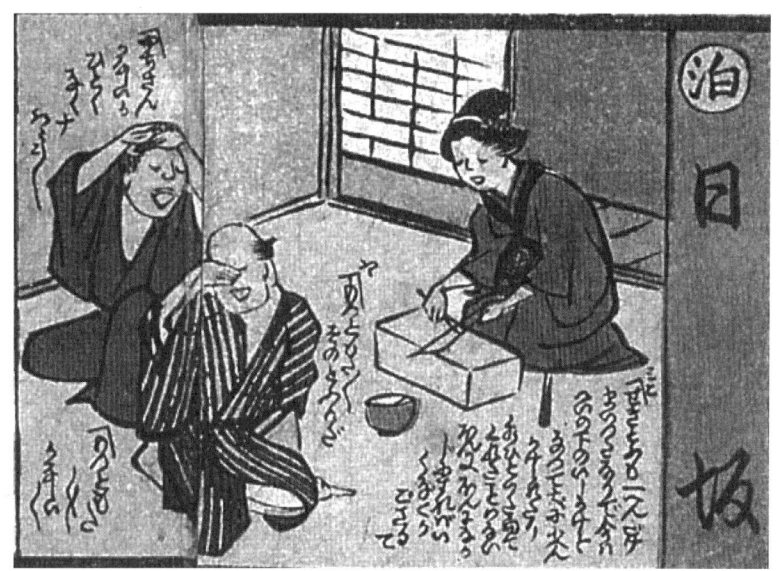

〈도판 39〉《ㅈ에図会》 닛사카

야지 "지당한 말씀, 지당한 말씀, 자네 말 대로네."

(야지) "지당하네, 지당해, 지당해, 슬픈지고 슬픈지고."

(기타하치) "야지씨, 슬픈가? 몹시도 우는군 하하하, 하하하."[95]

원작에 다음과 같은 대사가 있다. 【기타하치 "어라? 야지씨, 당신 울고 있는 거여? 하하하하하" …… 무녀 "비석은 세워졌지만 그 뿐으로 성묘도 오지 않고 …… 지금은 비석도 절 울타리 밑 돌담이 되어 버려서, 이따금

---

95 「〈泊〉日坂」「みこ√せきとふも一へんだけまいったなりで、今ハへいの下のいしかけとなって 犬に小へんかけられたり、水ひとつた向てくれたことハない、ほんにほんにながじにすれば、い ろんなくがごさるて。ヤ√もっともた／＼そのとふりだ。(弥二)√もっともた／＼／＼かなし い／＼。(北八)√やちさんかなしいかひとくなくナハゝゝ／＼」

〈도판 40〉 3편 상 삽화

씩 개가 (공양을 위한 물대신) 오줌을 뿌릴 뿐, 지금까지 물 한번 공양해 주신 적 없으시지요. 정말 오래 죽다보면 여러 가지 수모를 당하네요." 야지 "지당한 말씀, 지당한 말씀"]⁹⁶ 이 원문 대사에 입각하여 《즈에図会》의 세 명의 대사는 성립하고 있음을 알 수 있다.

---

96 「北八「ヲヤ弥次さん、おめへなくかゝゝゝゝゝ……いち子「石塔はたてゝ下さったれど、それなりで墓まいりもせず、……今では石塔も塀のしたの石がけとなりたれば、折ふし犬が小べんをしかけるばかり、ついに水ひとつ手向られた事はござらぬ。ほんに長死(ながじに)をすれば、いろ／＼なめにあひますぞや。弥二「もっともだ／＼。」

그림 주사위판들의 화면은 원작 삽화(⟨도판 40⟩)와 구도라든지 소도구까지 비슷한데, 특히 《즈에図会》 ⟨닛사카⟩와 《이세伊勢》 ⟨닛사카⟩는 무녀의 복장과 머리형태, 상자, 찻잔, 방의 구조까지 상호 일치한다. 무녀는 보통 풍채로, 안에 불상·가래나무 활·염주 등을 보관한 장방형 상자를 정면에 놓고, 가래나무 활 등을 꺼내, 붓순나무 잎, 남천촉 잎으로 자신에게 물을 뿌려 활을 켜면서 묻는 사람과 문답을 하게 된다. 한편 이 뒤에 기타하치는 무녀 침소에 몰래 숨어들어가지만 착각하여 무녀의 모친과 동침하게 된다. 기타하치보다 나중에 깨어난 야지가 기타하치를 무녀인 줄 알고 희롱하려 하다가 눈을 뜬 무녀의 모친에게서 도망치는 사건이 이어진다.

《이세伊勢》【닛사카⟨숙박⟩·야지로 마누라 원령을 불러내서 한탄하다 (日坂⟨泊⟩·弥二郎女ぼうをロよせしてなげく)】와, 《신판新板》【닛사카⟨숙박⟩·야지로 마누라의 것을 불러내서 한탄하다(日坂⟨泊⟩·弥二郎女ぼうのをロよせしてなげく)】는 동일한 문장이어야 하나, 《신판新板》이 조사를 부주의하게 사용하였음을 알 수 있다. 《신판新板》 도안은 칸에 맞추어서 《이세伊勢》를 상하로 길게 늘렸을 뿐으로 서로 비슷하다.

《기산지驥散》 ⟨닛사카·가케가와까지 10리29정(日阪·カケ川へ一里廿九丁)⟩【엿보지는 않았습니다만 맹장지문이 뜯어졌소 죄송 죄송(のそきハしませぬがからかみがはつれた御めん／＼)】은, 『동해도 도보여행기』 4편 상·아카사카역참의 일화를 앞서 사용하고 있다.

(27) 제26역참 : 가케가와(掛川 : 현재 시즈오카현 가케가와시)

(기타하치) "이거 참 성찬이군. 공짜로 마실 수 있다니, 절묘하다 절묘해~"

〈도판 41〉《즈에図会》 가케가와

(야지) "저 맹인이 아까 강에 빠트려 댄 양갚음으로 (기타하치가) 술을 마셔주니 절묘하군."

(이누이치) "네놈이 방금 따라 준 술이 벌써 없다고, 네놈이 마셔버렸지?"

(사루이치) "뭐라고? 나는 지금 막 따랐네. 야, 야, 또 술병[도쿠리]⁹⁷ 안의 술도 없어 없다고."⁹⁸

《즈에図会》·《우키요浮世》·《이세伊勢》·《신판新板》의 〈가케가와〉는

---

97 도쿠리 : 잘록하고 아가리가 좁은 술병.
98 「かけ川」「(北八)√こいつ〻こちそうた、た〻のめると〻めう／＼。(弥二)アノざとふもさきに川へはめおったいしゅかへしに、さけをのんでやると〻きめうた。(犬市)√てめへ今ついてくれたさけかモウないゝ、てめへのんてしまつたナ。(猿市)√ナ二おれ〻いまついたのたヤア／＼またとくりのさけもないそ／＼」

『동해도 도보여행기』3편 하·가케가와의 에피소드를 그리고 있다. 【기타하치 "요거 마침 좋은 수가 있어. 나를 강에 빠뜨린 앙갚음을 해 주지." …… 술 주전자를 낚아채서 따라 보더니, 이누이치 "야아 이 사루이치놈! 혼자서 몽땅 먹어치웠구나!" 사루이치 "무슨 말도 안 되는 소리를～" 이누이치 "글쎄 술 주전자가 싹～ 이라고!"】[99]와 같이 원작에서는 '술 주전자(銚子)'라고 되어 있는 것을 《즈에図会》에서는 술병(德利)으로 바꾸고, 도안 또한 술 주전자 대신에 술병을 그려 넣고 있다.

원작『동해도 도보여행기』에서는 이 사건 와중에 야지의 대사는 없다. 따라서『동해도 도보여행기』삽화(〈도판 42〉)에도 야지는 등장하지 않는다. 그러나 《즈에図会》에서는 야지까지 등장시켜 이 사건의 발단을 기타하치 대신 야지에게 말하게 하고 있다. 《즈에図会》의 야지 대사를 성립시키기 위해서는 원작대로 직전의 시오이강(塩井川)에서 빠진 것으로 해야 하는데, 《즈에図会》에서는 '후지에다(세토강)'라고 하는 네 군데나 앞 역참에서의 사건으로 그리고 있는 것은, 이야기 전개상 모순이라고 할 수 있다.

《즈에図会》와 《이세(伊勢)》의 〈가케가와〉는 가게의 구조, 네 명의 등장인물의 위치관계, 각각이 들고 있는 소지품(담뱃대·찻잔·술병·맨손), 뒷모습의 사루이치가 봇짐을 짊어지고 있는 점, 이누이치와 사루이치 사이에 놓여 있는 술안주(넓적 쟁반) 등, 모사하지 않았나 싶을 만큼 흡사하다.

다시 말하면, 『동해도 도보여행기』 가케가와에서는 시오이강(塩井川)에서 맹인을 속이려다 실패해서 강 속에 빠진 기타하치가 가케가와 찻집에

---

99 「北八「こいつはいゝことがある。おいらを川へはめた意趣返(いしゆげへ)しをしてやらふ。
……てうしをとってついでみて「ヤアこのさる市め、ひとりでくらってしまやアがつた。さる市「ナアニ、とんだことを。犬市「それでも銚子がさつぱりだ。」

〈도판 42〉 3편 하 삽화

서 앙갚음을 하고자【(사루이치가)(작은 사기)술잔에 가득 따라서 한 입 먹고
내려놓자, 기타하치 슬쩍 손을 뻗어서 술잔의 술을 마셔 버리고는 잽싸게
원위치에 놓는다. …… 기타하치 술 주전자를 잡고 자기가 마시는 찻잔 두
번에 비우고는, 슬며시 술 주전자를 원위치에 둔다】[100]라는 장면을 묘사하

---

100 「(さる市が)ちょくにいっぱいついでひと口のみ、下におくと、きた八そっと手を出し、ちょく
のさけをのんでしまい、ちゃっともとの所におく。…… 北八てうしをとり、じぶんがのん
だ、ちゃのみぢゃわんふたつにあけて、そっとてうしを、もとのところにおく」

면서, 원작 삽화(〈도판 42〉)에도 이누이치 손에 작은 사기술잔(猪口), 기타하치는 자신의 찻잔에 술 주전자(銚子. 여기에는 두 홉 정도의 술이 들어간다)로부터 술을 붓고 있다. 《이세伊勢》에서는 찻잔을 들고 있는 것이 기타하치, 이누이치는 술병(德利)을 들고 있는 것으로 그려지고 있는 것이다. 원작 삽화와 유사하다.

《이세伊勢》【가케가와·기타하치 맹인의 술을 몰래 마시다(掛川·北八さとうのさけをぬすみてのむ)】와 동일한 문장이어야 하는 《신판新板》은 【가케가와·기타하치 맹인의 술을 마시고 몰래 마시다(掛川·北八さとうの酒をのみぬすみのむ)】와 같이 문장이 오기된다. 그림은 상호 빼닮는다.

한편 《기산지驥散》는 〈가케가와·후쿠로이까지 30리16(掛川·フクロイヘ三里十六丁)〉【아키바 산길(秋葉山みち)】로, 이 사건과 무관하게 풍경화를 그리고 있다.

(28) 제27역참 : 후쿠로이(袋井 : 현재 시즈오카현 후쿠로이시)

(기타하치) "아이쿠 아이쿠, 물웅덩이로 미끄러져서 못 일어나겠네. (말을) 진정시키게. 아이고 아이고 아이고."

야지?[101] "여봐 여봐! 마부는 어디 갔나? 아 이것 참 큰일 났네. 빨리 도망쳐 도망치라고."[102]

---

[101] 그림에서는 야지가 아니라 영감의 모습으로 그려짐.
[102] 「袋井」「(北八)√ヤア／＼ 水たまりへすへりこんておきられねヱしつめてくんなせヘヤア／＼／＼。ヤ√コレ／＼ まこゝとふしたんた、アゝこいつア大へんた、はやくにけろ／＼」

〈도판 43〉《즈에図会》후쿠로이

《즈에図会》·《우키요浮世》의 〈후쿠로이〉는 『동해도 도보여행기』 3편 상·후지에다(藤枝)의 다음 에피소드를 차용하고 있다. 【후지에다 역참 입구에서 어깨도 가볍게 봇짐을 멘 시골영감, 튀어 오른 말에 놀라 피하는 찰나 기타하치에게 부딪쳐 물웅덩이(말 소변)로 뒹군 기타하치, 열 받아 일어나자 시골영감을 붙잡고는 기타하치 "이 영감탱이가~, 눈깔 안 보이냐!】[103] 이와 같이 시골영감과 부닥친 기타하치가 말 오줌 웅덩이로 구르는 바람에 욕설을 퍼붓는 에피소드이나, 《즈에図会》에서는 시골영감의 외모

---

103 「此のしゅく(藤枝)の入口にて、ふろしき包ちょいとかたにかけたる、田舎のおやぢ、馬のはねたるにおどろき、にげるひゃうしにきた八へつきあたると、きた八水たまり(馬の小便溜まり)の中へころげて、大きにあつくなり、おきあがって、田舎ものをひっとらへて、北八「コノ親仁め、まなこが見へねへか」

로 게다가 영감이 말했을 것 같은 내용의 대사를 야지의 대사로 처리하고 있는 것은 모순으로 보인다. 더욱이 원작에서 야지는 이 사건 와중에는 등장하지도 않는다. 『동해도 도보여행기』에서 기타하치와 영감의 대화는 위세부리는 말들로 구성되므로, 《즈에図会》의 대사는 전부 창작이기도 하다.

『동해도 도보여행기』 3편 하·후쿠로이 역참 직전에 야지기타는【스나가와 언덕길에 다다랐다. 길 양쪽에 무성히 자란 나무로 그늘져 어둑어둑하고 …… "여봐 여봐! 나그네! 나그네~"라고 부른다. 둘이 뒤를 돌아보니, 나무그늘 옆에서부터 어슬렁어슬렁 팔짱 낀 채 나온 사람은, 무명 솜옷차림, 허리에 칼 한 자루 찔러 넣고, 야마오카두건[104]을 쓴 수염투성이 지저분한 사내, …… 둘은 깜짝 놀라 벌벌 떨면서도,】[105]의 상황을 그려낸 것이 《이세伊勢》와 《신판新板》의 〈후쿠로이〉이다. 원작과 달리 '밤'이라고 각색하면서 겁쟁이인 두 사람의 모습이 화면으로부터 생생하게 느껴지도록 묘사된다. 원작에 의하면 도적이 아니라 거지였다는 끝마무리 익살이 오게 되는데, 거한은 통소매의 무명 솜옷 차림을 하고 2척5치 정도나 되는 큰 칼을 비스듬하게 차고, 정면에서 보면 삼각형으로 보인다고 하는 야마오카두건(山岡頭巾)을 쓰고 있는 것을 그림으로 확인 할 수 있다. 그리고 원작에서는 후쿠로이 역참 외곽에서부터 관서지방 사람과 길동무가 되어 유곽 논쟁을 벌이는 일화가 이어진다.

---

104 山岡頭巾 : 정면에서 보면 삼각형으로 보이는 여행용 두건. 일반적으로 무사도 서민도 여행용으로 사용했으나, 가부키에서는 산적분장을 하는데 이용함.

105 「砂川の坂道にかゝりけるに、両方より木立生茂りて日の陰らく、……「コヲレ／＼、たびの人ヲ／＼。トよびかけられ、両人うしろをふりかへりみれば、かたわらの木かげより、のさ／＼とふところ手にて出来るは、どてらぬの子に、一こしぼっこみ、山をかづきんをかぶりたる、ひげだらけのむさくろしき男、……ふたりはびっくりし、こは％＼ながら」

《이세(伊勢)》【후쿠로이·밤길에 거한을 만나 소스라치게 놀라다(袋井·夜みちに大男にであひ大ひにおどろく)】의 문장을 축약한 것이,《신판(新板)》【후쿠로이·밤길에 거한을 만나 놀라다(袋井·夜道にて大男に出会おとろく)】이며, 그림도 상호 유사하다.

한편 《기산지(鬱散)》는 〈후쿠로이·미쓰케까지 15리(袋井·ミッケへ一里半)〉【(야지／기타) : 이 상투 얼마인가.(곤삐라 참배객) : 발원하여 곤삐라에 갑니다(「(弥次／喜多) : このわげぶしがいくらだ。(金比羅参り) : しんぐわんでこんひらへまいります)】라고 하는 원작과 무관하게 창작된 일화가 그려진다.

(29) 제28역참 : 미쓰케(見付 : 현재 시즈오카현 이와타시)

(유녀1) "에그머니나 에그머니나, 누구 좀 와 주소~"
(유녀2) "깜짝이야."
(기타하치) "무슨 일이여 무슨 일 무슨 일?"
(야지) "아이고 아파라 아파 아파, 여봐 자라가 들러붙었네. 누구 좀 와주게. 와줘 와줘~. (어제) 샀던 자라가 기어 나왔어. 큰일이야 큰 일 큰 일~"[106]

《즈에(図会)》《우키요(浮世)》의 〈미쓰케〉는 『동해도 도보여행기』 2편 상·미시마이 에피소드 즉, 【(잊어버린 기라에 아끼는) 손가락을 물려 "아아아아야." 상대유녀 오타케도 눈을 뜨고 …… 무턱대고 당황하며 소란을 피운

---

106 「〈泊〉みつけ」「(女郎1)√な／＼たれそきてくんさい。(女郎2)おとろしやの。(北八)√とふした／＼／＼。(弥二)√ヤアいたい／＼／＼コリャすほんかくつついたたれかきてくれ／＼／＼。かったすっほんか出たのた大へん／＼／＼。」

〈도판 44〉《즈에図会》미쓰케

다]¹⁰⁷를 차용하였다. 《즈에図会》〈미시마〉에서는 같은 여관에서 다음날 돈주머니의 돈을 도둑맞은 사실을 알아차리는 일화를 그렸었는데, 그로부터 한참 나중 역참인 〈미쓰케〉에 이전 사건을 도입한 것은 원작과는 불일치하므로 뒤죽박죽인 것처럼도 보이지만, 다른 여관에서 발생한 사건으로 분리하더라도 대사나 도안에 모순점은 보이지 않는다. 호마의 재 주키치(十吉)에 대해서 이야기하지 않으며, 그리지도 않기 때문이다. 『동해도 도보여행기』미시마의 삽화(〈도판 45〉)와는 두 마리 자라, 쓰러진 각등·뒤집어져 있는 담배합과 재떨이·상자베개 등이 유사하다. 야지의 상대유녀

---

107 「ゆびさきをくひつかれて「アタヽヽヽヽ」あいかたお竹も目をさまし ⋯⋯ むしゃうにうろたへさわぐ」

〈도판 45〉 2편 상 삽화

오타케와 기타하치의 상대유녀 오쓰메를 전부 그리고 있는 것은《즈에図会》뿐이다.

『동해도 도보여행기』 3편 하·미쓰케에서는 말을 탄 기타하치의 자랑 이야기기 있은 뒤, 덴류강(天竜川)을 손쉽게 긴넌다.

《이세伊勢》【미쓰케·야지로 기타하치 겨 묻은 경단을 먹고 가슴이 울렁거리다(見附·弥二郎喜多八ぬかのだんごをくひむねをわるくする)】의 인명을 생략한 것이 그림까지 흡사한《신판新板》【미쓰케·겨 묻은 경단을 먹고 가슴이 울렁거리다(見付·ぬかのだんごをくひむねをわるくする)】이다. 『동해도 도

보여행기』2편 하의 오키쓰에서, 콩고물 묻은 경단을 샀는데 알고 보니 겨를 묻힌 경단인지라 개에게 줘 버리는 일화가 있었는데,《이세(伊勢)》·《신판(新板)》에서는 한참 뒤 역참인 미쓰케에서 벌어진 사건으로 전용하고 있는 것이다. 원작에서【기타하치 "어이 할멈, 그 콩고물을 묻힌 경단 두세 개 주게." …… 가마꾼집 아이 "뭐~ 겨 묻힌 경단은 싫어예." …… 개 "멍멍!" 야지 "자 주마. 앙~ 하고 짖어봐." 개 "아앙!" 야지 "아아, 아까운지고."하며 남김없이 개에게 줘버리고, 속을 메슥거려 하면서 여기를 떠나 걸어가는데,】[108]라는 장면을 충실하게 그림으로 재현하는 가운데, 대활약하는 개를 비롯하여 등장인물 네 명이《이세(伊勢)》에서는 전원 등장하는 것이다.《즈에(図会)》〈오키쓰〉에서는 아이와 할멈을 생략하고 있었는데, 그 외에 도상 자체는 서로 비슷하다.

《기산지(鬱散)》는〈미쓰케・하마마쓰까지 40리8정(見附・ハママツヘ四リ八丁)〉【〈숙박〉덴류강 나루터(〈泊〉てんりう舟わたし)】로 풍경화이다.

(30) 제29역참 : 하마마쓰(浜松 : 현재 시즈오카현 하마마쓰시 나카구)

원작『동해도 도보여행기』3편 하・하마마쓰의【둘이 함께 조심조심 일어나서, 살금살금 장지문을 열고, …… 덧문을 쓱 열었는데, 마당 한구석에 뭔가 흰 물체가 허공에 둥실~. 기타하치 '으악!~' 하고 쓰러진다. ……

---

[108] 「北八「ヲイばあさん、ソノきなこをつけた、団子を弐三本くんなせへ。 …… かごやのこ「ナニ糠(のか)アつけただんごはやアだ。 …… 犬「わん／＼。弥二「ソリャやるは。あんといへ。犬「あアん。弥二「あゝおしいもんだ、トのこらず犬にやってしまい、むねをわるくして、こゝをたち出」

(야지도) 덧문 밖을 살짝 엿보고 이 또한 으악! 하고는 객실로 기어들어와 쓰러진다 …… (주인) "저건 속옷[109]입니다. …… (하녀에게) 날이 저물었는데 왜 또 빨래를 걷지 않는 게냐? 게다가 아까부터 빗방울이 떨어지기 시작했는데."][110]라고 하는 상황이 《즈에図会》・《우키요浮世》・《이세伊勢》・《신판新板》의 〈하마마쓰〉에서는 회화화되고 있다.

> (야지?) "아이고 용서해주십시오."
>
> (기타하치?) "저희는 아무런 원망 받을 일을 한 적이 없소. 나무아미타불 나무아미타불 나무아미타불 나무아미타불, 비나이다 비나이다 비나이다, 뽕밭 뽕밭 뽕밭 뽕밭 뽕밭.[111]„[112]

그러나 《즈에図会》의 위 대사와 비슷한 대사가 원문에는 없으므로 대사는 창작하고 있다. 또한 《즈에図会》・《우키요浮世》의 〈하마마쓰〉에서는 도상에 적합하도록 〈숙박〉 표시를 해야 하나, 직전 역참인 미쓰케에서 〈숙박〉을 했기 때문에 하마마쓰에서는 〈숙박〉으로 하고 있지 않은 점에서 도상과의 모순이 생기고 있다.

---

109 주반 : 맨몸에 직접 입는 짧은 홑옷.
110 「ふたりいっしょにこは％＼おきて、そろ／＼としゃうじをあけ、…… あまどをさらりとあけたところが、なにかにはのすみに、しろいものがちらとにふは／＼、北八きゃっといってたをれる …… (弥二も)あまどのそとをそっとのぞき、これもきゃっといって、ざしきへはいこみたをれる …… (亭主)「あれは襦袢でおざります。…… (女中に曰く)日がくれたに、やっぱりほしものをなぜとりこまぬ。そしてさっきから、雨がぽろついてきたに」
111 '구와바라 구와바라(뽕밭 뽕밭)' : 벼락이나 불길한 일을 피하기 위하여 외는 주문. 따라서 이 또한 '비나이다 비나이다'라고 해석 가능.
112 「はま松」「(弥次北)√ヤアゆるしてくたされ。(弥次北)√わっちへ＼なにもうらみをうけるはつ＼ねへ、なむあみた／＼／＼／＼。よなをし／＼」

〈도판 46〉《즈에図会》 하마마쓰

《이세(伊勢)》는【하마마쓰〈숙박〉·흰 속옷을 유령이라고 생각해 당황하다(濱松〈泊〉·しろきじゅばんをゆうれいと思ひうろたへる)】,《신판(新板)》은 【하마마쓰〈숙박〉·흰 속옷을 유령이라고 생각해 소란을 피우다(濱松〈泊〉·白きじゅばんをゆうれいと思ひさはぐ)】로 문장이 유사하고 그림 또한 흡사하다.《이세(伊勢)》의 왼쪽 인물이 수염으로 보아 야지라고 생각된다.

《기산지(鬱散)》〈하마마쓰·마이사카까지 25리 남짓(濱松·マ井サビカへ二り半余)〉【이 사람은 아까부터 내 머리를 이 다리로 주물럭거리대고 있구먼(この人ハさきからおれがあたまをこのあしでひねくりまはしやアがる)】은,『동해도 도보여행기』 4편 하·미야(宮)의 에피소드를 전용하고 있다. 안마사에게 다리를 붙잡힌 기타하치가 당황해하고 있는《기산지(鬱散)》의 그림은 원작과는 달리 창작된 상황이라고 할 수 있다.

(31) 제30역참 : 마이사카(舞坂 : 현재 시즈오카현 하마마쓰시 니시구 마이사카초)

『동해도 도보여행기』 3편 하·마이사카의 【(마이사카)로부터 아라이까지 해상 10리(약3.9킬로미터),[113] 객선을 타고 건너는(よりあら井まで壱里の海上、乗合ぶねにうちのりわたる)】데, 배안에서 도망 다니는 뱀을 둘러싸고 뱀꾼 아저씨와의 언쟁 끝에【기타하치 자기의 작은칼 칼집 끝의 쇠붙이로 잽싸게 뱀 머리를 누른다. (그러자) 뱀이 그대로 칼집에 휘감긴 것을 살짝 바다에 내던지려는 찰나, 손이 미끄러져 칼도 함께 바다에 팽개쳐지니, 뱀은 파도에 휘말려 보이지 않는다. 칼은 죽도이기에 떠서 흘러간다. …… 승객일동 "아아~ 이걸로 마음이 놓이는군. 그런데 딱하게 된 건 당신 허리춤의 것이구려." 아저씨 "내는 이 나이가 되지만서도, 칼이 떠내려가는 것을 처음 본다 안카나?"】[114] 라는 상황이 《즈에図会》·《우키요浮世》·《이세伊勢》·《신판新板》의 〈마이사카〉에서는 회화화되고 있다.

(기타하치) "이 놈(뱀)은 해치웠다."

야지 "뱀은 떠내려 보내도 되지만 칼을 함께 떠내려 보내다니 재미 겁게 있군."

승객들 "칼이 뜨는 것은 처음 보았네. 그럼 죽도이구먼, 아하하하 아하하하~"[115]

---

[113] 마이사카에서 아라이까지 이마기리나루터로 하마나 호수 하류를 건넌다. 배가 출도착하는 이마기리나루터는 호수가 바다와 이어지는 곳이다. 따라서 해상이라고 했음.

[114] 「北八じぶんのわきざしのこじりでちゃっと、へびのあたまをおさへる。へびそのまゝ、さやにまきつきたるを、ちょいとうみへ、ほうりなげるはづみに、手がすべり、わきざしもいっしょに、うみへうちこみけるに、へびはなみにまかれて見へず。わきざしはたけみつゆへうきてながれる。……のり合みな／＼「ア、これでおちついた。しかしおきのどくなことは、あなたのおこしのものだ。おやぢ「わしはこのとしになるが、わきざしのながれるのを、はじめて見申た。」

〈도판 47〉《즈에図会》마이사카

　원문의 뱀꾼 아저씨가 하던 대사를 《즈에図会》에서는 승객들로 화자를
변경하고 있는 것을 알 수 있다. 따라서 원작에서 죽도를 비웃는 것은 뱀을
잃어버린 아저씨로, 승객들은 칼을 잃게 된 기타하치를 동정하고 있었는
데, 화자 변경으로 인하여 이야기도 달라지고 있다 하겠다. 《이세(伊勢)》는
칼집에 마침 뱀이 또아리를 틀고 있는 모습이 묘사된다.

　《이세(伊勢)》의【마이사카·야지로의 칼 물에 떠서 흘러간다. 일동 웃는
다(舞坂·弥二郎のわきざし水にういてながれゆくみな／＼わらふ)】의 인명을 생략
하여 《신판(新版)》은【마이사카·칼 물에 떠서 흘러간다. 일동 웃는다(まゐ

115 「まひ坂」 「(北)√こいつ二しまいつけた。ヤ√へひ二なかしてよいかかたなをひとつになかし
　　 たと二おもくろい。のり合人√かたなのういたの二みはしめた、さて二たけみつたヨアハゝゝ
　　 ／＼」

坂・わきざし水にういてなかれゆくみな／＼わらう)】이며, 그림은 서로 **빼닮는다**.

《기산지鬱散》〈마이사카・아라이까지 10리18정(舞阪・アラ井へ一里十八丁)〉【이마기레 나루터(いまぎれ舟わたし)】는 풍경화이다. 이마기레(今切)는 하마나호수(浜名湖)가 바다로 이어지는 호수입구이다. 이마기레 나루터 또는 아라이(荒井) 나루터라고도 하는 곳인데,《기산지鬱散》의 이 도상은 원작 4편 상의 삽화인 아라이 관문(関所)으로 건너는 배의 풍경과도 분위기가 비슷하다. 히로시게(広重)의 호에이도판(保永堂版)〈마이사카・이마기레진경(舞坂・今切真景)〉과의 공통점으로, 돛단배 주변에 파도 방지를 위한 말뚝 및 멀리 이어지는 높은 산맥이 그려진 점을 들 수 있다. 그러나 이러한 산이 실제로 존재하지는 않으며, 구도상의 필요에 의해 히로시게가 첨가한 것이면서도 부제를 「이마기레真景」이라고 하고 있다고 『히로시게와 걷자 동해도 53역참(広重と歩こう東海道五十三次)』[116]에서 지적하고 있는 바이다.

(32) 제31역참 : 아라이(新居 : 현재 시즈오카현 하마나군 아라이초)

『동해도 도보여행기』 4편 상・아라이에서 【(야지로 기타하치는 아라이의)】명물인 장어구이로 불룩해진 배를 쉬고 있었는데, …… 자잘한 무늬가 들어간 회색 무명옷을 입고, 터놓은 등솔기를 시친 테두리부분에 검은 공단 천을 댄 겉옷(붓사키바오리)[117]은 걸치고 있다. 이 무사는 말에서 내려 기타하치와 야지로가 쉬고 있는 맞은 편 걸상에 걸터앉는다. …… 기타하치 "지금

---

116 岩崎均史, 『広重と歩こう東海道五十三次』, 小学館, 2000.
117 打っ裂き羽織 : 등솔의 중간 아래로는 꿰매지 않고 터놓은 짧은 겉옷. 칼을 차고 다니기에 편리했으므로 무사가 승마, 여행용으로 착용한 겉옷이다.

〈도판 48〉《즈에図会》 아라이

삼가 듣기로는 짚신 한 켤레를 에도까지 신으시는 것 같습니다만, 도보여행이 굉장히 능숙하시군요.” 무사 “아니 뭐 이 몸 …… 한 켤레로 (고향에서) 에도까지 왕복할 때 항상 신고 있습니다.” 야지로 “정말로 짚신이 (닳아서) 끊어지는 것은 걷는 게 서툰 사람입니다만, 당신은 도보여행이 능숙하시군요. 그런데 저도 이 짚신은 …… (북해도에서 규슈까지 신고 갔다 왔다고 자랑한다) …… 야지 “그야 뭐, 꼬박 신어도 짚신은 안 끊어집니다만, 그 대신 저는 아무래도 종아리덮개[脚絆]118가 끊어져서 곤란합니다.” 무사 “그것은 어찌하여?” 야지 “저는 여행을 하면 꼬박 말을 타기 때문에”]119라고 하는 긴

---

118 각반(脚絆) : 종아리에 감는 헝겊 띠. 말에 타면 말 옆에 닿게 되는 각반이 닳는다는 뜻.
119 『名物の(鰻の)かばやきに腹をふくらし休みゐたるに、 …… もめんのねずみ小もんに、ひうちの所、くろじゅすをあてたる、ぶっさきばおりをきたるお侍、馬よりおりて、きた八と弥次郎がやすんでゐる、向ふのしゃうぎにこしをかける。 …… 北八「今承りますれば、草鞋一そく

골계담을, 다음과 같이 짤막하게 정리하는《즈에図会》〈아라이〉의 기법은 탁월하다고 할 수 있다.

(무사) "이 몸은 고향에서 에도까지 가는 여행길일지라도 짚신은 한 켤레로 족하네만, 어떤가 훌륭하지 않나?"

야지 "그건 아직 여행길이 야속하옵니다(서투르십니다)."

무사 "(자넨) 어떻게 걷길래 그렇다는 건가?"

야지 "예이, 그 대신 종아리덮개가 몹시 쓰였지요."

무사 "요상하네~ 어찌하여?"

야지 "매일 꼬박 말만 탑니다요.[120] 아하하하, 아하하하, 아하하하~"[121]

이와 같이 원작『동해도 도보여행기』4편 상·아라이에서 시골무사와 야지와의 짚신을 둘러싼 골계담을《즈에図会》·《우키요浮世》의〈아라이〉에서는 활용하고 있다.

《이세伊勢》는【아라이·배안에서 야지로 죽통의 소변을 흘려 사람들 대소동(荒井·船中にて弥二郎竹づゝの小べんをこぼし人／＼大さわぎ)】,《신판新板》은

を、ゑどまでおはきなさると見へましたが、けしからず道がお上手でござりますの。侍「イヤ身共、……一そくあると、いつもゑどまで行戻りはきおります。弥次郎「ほんにわらじのきれるは、あるき下手でござりますが、あなたは道がお巧者なことだ。しかし私も、此わらじは、……弥二「ナニサ草鞋ははきづめにしても切れませぬが、そのかはり、私はどふも脚半がきれてなりませぬ。侍「それはどふして。弥次「私は旅へ出ますると、馬に乗づめにいたしますから。」

120 짚신은 안 닳지만 말 옆에 닿아서 닳는 종아리 덮개가 많이 쓰인다는 말.

121 「あら井」「(侍)√わしども八御くにから江とまでもとうちうにわらじ八一そくですむが、なんとゑらいもんじゃないかね。ヤ√それ八まだ道中がすけなうございか。」侍√それ八どふしたあるきやうじゃナ。ヤ√ヘイそのかはりきゃはんが大そういりましたデ。侍√ハテのウなぜだ。ヤ√まいにちむまにのりつめでこざいます○アハゝゝ／＼／＼。

【아라이・배안 야지로 죽통의 소변을 흘려 사람들 대소동(あらい・船中弥二郎竹のつゝの小べんをこぼし人／＼大さわぎ)】으로 문장과 그림이 상호 흡사한 이 장면은, 『동해도 도보여행기』 4편 하・미야(宮)에서 구와나(桑名)까지의 에피소드를 앞서 차용하였다. 【(야지는) 여관주인이 준 죽통을 꺼내 여기에서 몰래몰래 앞에 대고 소변을 본다. 이 죽통은 불 피울 때 부는 대나무통처럼 끝 쪽에 구멍을 뚫었기에 이것을 뱃전에 기대어 비스듬하게 세우고서 (바다 쪽으로 흘러나가도록) 소변을 보아야 하는데, 야지로 속셈으로는, 구멍이 나 있는 것에는 미처 생각이 미치지 못하고 요강[溲瓶][122]처럼 생각하여 …… 아까 그 구멍에서 소변이 흘러나와 배 안은 오줌천지가 된다. 같이 탄 모두들 간 떨어지게 놀라, …… 승객 "어허 거참 얼토당토않네. 이거이거 냄새나서 죽겠군"】[123] 파란 죽통에서 노란 소변이 흘러나오는 장면이 사실적으로 묘사되고 있는 것이다.

《기산지鬱散》〈아라이・시라스카까지 10리24정(荒井・シラスカへ一里卅四丁)〉【관문(御関所)】은, 아라이 검문소를 중심으로 한 인물들을 그리고 있다.

---

122 시빙(溲瓶) : 병자나 노인이 누운 채로 오줌을 누는데 쓰이는 용기. 도자기류이며 손잡이가 달려 있다.
123 「やどやのていしゆがくれたる竹のつゝをいだし、こゝでこそと、まへにあてがひ、小べんをする。此竹のつゝは、火ふきだけのごとく、さきのほうにあなをあけたるなれば、ふねのふちにもたせかけて、せうべんをするつもりの所、弥次郎の心には、あなのあいてあるには心づかず、しゆびんのよふにおもひ、……さきのあなより、せうべんがながれ出て、せんちうせうべんだらけとなり、のり合みな／＼きもをつぶし、……のり合「イヤはやとほうもない。コリャアくさくてならんはい。」

(33) 제32역참 : 시라스카(白須賀 : 현재 시즈오카현 고사이시)

『동해도 도보여행기』 4편 상·시라스카 【"여봐 종업원! 거기에 술 한 두어 되에다 맛있는 안주도 같이 갖다 주게나." …… 앞 가마꾼 "이거 참 고맙습니다. 어르신 잘 먹겠습니다. …… 야, 모두 오랑께. …… 가마꾼 생각난 듯, "아 참, 짝아~ 아까 그 동전 한 꿰미는 어떻게 했나?" 가마꾼 "아~, 맞다 맞아. 여보시오 나리, 당신이 타고 계시는 이불 사이에 4문짜리 동전 한 꿰미를 넣어두었는데 있는지 봐주십쇼"라고 하자 기타하치 깜짝 놀라서】[124]라고 하는 장면에 입각한 것이, 《즈에図会》·《우키요浮世》의 〈시라스카〉로, 가마꾼들이 군집한 술자리에 안주까지 그려진다. 원작과 마찬가지로 기타하치는 술자리에 참가하지 않는 것으로 그려지고 있다. 즉 원문을 충실하게 회화화하고 있는 것이다.

　　(가마꾼) "이봐 짝아~ 아까 그 돈은 어떻게 했나?"
　　(기타하치의 혼잣말) "이 가마를 타려고 할 때 슬쩍 발견해두었던 이불 밑의 4문짜리 동전 백 개. 이 놈으로 가마꾼에게 술을 사는 것도 나름 재미있네. 장하다 장해~"[125]

---

124 「コレ女中、そこへ酒を壱升でも二升でも、うめへ肴をつけて、出してやってくんな。 …… か ごのさきぼう「是は有がたふおざります。 …… ヤイみんな来られの。 …… かごかき心付「ヤほ んにぼうぐみ、さっきの一本の錢はどふした。ぼうぐみ「ヲ丶それ／＼。モシ旦那、あなたの 乗でござらしゃる、ふとんの間に四文錢壱本いれておきましたが、あるか見てくだされませ。 トいはれて北八びっくりし」
125 「白須賀」「(駕籠かき)√コウあいほうさきのせにヽとふした。(北八)√このかにのりかけにそ つ(「と」の脱字か)みつけておいたふとんの下の四文錢○こいつをおとってかこかきにのまして やるとヽひかけふた。ゑらいヽ／＼／＼」

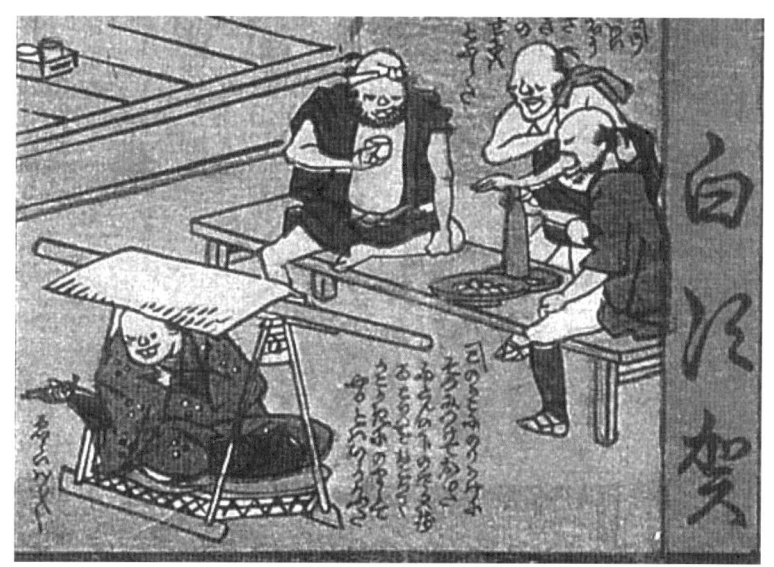

〈도판 49〉《즈에図会》 시라스카

《이세(伊勢)》에서는 시라스카에서 벌어지는 사건을 〈시라스카〉와 다음 역참인 〈후타가와〉로 이분해서 묘사하는데 비해, 이와 같이 《즈에図会》에서는 한 역참에서 벌어지는 사건으로 한 칸에 다 그려 넣은 구성력이 탁월한 것 같다. 4문짜리 동전을 백 개 연결해서 한 줄로 한 것을 움켜쥐고서 흐뭇한 미소를 날리고 있는 기타하치의 표정이 전후 사건의 분위기를 짐작케 한다.

《이세(伊勢)》와 《신판(新板)》의 〈시라스카〉는【가마꾼 야지로를 놀리며 태우고 간다(かごかき弥二郎をひやかしてのせゆく)】로, 동일한 문장을 사용하며 그림 또한 흡사하다.

이 《이세(伊勢)》와 《신판(新板)》의 〈시라스카〉 또한 원작『동해도 도보여행기』 4편 상·시라스카의 에피소드에 입각한 장면이다. 자신이 지은 와

카인 것처럼 『古今集(『百人一首』)』의 와카를 읊어 가마꾼에게 들려주면서 잘난 체하는 기타하치. 도중에 바꿔 탄 가마 안에서 돈을 주웠으므로 기분이 좋아진 기타하치가 술을 한턱 쏘겠다고 하자【앞 가마꾼 "이거 참 고맙습니다. …… 야, 모두 오랑께. 아까 그 사루마루다유(猿丸太夫)님이 술을 사신다니께"(かごのさきぼう「是は有がたふおざります。 …… ヤイみんな来されの。 さっきの猿丸太夫さまが、御酒を下されるは)】라고 하는 점으로 보아, 와카에 감탄했던 가마꾼은 실은 알면서도 모르는 체하여 놀리고 있었던 것을 알 수 있다. 원문에서【여관이 고용한 가마이기 때문에 이불이 깔려있다(宿屋駕で おざりますから、蒲団がしいてある)】고 하는데,《이세(伊勢)》·《신판(新板)》에서는 그 이불까지 그려 넣고 있다. 이는 이불 밑에서 돈을 발견하게 되므로 필수불가결한 소도구이기 때문이라고도 할 수 있겠다. 사건 당사자가 원작에서는 기타하치였는데 야지로 변경 각색되고 있다.

《기산지(驥散)》〈시라스카·후타가와까지 10리17정(白須賀·フタ川へ一里 十七丁)〉【도토미 여울 보이다(とう／＼みなたみゆる)】는 풍경화이다. 『동해도도보여행기』 4편 상·시라스카역참에서【시오미 언덕에 당도하였다. 이곳은 북쪽으로는 산이 이어지고 남쪽으로는 푸른 바다가 끝없이 펼쳐져 있어서 그 절경이란 이루 말할 수 없이 아름답다(汐見坂にさしかゝるに、是なん 北は山つゞきにして、南に蒼海漫々と見へ、絶景まことにいふばかりなし)】로 그려진 삽화와도 약간 분위기가 비슷하니, 특히 히로시게의 호에이도편(保永里版) 〈시라스카·시오미언덕(白須賀·汐見阪)〉과 유사하다. 완만한 능선의 언덕에서 조망하는 먼 바다(도토미 여울)에 흰 돛을 올린 범선 등이 공통된다.

(34) 제33역참 : 후타가와(二川 : 현재 아이치현 도요하시시 후타가와초)

　(종복무사) "이 자식, 우비바구니[126]를 흙투성이 발로 부딪치다니. 가만 안 놔두
겠다, 가만 안 놔두겠어. 당장 찔러 죽여주마. 각오해라!"

　(야지) "벨 수 있다면 베 봐! 죽도[竹光]잖아 바보자식."

　(기타하치) "야지씨 내버려 두라고. 저런, 영주님 출발하시네."[127]

　이《즈에図会》·《우키요浮世》의 〈후타가와〉는『동해도 도보여행기』4
편 상·후타가와의 다음 에피소드를 활용하고 있다.【이 역참(후타가와)에
는 어느 영주님인지 모르겠으나 잠시 휴식을 취하고 계신 듯, 공인여관 앞
에 …… 야지 "아야 아파파파파~ 대책 없는 곳에 우비바구니를 쳐나뒀
네"라며 발끝이 걸려 넘어져 불평하는데, 임시 고용한 종복[128]으로 보이는
남자, "이 자식, 우비바구니를 흙투성이 발로 짓밟아놓고 …… 뭐야 이놈,
칼 맞고 싶냐?" 야지 "네 놈들의 소금에 절인 정어리(같이 붉게 녹슨) 칼로 무
얼 벤다는 거야?" …… 어디 베라 베!" (그 종복무사가) 뽑아들고 찌르려고 하
는 죽도를 야지로, 꽉 움켜잡고 비틀어 돌려 쓰러뜨리자, …… 그러는 사
이에 이제 영주님이 출발하시는 듯 …… 싸움도 끝나고].[129]

---

126 갓파카고 : 영주님의 행렬 등에서 수행원들의 우산과 우비 등을 넣어 운반하는 바구니. 가장 마지
　막에 짊어지고 가는데, 앞뒤 두개의 바구니로, 뚜껑이 있고 하인이 봉으로 짊어진다.

127 「ふた川」「(中間)√このやろうめかっはかこへとそくてゆきあたりおったすまねへそ／＼いま
　ぶちはなす、かくこせへ。(弥次)√きれるならきってみろ、たけみつたろうはかめ。(北八)√
　やぢさんうっちゃっておきなせへそらおたちたへ」

128 주겐(中間) : 아시가루(足軽 : 평상시에는 막일에 종사하고 전시에는 도보로 뛰던 졸병. 무사계급
　의 최하위 보졸)와 고모노(小者 : 무가의 허드레일꾼) 중간에 위치하는 무가의 하인.

129 「このしゅく(二川)はいづれのとのさまにや、お小休(こやす)みと見へて、御本陣のまへに……

〈도판 50〉《즈에図会》후타가와

《즈에図会》에서 종복무사의 칼은 끝이 꺾여있는 죽도로 그려지며, 원작의 싸움 와중에는 등장하지 않는 기타하치까지 등장시킨다. 돌담 모양새로 인해 싸움무대가 공인여관으로 설정되어 있음을 알 수 있다. 우비바구니는 영주가 여행할 때 수행인들의 우비를 보관하는 바구니인데, 뚜껑이 달려 있으며 봉으로 짊어지고 운반하도록 되어있음을 도안으로 확인할 수 있다. 《즈에図会》의 특징으로 본 장면의 우비바구니 외에도 앞서 본 4문짜

弥次「アイタ丶丶丶丶わりい所に合羽籠をおきやアがる。トけつまづいてこゞとをいふを、おやといの中間ていにみゆる男「コノやろうめ、合羽かごへ土足をふみかけやアがつて、……なんだこいつ、ぶちはなすぞ(＝斬り付けるぞ)、弥次「きさまたちの赤鰯でナニきれるものか。……サアきれ／＼。(かのお中間)引ぬいてつきにかゝる竹みつを、弥次郎ひつつかんでねぢたをせば、……此内はやとのさまのおたちと見へて……けんくはもそれぎりとなり、」

리 동전꿰미, 파발꾼의 편지함 등 생활도구가 세세하게 그려짐으로써 세간살이를 통해서『동해도 도보여행기』당시의 생활 행태가 시각적으로 보이는 점을 들 수 있다.

이《즈에図会》의 〈후타가와〉처럼 끝이 꺾여 있는 죽도가《이세伊勢》의 〈히라쓰카〉에도 그려졌었다.

원작의 후타가와 역참에서는 세 가지 사건 즉, 이 우비바구니로 인한 싸움과, 그 후 중을 만나면 짐 들어주기 게임, 비구니와의 희롱 사건이 전개되는데, 이와 같이 다른 역참에 전용되기도 하면서《즈에図会》·《이세伊勢》양쪽 그림주사위판에 모두 소재로 채택되고 있다는 것은, 이들이 호평을 거둔 에피소드였음을 짐작케 한다.

《이세伊勢》와《신판新板》의 〈후타가와〉는『동해도 도보여행기』4편 상·시라스카의 에피소드 즉, 배불리 대접받은 가마꾼이 말하기를 【"아 참, 짝아~ 아까 그 동전 한 꿰미는 어떻게 했나?" 가마꾼 생각난 듯 "아~, 맞다 맞아. 여보시오 나리, 당신이 타고 계시는 이불 사이에 4문짜리 동전 한 꿰미를 넣어두었는데 있는지 봐주십쇼"라고 하자 기타하치 깜짝 놀라서】에 입각한 장면을 그린다.《이세伊勢》와《신판新板》모두 【후타가와·기타하치 가마꾼의 돈을 주운 줄 알고 한 턱 내다(二川·北八かごやの錢をひろひしと心得おごる)】로 동일한 문장에 도안도 흡사하다.

이와 같이『동해도 도보여행기』4편 상·시라스카의 에피소드를 이분하여《이세伊勢》와《신판新板》에서는 다음 역참인 〈후타가와〉에서까지 전개시키고 있는 것이다.《이세伊勢》〈시라스카〉에서는 가마꾼에게 조롱당하는 것을 야지로 변경시켜 놓고, 이어지는 〈후타가와〉에서는 사건의 주체를 원작대로 기타하치로 되돌리고 있으므로 원작에 준하여 이어지는 스토리로서는 모순이지만, 원작으로부터 벗어나 다른 역참에서 벌어지는 다른 에피소드라고 상정하는 독자라면 모순을 느끼지 않을 수도 있다.

《기산지鬱散》〈후타가와・요시다까지 10리22정(二川・ヨシタへ一里廿二丁)〉【마○○가게・당신 집에 이런 얼굴을 한 사람을 투숙시킨 기억은 없는감?(ま○○や・おまへのうちへこんなかほの人をとめたおぼへゝないかね)】은, 그림에서 인상을 그린 전단지를 보여주고 있지 않으므로, 자신이 자신을 찾아다닌다고 하는 창작 골계담이다. 원작에서는 일행을 놓친 야지가 기타하치가 묵고 있는 여관을 찾아다닌다는 이야기도 있다.

(35) 제34역참 : 요시다(吉田 : 현재 아이치현 도요하시시)

『동해도 도보여행기』 8편 상・오사카에서 술집 변소를 갔는데 변소 양쪽에 출입문이 있어서 들어갈 때와 다른 문으로 나와 버린 기타하치가 되돌아가려고 【변소 문을 열려고 하자(せっちんの戸をあけんとすれば)】 안에 야지가 들어가 있어서 【안에서 자물쇠로 문을 잠그고(うちよりかけがねをかけて)】 한가히 유행가를 부르면서 볼일을 보고 있었다. 기다리다 못한 기타하치가 【억지로 문을 세게 누르니, 자물쇠가 뜯어지면서 기타하치 변소 안으로 굴러 들어가니 야지로도 술집 쪽으로 문을 열고 나가려던 참에 문은 떼어져서 넘어진다. ㄱ 위로 기타하치와 더불어 쿵하고 변소 문은 뜯어진다. 야지앗 아야야야야야】[130]라는 상황을 《즈에図会》・《우키요浮世》의 〈요시

---

130 「むりに、戸をつよくおせば、かけがねははづれて、北八せっちんのうちへころげこむと、弥次郎もさかやのかたへ、戸をあけて出るひゃうし、戸はははづれてたをれる。そのうへゝ、北八ぐるめ、どっさりと、せっちんの戸はやぶれる。弥次「アイタゝゝゝゝ」

〈도판 51〉《즈에図会》 요시다

다),《이세(伊勢)》의 〈구모쓰(雲津)〉에서는 전용하고 있다. 변소 문에 깔려서 비명을 지르고 있는 것은 야지임을 알 수 있다.

> (기타하치) "아이고 아이고, 무서워라 무서워 무서워 무서워~"
> 야지 "어떡할 거야. 아프다 아파 아파~"[131]

《즈에図会》의 기타하치의 대사는 원문에는 없는 창작이다.

그런데《이세(伊勢)》·《신판(新板)》의 〈요시다〉는『동해도 도보여행기』5

---

131 「〈泊〉よし田」 「(北八)√ヤア／＼おそろしや／＼／＼／＼。ヤ√どふしてくれるのたいたい／＼／＼。」

편추가·야마다(山田)의 다음 일화를 전용하고 있다. 【(후루이치의 유녀 하쓰에 가 돌아가겠다고 고집을 부리는 야지의) 허리끈을 쑥 잡아당겨 풀고는 옷을 벗기려 한다. 야지로는 때가 낀 엣추샅바를 차고 있었으므로 알몸이 되어선 꼴불견이라고, …… (잠자리로 가기 직전에) 야지로, 대단한 겉치레장이인지라 예의 그 때로 찌든 샅바를 차고 있는 것이 특히 마음에 걸렸는데, 어쩌다 들키기라도 하면 수치스럽기 이를 데 없다고, (손을 집어넣어) 품속에서 슬쩍 풀어, 나무창살문으로부터 정원 쪽으로 내던지고, …… (다음날 아침) 유녀들 배웅하려고 복도로 나왔는데, 한 유녀 나무창살문으로부터 정원 쪽을 내려다보면서, "이보래이 이보래이, 저것 좀 보소. 정원 소나무에 아랫도리 속옷이 걸려 있데이." 야지로의 상대유녀 하쓰에 "치워놓그라. 참말로 불쾌하데이. 누굴까?" 야지 "아하, 이것 참 재미있구먼. (선녀의) 날개옷을 건 소나무[132]가 아니라 샅바를 건 소나무라니 회귀하네." 기타하치 "야지씨 당신 것 아냐?" …… 하쓰에 "그렇겠지예. 오호호호호호. 이보래이 히사스케씨, 그 샅바는 손님 거데이. 가져 온나"라고 마당에서 청소하고 있는 남자를 불러 지시하자, 이 남자 대빗자루 끝으로 그 샅바를 걸쳐서 잡고는, 나무창살문 앞으로 쭉 내밀며, …… 하쓰에 "아이고 냄새야~"】.[133] 하인이 걸쳐서 내미는 도구가 《이

---

132 요곡 『날개옷(羽衣)』에서 선녀가 하늘에서 내려와 소나무가지에 날개옷을 걸어놓았다는 전설이 묘사됨

133 「おびをぐっとひきほどき、きものをぬがせよふとする。弥次郎は、あかじみたる、ゑっちうふんどしをしめてゐたりしゆへ、はだかにされてはたまらぬと、…… 弥次郎いたって見へものにて、かのにしめたるごときふんどししめたるが、ことの外きにかゝり、ひょっと見付られたら、はぢのかきあげならんと、ふところのうちにて、そっとはづし、れんじのまどより、にはのかたへほうり出し、…… おやまどもおくりてらう下に出、一人のおやまれんじのまどより、にはのかたをのぞき「これいし／＼、アレ見さんせ。庭の松に、いもじがかゝってあるわいなァ。弥次郎のあいかた女郎はつ江「のいてかんせ。ほんにいやいな、誰じゃいな。弥次「ハゝアこいつはおかしい。羽衣の松じゃアねへ、ふんどしかけの松もめづらしい。北八「弥次さ

세(伊勢)》에서는 대빗자루가 아닌 점, 사건 주체가 야지에서 기타하치로 바뀌는 점이 원작과의 차이점이다.

《이세(伊勢)》【요시다〈숙박〉·기타하치 더러운 샅바를 이층에서 던져 정원 소나무에 걸리는 바람에 창피를 당하다(吉田〈泊〉·北八きたなきふんどしを二かいよりすてにはの松にかゝりはぢをかく)】의 일부 문장을 생략한 것이《신판新板》【요시다〈숙박〉·기타하치 더러운 샅바를 2층에서 던져 창피를 당하다(吉田〈泊〉·北八きたなきふんどしを二かいよりすてはぢをかく)】로, 그림은 서로 흡사하다.

한편『동해도 도보여행기』4편 상·요시다에서는 동행하게 된 아마추어 배우 무리들의 자랑이야기를 들을 뿐으로 숙박하지는 않는다.

《기산지鬱散》는 〈요시다·고유까지 20리 22정(吉田·コユヘ二リ廿二丁)〉【다리 넓이 120칸(橋長さ百卅けん)】으로, 도요카와(豊川)강에 걸려 있는 120칸(약 260미터)의 거대한 요시다다리(吉田橋, 豊川橋)가 그려진다. 히로시게의 호에이도판(保永堂版) 〈요시다·도요카와다리(吉田·豊川橋)〉와, 다리를 건너는 영주님 행렬 등의 분위기가 약간 유사하다.

(36) 제35역참 : 고유(御油 : 현재 아이치현 도요카와시 고유초)

『동해도 도보여행기』4편 상·고유의 다음 일화를《즈에図会》·《우키

ん、おめへのじゃアねへか……はつえ「ヲホゝゝゝこれいし、久すけどん、そのまはしはおきゃくさんのじゃ。とてくだんせ、トにはに、そうぢしてゐる男をよびかけ、さしづすると、此男竹ぼうきのさきにて、かのふんどしをつつかけてとり、れんじのまへゝぐつとさしいだし、……はつえ「ヲゝくさ」

〈도판 52〉《즈에図会》고유

요浮世》・《이세伊勢》・《신판新板》의 〈고유〉에서도 사용한다. 여우가 나
온다고 소문난 소나무밭을 가던【야지 "아니 너 왜 여기에 있는 거야?" 기
타하치 "여관을 잡으러 먼저 갈려고 생각했는데, 여기에 나쁜 여우가 나타
난다고 하길래 함께 가려고 기다리고 있었지." …… 기타하치 "이거 나라
니까." 야지 "나라니, 기가 찰 노릇이군. 기타하치를 꼭 닮았다. 잘도 둔갑
해댔구나, 개자식!" 기타하치 "아이고 아야 아야 아야, 야지씨 이봐 어쩌려
고?" …… 석 자 허리끈[134]을 풀어서, 기타하치의 손을 뒤로 돌려 꽁꽁 묶
었다. 기타하치 웃겨서 (반항하지 않고) 일부러 묶여 있는데, 야지 "어서어서,

---

134 석자수건, 석자허리띠 : 석 자(약 90센치) 정도의 짤막한 띠로 여행용 허리끈으로 간편하게 사용되
었다.

앞장서서 걸어, 걸으라고!" 꽁꽁 묶은 기타하치를 뒤에서 붙잡고 내몰면서 내몰면서 아카사카 역참에 들어선다].[135] 나그네가 허리끈으로 사용하는 석자, 즉 약 90센치 길이의 수건으로 뒤로 묶인 기타하치가 원문대로 충실하게 《즈에図会》에서는 그려진다.

　(기타하치) "여봐, 야지씨 나라고. 잘 봐, 여우가 아녀. 그렇게[136] 때려선 안 된다고. 아파라 아파 아파~"

　야지 "뭐라고 이 순 여우새끼! 아주 자신만만 우쭐해서 기타하치로 둔갑하다니 기가 찰 노릇이군. 그런 걸로 통할 리가 없지. 자 어때 어때?"[137]

　이 《즈에図会》의 대사 또한 원문에 의거하고 있음을 알 수 있다. 그리고 《즈에図会》·《우키요浮世》와 《이세伊勢》·《신판新板》의 〈고유〉는 방향만 다를 뿐이고 도안 자체는 유사하다.

　《이세伊勢》는 【고유·기타하치를 여우라고 생각해서 야지로 묶어서 추

135　「弥次「ヲヤ手めへなぜこゝにゐる。北八「やどとりにさきへいかふとおもつたが、爰へわりい狐が出るといふことだから、一所にいかふとおもつて待合せた。 …… 北八「コレおれだはな。弥次「おれだもすさまじい。きた八にそのまゝだ。よく化やアがつたちくしやうめ。北八「アイタゝゝゝ、弥次さん、コリやどうする。 …… 三尺手ぬぐひをとき、きた八が手をうしろへまはしてしばる。きた八おかしく、わざとしばられてゐると、弥次「サアゝゝさきへたつてあるけゝゝ、ト北八をくゝりゝうしろからとらへて、おつたてゝゝあか坂のしゆくにいたる。」

136　동해도 도보여행기 원작의 야지기타는 에도내기로서 에도방언을 사용한다. 그런데 본 작품에서는 작자가 오사카 출신이어서일까, 야지기타는 에도방언 외에 종종 오사카방언을 혼용한다. '그렇게'를 '그うしはって', '순여우새끼'라고 욕하는 말을 'どぎつねめ'라고 'ど'를 붙여 말하는 것, 앞서 아라이에서 '쓰였지요'를 'いりましたで', 나중 나루미에서 '여기주인'을 'ここなあるじ', 세키에서 '못쓴다, 엉망'을 'わや' 등.

137　「ごゆ」「(北八)√コレゝゝやちさんおれたハナ、よくみねへきつねだねヱヲ、そうしはってぶってはいかねへ、いてへゝゝゝ　ヤ√なんだどきつねめ、いゝかとおもやがつて北八にはけるもすさまじい、そんなでいくのじゃねへサアどうだゝゝ」

궁하다(御油・北八をきつねと思ひ弥二郎しばりてせめる)], 《신판新板》은【고유・기타하치 야지로를 여우라고 생각해서 묶어 보이다(御油・北八弥二郎をきつねと思ひしばりてみせる)]라고, 문장에 있어서는 행위의 주체자를 다르게 나타내고 있으나 도안은 흡사하다.

《기산지鬱散》는 〈고유・아카사카까지 16정(御油・アカサカへ十六丁)〉【엉뚱한 곳에 기어들어가서 지장보살 못쓰게 만들었다(とんだところへはいつけた地蔵ばかにした)]라고, 『동해도 도보여행기』 5편 상・욧카이치(四日市)의 일화를 전용한다. 원작 삽화와 유사하나 문장은 창작하고 있다.

(37) 제36역참 : 아카사카(赤坂 : 현재 아이치현 도요카와시 아카사카초)

『동해도 도보여행기』 4편 상・아카사카 역참 서두의【기타하치 "이봐 야지씨, 어지간히 하고 풀어 줘. 남우세스럽네. 사람들이 흘금흘금 봐서 창피하다고." …… 야지 "…… 이제 어지간히 꼬리를 드러내라고. 아니 기다려 기다려. 저기 개가 있다. 워리 워리 워리 워리 워리 워리 워리～ 백구! 워리 워리 워리 워리～ 물어 물어 물어～. 옳아, 개가 와도 태연자약한 걸 보니 그럼 여우가 아니군. 진짜 기타하치구만." …… 라고 의심이 풀려서 기타하치의 포박도 풀어준다][138]는 일화에 입각한 것이 《즈에図会》・《우키요浮世》・《이세伊勢》・《신판新板》의 「아카사카」이다.

---

138 「北八「コウ弥次さんいゝかげんに解てくんな。外聞(げへぶん)のわりい。人がきょろ／＼見てわりいはな。……弥次「……もふいゝかげんに尻尾を出しおれ。イヤまて／＼。あそこに犬がいる。コ＼＼＼＼＼＼シロ コ＼＼＼＼＼ ヲ＼しきヲ＼しき／＼。ハ＼ア犬がきても、いけしゃア／＼として居おるから、さては狐ではねへ。ほんとうの北八か。……ト心とけて、きた八がいましめをもとく」

〈도판 53〉《즈에図会》아카사카

(기타하치) "야지씨, 이제 어지간히 하고 풀어 줘. 사람들이 흘금흘금 봐서 꼴불
견이라고."

(백구) "항항항항~"[139]

원문('백구')처럼 개는 흰색에 가깝게 그려진다. 원작에 따른다면 〈숙박〉
표시가 있어야 하나《즈에図会》·《우키요浮世》에는 숙박표시가 없다.

　《이세(伊勢)》와 《신판新板》은 【아카사카〈숙박〉·개를 불러 여우라는 의

---

[139] 원작에서 개는 짖지 않으므로 여우가 아님을 알게 된다. 본 작품에서는 개짖는 소리를 웃음소리와
합성해서 사용한 듯.《즈에図会》:「あか坂」「(北八)√やぢさんモウいゝかげんといてくん
な、人がきょろ(／＼)してみっともねへはな。(犬)√ハン／＼／＼／＼」

심이 풀려 밧줄을 풀다(赤坂〈泊〉·大をよびきつねのうたがひはれな〳をとく)】라
는 동일한 문장에 도안까지 흡사하다.

이 '아카사카' 에피소드는 그림 주사위판 55칸 중에서 유일하게 직전 역
참(고유)과 스토리가 연결되는 에피소드라고 할 수 있다. 실은 아카사카 역
참에서의 주된 사건은 이후에 벌어지는 여관에서의 혼례소동이다. 그리고
다음날 아침 여관을 출발한 야지가 에도출신의 불량배들과 싸우면서 말똥
을 둘러싸고 벌어지는 이야기가 이어진다. 그러나 이 혼례소동·말똥소
동은 다른 역참으로 이동시키고 일련의 여우소동이라는 면에서 역참 서두
의 소소한 장면을 그림주사위판에서는 아카사카역참에서 사용하고 있는
것은, 개에게 시험하는 여우소동의 결말이 호평을 거두었기 때문이 아닐
까. 따라서 《이세(伊勢)》·《신판(新板)》에서는 〈숙박〉이면서도 숙박하는 모
습 대신에 포박당한 모습이 그려진다. 《이세(伊勢)》와 《즈에(図会)》의 아카사
카 그림이 서로 닮아있는 것도 이 일화의 인기를 방증한다.

《기산지(鬾散)》는 〈아카사카·후지카와까지 20리9정(赤阪·フヂ川ヘ二リ九
丁)〉【짚신·삼줄 명물(ワラジ·ほそびきのめいぶつ)】로 아카사카 역참 풍경이
묘사되는데, 『동해도 도보여행기』 4편 상·고유와 아카사카의 풍경을 그
린 원작 삽화와 유사하다.

(38) 제37여참 : 후지카와(藤川 ; 현재 아이치현 오카자키시 후지카와초)

《즈에(図会)》·《우키요(浮世)》·《이세(伊勢)》·《신판(新板)》의 〈후지카와〉는
『동해도 도보여행기』 4편 하·후지카와의 다음 에피소드를 묘사한다. 【(찻
집) 뒤편에 곳간을 거처로 한 집 한 채가 있었다. 집 안에는 열여덟 아홉 정

〈도판 54〉《즈에図会》 후지카와

도 되는 처녀, 머리카락은 흐트러져있었지만 꽤 아름다운 미인. …… (처녀
는) 역시 웃고 있다. 기타하치, 이거 참 고마워라, 이젠 내 차지다 하고 확 끌
어당긴다.(아이의 "미치광이 여잔데!" 라는 놀림에) 기타하치 깜짝 놀라서 떼어
놓고 도망치려 했지만 처녀는 꽉 달라붙어서 떨어지지 않는다. 처녀 "에잇
이 사내자식, 안 놔줄 거야, 안 놔줄 거야~" 기타하치 "이거 참 꼴불견이
군." 강제로 떼어내려고 하는데 이 처녀의 부모가 돌아와서, …… 부친 "저
건 정신이 나간 애여. 당신, 정신 나간 애를 붙들고 농락하려고 했음에 틀림
없데이!" …… 이대로는 가만 못 있지 못 있고말고!"]¹⁴⁰ 이 뒤에 나타난 야

---

140 「うらに、ものおきをすまゐとせしひとつ家あり。内に十八九のむすめ、髪はとりみだしみれ
　　ども、なか／＼の上しろもの、……やっぱりわらってゐる。北八こいつは有がたい、もふし

지가 실은 실성한 동생이라는 변명을 하고 그에 장단 맞추어 기타하치는
유행가・요곡・조루리문구를 섞어서 춤추고 노래하며 미치광이 흉내를
내어 간신히 부친으로부터 용서를 받는다.

> (부친) "이 사람 참 깜짝 놀랄 잡놈이여, 정신 나간 우리 딸을 붙들고 농락하
> 려고 했나? 그랬다면 가만 못 있지 못 있고말고 못 있고말고!"
> 기타하치 "아이구 아이구, 미쳤다고는 몰랐네. 용서하게 용서하게 용서하게~"[141]

이《즈에図会》의 부친의 대사는 원문의 영향을 받고 있음을 알 수 있다.
기타하치의 대사는 장면에 적합하게 창작하고 있다. 또한《즈에図会》에서
는 야지가 등장하지 않으므로《즈에図会》와《이세伊勢》의 도상은 웃는 얼
굴로 머리를 흐트러뜨린 아가씨가 기타하치에게 매달려 있는 등, 전체적
으로 비슷하면서도,《즈에図会》는 기타하치가 아가씨를 떼어내고 도망치
려고 하는 전반부를 포착하고 있다고 생각된다. 그리고《이세伊勢》에서는
입에서 나오는 대로 엉터리 변명을 해대는 야지의 모습도 엿볼 수 있다. 또
한《이세伊勢》는 무너져가는 벽의 균열 등을 묘사하여 황폐한 집의 풍경을
사실적으로 나타낸다.

めたものだと、ぐっとひきよせる。 …… 北八びっくりして、にげのかんとするに、娘はつか
みついてはなさず。娘「ヱゝこのおとこめ、はなさん／＼。北八「これはなさけない、トむりに
ひきはなさんとする所へ、此娘のおやぢたちかへりて、 …… おやぢ「あれは気ちがひでござ
る。こなさん、気のちがふたものをとらへて、なぐさみかけさっせへたに、ちがひはあらま
い。 …… 此分ではすまんぞ／＼。」

141 「〈泊〉ふぢ川」「(親父)√この人ハたまげたやろうじゃ、こちのむすめのきちかいをとらへてい
ろせうとおもはっしゃるか、そのふんでハすまぬぞ／＼／＼。北√ヤア／＼きちげへとハし
らなんだ。ゆるせ／＼／＼」

《이세伊勢》와 《신판新版》은 【후지카와·기타하치 미치광이 처녀를 희롱하여 자신도 미치광이 시늉을 하다(北八きちがひの女にたはむれおのれもきちがひのまねをする)】라고 동일한 문장에 화면도 흡사하다.

《기산지鬱散》의 〈후지카와·오카자키까지 15리 남짓(藤川·オカサキへ一里半余)〉【〈숙박〉 저기요 미노부산에는 어떻게 가는 지요(〈泊〉もし／＼みのぶさんへハどふまいり升)】는, 『동해도 도보여행기』 2편 하·간바라(蒲原)의 기타하치의 대사, 즉 천장을 뚫고 불단으로 떨어진 기타하치가 기어 나오며, 【"여보세요, 미노부산(身延山) 구온사(久遠寺)에는 어떻게 가는지요?"】[142]라고 순간 위기 모면용으로 내뱉는 대사를 차용하고 있다. 미노부산(身延山)은 일런종(日蓮宗)의 총본산인 미노부산(身延山) 구온사(久遠寺) 묘법연화원(妙法蓮華院)이 있는 곳으로 유명하다.

(39) 제38역참 : 오카자키(岡崎 : 현재 아이치현 오카자키시)

기타하치 "이 떡은 어느 쪽도 3문인가?"

여자 "그렇습니다."

(기타하치) "이쪽은 싼데 이쪽은 비싸니까, 싼 쪽을 3문짜리를 4문에 삽시다. 대신 비싼 쪽을 2문으로 깎아주게. 그런 까닭에 이 2문(떡)을 다섯 개 삽니다~ 아하하하, 아하하하~"[143]

---

142 야마나시현에 있는 법화종 본산이 미노부산 구온사이다. 요시와라 역참과 간바라 역참사이, 후지 강을 서쪽으로 건너서 이와부치와 나카노고 중간에 미노부산까지 13리 라는 갈림길이 있었다. 이러한 지역적인 특성과 더불어, 기타하치는 불단에서 네 발로 기어 나온 자신의 모습을, 미노부 참배라고 지칭하여 걸식하는 앉은뱅이 거지를 빗대어 순간 모면하려고 한 것이다.

143 「おかさき」「北√此もちハどちらも三文かね。女√さよじゃ。(北八)√ことらハやすいがこち

이 《즈에図会》와 《우키요浮世》의 〈오카자키〉는 『동해도 도보여행기』4편 하·오카자키의 다음 에피소드를 그리고 있다. 오카자키유녀와 유객과의 작별 장면을 목격한 뒤, 떡집의 메추라기 떡을 싼 값으로 먹는, 다음 일화가 이어진다. 【기타하치 "어이 이 떡은 얼마씩인가?" 떡집주인 "3문입니다요." 기타하치 "이거 참 싸군. 이쪽 메추라기떡[144]은 얼만가?" 주인 "그것도 3문." 기타하치 "아니, 이게 3문이라면 비싼 것 같구먼. 어떻소 주인장 이렇게 합세. 이것을 2문으로 깎아 주시오. 그 대신 그쪽의 둥근 떡은 4문에 사지." 주인은 이것 참 괴상한 말을 한다고 생각했지만 어느 쪽으로 하든지 손해 보지 않으므로, 주인 "예 좋습니다요. 집으시지요." 기타하치 담뱃갑에서 동전 2문을 꺼내, "4문 있으면 둥근 놈을 사려고 했지만 2문 있으니 이 메추라기떡으로 하겠소"라며 메추라기떡을 집어먹어대면서 간다. 야지 "하하하하하, 것 참 기타하치 잘 해냈다! 제 아무리 주인일지라도 간 떨어지게 놀라고만 있었다고."】[145] 2문밖에 없으니까 라며 메추라기떡 하나를 집는 원작과 비교하면 '2문짜리 메추라기떡 한개 사겠습니다'고 하는 《즈에図会》의 끝마무리는 평범하다고 할 수 있다. 리드미컬하게 스토리를

らハたけへから、やすいほうを三文のを四文にかいやせう、そのかはりたかいのを二文にまけなせへ、そこでこの二文を五ッかいやす、アハヽヽ／＼」

[144] 우즈라야키 : 소금으로만 간을 한 팥소를 넣고 껍질은 얇게 해서 냄비나 후라이팬에 탄 자국을 내서 구운 찹쌀떡. 메추라기처럼 둥글고 부푼 모양이므로 붙인 이름.

[145] 「北八『ヲイこの餅はいくらヅヽだ。もちやのていしゆ『二文でおざります。北八『こいつはやすい。こちらのうづらやきはいくらだの。ていしゆ『それも三文。北八『イヤこれは三文では高いよふだ。ナント御ていしゆ、こうしなせへ。これを二文にまけてくんなせへ。其かわりそちらの丸いもちは、四文に買やせう。ていしゆ、こいつはへんちきなことをいふとおもへど、どちらにしてもそんのいかぬことゆへ、亭主『ハイよふおざります。おとりなさりませ。北八たばこ入からぜに二文取出して『四文あらば丸いのを買（か）ふとおもったが、二文あるから、このうづらやきにしやせう、トうづらやきをとって打くらひながら行。弥次『ハヽヽヽこいつは北八でかした。さすがのていしゆも肝ばかりつぶしていやアがった」

〈도판 55〉《즈에図会》오카자키

전개해 나가다가 마지막에 등장하는 원작 쪽 결말이 보다 의외인지라 효과적이다. 그리고 떡집 남자주인은《즈에図会》에서는 안주인으로 바뀐다. 원작과 달리 화면으로 독자에게 호소하는 그림주사위판의 특성상, 남자만 세 명 등장시키는 것보다는 여자를 한 명 그려 넣는데서 주의를 환기시키는 효과를 기대한 각색이라고 짐작할 수 있다.

『동해도 도보여행기』3편 상·후지에다의【후지에다 역참 입구에서 어깨도 가볍게 봇짐을 멘 시골영감, 튀어 오른 말에 놀라 피하는 찰나 기타하치에게 부딪쳐 물웅덩이(말 소변)로 뒹군 기타하치, 시골영감을 부여잡고……】라고 하는 에피소드를 전용한 것이《이세伊勢》·《신판新板》의 〈오카자키〉로,《즈에図会》·《우키요浮世》의 〈후쿠로이〉와 도상이 비슷하다.

《이세伊勢》의【오카자키·기타하치 말이 튀는 바람에 물웅덩이로 구르다
(岡崎·北八馬にはねられ水たまりへころぶ)】의 문장일부를 생략한 것이《신판新
板》【오카자키·기타하치 말이 튀다】로 그림은 비슷하다.

《기산지鬪散》〈오카자키·지리후까지 30리4정(岡崎·チリフへ三リ四丁)〉
【여관·장님과 귀머거리 묵게 해주세요(宿·めくらとつんほとめてくんねへ)】
는 원작과 무관하게 창작된 풍속화이다.

(40) 제39역참 : 지리후(池鯉鮒 : 현재 아이치현 지류(知立)시)

『동해도 도보여행기』 4편 하·지리후에서의 이야기이다. 【야지 "이 짚
으로 된 조리는 얼마인가?" 주인 "네네 16문이라예." 야지 "이거 참 싸군."
…… 매달아놓은 조리를 잡아당겨 빼내서 보고, "아니 이 조리는 짝짝이구
만. 한쪽은 크고 이쪽은 작은 것 같아. 이래서야 8문씩 해서는 큰 쪽은 싸
지만 작은 쪽은 비싸. 어떻소 주인장, 큰 쪽을 9문에 살 테니 이쪽을 7문으
로 깎아주게." 주인 "네 좋지예. 신으시지요." 야지 "아뿔싸, 돈이 모자라는
군. 한 켤레 사려고 했지만 겨우 7문밖에 없으니, 그럼 이쪽 한쪽만 사겠
네."】[146] 기타하치가 떡으로 성공한 수법으로 짚신을 사려고 하는 야지의

---

146 「弥次「此わらぞうりはいくらだね。 ていしゅ「アイ／＼十六文でおます。 弥次「こいつはやす
い。 ……つるしてあるぞうりを引きりとって見て、「イヤこのぞうりはちんばだはへ。 かた／
＼は大きくて、 こっちらはちいさいよふだ。 コリャア八文ヅゝにしちゃア、 大きなほうはやす
いが、 ちいさなほうはたかいものだ。 ナント御ていしゅ、 かたつほの大きなほうを、 九文にか
ひやせうから、 こちらを七文にまけてくんなせへ、 ていしゅ「アイよふおます。 おめしなさ
れ。 弥次「なむさん銭がたりない。 一ツそく買(か)ふとおもつたが、 たつた七文ほっきゃアね
へから、 アノこっちらのかた／＼のほうばかり買やせう」

〈도판 56〉《즈에図会》 지리후

어리석음을 묘사하고 있으나, 기타하치가 【"당신 한쪽만 사서 어떻게 할
작정이야?" 야지 "또 다른 곳에 가서 한쪽을 사지"(おめへかたつぼ買って、どふ
するつもりだ。弥次「またさきへいって、かたつぼ買をふ)】라고 하는 대답은 나름
논리가 있으므로 원작에서 야지를 바보로 그리고 있는 것은 아니다.

이 에피소드를《즈에図会》·《우키요浮世》의 〈지리후〉는 표현하고 있다.

야지 "이 조리[147] 한 켤레가 18문이라고 했겠다? 약간 크고 작음이 있으니 큰 쪽
을 11문으로 살 테니까 작은 쪽을 7문으로 깎아주게. 그럼 그런 까닭에 이 7문 쪽을

147 조리(草履) : 짚, 골풀, 등심초, 죽순 껍질 등으로 엮되, 게타처럼 달린 끈을 발가락 사이에 끼워서
신는 짚신.

한 개 삽니다 이지 뭐."[148]

　이와 같이 상당히 긴 편인 원작 일화를 콤팩트하게 잘 요약하고 있는 것도《즈에図会》의 특징이라고 할 수 있다.《즈에図会》그림에서 벽에 매달려 있는 것이 파는 짚신이다. 『동해도 도보여행기』 4편 간행 당시는 짚신이 16문이었으나,《즈에図会》간행 무렵이 되면 18문으로 가격이 오른 것으로 보아 당시의 물가 사정을 충실히 반영하고 있음을 알 수 있다. 그저 원작을 모방하고 있는 것이 아니라 당시의 실상에 맞게 재창작하고 있는 것이다.

　이렇게 하여 지리후에서는 짚신을 한 쪽만 싸게 사려다가 실패한 야지, 이어서 아리마쓰 마을(有松村)의 홀치기염색 포목점에서의 해프닝이 계속된다.

　한편《이세伊勢》와《신판新板》은【지리후・경단집의 장지문을 주워서 햇빛가리개처럼　해서　걷다(池鯉鮒・だんごやのせうじをひろひて日よけにしてゆく)】【지리후・경단집의 장지문을 주워서 햇빛가리개처럼 해서 걷다(地理鮒・だんごやのせうじをひろい日よけにしてゆく)】로 문장도 흡사하고 그림도 흡사한데, 『동해도 도보여행기』 8편 하・오사카의 에피소드를 앞서 차용한 것이다.

　부자 가와타로(河太郎)가 경단집의 장지문을 일부(壱歩) 돈을 지불하고 사서는 알랑쇠수행원들에게【장지문 한 장을 세로로 들게 해서 그 그늘을 간다고 하는 멋(しゃうじ一まいをたてにもたせて、そのかげをゆくといふしゃれ)】을 부린다. 그러나 그 놀이에 싫증(飽) 닌 부자는【그 장지문을 길 한 편에 내팽개치고 간다. 기타하치 "어때 야지씨, 이 장지문을 주울까? …… 둘이서 번갈아

148 「ちりう」「ヤ√このぞうり 一そくが十八文といったか、すこし大小があるから、大のほうを十一文にかいますから小の方を七文にまけなせへ、そりゃそこでこの七文のほうを一ッかいやすのサ」

들고 우리도 장지문 그늘을 가지 않을래? 재미있는 놀이여." …… 기타하치에게 장지문을 들게 하여 야지로 그 그늘을 가는데 …… 이마미야 새집의 곤시치(權七)라고 하는 불그스레한 얼굴에 살찐 영감, 기타하치를 붙들고, "이보래이 이 장지문은 어째서 자네 여기에 갖고 왔노? 우리 집 장지문이데이. …… 야 이렇게 큼지막하게 써 있는 게 네놈 눈에는 안 보이나? 이거 보래이. 젠자이떡(善哉餅) 35경단 이마미야 새집(三五団子今宮新家) 사이카치가게 라고. 게다가 내가 쓴 글자라고."]¹⁴⁹ 실제로 장지문 간판에 '떡·경단'이라고 쓰여 있다. 이『동해도 도보여행기』삽화와《이세(伊勢)》·《신판(新板)》〈지리후〉의 도상은 유사하다.

《기산지(幾散)》의 〈지리후·나루미까지 20리28정(池鯉鮒·ナルミヘ二リ廿八丁)〉【미카와의 야쓰하시 도로에서 5정 정도 들어간다(ミかはの八ッはしかいどうより五丁ほと入ル)】는 풍경화이다. 야쓰하시에 관해서는『동해도 도보여행기』4편 상에【니시다 바닷길에서 5리 정도 북쪽에 그 이름도 유명한 야쓰하시 옛터(西田海道より半里ばかり、北の方に名にしおふ、八ッ橋の旧跡)】라고 있다.

149 「かのしゃうじ道のかたはらへほうり出してゆく。北八「なんと弥次さん、此しゃうじをひろひはどふだ …… ふたりでかはり％＼持て、おいらも障子のかげをゆかふじゃアねへか。おもしろいしゃれだぜ。 …… 北八にせうじをもたせて、弥次郎そのかげをゆくに、 …… 今みやしんけの、權七といふ、あからがほのでっくりしたるおやぢ、きた八をとらへて「コリャ此障子は、どしておどれ、こゝへもてうせたぞい。おれがうちのしゃうじじゃわい。 …… イヤこないに、おっきにかいてあるのが、おどれのまなこにやはいらんかいの。コレ見い。善哉餅(ぜんざいもち)三五団子今宮新家(いまみやしんけ)、さいかちやと、しかもわしがかいたのじゃ。」

(41) 제40역참 : 나루미(鳴海 : 현재 아이치현 나고야시 미도리구)

《즈에図会》·《우키요浮世》·《이세伊勢》·《신판新板》의　〈나루미〉는, 『동해도 도보여행기』 4편 하·나루미 역참 직전인 아리마쓰 마을(有松村)에서 있었던 다음 사건을 그린다. 원작의 나루미 역참에서는 홀치기염색(有松絞り·鳴海絞り)에 대한 시가(狂歌)를 읊을 뿐이었다.

【이 거리(아리마쓰마을)의 맨 끝에 작은 가게지만 염색한 원단이 각양각색 가게 앞에 매달려 있는 그 안으로 들어가, 야지 "여보쇼, 이 홀치기옷감은 얼마나 합니까?"라고 하니, 이 가게의 주인인 듯 장기를 두는데 여념이 없어 무아지경으로, …… 주인 "글쎄 사고 싶어도 금은(금전/장기 말)은 있을 리 없데이. 없을 겨~. 내 수중에 있으니까 말이지라."¹⁵⁰ ……라고 (야지가) 버럭 소리 지른다. 주인, 퍼뜩 정신이 들어 서둘러 장기를 그만두고, "예이 예이 이거 참 큰 실수를 저질렀습니다. 뭐든 깎아 드릴 테니 사시더래요."】¹⁵¹ 그래서 주인 지혜(次兵)에게 비싼 물건을 사는 것처럼 가격을 마구 묻다가 결국 홀치기염색한 수건 한 장 사는 야지였다.

(기타하치) "야지씨 이젠 관둬. 여기 주인은 장기에 넋을 잃고 있어서 소용 없다고."

---

150 장기에 몰두한 나머지 손님의 '금전'과 자신의 손에 있는 장기 말 종류인 '금은'을 섞어서 하는 대답.
151 「此町(有松村)のとつばづれに、小みせなれども、そめ地いろ／＼、おもてにつるしある内へはいりて、弥次「コレ此しぼりは、いくらします　トいふに、此うちのていしゅと見へて、しゃうぎをさしていたるが、よねんなく、うてうてんとなりて、……ハテかいたふても金銀はあるまい。ないはづじゃ。わしが手におはしますじゃて。……ト（弥次）が大きなこへする、ていしゅはっと心づき、そう／＼しゃうぎをやめて、「ヘイ／＼是は粗相申ました。何なとまけてあげませずに、おめし下されませ。」

〈도판 57〉《즈에図会》나루미

야지 "이건 얼마지?"

주인 "예이 그것 말씀입니까. 가만있자, 당신 수중(품 / 패)에 금은(금전 / 장기
말)은 없을 겨~. 무슨 일이 있어도 질(깎을) 수는 없지."

야지 "그럼 이건 얼마여?"[152]

이 《즈에図会》의 야지와 포목점주인의 대사는 원문을 거의 그대로 옮기
고 있음을 알 수 있다. 그러나 기타하치의 대사는 창작이다.

《이세(伊勢)》【나루미·야지로 홀치기염색옷감의 가격을 홍정하다(鳴海·

---

[152] 「なるみ」「(北八)√やちさんモウよしなさい。こゝなあるじ八せうぎてうつゝだからはじまら
ねヱ。ヤ√これ八いくらだネ。ていしゅ√ヘイそれでございますかこうつとあんたのおてに八
きん％＼八ないはづしゃ、どうしてもまけ八せんテ。ヤ√そんならこれ八いくらた」

弥二郎なるみしほりのねをつける)】의 주어를 역전시켜,《신판新板》에서는【나루미·기타하치 홀치기염색옷감의 가격을 흥정하다】라고 하고 있다. 도상 분위기는 서로 비슷하나, 장기를 두고 있는 주인을 그린 것이《이세伊勢》라면, 그 뒤 손님 대응에 나선 주인을 그린 것이《신판新板》으로,《신판新板》의 도상은 대부분《이세伊勢》를 추종하는 가운데 유일하게《신판新板》나름의 차별성을 보이는 장면이라고 하겠다.

《기산지鬼散》〈나루미·미야까지 15리(鳴見·ミヤへ一里半)〉【명물 홀치기염색옷감(めいぶつしほり)】은 인물풍속화로, 여타 동해도 도보여행기물 그림주사위판과는 달리 홀치기염색옷감이 선명하게 그려지지는 않으나, 남색 옷감을 손에 든 나그네라든지 가게에 쌓여 있는 옷감은, 히로시게의 호에이도판(保永堂版)〈나루미·명물 아리마쓰 홀치기옷감(鳴海·名物有松絞)〉가게 내부에 초점을 맞추어 클로즈업했다고 볼 수 있을 것 같다.

(42) 제41역참 : 미야(宮 : 현재 아이치현 나고야시 아쓰타구)

《즈에図会》·《우키요浮世》·《이세伊勢》·《신판新板》의 〈미야〉는,『동해도 도보여행기』4편 하·미야의 에피소드를 그리고 있다.【야지로는 안마사에게 주무르게 한다. 그러던 중 옆방에 때마침 묵는 장님여악사[153] 둘이 재미삼아 샤미센을 꺼내서 이세음두[154]를 노래하는 소리 들린다. ……

---

153 고제(瞽女) : 샤미센을 타거나 노래를 불러 구걸하며 지방을 방랑하던 맹인여성. 거리악사.
154 이세음두 : '음두'는 춤추기 위한 댄스곡을 말한다. 이세음두는 원래 이세의 가와사키에서 유행하기 시작한 '가와사키부시'라는 이 지역의 봉오도리 노래였다고 한다. 특히 이세의 후루이치 유곽에서 한층 유행해서 이세참배객들에 의해 전국적으로 퍼져 가부키의 춤이 되기도 했으며 에도 시대 말기에 걸쳐서 대표적인 무용곡이 되었다.

〈도판 58〉《즈에図会》미야

기타하치 "와, 것 참 목소리 좋~다. 여보게 안마사양반, 나는 춤을 잘 춘
다네. …… 칭찬해주지 않으면 김이 새니까 이렇게 합시다. 내가 춤이 끝
날 때쯤 자네 머리를 살짝 쓰다듬을 테니 그것을 신호로 '얼씨구 좋다' 하
고 칭찬해주게." …… 사미센에 맞춰 기타하치 손뼉 치며 춤추는 흉내를
내면서, 기타하치 "*좋아 좋아 좋아 좋구나~*" 하고 춤을 마치고 맹인의 머리
를 발로 살짝 쓰다듬자, 안마사 "얼씨구 잘 한다 잘 한다~." …… 다시 옆
방의 노래 "내미는 손 당기는 손(춤동작 / 조수의 간만 / 유객의 왕래)에 ♪ 이 몸
은 어디까지나 ♪ 파도에 뜬 채 노를 베개 삼아 잔다네 ♪ [155]"][156] 실은 안마

155 '춤출 때 손을 내밀거나 당기는 동작 마냥, 파도가 밀려오고 밀려가듯 왕래하는 유객으로 인해 저
  는 바다에 뜬 채 배안에서 잠을 자는 신세랍니다.'
156 「弥次郎あんまにもませる。このうちとなりざしきにとまり合せし、ごぜふたりが、なぐさみ

사는 손이 아닌 발로 자기 머리를 쓰다듬고 있다는 것을 눈치 채고 있었고, 그후 기타하치의 머리를 안마할 때 아프게 해서 앙갚음한다. 이어서 장님 여악사 침소에 숨어들어간 야지가 샅바를 잊어버리는 에피소드가 계속된다.

> 기타하치 "안마사양반, 어때 춤 한번 잘 추지. 자 장단을 맞추게나, 옆방 노래에 딱 맞지. *좋아 좋아 좋아 좋구나~*"
>
> (안마사) "당신 춤을 잘 추시네요. 얼씨구 좋다 얼씨구 얼씨구."
>
> 야지 "이것 참 우습군 우스워."
>
> 장님여악사 "내미는 손 당기는 손(춤동작 / 조수의 간만 / 유객의 왕래)에♪, 이 몸은 어디까지나♪, 파도에 뜬 채 노를 베개 삼아 잔다네♪. *좋아 좋아~*."[157]

이 《즈에図会》기타하치의 대사 및 장님여악사의 노래가 원문에 의거하고 있음을 알 수 있다. 또한 원문에서는 기타하치의 대사였던 것이 《즈에図会》에서는 야지에게 할당된다.

に三みせんを出し、いせおんどをうたふこへする。…… 北八「イヤこいついゝこへだ。ナント あんまさん、わしはおどりが上手だ。……ほめてもらはにゃアはりやいがねへから、こうし やせう。わしがおどりしまった所で、おめへのつむりをちょいとなでふから、それをきっか けに、やんやアとほめてくんな。…… 三味せんにあはせて北八手をたゝきをどるまねをし て、北八「よい／＼／＼よいやさア、トおどりしまい、ざとうのあたまをちょいとあしにてな でると、あんま「ヤンヤアゑらい／＼ …… 又となりのうた「さす手ひく手にわしゃどこまで も、浪のうきねの梶まくら」。

[157] 「〈泊〉みや」「北√あんまさんどうだおどりハうめへもんだろう、サアへうしをとりなせへ、と なりのうたにうまくあふだろう、よい／＼／＼よいやサア。(あんま)√あんたおどりハお上づ たヤンヤ／＼／＼。ヤ√こいつハおかしい／＼。こせ√さすてひくてにわしゃどこまても、 なみのうきねのかちまくら、よい／＼」

〈도판 59〉 4편 하 삽화

《이세(伊勢)》의 【미야〈숙박〉·기타하치 춤추면서 안마사의 머리를 발로 때리다(宮〈泊〉·北八をどりながらあんまのあたまをあしでたゝく)】의 문장 일부를 생략한 것이 《신판(新板)》【미야〈숙박〉·기타하치 춤추면서 안마사의 머리를 때리다(みや〈泊〉·北八をどりながらあんまのあたまをたゝく)】로, 도상은 상호 흡사하다.

원작『동해도 도보여행기』삽화(〈도판 59〉)에서는 장님여악사 한 명이 사미센을 켜고 있는 옆방 모습을 클로즈업하고, 기타하치는 배를 깔고 누운 채 연주소리에 흠뻑 취해 있는 모습이 그려진다. 아직 사건의 발단을 포착하고 있는 것이다. 그러나《즈에図会》와《이세(伊勢)》는 춤추면서 발로 안마사의 머리를 쓰다듬는 기타하치를 그리고 있으며, 더군다나《이세(伊勢)》쪽은 안마사가 눈치 채고 있는 것 까지 그려 넣는다.《즈에図会》와《이세(伊勢)》의〈미야〉도안은 서로 비슷한 가운데,《즈에図会》에서는 두 명의 여악사 모습을 옆방에 절반만 보이도록 묘사함으로써 원작 상황을『동해도 도보여행기』삽화보다도 오히려 더 정확하게 포착하고 있다고 할 수 있다.

《기산지(驥散)》의〈미야・구와나까지 해상70리(宮・クワナヘ海上七里)〉【〈숙박〉또 내리네 꽤 ○○이 얼굴에 뿌려지는군(〈泊〉またふるヘだいぶ○○かかほヘかヽる)】은,『동해도 도보여행기』4편 하・미야에서 구와나까지 해상을 가는 나룻배에서 죽통 사용법을 모르는 야지가 배안을 온통 소변 천지로 만드는 사건을 연상시키기도 하지만,《기산지(驥散)》가 창작한 이야기에 가깝다.

(43) 제42역참 : 구와나(桑名 : 현재 미에현 구와나시)

『동해도 도보여행기』5편 상・구와나에서는 야지가 비싼 품삯으로 가마에 타겠다고 고집 부리는 골계담 후에, 지체 높은 양반인 체 하는 야지가 대합에 화상을 입는 다음 사건이 전개된다.【(찻집여자는) 네모난 바닥화로[158] 같은 상자모양 화로 속에, 대합을 늘어놓고 솔방울을 집어넣어 부채질하면서 굽는다. …… 큰 접시에 구운 대합을 겹쳐 쌓아올려서 내오고 …… (야지는) 대합을 가득 담은 접시를 뒤엎으면서 구운 대합이 야지로베

---

158 이로리(囲炉裏) : 농가 등에서 방바닥의 일부를 네모나게 잘라내고 그곳에 재를 깔아 취사용, 난방용으로 불을 피우는 장치. 노.

〈도판(60)〉 5편 상 삽화

의 품속에 쏘옥 들어간다. …… 기타하치 당황하여 야지로의 바지[모모히

키][159] 위에서부터 불알과 대합을 함께 움켜쥔다. 야지 "아아아~ 뜨거뜨거

뜨거뜨거~ 이봐 어떡할 겨. 불알이 탄다고~")[160]

---

159 모모히키(股引) : 승마바지처럼 헐렁한 남성용바지. 막부말기(文政시대부터)가 되면 타이츠처럼
　　다리에 달라붙도록 변모한다. 여행용 모모히키로는 짧은 사루마타猿股를 입고 종아리 덮개를 감
　　는다.
160 「はこにしたいろりのよふなものゝ中へ、はまぐりをならべ、松かさをつかみこみ、あふぎた
　　てゝやくうち、…… 大さらにやきはまぐりをつみかさねていだし、……(弥次は)はまぐりを
　　もってある皿をひっくりかへすひゃうしに、やけはまぐりが弥次郎兵へのふところへ、ひょい
　　とはいるト、…… きた八うろたへて、弥次郎がもゝひきのうへから、きん玉とはまぐりを、

이 에피소드에 입각하여 도출된 장면이 《즈에図会》와 《우키요浮世》의 〈구와나〉이다.

야지 "앗 뜨거뜨거뜨거뜨거~ 기타하치 빨리 도와 줘! 구운 대합이 뱃속으로 앗뜨거, 굴러가서 앗뜨거뜨거 불알에 불이 난다고 앗뜨거뜨거."

기타하치 "이것 참 큰일 났네, 큰일 났어 큰일 났어. 아하하하 아하하하 아하하하."

아주머니 "얼른 일어나서 허리끈이라도 푸시죠. 오호호호 오호호호 오호호호."[161]

《즈에図会》의 아주머니의 대사는 창작임을 알 수 있다. 『동해도 도보여행기』 삽화(〈도판 60〉)에서는 대합을 굽고 있는 찻집 앞에서 지체 높은 양반인 체 하는 야지와 종복인 체하는 기타하치가 지금 막 그 찻집에 들어가려고 하는 발단을 포착하고 있다.

『동해도 도보여행기』 4편 하·미야에서 구와나까지 해상을 가는 나룻배에서 죽통 사용법을 모르는 야지가 배안을 온통 소변 천지로 만드는 사건이 있었으나, 《이세伊勢》와 《신판新板》의 구와나는 『동해도 도보여행기』 6편 상·요도가와(淀川)의 다음 에피소드를 차용한 것이라고 할 수 있다. 오사카에 먼저 가고자 야지기타는 우지후시미의 교바시(京橋)에서 요도가와강을 내려가는 삼십석배를 탄다. 【열 두세 살 되는 앞머리 상투

いっしょにつかむ。弥次「ア﹅﹅アッ﹅﹅﹅﹅、コリャどふする。きんたまがこげらア」

161 「くわな」　「ヤ√アッ﹅／＼／＼／＼北八はやくたすけてくれ、やきはまくりかまたのうちへアッ﹅ころけてアッ﹅﹅きんだまがひになるアッ﹅﹅。北√こいつ﹅たいへん／＼／＼アハ﹅﹅／＼／＼。か﹅√はやくたっておびてもおときなさいヲホ﹅﹅／＼／＼」

튼[162] 소년시중을 거느린 은거노인인 듯한 영감님(十二三のまへがみ(長松)つれ たる、ゐんきょらしきぢいさま)〕으로부터 야지는 요강을 빌리는데, 어두운 나 머지 착각해서 찻주전자에 소변을 누고 만다. 그것을 모르는 은거영감과 기타하치는 찻주전자 안의 물(소변)을 버리고 술을 부어서 데운 다음 마시 고는 메슥거려한다. 두 사람은 눈치를 채고【기타하치 "에잇 더러워, 웩 웩 …… 얼토당토않은 일일세. 속이 메슥메슥하네." 은거 "아이고 이거 웩 웩! 조마쓰야 등 두들기라. 아이고 더러워라 웩 웩~"〕[163] 그리고 찻주전자 는 버려버리고, 입가심으로 막 새로 사서 사용한 적 없는 요강에 술을 넣어 서 모두가 돌려가며 마신다. 그 요강이 환자가 있는 곳으로 오자, 【(환자 네 의 영감이) "예 예 그 쪽으로" 하고 요강을 돌려보낸다. 기타하치 들고서 야 지로에게 남실남실하게 가득 따라준다. 단숨에 꿀꺽 마신 야지, 찻잔을 내 던지며, 야지 "아아아아아아, 이건 터무니없구먼. 웩 웩!" …… 이건 술이 아녀! 소변이야 소변!" 환자네 영감 "아하, 맙소사 이거 낭패일세. 실수했 습니다. 잘못해서 우리네 환자의 요강과 바꿨습니다. 자 자 술 넣은 것은 여기에 있소. 옛다 바꿔 주이소."〕[164]

---

162 마에가미 : 성인처럼 머리의 중앙을 밀지 않고, 이마위의 머리를 세워 모아서 묶은 미성년자의 스 타일.

163 「十二三のまへがみ(長松)つれたる、ゐんきょらしきぢいさま」から弥次は尿瓶(しびん)を借りた つもりが、暗がり紛れに間違えて急須(きゅうす・きびしょ)に小便をする。それを知らない隱 居と北八は急須の中の水(小便)を捨てて酒を入れ燗をして呑んで気持ちが悪くなる。二人は気 づき、「北八「ヱ、きたねへ、ゲエイ／＼ …… とんだこつた。むねがむか／＼する。いんきょ 「ア、こりゃ、ゲエイ／＼。長松よ背中たゝいてたも。ア、むさやの、ゲエイ／＼」

164 「(病人の親父が)しびんをおくりもどす。北八とって弥次郎へ、なみ／＼とついでやる。弥次ひ といきにぐっとのんでちゃわんをなげだし、弥次「ヱ、ゝゝゝこりゃとんだこつた。ゲエイ／ ＼。…… コリャ酒じゃねへ。小べんだ／＼。(病人の)おやぢ「ハ、アこれはしたり、そゝう しました。わしらがとこの御病人のしびんと、取違へました。サア／＼酒のはこゝにある。ソ レとりかへてくだんせ。」

〈도판 61〉《즈에図会》구와나

　《이세(伊勢)》와《신판(新板)》의 구와나는【배안에서 찻주전자와 요강을 착
각해서 소변을 마시고 대소동(船中にてきひしゃうとしびんとまちがへ小べんをの
み大さわぎ)】이라고 동일한 문장에 그림까지 흡사한 가운데, 앞머리 상투 튼
소년(長松)과 은거영감이 그려진다. 그림에서 토하고 있는 것은 야지일 것
이다. 비바람을 막기 위하여 배 중앙에 봉 같은 것을 세우고 멍석을 덮는
요도강 밤배의 모습이『동해도 도보여행기』삽화에 그려지는데,《이세(伊
勢)》에도 구석에 조그맣게 보인다.
　원작에서 야지기타는 미야에서 구와나까지 해상을 배로 건너므로 바다
와 강이라고 하는 배경적으로는 그다지 다르지 않은 이 에피소드를《이세
(伊勢)》와《신판(新板)》의 구와나에서는 이용한 것이 아닐까.『동해도 도보여

행기』 요도강 밤배 안에서 소변 냄새나는 술을 마신 기타하치가 말하기를 【구와나 나룻배에서도 이 사람이 배 안에서 소변을 보는 바람에 난리도 아니었습지요(桑名のわたしでも、此人が船の中で小便して、大さはぎをやりやした)】라고 고자질 하듯이, 구와나 죽통사건과 요도강 찻주전자 사건은 일맥상통하는 사건이었기 때문이기도 하리라.

《기산지鬱散》의 구와나에는 〈욧카이치까지 30리8정(桑名・四日井チへ三リ八丁)〉【명물 대합구이(めいぶつやきはまくり)】라는 문장과 함께 마을 풍경이 그려진다.

(44) 제43역참 : 욧가이치(四日市 : 현재 미에현 욧카이치시)

《즈에図会》・《우키요浮世》・《이세伊勢》의 〈욧카이치〉는 『동해도 도보여행기』 5편 상・오이와케(追分)의 다음 에피소드를 전용한다. 【이곳(追分) 찻집에는 팥 찐빵[165] 명물이 있다. …… 곤피라[166] 신궁참배객으로 보이는데, 솜 둔 무명옷 위에 안을 대지 않은 흰색 겉옷[167]을 걸친 남자, …… 야지 "지금 드리지. 그런데 너무 뛰어나니까 스무 개 더 먹게나. 이번에는 참배금을 삼백문 드리죠. 그 대신 안 먹으면 이백을 이쪽이 받는 내기인데 어떤가 어때?" …… (곤피라는) 순식간에 스무 개 먹어치우고, 재빨리 그 삼백문을 가로채어, …… "찐빵 값도 잘 부탁드립니다. …… " 하고 (제주 들

---

[165] 팥찐빵(饅頭) : 밀가루, 쌀가루, 메밀가루 등으로 만든 껍질로 팥소를 감싸서 찐 과자.
[166] 金比羅궁 : 讃岐(현재의 가가와현)에 있는 곤피라궁은 해상안전의 신을 모신 신사. 참배객은 온통 흰색으로 복장을 갖춘다.
[167] 한텐(半天) : 하오리 비슷한 짧은 겉옷의 한 가지. 작업복, 방한복으로 입음.

어간 술병이나 술통을 넣은) 상자를 등에 짊어지고는 뒤도 돌아보지 않고 나가 버린다.]¹⁶⁸ 곤피라 참배객이라고 보인 자는 실은 【오쓰의 가마시치라고 하는 굉장한 마술사(大津の釜七といふ、ゑらい手づまつかひ)】로 찐빵을 소매통에 감추고 있었던 것을 나중에 알게 된다.

《즈에図会》에서는 다음과 같이 원작 야지의 대사를 곤피라 참배객에게 말하게 하고 있으며 기타하치의 대사는 창작하고 있다.

> (곤피라 참배객) "이번엔 3백문 걸고 이 찐빵 스무 개 먹기는 어떻습니까?"
> (야지) "거 합시다. 그 대신 먹지 않으면 3백과 찐빵 값은 그 쪽이 내는 건데 괜찮나?"
> (기타하치) "야지씨 이거 불안한데."¹⁶⁹

《즈에図会》와 《이세(伊勢)》의 〈욧카이치〉는 원작 『동해도 도보여행기』 오이와케 삽화와 유사하다. 곤피라 참배객은 흰색 무명 속옷을 착용하고 스키니 바지(모모히키)를 비롯하여 모두 흰색을 사용하고, 덴구 가면 또는 신주단지를 넣은 상자를 짊어지는 자가 많았는데, 원작삽화(〈도판 62〉)나 《즈에図会》에서는 그 〈제주 상자(御神酒箱)〉가 그려진다. 원작 삽화에서는 쟁반

---

168 「此所の茶屋、まんぢうの名物あり、 …… 此うち、こんぴらまいりと見へて、ぬのこのうへに、しろきひとへのはんてんをひつぱりたるおとこ、 …… 弥次「しかしあんまり見ごとだから、もふ二十くひなせへ。今度はおはつを三百文あげやせう。そのかはり、くはねへとこっちへ弐百とりっこだが、どふだ／＼。 …… たちまち二十くってしまひ、手ばやくかの三百文をちゃくぶくして、 …… 「まんぢうの代もよろしうおたのみ申ます。 …… トおみきばこをせなにおひ、あとをも見ずして、出て行」

169 「四日市」「(金比羅参り)√こんたハ三百文かけてこのまんぢう二十くうことハどふてこざり升。北八√やぢさんこいつアおほつかねへヨ。(弥次)√そいついきやせう、そのかはりにくわなけら三百とまんちう代ハそっちからたしてもらふそ、よしか」

〈도판 62〉 5편 상 삽화

에 두세 개 놓였을 따름인 찐빵이,《이세伊勢》·《즈에図会》에서는 발 달린
나무 밥상(足付折敷)에 산처럼 가득 쌓여 있는 것이 특징이다. 클라이맥스를
포착하고 있기 때문이리라. 원작 삽화를 바탕으로 하는 장면은 이와 같이
포착 시점의 차이는 있으나 전체적 분위기는 서로 유사한 경우가 많다.

《이세伊勢》〈욧카이치〉는【곤피라 참배객에게 속아서 찐빵 내기로 돈을
갈취당하다(こんぴら参りにだまされまんぢうのかけをしてぜにをとられる)】라고 되
어 있으나,《신판新板》〈욧카이치〉에는 내용 없이 역참 표시만 있다. 대신
에《신판新板》은 다음 역참인 〈이시야쿠시(石薬師)〉에《이세伊勢》〈욧카이

〈도판 63〉《즈에図会》 욧카이치

치〉와 같은 내용이 묘사된다. 따라서 《신판新板》은 이후 《이세(伊勢)》보다
에피소드가 한 역참씩 늦게 전개된다. 그리고 이후 《신판新板》의 역참명
과 《즈에図会》의 역참명이 일치하게 된다.

욧카이치에서 오이와케까지 와서 직진하면 교토로 가는 동해도, 오이와
케에서 왼쪽 길로 꺾으면 이세(伊勢)로 가는 길이 된다. 그림주사위판은 타
이틀대로의 여정을 밟아야 한다. 따라서 《이세참배 도보여행주사위판》(伊
勢参宮膝くりげ道中寿語録=《이세(伊勢)》)만 원작『동해도 도보여행기』와 동일한
이세도로(伊勢街道)를 걸어서 이세에 도착하는 것으로 여정이 끝난다.

《53역참골계도보여행그림》(五十三駅滑稽膝栗毛道中図会=《즈에図会》) ・《우
키요 도보여행골계주사위판》(浮世道中膝栗毛滑稽双六=《우키요浮世》) ・《신판
도보여행주사위판》(新板膝栗毛道中双六=《신판新板》) ・《신판동해도 울산주

사위판》(しんはん東海道鬱散双六＝《기산지鬱散》)은 동해도 도로를 직진, 교토에 도착해서 여정이 끝난다. 특히《신판新板》은 동해도를 지나면서도 이세도로를 가는《이세伊勢》의 도판을 모사하고 있으므로 욧카이치 역참 이후 작자의 고심이 엿보인다.

『동해도 도보여행기』 5편 상·욧카이치에서는 목욕탕에서 여자를 기다리다 지쳐버리는 야지, 동숙하는 시골사람의 머리를 발로 만지작거리는 기타하치, 그리고 돌지장 침소에 숨어드는 야지기타, 등등의 사건이 펼쳐진다. 이 원작 이야기에 준한다면 욧카이치가 〈숙박〉 표시가 되어야 하는 곳이기도 하다.

《기산지鬱散》의 욧카이치는 〈이시야쿠시까지 20리25정(イシヤクシヘ二リ廿五丁)〉【그렇게 네 맘대로 홀릴 소냐. 꼬리를 내봐 꼬리를 내봐(そふうまくばかされるものかしりほをだせ／＼)】라고, 『동해도 도보여행기』 4편 상·고유(御油)의 에피소드를 늦게나마 차용하고 있다. 창작된 대사에 걸맞게 도안·상황도 각색하고 있다.

(45) 제44역참 : 이시야쿠시(石藥師 : 현재 미에현 스즈카시)

(기타하치) "야지씨네. 빨리 와 줘. 이 선반이 떨어지고 있어서 어떻게 할 도리가 없다고. 금방이라도 손이 빠질 것 같아."

(야지) "기타하치냐, 아이구 무서워라. 이 안에 시신이 있다고. 빨리 도망쳐! 도망쳐!"[170]

---

170 「〈泊〉石やくし」「〈北八〉√やちさんかはやくきてくんなさへ、このたなかおちているから、と

〈도판 64〉《즈에図会》 이시야쿠시

《즈에図会》・《우키요浮世》의 〈이시야쿠시〉는 『동해도 도보여행기』 5
편 상・욧카이치의 다음 일화를 전용하고 있다. 【기타하치 “어, 야지씨 당
신 어디 갔었어? 이봐 잠깐 여기로.” 야지 “아니, 거기니 뭐니 할 경황이 아
녀. 저기 죽은 사람에게 거적을 씌우고 있다고. 정말 정말 어쩐지 무시무
시한 집이여. …… 무서운 지고, 무서운지고”라며 황급히 기어 나와서 도
망간다. …… (기타하치는) 와들와들 떠는 바람에 손이 풀려 위의 선반이 와
르르르~.】'''

ふもしかたかねへモウてかもけるやうた(弥次)√北八かヤレおそろしやこのなかにしひとかい
らア、はやくにけろ／＼。」

171 「北八「ヲ丶弥次さん、おめへどこへいった、コウちょっとこ丶へ。弥次「イヤそこ所ではな
い。あそこに死だものへ菰がかけてあるから、もふ／＼うそきみのわりいうちだ。…… おそ

《즈에図会》・《우키요浮世》의 〈이시야쿠시〉는 《이세(伊勢)》〈쓰(津)〉와 유사하다. 【(야지는) 속옷 한 장 차림이라 추위는 오고(じゅばんひとつでさむくはなるし)】라는 원문과 같이, 『동해도 도보여행기』삽화(〈도판 65〉) 및 《즈에図会》・《우키요浮世》의 〈이시야쿠시〉,《이세(伊勢)》〈쓰〉의 야지는 샅바 위에 속옷 한 장을 걸치고 있다. 원문에서 【(야지 말하기를) 뭔가 잡동사니가 잔뜩 올려져 있는 듯, (주인 말하기를) 밥상 상자든 뭐든 (엉망진창이 되었다)(なにか

〈도판 65〉 5편 상 삽화

ろしや／＼トそう／＼にはひいだしにげ行。 ‥‥‥ がた／＼ふるへるひゃうしに手がゆるみて、うへのたながくはら／＼／＼。」

がらくたがしこたまあげてあるよふす、膳ばこもなにも)】라고 언급되는 물건이, 《이세伊勢》〈쓰〉에서는 선반이 무너져 위에서부터 떨어지는 순간을 야지가 도망치는 순간과 이시동도법(異時同図法)으로 묘사하고 있다. 『동해도 도보여행기』 삽화는 돌지장에 놀라는 기타하치와 그것을 보고 힐책하는 주인 이라고 하는 결말 쪽이 그려져 있었다.

《이세伊勢》의 【간베〈숙박〉·종이(단자쿠)에 노래를 요청받아 난처해하다(神部(かんべ)〈泊〉·たんざくにうたをこのまれこまる)】는, 『동해도 도보여행기』 5편 하·구모쓰의 다음 에피소드를 앞서 간베에 가져 온 것이다. 【(잇쿠를 사칭하는 야지에게 고마지루가) "그런데 선생님 …… 부채나 종이[172] 등에 부탁드리고 싶습니다. 무엇이든 생각하고계신 노래를 적어주십시오"라고 부채, 종이를 들이댄다. 야지로 짐짓 점잖은 체하며 받아들고】[173]라고 하는 장면이다. 고마지루 자택인 여관 안방에 【이웃에 살고 있는 교카 작가들 차례차례 와서(近所の狂歌よみおい／＼きたりて)】 부탁하므로 당황하는 야지이다.

『동해도 도보여행기』 5편 하·간베에서는 시로코(白子)까지 가는 말을 탔는데 마부가 빚을 진 빚쟁이를 만나는 바람에 기타하치가 말에서 추락하는 사건이 펼쳐진다.

《신판新板》의 【이시야쿠시·곤피라 참배객에게 찐빵내기를 해서 돈을 살줘냉하나(石楽師・こんひら参りにまんちうのかけをしぜにをとられる)】는, 《이

---

172 단자쿠 : 와카나 하이쿠 등을 붓으로 쓰기 위한 두껍고 조붓한 종이. 보통 세로 36센치 가로 6센치의 직사각형 종이이다.
173 「ときにせんせい。…… 扇面、たんざくなど、おねがひ申たいが、何なりとも、おもち合せのお歌を、おしたゝめくださりませ、トあふぎたんざくをつきつけられ、弥次郎しかつべらしくとりあげて」

세(伊勢)》〈욧카이치〉의 문장을 생략한 것으로 도안은 상호 흡사하다.

《기산지(鬱散)》〈이시야쿠시·쇼노까지 25정(石薬師·セゥノへ廿五丁)〉【이세참배길(いせさんぐうみち)】은 이시야쿠시 절(石薬師寺)을 그린 풍경화인 듯하다.

(46) 제45역참 : 쇼노(庄野 : 현재 미에현 스즈카시)

(이발사) "예 안녕히 계십시오. 잘 어울립니다요."

(기타하치) "이거 어때? 전혀 목이 안돌아가네. 야지씨, 그 담뱃갑 좀 집어 줘."

(야지) "이거 참 기묘하네. 아하하하 아하하하 아하하하."[174]

《즈에(図会)》·《우키요(浮世)》의 〈쇼노〉는 『동해도 도보여행기』 5편추가·야마다(山田 : 이세)의 다음 에피소드를 활용한다. 【기타하치 수염을 깎으면서, "그런데 이발사양반, 내 머리는 뿌리(상투밑동)를 꽉 잡아당겨 매주게. (교토 여자와 에도 여자를 서로 자랑함) …… 이발사 "그러하시다면 이건 어떻습니꺼?" 이 이발사 이것 봐라 싶을 정도로 상투밑동을 꽉 잡아당기자, 이마와 정수리에 세 줄 정도 주름이 생기고, 눈은 위쪽으로 치켜 올라갈 만큼 단단히 죄어져, 기타하치 머리카락이 빠질 듯 아팠지만, 지기 싫어서 참고 얼굴을 찌푸리면서, "이걸로 됐네 됐어. 아~ 기분 좋군." 이발사 "어때요 그걸로 좋겠지예?" 기타하치 "너무 좋아서 목이 안 돌아가는 것 같군."

---

174 「せうの」「(髪結い)√ハイさよならよくにあいます。(北八)√こらとふたさつはりくひかまはらんゆへ、やちさんそのたはこいれとってくんな。(弥次)√こいつアきめうたアハゝゝ／＼／＼」

〈도판 66〉《즈에図会》쇼노

그러던 중 야지로 목욕을 끝내고 온다. …… 그 사이 여종업원 밥상을 가지고 와서 각자의 앞에 바로 차려놓는다. …… 기타하치 "(젓가락을) 집어주게. 아무래도 고개를 숙이지 못하겠네." 야지 "왜 못해? 어럽쇼 이런, 네 얼굴은 무슨 영문이여? 눈이 치켜 올라간 게 여우낮짝[175]을 보는 것 같구먼." 기타하치 "이발사 놈이 너무 억세게 상투밑동을 잡아당겨 묶어대서 …… , 아 아퍼퍼퍼퍼. 목을 움직일 때마다 빠지직빠지직 머리카락이 빠지는 것 같아.")[176]

---

175 여우를 골탕 먹이면 그 벌로 여우에게 흘러서 미치광이처럼 되는데, 얼굴은 여우처럼 변하고 행동과 식사도 여우와 비슷해진다고 일컬어졌다.

176 「北八「ときに髮結さん、おいらがかみは、ぐつとねをつめて、いつてくんな、…… かみゆい「さよなら、これではどふでおます、ト此かみゆい、これみたかといふほど、ぐつとねをつめると、

원작의 「젓가락」이 《즈에図会》 〈쇼노〉에서는 문장과 그림 모두 '담뱃갑'으로 각색되고 있다. 《즈에図会》의 〈쇼노〉와 《이세伊勢》의 〈고마타(小俣)〉 도상이 서로 비슷하다.

《이세伊勢》의 【시로코・밤길에서 모닥불 연기를 요괴라고 생각해서 놀라다(白子・夜みちにて焚火のけふりをばけものとおもひおどろく)】는, 『동해도 도보여행기』 5편 하・구모쓰를 쫓기듯 나와 마쓰자카(松坂)에 도착하기 전의 다음 일화를 앞선 시로코에 차용한 것이다. 【(소나무벌판을 어떤 남자와 셋이서 가는데) 저 멀리 건너편을 달빛을 통해 보니 뭔가 알 수 없는 흰 물체가 약 10자 정도나 높이 도로에 가득 퍼져서 서있는 모습. 이건 무엇일까 하고 앞으로도 나가지 않은 채 멈추어 서서 보고 있자니, 또 사라지는 것처럼 뚝 없어지는가 싶으면 다시 우뚝 솟아 커지기도 하고 작아지기도 하여 그 형체를 알 수 없다. …… 세 사람 모두 파랗게 질려 부들부들 떨고 있다.】[177]

이 《이세伊勢》 〈시로코〉와 《즈에図会》・《신판新板》의 〈가메야마〉가 상호 닮는다. 『동해도 도보여행기』 5편 하・시로코에서는 바람총 화살 가

さかやきに三ツほど、ひだができて、目はうへのほうへひきつるくらひに、かたくひつつめられ、北八かみのけがぬけるほどいたけれ共、まけをしみにて、かほをしかめながら「これでよし／＼。ア、いゝ心もちだ、かみゆひ「ナントそれで、よござりましよかな、北八「あんまりよすぎて、くびがまわらぬよふだ、卜此内弥次郎ゆよりあがりくる …… 此うち女膳をもちいでめい／＼へなをす。 …… 北八「とってくんな。どふもうつむくことがならねへ。弥次「なぜならねへ。ヲヤ／＼手めへの顔はどふした。目がひきつって、狐つきを見るよふだぜ。北八「あんまり髪ゆひめが、ごうぎにねをつめていやアがって、ア、タ、、、、くびをいごかすたびに、めり／＼とかみの毛がぬけるよふだ」

177 「はるか向ふを、月あかりにすかし見れば、何ともわからぬしろきもの、およそ一丈ばかりもたかく、かい道いっぱいにひろがり、たってゐるよふす。これはなんだろふと、さきへもすゝまず、たちどまり見れば、又きゆるよふにばったり、なくなるかと見れば、又すっくりとたち、大きくなったり、ちいさくなったり、そのかたちわからず。 …… 三人ながらいろ青ざめてがたゝふるふ」

게에서 아이에게 놀림 받는 야지가 그려진다.

《신판新板》【쇼노・단자쿠에 노래를 요청받다(庄野・たんじゃくにうたをこのまれる)】는《이세伊勢》〈간베〉의 문장을 생략한 것이며, 도상은 흡사하다.

《기산지鬱散》〈쇼노・가메야마까지 20리(庄野・カメヤマヘ二里)〉【여기에 3문 저기에 5문(こゝに三文かしこに五文)】은,『동해도 도보여행기』7편 하・교토의 에피소드를 가져온 것으로 보인다.【큰스님(大ぼうず : 간테쓰)】이 우메가에(梅ヶ枝), 야지가 겐다(源太)의 모친 안쥬(安寿)라고 하는 배역으로 고바시여관(小橋屋) 주인의 열 서너살 되는 딸 오토라가 사미센을 켜면서 히라가나성쇄기(平仮名盛衰記) 무한의 종(無間の鐘)이라는 조루리가락을 부른다.【야지로는 사다리 위에서 돈주머니의 동전을 우수수 떨어뜨리고 ……(간테쓰의 대사)여기에 3문 저기에 5문 주워 모아서 ……. (간테쓰가) 긁어모아 소매 안에 넣으려고 하는 것을 야지로베 사다리 위에서 간테쓰를 붙잡고 ……】[178]에 입각한 장면이리라.

(47) 제46역참 : 가메야마(亀山 : 현재 미에현 가메야마시)

(야지?) "어쩐지 으스스해서 안 되겠군. 저봐 저봐 왔어 왔다고."
(기타하치?) "빨리 달아나! 달아나! 달아나!"[179]

---

[178] 「弥次郎はしごのうへより、うちがへのぜにを、ばら／＼となげいだし …… ここに三文かしこに五文、ひろひあつめて ……。かきよせて、たもとに入れんとするを、弥次郎兵へはしごのうへからぐはんてつをとらへ ……」
[179] 「かめ山」「(弥次喜多)√うそきみわるくていけねエ、ソラ／＼きたそ／＼。(弥次喜多)√はやくにけろ／＼／＼」

〈도판 67〉《즈에図会》 가메야마

《즈에図会》・《우키요浮世》의 〈가메야마〉는 『동해도 도보여행기』 5편
하・구모쓰를 나와 마쓰자카(松坂)에 도착하기 전의 일화를 이용하고 있
다. 【야지 "정체를 알 수 없으니 더한층 으스스하군." …… 남자 "어라 어
쩐지 이쪽으로 오는 것 같군 ……."(弥次「しゃうたいがわからにゃア、猶きみが
わりい。 …… 男「エ丶、どふかこっちへきおるよふじゃ ……)】

《이세(伊勢)》〈시로코〉의 문장을 생략하고 도상은 모사해서 성립된 것이
《신판新板》【가메야마・밤길에서 모닥불을 요괴라고 생각해서 놀라다(亀
やま・よみちにて焚びをばけ者と思ひおどろく)】이다. 《이세(伊勢)》〈시로코〉와
《신판新板》〈가메야마〉,《즈에図会》・《우키요浮世》의 〈가메야마〉 도상은
서로 유사하다. 원작에 의거하면 세 명이 길동무여야 하나, 그림주사위판
의 경우 두 명만 그려진다.

《이세(伊勢)》【우에노·기타하치의 말 뛰어나가는 바람에 낙마하다(上野·北八のむまかけだしてらくばする)】는,『동해도 도보여행기』5편 하 간베에서 시로코까지의 다음 사건을 〈우에노〉에 앞서 가져온 것이다. 【기타하치는 오직 한마음으로 말안장에 매달렸지만 말은 무턱대고 달리는지라 기타하치 뛰어내리려고 하다가 안장 밧줄에 다리가 걸려 땅으로 곤두박질쳐 허리뼈를 부딪치고, "아이고 아파라 아파. 누구 좀 와주게. 앗 아야야야야~"라고 혼자 발버둥치며 괴로워하는 모습에 마부 부랴부랴 쏜살같이 달려왔다. "여보시오 손님, 다친 데는 없소? 어디 어디." 라며 손을 잡고 일으켜 세우는데 (빚쟁이) 곤베는 말을 잡으려고 달려서 앞질러간다. 마부 이를 보고, 그렇겐 안 되지 하고 기타하치를 상관 않고 뛰쳐나간다.】[180]

이 《이세(伊勢)》〈우에노〉와 《즈에(図会)》〈미나쿠치〉의 도안이 서로 닮는다. 그러나 《이세(伊勢)》〈우에노〉에서 기타하치는 원작처럼 거꾸로 떨어지지는 않는다. 참고로 《이세(伊勢)》〈우에노〉《이세(伊勢)》〈오카자키〉의 말들은 검은 바탕에 하얀색글씨로 원 안에 '仕(仕合吉 : 행복 길)'라고 쓴 복대를 두르고 있다.

『동해도 도보여행기』5편 하·우에노에서는 가보챠노 고마지루라고 하는 교카 시인과 길동무가 된 야지가 자기는 짓펜샤 잇쿠(十返舎一九)라고 사칭하는 일화가 펼쳐진다.

---

180 「北八はごしゃうだいじに、馬のくらにとりつきても、馬はやみくもにはしるゆへ、きた八とびおりよふとして、くらのなはにあしがひつかゝり、まつさかさまにおちて、こしのほねをうち「アヽいたい／＼、だれぞ来てくれアイタヽヽヽヽヽ、トひとりもがきてくるしむていに、馬かたいっさんにかけつけきたり、「モシ旦那、おげがはないかなドリャ／＼、ト手をとりて、引おこすうち、ごん平は馬をとらへんと、かけぬける。馬かた、これを見て、そふはさせぬと、北八にかまはずかけだして行」

《기산지鬱散》〈가메야마・세키까지 15리(龜山・セキヘ一里半)〉【가메야마 성(かめやまの御しろ)】에는 성곽 마을인 가메야마 역참의 풍경이 묘사된다.

(48) 제47역참 : 세키(関 : 현재 미에현 가메야마시)

(야지?) "이거 큰일이네 큰일. 이러니까 관두라고 했던 거야. 어이구 참으로 죄송합니다."

(기타하치?) "거봐 거봐. 넘어졌다 넘어졌다 넘어졌어. 아이고아이고아이고~."

(새신랑) "누구야? 아파라 아파 아파 아파~"[181]

《즈에図会》・《우키요浮世》의 〈〈숙박〉세키〉는 『동해도 도보여행기』4편 상・아카사카역참의 다음 에피소드를 뒤늦게 활용한 것이다. 【어느덧 맹장지문 한 장 사이인 옆방에서 신랑신부가 자는 듯. …… 잠들지 못하고 야지로 그대로 살그머니 일어나서 맹장지 문틈으로 엿본다. 기타하치도 벌거벗은 채 기어 나와서, …… 야지로가 정신없이 엿보고 있는 것을, 떼어놓으려고 잡아당겨도 비키지 않으려고 힘껏 버틴다. 그 바람에 맹장지문이 털썩 건너편 방 쪽으로 넘어가자, 두 사람도 같이 맹장지문 위로 뒹군다. 신랑신부도 맹장지문 아래에 깔려 소스라치게 놀라, 신랑 "아야 아파라 아파 아파, 이거 어떤 놈이야?" …… 각등도 쓰러져서 칠흑 같은 어둠. …… "이불도 요도 기름투성이가 되었어."】[182]

---

[181] 「〈泊〉せき」「(弥次喜多)√イヤ大へん／＼これたからよしなといったんた、イヨウまつひらこめんなせへ。(花婿)√たれたいたい／＼／＼／＼。(弥次喜多)√そう／＼こけたョ／＼／＼ワヤ／＼／＼」

〈도판 68〉《즈에図会》세키

《즈에図会》·《우키요浮世》의 〈세키〉와 《이세伊勢》〈에지리(江尻 : 제18역
참)〉의 도상이 서로 닮는다. 《즈에図会》쪽은 쓰러진 각등까지 세밀하게 그
려 넣고 있다.

　《신판新板》【세키·기타하치 말 뛰어나가는 바람에 낙마하다(せき·北八
馬かけたしてらくはする)】는, 《이세伊勢》〈우에노〉의 조사를 생략한 문장에

---

182 「はやふすまひとへとなりのざしきに、むことよめがねるよふす。 …… ねられぬまゝに弥次郎
そつとおきたち、ふすまのすき間から、さしのぞく。北八もはだかのまゝ、はひおきて、
…… ト弥次郎がむちうになりてのぞきいるを、ひきのけんとひつばれども、のかじといちば
る。はづみにばつたり、ふすまがあちらのまへたをれると、二人も、ともにふすまの上へころ
げる。むこもよめも、おしにうたれてきもをつぶし、むこ「あいた／＼／＼。コリャどやつ
じゃい。 …… あんどうもひつくりかへしてまつくらやみ、 …… 夜着もふとんも油だらけに
なつた」

그림까지 흡사하다.

《이세(伊勢)》의 【쓰〈숙박〉・돌지장 몰래 숨어들어 시신이라고 생각하여 놀라서 선반을 떨어뜨리다(津〈泊〉・石ぢぞうよばひして死人と思ひおどろきてたなをおとす)】는, 『동해도 도보여행기』 5편 상・욧카이치의 에피소드를 뒤늦게 사용한 것이다. 이 《이세(伊勢)》〈쓰〉와 《즈에(図会)》〈이시야쿠시〉의 도안이 상호 닮는다.

『동해도 도보여행기』 5편 하・쓰에서는 교토사람과 고마지루의 담배를 둘러싼 인색함에 대한 일화가 전개된다.

《기산지(鬱散)》〈세키・사카노시타까지 10리27정(関・サカノシタへ一里廿七丁)〉【비구니님 오늘밤 같은 여관에 묵읍시다(おひくさんこんやハやどを一所にしませう)】는, 『동해도 도보여행기』 4편 상・후타가와(二川)에서 있었던 사건을 한참 늦게 가져온 것이다. 이 《기산지(鬱散)》〈세키〉의 도안은 『동해도 도보여행기』 삽화보다는, 《즈에(図会)》・《우키요(浮世)》의 〈가와사키〉, 《이세(伊勢)》의 〈오키쓰〉와 닮는다. 두건을 쓰고 있는 비구니와 담뱃갑을 손에 들고 있는 기타하치이다. 제작순서를 고려하면 《기산지(鬱散)》의 도안이 《즈에(図会)》・《우키요(浮世)》・《이세(伊勢)》로 계승되어간 셈이다.

(49) 제48역참 : 사카노시타(坂の下 : 현재 미에현 가메야마시)

(야지) "아차 아뿔싸 맙소사 사다리가 넘어지네, 살려줘~"

(중) "아이고 아파라 아야 아야."

(주인) "엄청난 소리구먼. 이건 도대체 무슨 일이여? 아이고 딸 눈이 뒤집혔네(졸도직전이네). 아아아아~ 큰일 났네. 어서어서 조용히 조용히 조용히."

〈도판 69〉《즈에図会》 사카노시타

(딸) "으응~ 후우후우~~~"[183]

《즈에図会》・《우키요浮世》의 〈사카노시타〉는 『동해도 도보여행기』 7
편 하・교토의 에피소드를 가져온 것이다. 【나이 예순에 가까운 꾀죄죄한
수염투성이(로 코가 비뚤어진) 큰 스님(丸哲)(としのころ、六十ちかき、うそよごれたひ
げむしゃくしゃの大ぼうず)】이 우메가에(梅ヶ枝), 깃발을 새로 염색한 옷을 걸친
기타하치가 겐다(源太), 야지가 겐다 모친 안쥬(安寿)라고 하는 배역으로 고

<hr />

183 「坂の下」「(弥次)√ヤアしまった／＼はしこかこけるヨ、たすけて。(坊主)√アいた○ゝ
ゝゝ。(亭主)√ゑらいおとしゃ、こりゃいったいとふしたんしゃ。ヤアむすめ∧めかまふたア
ア／＼／＼ゑらいことになったサア／＼そうとしゃ／＼／＼。(娘)√ウン引フウ／＼／＼／
＼／＼」

〈도판 70〉 7편 하 삽화

바시여관(小橋屋) 주인의 열 서너살 되는 딸 오토라가 사미센을 켜면서 히라
가나성쇠기(平仮名盛衰記) 무한의 종(無間の鐘)이라는 조루리 가락을 부른다.

【야지로는 사다리 위에서 돈주머니의 동전을 우수수 떨어뜨리고 ……
간테쓰 "여기에 3문 저기에 5문 주워 모아서 …….".(간테쓰가) 긁어모아 소
매 안에 넣으려고 하는 것을 야지로베 사다리 위에서 간테쓰를 붙잡고
…… 싸우는 바람에 들보에 걸친 사다리 떼어져서 야지로베 자빠져 쿵하
니 떨어지니 사다리는 간테쓰의 위가 되고 딸도 옆구리 뼈를 다쳐서 으앙
하고 울기 시작한다. 야지로 허리뼈를 어루만지면서 "아이고 아야야야야
야." 간테쓰 "아아 우우 우우." 주인 "무슨 일이래이 무슨 일이래이" 하고

온 집안 식구가 갈팡질팡하면서 담배합을 뒤집고 각등을 차는 등…….
주인 "이거 참 눈이 뒤집혔네. 아아 오토라야～ 오토라야～."]¹⁸⁴

《즈에図会》〈사카노시타〉의 도상은 『동해도 도보여행기』 삽화(〈도판 71〉)와도 다소 비슷하나, 《즈에図会》가 사건의 절정을 묘사하고 있는데 반해, 『동해도 도보여행기』의 두 개의 삽화는 각각 서막(〈도판 70〉)과 결말(〈도판 71〉)을 그리고 있다는 점이 가장 큰 차이점이다.

《신판新板》【사카노시타〈숙박〉・돌 지장 침소에 숨어들기(坂の下〈泊〉・ち蔵のよばへ)】는 《이세伊勢》〈쓰〉와 도상이 흡사하다.

《이세伊勢》【구모쓰・야지기타하치 변소를 다퉈서 문을 부수다(雲津・弥二北八せっちんをあらそひて戸をこわす)】는, 『동해도 도보여행기』 8편 상・오사카의 사건(본고 제34역참 요시다 참조)을 이용한 것이다. 《즈에図会》〈요시다〉와도 도상이 유사한 가운데, 변소 문 밑에 깔려서 비명을 지르고 있는 자가 야지임을 알 수 있다.

『동해도 도보여행기』 5편 하・구모쓰에서는 고마지루의 여관에 초대받은 야지기타가 곤약을 두들겨서 물기 빼는 돌의 사용방법을 몰라 실패한 뒤, 교카 시인들에게 교카를 요청받고 가짜임이 탄로 나서 내쫓기고 개조차 짖어대는 밤길, 소나무벌판의 모닥불을 유령이라고 착각하는 사건들

---

184 「弥次郎はしごのうへより、うちがへのぜにを、ばら／＼となげいだし……かきよせて、たもとに入れんとするを、弥次郎兵へはしごのうへからぐはんてつをとらへ……あらそふひゃうしに、かもゐにかけたる、はしごはづれて、弥次郎兵へひっくりかへり、どっさりおちると、はしごはぐはんてつのうへになり、むすめも、ひばらのほねをうたれて、わっとなきいだせば、弥次郎こしぼねをなでさすりながら、「アイタヽ、、、、、ぐはんてつ「アヽゥ／＼、ていしゅ「どしたぞやい／＼、ト家内ぢうがうろたへたちて、たばこぼんひっくりかへすやら、あんどうをうちこかすやら……ていしゅ「コリャ目がまふたのじゃ。ヤアイおとらヤアイ／＼」

〈도판 71〉 7편 하 삽화

이 전개된다.

《기산지鬱散》〈사카노시타・쓰치야마까지 25리(坂ノ下・ツチヤマヘ二リ

半)〉【〈숙박〉여느 때처럼 길을 잃고 죄송죄송(〈泊〉れいのとほりとまどい御めん

／＼)】의 도안을 보면, 이불안에 들어갔다가 도망치는 듯한 벌거숭이 사내

의 뒷다리를 이불 안의 할멈이 붙잡고 있다. 이는 무녀처자를 차지하려다

가 착각해서 무녀의 모친과 잠자리를 같이 하거나, 순례처자에게 숨어들

려다가 여관할멈을 깨우는 등의 실패를 저지르곤 하는 야지기타가 발각됐

을 때의 장면이 아닐까 생각된다.

(50) 제49역참 : 쓰치야마(土山 : 현재 시가현 고가시)

(남자) "이놈 기다려! 이놈들 안 기다리면 혼 날 줄 알아."

(야지?) "아이고 도둑일세."

(기타하치?) "이러니까 빨리 출발해선 안된다는 거여."[185]

《즈에図会》・《우키요浮世》는 『동해도 도보여행기』 3편 하・후쿠로이에 도착하기 직전의 에피소드를 '쓰치야마'에 가져온 것일까? 원작에서는 뒤에서 불러댄 거한이 도적이라고 야지기타는 무서워하지만 실은 거지였다고 하는 끝마무리익살이 온다. 그러나 본《즈에図会》의 대사는 원문에는 없는 창작이고 반드시 원작에 의거하고 있다고 하기보다는, 여행 도중에 실제로 일어날 수 있는 사건 사고 중의 하나인 도둑과의 조우를 그린 것이 아닐까 생각된다. 본《즈에図会》〈쓰치야마〉와《이세伊勢》〈후쿠로이・밤길에 거한을 만나 소스라치게 놀라다(袋井・夜みちに大男にであひ大ひにおどろく)〉는 도상이 비슷하다. 원작에 준하면 거한은 통소매의 무명 솜옷 차림을 하고 2척5치 정도나 되는 큰 칼을 비스듬하게 차고, 정면에서 보면 삼각형으로 보인다고 하는 야마오카두건(山岡頭巾)을 쓰고 있어야 한다.

《신판新板》【쓰치야마・변소를 다퉈서 문을 부수다(土やま・せっちんをあらそひ戸をはつす)】는, 『동해도 도보여행기』 8편 상・오사카의 사건에 입각한《이세伊勢》【구모쓰・야지기타하치 변소를 다퉈서 문을 부수다(雲津・

---

[185] 「つち山」「(弥次喜多)√こなたからはやくたってハいけねへといふのた。(弥次喜多)√イヨウとろほうた。(男)√ここまちくされおのれまたぬとどゑらいめにあはそをヨ。」

〈도판 72〉《즈에図会》쓰치야마

弥二北八せっちんをあらそひて戸をこわす)】의 인명을 생략했을 뿐으로 그림은 흡사하다.

《이세(伊勢)》【마쓰자카·유녀에게 속아서 옷을 입고 도망가는 바람에 야지 곤란해지다(松坂·女郎にだまされきものをきてにげられ弥二こまる)】는, 『동해도 도보여행기』 6편 하·교토 고죠신지(京都五条新地) 집창촌에서의 사건을 전용한 것으로 보인다. 【(기타하치 상대유녀)기치야 "지는 화장실에 다녀올께에." 하고 일어나서는 베갯머리 맡에 내던져진 기타하치의 옷을 입고 허리끈을 바싹 죄어 매고, "당신 옷 잠깐 빌려 주세요. 지는 이걸 입고 사내인체해서 아래층 가게사람들을 속여 주겠데이." 기타하치 "잘 어울리는군. 절묘하다 절묘해!" 기치야 "머리가 이래선 안되겠네에." 하고 수건을 집어

들어 뒤집어쓰고 아래층으로 내려간다. 한편 기타하치는 그로부터 자지도 않고 기다리고 또 기다려도 예의 기치야는 좀처럼 오지 않는다. …… 이곳 주인인 듯 거칠고 굵게 짠 비단 솜옷을 입은 뒤룩뒤룩 살찐 덩치 큰 남자, 요리사, 하인들 두세 명 대동하고 우르르 이층으로 몰려왔다. 주인, 기타하치의 베갯머리 맡을 가로막고 서서, …… "네놈 기치야년에게 옷을 빌려줘서 야반도주시킨 이상 행선지는 쳐 알고 있겠고마. 이실직고 쳐 하거래이."]¹⁸⁶ 이와 같이 원작의 기타하치가 《이세伊勢》에서는 야지로 변경되고 있다. 본《이세伊勢》〈마쓰자카〉와《신판新板》〈미나쿠치(水口)〉,《즈에図会》〈오쓰(大津)〉의 도상이 서로 닮는다.

『동해도 도보여행기』 5편 하·마쓰자카에서는 싸구려여인숙에 묵는다. 숙박에 관한 에피소드는 없다. 다음날 말을 나란히 같이 탄 야지와 관서지방 사람의 고향자랑 도중에, 관서지방 사람의 머리를 뒤에서 기타하치가 몰래 찰싹 두들긴다. 그 관서지방 사람과 이세구경을 같이 하기로 약속한다.

《기산지鬱散》〈쓰치야마·미나쿠치까지 20리25정(土山·ミナクチヘ二リ卅五丁)〉【방금 여기에 따른 술이 없다니 이상하구먼(いまこゝへついださけが

---

186 「(北八の相方)吉弥「わしゃ手水にいてくるぞへ、トおきあがりたるが、まくらもとにほうり出してある、きた八のきものをきておびを引〆、「おまいさんの着物(きりもん)ちょとかしておくれや。わしゃこれきて、とのたちのふりして、下の衆をだましてこまそいな。北八「よく似合(にやつ)た。きめう／＼。吉弥「つむりがこれじゃあかんわいな、ト手ぬぐひをとってうちかぶり、下へおりたるが、北八はそれよりねもやらず、まてどくらせど、かの吉弥はいっこうに来らず。……こゝのていしゅと見へて、おにぶとりのどてらをきたる、でっくりとせし大男、りゃうりばん、おとこども、二三人引つれ、どや／＼と二かいへ来り、ていしゅ北八がまくらもとに立はだかり、……「おどれ吉弥めにきりもんかして、欠落させおったからは、ゆくさきはしってけつかるじゃあろ。ありていにほざき出しくされ」

ないヽふしぎだはへ)】은, 『동해도 도보여행기』 3편 하・가케가와의 에피소
드를 한참 늦게 가져온 것이다. 본 장면과 《즈에図会》・《이세(伊勢)》의 〈가
케가와〉는 이누이치・사루이치・야지・기타하치 전원이 등장하는 점 등
이 비슷하다.

(51) 제50역참 : 미나쿠치(水口 : 현재 시가현 고가시)

《즈에図会》・《우키요浮世》는 『동해도 도보여행기』 5편 하・간베에서
시로코까지 가는 길에 있었던 에피소드를 〈미나쿠치〉에 가져온다. 【(기타
하치는) 거꾸로 떨어져서 허리뼈를 다치고 "아야 아프다 아파 누가 좀 와줘
아야야야야야 …… 야이 기다려 나를 이렇게 골탕먹여대다니."】[187]

> 야지 "아야 아프다 아파. 이놈 마부야 조심해! 어떡할 겨? 엉덩방아를 찧어서 아
> 프다고 아파아파아파."[188]

원작의 기타하치가 《즈에図会》에서는 야지로 변경되고 있다. 《이세(伊
勢)》【우에노・기타하치의 말 뛰어나가는 바람에 낙마하다(上野・北八のむま
かけだしてらくばする)】와 도상이 비슷한 가운데, 《이세(伊勢)》에서 기타하치
는 거꾸로 떨어지고 있지 않으나, 본 《즈에図会》에서는 원문처럼 곤두박질

---

187 「まっさかさまにおちて、こしのほねをうち「アヽいたい／＼、だれぞ来てくれアイタ
ヽヽヽヽ、……ヲヽいまちあがれ、おれをばひどいめにあはしやアがつた」
188 「みな口」「ヤ√アヽいてへ／＼コラまごよきをつけろ、とふしてこれなんだこしがむけていて
へ／＼／＼／＼」

〈도판 73〉《즈에図会》 미나쿠치

처 떨어진다.

《신판新板》【미나쿠치・유녀에게 속아서 옷을 입고 도망가버리다(水口・女郎にたまされきものをきてにけられる)】는,『동해도 도보여행기』6편 하・교토 고조신지 사건에 입각한《이세伊勢》〈마쓰자카〉의 문장을 일부 생략한 것으로 도상은 상호 흡사하다.

《이세伊勢》【고마타・이발사 머리상투뿌리를 지나치게 세게 묶어서 기타하치 곤란해지다(小俣・かみゆひわをつめすぎて きた 八こまる)】는,『동해도 도보여행기』5편추가・야마다(山田 : 이세)의 일화를 이용하고 있는《즈에図会》〈쇼노〉와 도상이 흡사하다.

『동해도 도보여행기』에 고마타 지역은 등장하지 않으며, 5편추가・야마다(고마타로부터 15리 더 간 역참으로, 이세신사 외궁의 앞마을)에서, 야지는 동향인 쌀집주인 다로베의 권유로 에도로부터 온 무악봉납단체에 참가하나, 가마꾼의 착각으로 관서지방 사람들의 무악봉납단체에 섞여 들어가 쫓겨난다. 그리고 자신이 묵기로 한 여관 묘켄초 후지야(妙見町藤屋)를 수소문하는 골계담이 펼쳐지고, 여관에 도착한 후 이발사가 기타하치의 상투머리 끝을 조이는 일화가 이어진다.

《기산지鬱散》〈미나쿠치·이시베까지 20리26정(水口·イシベヘ二リ廿六丁)〉【구걸한 게 있으면 달라고? 그렇다면 이쪽으로 오지 마 오지 마(もらいためをくれとそんならこっちへつくな／＼)】는, 『동해도 도보여행기』 2편 상·요시와라의 에피소드를 그리는 《즈에図会》《우키요浮世》의 본고 제13역참 〈하라〉와 흡사하다. 【다 떨어진 삿갓을 쓴 낭인인 듯한 남자가 부채를 들고, …… 아무쪼록 노전을 보태어 도와주시옵소서." 기타하치 "아니 글쎄, 우리도 어젯밤 호마의 재에게 여비를 도둑맞아 땡전 한 푼 없소. 부디 모아둔 동냥이 있다면 우리를 도와주십시오." 낭인 "그렇다면 여봐 오지 마 오지 마"][189]라고 하는 원작의 대사와 삽화를 거의 그대로 활용하고 있다. 중요한 에피소드라고 할 것도 없고 단지 짤막한 대화를 나눌 뿐인 장면을 《기산지鬱散》·《즈에図会》 모두 선택하고 있는 것은 원작 삽화의 영향이 아닐까 생각된다.

---

189 「やぶれあみがさをきたるらう人ものとおぼしく扇をもちて「……なにとぞ路銭の御合力をねがひます。北八「イヤモウ、わっちらアゆふべごまの灰に、路用をとられて壱文なしだ。どふぞもらひためがあらば、こっちへ御合力ねがひます。らう人「そんならコレつくな／＼」

(52) 제51역참 : 이시베(石部 : 현재 시가현 고난시)

주인 "야아 이런 곳에 샅바[훈도시]가 떨어져 있군. 이건 분명 옆방 손님 거겠죠. 허 이것 참 가소로운 일이구먼."

야지 "이거 큰 낭패일세. 쿨쿨쿨쿨~"[190]

《즈에図会》·《우키요浮世》의 〈〈숙박〉이시베〉는 『동해도 도보여행기』 4편 하·미야(宮)의 다음 에피소드를 활용하고 있다.

【장님여악사 "도둑이야! 도둑! 여관 분들~ 여관 분들~"이라고 외쳐대니 야지로는 …… 여자의 손을 때려서 뿌리치고 서둘러 자기 방으로 돌아온다. 그리고 이불을 뒤집어쓰고는 짐짓 시치미를 떼고 자는 척 한다. …… 부엌으로부터 주인 부랴부랴 달려와, "악사님, 무슨 일이십입니까?" 장님여악사 "제가 여기 안고 있는 꾸러미를 방금 누군가가 훔치려고 했어요. …… 주인 "아하, 맹장지문이 열려있군. 여보세요, 옆방 손님들~ 주무시고 계십니꺼?" 야지 "아아~ 우우~ 음냐음냐~" 주인 "아하, 여기에 떨어져있는 건 뭐더냐. 아니 샅바 같네. 저기, 손님들~ 이건 당신네들 거 아닙니꺼?"라는 큰 소리가 들리자, 야지로 퍼뜩 생각이 미쳐 살짝 머리를 들어서 보니, 자신의 샅바가 여인의 베개 맡에서부터 문턱을 넘어 자신의 베갯머리까지 길게 늘어뜨려져 있기에.】[191]

---

190 「〈泊〉いしべ」「ていしゅ√ヤアこんところにふんどしがおちてある、こりゃたしかおとなりのおきゃくさんのでござりませう、イヤハヤこれハおせうし(笑止)なことじゃ。ヤ√こいつハ大しくじりだグウ／＼／＼／＼」

191 「ごぜ「ぬす人よ／＼、おやどのしゅ／＼、トわめきちらされ、弥次郎は…… ごぜが手をたゝきはなして、そう／＼にこなたのざしきへかへり、よぎをかぶり、そしらぬふりしてねてい

〈도판 74〉《즈에図会》 이시베

《신판新板》【이시베・이발사 머리상투뿌리를 지나치게 세게 묶어서 기타하치 곤란해지다(石部・かみゆひねをつめすぎて北八こまる)】는, 《이세伊勢》〈고마타〉의 문장과 그림을 그대로 답습하고 있다.

《이세伊勢》〈후타미노우라(二見の浦)〉에는 주사위판의 놀이방법을 적고 있다.【후타미노우라・하나 남으면 고마타(小俣)로 돌아간다. 두개 남으면

る。……かつ手より、ていしゆかけつけて「ごぜさまどふさつせへました。ごぜ「わしが此かゝへてゐるつゝみを、いんまだれやらとろふとしおりました。……ていしゆ「ハゝアふすまがあいてある。モシ／＼おとなりのおきゃくさまがた。およつてござらつせるか、弥次「アゝウゝムニャ／＼、ていしゆ「ハゝアこゝにおちてあるはなんじゃ。イヤふんどしじゃそふな。モシおきゃくさまがた、これはあなたがたのではおざりませんか、ト大きなこへするに、弥次郎はつとおもひ、そつとあたまをあげて見れば、わがふんどしが、ごぜのまくらもとから、しきゐのごしに、わがまくらもとまで、ながくなつておちているゆへ」

제1장_골계소설(滑稽本)의 탄생과 계승　215

마쓰자카(松坂)로 돌아간다. 세 개 남으면 구모쓰(雲津)로 돌아간다. 네게 남으면 쓰(津)로 돌아간다. 다섯 개 남으면 우에노(上野)로 돌아간다.]¹⁹²

원작 『동해도 도보여행기』에 후타미노우라 지명은 등장하지 않는다. 《이세伊勢》의 포장지(후쿠로)에 【이세참배여행 주사위판, 히로시게 그림, 잘 아시는 도보여행기 골계포함(伊勢參宮道中双六、広重狂画、御ぞんじ膝くり毛滑稽入)]이라고 적혀 있는데, 〈후타미노우라〉칸의 그림과 동일한 그림이 이 포장지에 그려진다.

《기산지鬱散》〈이시베・구사쓰까지 30리(石部・クサッへ三里)〉【꽤 값이 나갈 것 같은 비녀네. 아이고 냄새야 냄새(よっほど目かたのありそふなかんざしだアゝくさい／＼)]는, 『동해도 도보여행기』 8편 하・오사카에서 있었던 거름통에 빠진 은비녀에 관한 에피소드를 활용한 것이다. 본 《기산지鬱散》〈이시베〉와 제4역참인 《이세伊勢》의 〈호도가야〉, 제16역참인 《즈에図会》의 〈유이〉 도상이 상호 흡사하다.

(53) 제52역참 : 구사쓰(草津 : 현재 시가현 구사쓰시)

야지기타는 『동해도 도보여행기』 6편 하에서 교토 고죠신지(京都五条新地) 집창촌에 들어간다. 【그 사이 유녀 둘, 한 명의 이름은 기치야, 다른 한 명은 긴고, 둘 다 굵게 짠 줄무늬 비단옷에 검정 벨벳이 덧댄 깃, …… 이윽고 아래층에서 술병과 술잔을 내어오고, 큰 넓적 공기를 한사람 앞에 하나

---

192 「二見の浦・一ツあまれバ小俣へかへる、二ツあまれバ松坂へかへる、三ツあまれバ雲津へかへる、四ツあまれバ津へかへる、五ツあまれバ上野へかへる」

〈도판 75〉《즈에図会》구사쓰

씩 큰 칠그릇 쟁반에 얹어서 갖고 온다. 야지로 소스라치게 놀라, …… (넓
적 공기 안에는) 파를 넣은 떡국용 떡이다. 이 유녀(기치야) 술을 못하는지 자
신이 좋아하는 음식이기에 손님에게 추천해서 주문해 가져오게 한 것이
다. (떡으로는 술을 못 먹는다고 하자 이번에는) 사발요리를 갖고 온다. 안에는 관
서지방에서 유행하는 새조개초밥이다. 이 유녀(긴고)의 기호품인 듯 이 초
밥을 시킨 것이다. …… 야지 "내오는 것도 내오는 것도, 괴상한 것뿐인지
라 이제 술도 못 먹겠네 못 먹겠어."]¹⁹³ 이 에피소드에 입각한 것이《즈에
図会》·《우키요浮世》의「구사쓰」일 것이다.

---

193 「此内おやまふたり、一人名は吉弥、今一人は金五、いづれもふとりつむぎじまやうのきもの
に、くろびろうどのはん衿り、……やがて下より、てうしさかづきをいだし、大平が一人ま
へにひとつづゝ、ひろぶたにのせもち出す。弥次郎きもをつぶし……ねぎを入れたるぞうに
もち也。此おやま、下戸とみへて、おのれがこうぶつゆへ、客にすゝめてとりよせたる也。
……どんぶりものをもってくる。なかには上がたにはやる鳥貝のすし也。此おやまのすきとみ
へて、此すしをいひ付やりたる也。……弥次「出すものも／＼、へんちきな物ばかりで、も
ふ酒ものめぬ／＼」

야지 "맘껏 드시게. 사양할 필요 없다네."

유녀 "손님 그럼 대접받겠사옵니다."[194]

　유녀들이 제멋대로 안주를 주문해서 야지기타가 당혹해한다는 원작을 《즈에図会》〈구사쓰〉는 각색하면서 대사도 전부 창작하고 있다. 이야기 성격상 〈숙박〉으로 해야 할 곳이기도 하지만 숙박 표시는 되어 있지 않다.

　『동해도 도보여행기』 4편 상·아카사카역참에서 발생한 혼례소동을 차용한 것이 《신판新板》【구사쓰·혼례를 엿듣다가 맹장지문이 떼어져 당황하다(草津·こん礼をたちきゝしてからかみをはづしうろたへる)】이다. 《이세伊勢》〈에지리〉와 문장과 그림이 유사하고, 《즈에図会》〈세키〉와 그림이 흡사하다.

　《이세伊勢》의 〈외궁·내궁·도착(外宮·内宮·上り)〉, 〈아마노이와토·후루이치·아이노야마(天の岩戸·古市·相の山)〉와 관련된 지명이 등장하는 원작 에피소드를 보자. 5편추가·야마다(山田 : 이세)에서는 후루이치 유곽에서 야지의 샅바가 소나무 가지에 걸린다. 다음날 후루이치유곽에서 돌아오는 비탈길어귀(아이노야마)에 이르러 길거리예능인 여자를 향해 동전을 던지다가 실패한다. 그리고 내궁, 외궁을 참배하고 나서 【아마노 이와토 산에 올라갔는데 야지로베 어찌된 일인지 자꾸 배가 아파 와서 괴로워하므로 시둘러 뇌기를 내려서】[195] 여관에 가는데 계속 복통을 호소하는 야

---

194 「くさ津」「ヤ√たんとくひなせへゑんりゃうう\いらねヱヨ。(遊女)√おきゃくさんそんなら
　　よばれ升」
195 「天の岩戸にのぼりたるに、弥次郎兵衛いかゞしけん、しきりに腹痛(はらいたみ)てなやみける
　　ゆへ、そう／\に此所をおりたち」

지를 산파와 돌팔이의사가 임산부로 착각한다는 골계담이 전개된다.

《기산지鬼斎》는 〈구사쓰・오쓰까지 30리24정(草津・大ッへ三里廿四丁)〉이라고 사각 틀만 있고 그림은 없다.

(54) 제53역참 : 오쓰(大津 : 현재 시가현 오쓰시)

> 주인 "이 코흘리개자식, 사람을 바보로 만들다니."
>
> (하인) "어떻게 납작하게 만들어주랴."
>
> 야지 "이 사내는 약간 모자란 작자이기 때문에 부디 이제는 용서해 주십시오."[196]

《즈에図会》・《우키요浮世》의 〈오쓰〉는, 『동해도 도보여행기』 6편 하・교토 고죠신지(五条新地) 집창촌의 일화에 근거한 《이세伊勢》〈마쓰자카〉, 《신판新板》〈미나쿠치(水口)〉와 도상이 비슷하다. 원작에서는 야지도 같은 죄라고 여겨져 변명할 여지도 없이 기타하치와 더불어 포박 당하므로 《즈에図会》〈오쓰〉의 야지 대사는 창작이다.

《신판新板》은 〈오쓰(大津)〉라고 틀만 있고 그림은 없다.

《기산지鬼斎》의 〈오쓰・교토까지 30리(大津・京へ三里)〉【다리를 잡아당겨줄까 앞으로도 뒤로도 가지 않는구먼. 아야야야야(あしをひつはつてやろうか あとへもさきへもいかねへは アイタゝゝ)】는, 『동해도 도보여행기』 6편 하・교토 대불전(京都大仏殿)의 일화를 사용한 것이다. 원작 삽화와 배경이 유사

---

196 「大津」「ヤ√このおとこへちつたアたらぬもんでごぜへすから、どふかモウりゃうけんしてやつて下さいませ。(下男)√どふしてこまそ。(亭主)√このがきめひとをばかにさ○しおつた」。

〈도판 76〉《즈에図会》 오쓰

하다. 1830년대 후반기 창작이라고 여겨지는 히로시게그림 〈도보여행참새(膝栗毛道中雀)〉 중 〈교토대불전(京都大仏殿)〉 그림과의 상호 유사성도 지적 가능하다.

(55) 도착 : 교토(京都)

원작 『동해도 도보여행기』 중 교토에서 전개되는 주요 사건들을 정리해보면, 6편 하에서는 대불전 기둥에 끼이는 야지, 교토의 생선장수와 목수[197]의 답답한 싸움 구경, 기요미즈절(清水寺)의 무대에서 뛰어내렸다고 하는 여자에 대한 야지기타와 노승의 문답, 소변 통에 소변을 보고 무와 교환

---

[197] 당시 협객기질을 지니는 대표적 직업으로 생선장수와 장인(목수)을 들 수 있다.

〈도판 77〉 7편 상 삽화

한 기타하치, 궁녀가 틀린 길을 가르친다. 고죠신지 집창촌에서 상대유녀
가 멋대로 시킨 비싼 안주 가격을 지불하게 된다. 기타하치의 상대유녀가
기타하치의 옷을 입고 야반도주하였으므로 야지기타는 포박 당한다.

7편 상에서는 고죠신지에서 알몸으로 쫓겨난 기타하치는 깃발로 재활
용한 낡은 무명옷을 사 입고 창피를 당한다. 시죠 가와라 기온마치(四条河原
祇園町)의 연극을 구경하다가 연극에 방해가 된다고 쫓겨난다. 기온 찻집에
서 음식값으로 골탕 먹는 야지. 여자상인에게 사다리를 사게 된다.

7편 하에서는 사다리를 가진 채 산죠(三条)에 있는 여관 고바시야(小橋屋)
에 묵는다. 아마추어연극으로 히라가나성쇄기 연습 중에 야지가 사다리에
서 떨어지고 사다리에 맞은 여관집 딸이 기절한다.

〈도판 78〉 7편 상 삽화

위 일화 중 『동해도 도보여행기』 7편 상·오하라여자로부터 반강제적
으로 사다리를 사게 되는 일화를 살펴보겠다. 【근처의 여상인 모두, 장작
땔감 또는 절구공이·망치 등을 머리에 이고 너 다섯 명이 함께(近在の女商
人、いづれも頭に柴薪あるひは、梯子連木、槌などをいただきて、四五人打つれだも」)】
오자, 야지는 값이 싸다면 사다리를 사겠다고 희롱한다. 여자들이 가격을
낮추는 바람에 당황한 야지, 안 사겠다고 고집을 부리자 【여자들 너 다섯
명 제각기 시끄럽게 조잘대기 시작하더니 야지로를 빙 둘러싸고 힐책한
다. …… 호기심 많은 교토 사람들 무슨 일인가 하고 길에 몇 겹으로 빙 에

위싸니 야지로베 도망갈 수도 없어 매우 난처해진다. 여러 가지로 변명하고 …… 할 수 없이 돈 2백문 내서 마침내 사다리를 구입하고 사람들 눈앞인지라 버릴 수도 없으니 구경꾼들 와~ 하고 웃고는 흩어진다. 야지 "이것 참 무기력하게 당했네. 기타하치 저 근방까지 짊어져 주게나." 기타하치 "에라 얼토당토않은 소리 하는구먼. 당신이 들라고."][198]

이『동해도 도보여행기』삽화의 장작땔감과 절구공이(〈도판 77〉)가《즈에図会》·《신판新板》의 〈교토·도착(京·上り)〉(〈도판 79〉)에 모두 그려진다. 또 다른『동해도 도보여행기』삽화(〈도판 78〉)에서는 야지 혼자서 사다리를 짊어지고 그 뒤를 기타하치가 곤란한 얼굴로 따라가고 있고 교토사람들이 비웃고 있다.《즈에図会》·《신판新板》의 〈교토·도착〉 도상은 이와 다소 유사하다고 하겠다.

　'(여행을) 결심한 징조가 좋다고 마음도 가벼이 쉰다섯을 넘어
　도착한 교토 오늘은 설날'
　기타하치 "야지씨, 여러 가지 것을 떠들어대서 에누리해 준 거여. 어차피 하는 수 없으니까 당신이 그걸 들고 걷게. 우하하하 우하하하 우하하하."
　(야지) "이런 것을 깎아대서 완전 망했다. 정말 어쩔 수 없군."

─────────────────────

198 「女ども四五人、くち％＼にやかましくしゃべりたちて、弥次郎を中にとりまきせめたつる。…… ものみだかい京の人たち、なにごとやらんとおりかさなりて、ぐるりととりまくに弥次郎兵衛、にげられもせず、大きにこまりはて、さま％＼にいひわけし、…… せんかたなく、銭二百文出してやり、とう％＼はしごをかいとり、人の見るまへすてられもせず、見物はどっとわらひてちる。弥次「こいつは、いくぢもねへめにあった。北八そこらまでかついでくれ。北八「ェ、とんだことをいふ。おめへもちなせへな」

〈도판 79〉《즈에図会》교토

(오하라 여자1) "돈을 받았으면 이제 됐어요."

(오하라 여자2) "야, 꼴 좋~다."

(은거영감) "엄청난 딜렁이여."

(예복차림의 무사) "이것 참 괘씸한 일이로구나."[199]

이 《즈에図会》의 기타하치와 오하라여자(大原女)의 대사는 원문에는 없는 창작임을 알 수 있다.

그러면 《즈에図会》·《우키요浮世》의 〈교토·도착(京·上り)〉 도상의 구경

---

199 「京・上り」「おもひたつさいさきよしと五十五路(いそいそぢ)越て都をけふ三ッの空」「北√や
ぢさんいろ／＼なものをそめたからまけてくれたんたハナ、どうせしかたがねへからおめへそ
れをもってあるきなせへ。ウハゝゝ／＼／＼。(弥次)√こんなものをまけあかってさっぱりお
しまいた、どふもしかたかねへ。(大原女)√おわしをとったらもうよかしいかう。(大原女)√
おゝふさい／＼。(隠居)√えらいあはてもんしゃ。(裃の侍)√これハけしからぬことじゃ。」

〈도판 80〉 6편 하 삽화 　　　　　〈도판 81〉 7편 하 삽화

꾼에 주목해 보자. 원작 6편 하(〈도판 80〉)에서 쓰개를 쓴 궁녀 두 명이 야지기 타에게 일부러 틀린 길을 가르쳐주는데, 그 여성들을 《즈에図会》・《우키요 浮世》의 〈교토・도착(京・上り)〉 도상의 오른쪽 아래에 등장시키고 있는 듯 하다.

　왼쪽 위 연두색 두건을 쓰고 다도도구인 차센(茶筅)[200]을 파는 승려 두 명 은 7편 하에서 야지와 많이 먹기 내기를 하는 공야승(空也僧)을 연상케 한

---

200 휘저어서 차의 거품을 내는 도구.

제1장　골계소설(滑稽本)의 탄생과 계승　225

다. 참고로 차센 파는 승려는 많은 차센을 꽂은 볏짚에 긴 막대기를 끼고 들고 다니는데, 원작 삽화〈도판 81〉〉에서는 한 명의 공야승이 차센을 짊어지고 표주박을 치고 있고, 아이를 업은 가게의 사환소년이 그를 보고 있다. 본《즈에図会》그림의 두 명의 공야승과 주인 몰래 이세참배 중인 두 명의 소년이 원작삽화를 연상케 한다.

《즈에図会》·《우키요浮世》의 〈교토·도착(京·上り)〉에는 【하나 남으면 오쓰(大津), 두개 남으면 구사쓰, 세 개 남으면 이시베, 네 개 남으면 미나쿠치(水口), 다섯 개 남으면 미야(宮)로 돌아간다】[201]라고 주사위판 놀이 방법까지 적혀 있다.

《신판新板》【도착·교토·오하라여자의 사다리를 사서 곤란해지고 사람들의 비웃음을 사다(上り·京都·小原女のはしごをかひてこまり人にわらわれる)】는, 《즈에図会》·《우키요浮世》의 〈교토·도착(京·上り)〉 도상과 비슷하다. 또《신판新板》〈도착·교토〉에는 【하나 남으면 오쓰로 돌아간다, 두 개 남으면 구사쓰로 돌아간다, 세 개 남으면 이시베로 돌아간다, 네 개 남으면 미나쿠치로 돌아간다, 다섯 개 남으면 쓰치야마(土山)로 돌아간다】[202] 라는 주사위판 놀이 방법도 적혀 있다.

《기산지鬱散》〈교토·도착(京·上り)〉 【"'멀리 가려면 가까운 데서부터, 높은 곳에 오르려면 미천한 데서부터'라고 하는 옛 노래가 있으니까 사다리로 오른다 고 하는 장난이여. 그래서 일부러 사다리를 산 거리고. 그게 웃기

---

[201] 「一ッあまれバ大津二ッあまれバくさつ三ッあまれバいしべ四ッあまれバ水口五ッあまれバ宮へかへる」

[202] 「一ッあまれば大津えかへる、二ッあまれバ草津えかへる、三ッあまれば石部えかへる、四ッあまれば水口えかへる、五ッあまれば土山えかへる」

냐 바보자식. 누구라고 생각하냐 에도토박이라고. 에잇 하찮은 이 개새끼, 개까지 짖어대는구먼. 빨리 어딘가에 사다리를 버리고 싶군."(오가는 사람들) "와아 와아 바보여 바보~" (아기를 업은 아이) "미치광이야 미치광이야 미치광이야~"(두 마리 개) "왕왕 얼간이 얼간이 왕왕왕."】【하나 남으면 오쓰(大津)로 돌아간다, 두개는 구사쓰로 돌아간다, 세 개는 이시베로 돌아간다, 네 개는 미나쿠치로 돌아간다, 다섯 개는 미야(宮)로 돌아간다】[203]는《즈에図会》·《우키요浮世》·《신판新板》의 〈교토·도착〉과 동일한 에피소드에 입각하면서도, 혼잣말 식의 긴 독백은 원작 상황 및 야지기타의 심경을 반영함과 동시에 주사위판그림 중에서도 독특한 구성을 보여준다.

이 《기산지騎散》〈교토·도착〉의 그림 배경은 기온신사(祇園神社) 또는 기타노 텐만궁(北野天満宮)으로 보인다. 『동해도 도보여행기』7편 상과 하에 벚꽃에 관한 화찬과 더불어 만개한 벚꽃을 배경으로 한 기온신사와, 매화에 관한 화찬과 더불어 매화와 벚꽃으로 유명한 기타노 텐만궁을 그린 삽화가 있다.

---

[203] 「遠キ二行ハ邇キヨリ 高キ二登ル二卑ヨリ といふ古謠があるから はしごて上りといふしゃれだ それでわざ／＼はしごを買ったのた それがおかしいかべらぼうめ だれだとおもふ江戸ッ子だぞ エ、つかもねへコノちくせうめ いぬまてはへやアがる はやくとこぞへはしごをすてたい」。「ワイ／＼アホヨ／＼。きちがいよ／＼／＼。ワン／＼マスケ／＼ワン／＼／＼」「一ッあまれバ大津へかへる、二ッハくさつへかへる、三ッハいしべへかへる、四ッ二みなくちへかへる、五ッハミヤへかへる」

3) 나가며 : 《동해도 도보여행기물》 판본(版本)의 전개양상

이상『동해도 도보여행기』의 원화(原話)를 주사위판 그림이 어떻게 계승 발전시켜 나가는지를 조사하기 위하여,『동해도 도보여행기』초판본의 원화(原話) 및 삽화와 대조하면서 5종의 그림주사위판과 히로시게의 풍속화들을 상호비교 분석해 보았다.

본 제1장 2절《동해도 도보여행기물》풍속화(浮世繪)의 탄생과 계승에서는, 에도 시대의 인기상품 중에서도 주로 소설과 풍속화에 대하여 살펴보았으나, '가부키'(歌舞伎, 오늘날의 영화) 또한 이들과 불가분의 관계를 맺고 있다.『속편 도보여행기(續膝栗毛)』가 완결된 후 4년이 지난 1827년(文政十年) 6월, 쓰루야 난보쿠(鶴屋南北) 작〈일인여행 53역참(独道中五十三駅, ひとりたび ごじゅうさんつぎ)〉에 야지기타가 등장하게 되는 것이다. 가부키에 야지기타가 등장하는 최초의 예가 아닐까 생각한다.

그러나 아직 이 가부키에서 야지기타는 부가적인 조역으로 등장하고 있으며, 스토리는 난보쿠의 특기인 '복잡 기묘하며 괴기스럽게 얽힌' 복수극이다. 주인공인 삼세 오노에 기쿠고로(三世尾上菊五郎)가 열 가지 역할을 순식간에 바뀌가며 교토에서 에도까지 53역참(부분 생략)을 연극무대상에서 펼쳐 보임으로써 인기를 거두었고, 2009년 3월 동경 신바시 연무장(新橋演舞場), 2011년 3월 교토 미나미좌(京都南座)에서까지 상연될 정도로 면면히 계승되고 있다. 피 냄새가 진동하는 이〈일인여행 53역참〉은 코믹소설(滑稽本)이 가부키(歌舞伎)로 각색될 때 더 이상 원작 세계에 구애받지 않으면서 가부키 특유의 별세계를 구축하게 되는 일례라고 할 수 있다.

이와 같이 짓펜샤 잇쿠(十返舎一九)작 장편 골계소설인『동해도 도보여행기』는 1802년 초편이 나온 후 수 많은 모방작품을 탄생시킨 베스트셀러 골계본(滑稽本)이다. 그러나 『동해도 도보여행기』는 '문학'뿐만이 아니라 '회화'라는 타 장르에 이르기까지 영향을 미쳤음을 에도 시대의 대중미술 우키요에(浮世絵)를 통하여 고찰하였다.

다음 절인 '3. 고전소설의 21세기적 소통'에서 집중적으로 논하게 되겠지만, 1823년에 완결된 『동해도 도보여행기』가 오늘날에도 연재만화로써 수많은 독자를 확보하고, 영화(2005년 개봉작 〈한밤중의 야지상기타상〉)로 제작되는 등, 21세기에 살아있는 고전이라고 할 수 있는데, 그렇다면 지금으로부터 약 150여 년 전인 에도 시대 말기에 『동해도 도보여행기』는 소설 외의 다른 장르에 어떠한 영향을 미쳤는지 고찰함으로써 일본대중문화의 뿌리를 밝히고자 하였다. 오늘날의 만화와 영화의 시원(始原)이라고 할 수 있으며 에도 시대의 대중예술인 희작문학과 우키요에와의 깊은 관계를 엿보고자 한 것이다. 특히 현 학계에서 간과하고 있는 우키요에에 나타난 희작문학의 영향, 반대로 희작문학에 나타난 우키요에의 영향의 전형적인 일례를 엿볼 수 있었던 것은 본 연구의 큰 성과라고 할 수 있다.

그리하여 문학작품의 재생산 과정을 조명하는 이 연구결과는 고전문학을 좀 더 넓은 사회·문화·예술적 맥락으로 확대함으로써, 일반 독자들이 보다 쉽게 고전에 접근할 수 있도록 하는데 활용할 수 있을 것이다. 문학은 언어예술이고, 우키요에는 시각예술로서 표현매체와 전달방식이 서로 다르다. 그러나 문학작품의 내용을 회화로 형상화한 〈동해도 도보여행기물 우키요에〉의 존재를 검증하는 이 연구를 통하여, 일본대중예술의 저력을 이해하는데 도움이 되었기를 희망해 본다.

본 2절 본론에서는 주로 그림주사위판을 재료로 논하였으나, 그림주사 위판 이외의 우키요에와 판본을 중심으로 논한 졸고[204]가 있다.

졸고의 출발은 원작 골계소설『동해도 도보여행기』의 판본삽화가, 초대 우타가와 히로시게(歌川広重)의 우키요에시리즈《도보여행기(道中膝栗毛, 6점)》및《도보여행참새(膝栗毛道中雀, 3점)[이상 1830년대 후반 간행])》에서는 어떻게 표현되었을까? 우키요에 화가인 게이사이 에이센(溪斎英泉)이 희작문학의 한 장르인 장편그림소설(合卷)로 제작한『그림 도보여행기(絵本膝栗毛, 1840년대 간행)』에서는 어떻게 표현되었을까? 원작 골계소설『동해도 도보여행기』의 개판본『동해도중골계 53역(東海道中滑稽五十三駅, 1862년 간행)』에서는? 가부키포스터(役者絵)에서는? 이라는 의문으로부터 출발하였다. 결국 이들이 선행작들을 어떻게 모방하면서 재창조하였는지 그 전개과정을 규명하는 작업이 되었다.

요컨대 골계소설『동해도 도보여행기』의 개판본『동해도중골계 53역』의 삽화는, 초판본의 삽화는 물론이고, 많은 히로시게의 우키요에 시리즈들로부터 영향을 받았으며, 개판본이 출판되던 시기는 원작『동해도 도보여행기』를 소재로 한 가부키가 흥행 상연되고 있던 시기였다는 점에 착안하여 가부키포스터(役者絵)와 선행 작품들과의 문화적 배경의 상관성을 확인 할 수 있었다.

이상과 같이 동일한 소재를 대상으로 한 다른 장르의 작품들을 비교 고찰함으로써 졸고에서는 다음과 같은 장르(미디어)의 특성을 추출한 바이다.

---

204 「浮世絵に見る『東海道中膝栗毛』滑稽の旅」,『浮世絵芸術』151号, 国際浮世絵学会, 2006. 1, pp. 15 ~33.

희작문학과 우키요에 각각의 장르적 특성과 장르간의 상호 영향관계에 대해, 졸고를 뒤돌아보면서 요약 정리하는 것으로, 본 2절《동해도 도보여행기물》풍속화(浮世繪)의 탄생과 계승 편을 마무리하고자 한다.

① 골계소설(滑稽本) : 골계소설『동해도 도보여행기』의 삽화에서는 에피소드의 클라이맥스를 피하는 경향이 있었다. 이는 독자로 하여금 삽화에서 어떤 사건을 기대하게 한 뒤, 문장을 읽음으로써 비로소 그 기대감이 충족되도록 하고 싶은 작자의 의도가 빚어낸 결과가 아닐까 추론된다. 부언하면, 독자가 책을 펼치는 순간 아무래도 먼저 눈에 들어오게 되는 것이 삽화인데, 삽화에 그 장면의 클라이맥스가 그려져 있으면 독자가 소설을 읽는 재미가 반감할 것을 우려한 장르적 특성이 나타난 결과, 즉 삽화보다는 본문 문장에 주도권이 주어져 있는 골계소설(滑稽本)이기에 나타난 현상이 아닐까 생각된다.

한편, 골계소설『동해도 도보여행기』개판본의 삽화는, 초대 히로시게가 그린 우키요에《도보여행기(道中膝栗毛, 6점)》및《도보여행참새(膝栗毛道中雀, 3점)》시리즈로부터 구상을 얻으면서 새로이 그려졌을 가능성이 대단히 높았다.『동해도 도보여행기』개판본이 발행되는 1862년에는 초대 히로시게의 우키요에는 이미 널리 알려져 있어서, 그 도안은 유형화 양상까지 보이며, 골계소설(滑稽本)이었어도 개판본에서는 새삼스레 스토리의 클라이맥스를 감출 필요가 없었기 때문일 것이다. 환언하면, 골계소설(滑稽本)이라는 장르적 특성에 기인한다고 추정되지만, 잇쿠 作畵『동해도 도보여행기』초판본 삽화에서는 일부러 사건의 클라이맥스를 감추는 경향이 있었던 것이다.

② 그림소설책(合巻) : 반면 그림소설책(合巻)『그림 도보여행기(絵本膝栗

毛)』에는 각 에피소드의 클라이맥스가 서막과 종막사이에 그려지곤 하는데, 이는 본문과 삽화가 50 : 50의 비중을 차지하는 장르이기에 야기된 현상일 것이다. 장편그림소설책(合卷)『그림 도보여행기』에서는 에피소드의 절정의 순간을 그리는 것을 주저하지 않았던 점으로 보아, 장르의 특색도 추출할 수 있다. 게이사이 에이센(溪齋英泉)은 그림소설책(合卷)『그림 도보여행기』를 그림에 있어서, 선행하는 원작 골계소설『동해도 도보여행기』의 삽화와 초대 히로시게의 우키요에로부터 동시에 구상을 얻어, 몇 페이지에 걸쳐 기승전결을 묘사하였던 것이다.

③ 우키요에(浮世繪) : 히로시게의《동해도 도보여행기물》우키요에들의 가장 큰 특색으로써, 등장인물의 일순간의 동작을 포착하여 골계스럽고 과장되게 묘사하는 점을 들 수 있다. 위 ①번 골계소설(滑稽本), ②번 그림소설(合卷)과 마찬가지로 우키요에 또한 판매목적으로 제작되나, 책자(冊子)와 달리 회화에서 구매자의 시선을 끌기 위해서는 에피소드의 가장 인상적인 장면, 즉 클라이맥스를 코믹하고 과장되게 그려 넣을 필요성이 있었기 때문일 것이다. 한편 히로시게는 골계소설『동해도 도보여행기』삽화의 영향을 받지 않고, 에피소드를 자기 나름대로 재해석한《동해도 도보여행기물》우키요에를 창작하기도 하였다. 더욱이 동일한 화제(畵題)여도 잇쿠(一九)의 원작삽화에 비해 초대 히로시게의 우키요에는 등장인물의 한순간의 움직임을 포착하여 코믹하게 또는 과장되게 그리는 것에 주된 의도가 있었던 것 같다.

이는 본 연구서 제1장 2절 2)에서 주로 살핀 그림주사위판의 계승양상에 있어서도 동일하게 적용할 수 있는 논리로, 책자(冊子)와 회화(繪畵)라고 하는 미디어에 있어서의 표현법의 차이에 기인한다고 생각된다.

3. 고전소설의 21세기적 소통

『동해도 도보여행기』는 2005년 7월 오사카 국립분라쿠극장에서 인형극이 되고, 같은 해 9월 동경 가부키좌에서 가부키가 되어 관객 앞에 선을 보였다. 문학작품이 어느새 전통예술로 승격되어 21세기 관중 앞에서 펼쳐지고 있는 것이다. 전통연극뿐만 아니라 20·21세기 대중문화의 꽃이라고 할 수 있는 만화와 영화로까지 확대 재생산되고 있다. 시리아가리 고토부키의 만화『야지기타 in Deep』가 제1권부터 제8권까지 인기리에 간행되었으며, 이 인기에 힘입어 청춘 영화 〈한밤중의 야지상기타상〉이 2005년 여름, 일본전국에서 개봉되어 화제를 모았다. 2007년 가을에는 중견배우들이 열연한 〈야지기타여행 데레스코〉가 개봉되는 등, 일본열도는 지금 실로 야지기타 붐이라고 해도 과언이 아닌 문화현상까지 보이고 있다.

현재의 대중적 단어 사용을 알려주는 『일본어 속어사전(日本語俗語辞書)』에서 「야지기타」[205] 항목을 찾아보면, '즐거우며 우스꽝스러운 콤비'를 일컫는 대명사로 자리잡았음을 알 수 있다. 이와 같은 의미로 정착하게 되기까지의 흐름을 살펴보기 위해, 먼저 무대공연 현황을 더듬어보자.

1) 21세기 고전연극의 통속성과 창조성

(1) 인형극 〈동해도 도보여행기물〉

일본예술문화진흥회에서 운영하는 홈페이지[206]에 〈동해도 도보여행기물ㅡ아카사카 가로수 길로부터 낡은 절까지의 단(東海道中膝栗毛, 赤坂並木より古寺の段)〉의 상연기록 여덟 건이 탑재되어 있다. 1969년부터 1981년까지 아사히극장(朝日座)에서, 1988년부터 2005년까지 국립분라쿠극장에서 상연된 기록이다. 항상 7월에 공연된 것으로 보아 여름홍행에 걸맞는 스토리였음을 짐작케 한다.

① 어린이 극장
오사카 국립분라쿠극장에서는 1995년 무렵부터 매년 여름방학 시즌에 맞추어 어린이 극장(親子劇場)을 개최하고 있다. 어린이 극장이라는 형태로 고전 인형극이 개최된 지 벌써 10년을 훌쩍 넘기고 있다는 사실 하나만으

---

205 弥次喜多とは、楽しい漫遊旅行、楽しく滑稽な二人組みのこと。 …… そんな気ままで楽しい二人旅のこと、更に弥次さん・喜多さんのような面白く滑稽な二人組のことを弥次喜多と呼ぶようになる。http://zokugo-dict.com/36ya/yajikita.htm

206 http://www2.ntj.jac.go.jp/dglib/index.html

로도, 관객층 확대를 통하여 전통문화를 계승하고자 하는 문화예술계의 의지를 엿볼 수 있다. 아울러 이 어린이 극장무대는 물론이고 고전 연극이 상연되는 경우, 무대 양 옆쪽 또는 위쪽 스크린 상에 자막을 넣는다든지, 이어폰으로 동시해설을 들려주는 시스템이 정착되어 있는 바, 이와 같은 기술적인 노력이 또한 관객층 확대로 이어지고 있다는 점은 우리에게도 시사하는 바가 크다 하겠다.

그리고 2005년 위 어린이 극장에서 공연된 인형극(조루리)이 바로 이 〈야지로베 기타하치 동해도 도보여행기(弥次郎兵衛／喜多八東海道中膝栗毛)〉이다. 전 단이 공연된 것은 아니고 〈아카사카 가로수 길로부터 낡은 절까지의 단(赤坂並木より古寺の段)〉만 공연되었다.

그런데 『동해도 도보여행기』 원작은 결코 어린이만을 대상으로 한 읽을거리가 아니었다. 오히려 주된 독자층은 성인으로 보는 게 타당하다. 그러나 에도 시대에는 부모와 어린 자녀가 함께 희작문학을 향유하였다는 특수한 문화적 배경이 있으므로, 아동소설, 성인소설이라는 구분 자체가 무의미했던 시절의 작품이라는 사실을 염두에 둘 필요가 있다.

한편 근 현대에 접어들면서 '어린이에게는 과도한 내용'이라는 가치판단이 작용하게 되어서인지, 『동해도 도보여행기』 원작 중 지나치게 외설적이거나 지저분한 내용은 부분 삭제되어 아동용 소설책에 게재되고는 한다. 그리고 당대의 풍속과 언어를 지금 어린이들도 이해할 수 있도록 각색하는데, 본 인형극에서는 일부러 포켓몬스터와 같은 유행어를 집어넣는 등 극작가의 노력이 엿보인다.

② 인형극 초연의 작가 및 상연일자－여우 탈 이야기를 축으로

본 인형극 내용이 원작『동해도 도보여행기』의 4편 상권에 입각하는 내용이라는 해설을 종종 접한다. 그러나 연극 제목은 원작 그대로일지언정 내용은 그다지 원작과 상관이 없는 것 같다. 단지 주인공 이름과 성격, 상황설정만이 원작을 답습하고 있을 뿐 스토리는 오히려 창작에 가깝다. 즉 야지로베・기타하치 두 주인공은 겁이 많고 소심한지라, 상대방 또는 제3자에게 속아서 실패하는 일이 다반사이지만, 그래도 좌절하지 않는 낙천적 성격이라는 점, 고유(御油)에서 아카사카로 향하는 동해도 여행길이라는 상황이 공통분모로 작용하고 있을 뿐이다.

그럼 본 인형극 초연 당시의 작가 및 상연일자는 언제일까. 밝혀지지 않은 현 상황에서는 추론할 수밖에 없는데, 야지가 여우 가면을 쓰고 기타하치를 놀리는 다음 대목이 힌트가 된다고 생각한다.

야지로베는 일찍이 기타하치가 겁쟁이인 것을 알고 있었기에, 겁주려고 살짝 숨었다가 우연히 발견한 여우 탈을 수건 끝으로 묶어서는 얼굴에 뒤집어쓰고, 살금살금 뒤로 다가가 "어우" ⋯⋯ [207]

원작 4편 상권을 보자. 여우가 사람을 홀린다는 소문을 들은 야지는, 여우가 기타하치 모습으로 둔갑했다고 제멋대로 추측한 결과, 기타하치를

---

207 「弥次郎兵衛は喜多八が、かねての臆病知ったれば、脅してやらんと小隠れし、思ひついたる狐の面、手拭の端引結び、顔へすっぽり引被り、さし足ぬき足後ろより「クワイ」⋯⋯」. 이하 본 인형극 원문 인용은 平成17(2005)년 7,8월 国立文楽劇場 공연대본(床本)에 의한다. 단 독자의 이해를 돕기 위하여 필자가 일본어 원문에 마침표를 찍고 촉음, 요음을 작게 표기했으며, 한글번역에 있어서는 직역보다는 의역을 했음을 밝혀둔다.

밧줄로 동어매고 혼내준다는 일화가 있다.

즉 인형극의 본 대목은 원작에 없다. 그럼에도 불구하고 삼대 도요쿠니(三代豊国)가 그린 풍속화(우키요에) 중에, 야지는 여우 탈을 벗어 보이고 기타하치는 기겁하는 내용의 그림(〈藤川 赤坂〉)[208]이 현존한다. 제작연도는 1864(元治元)년이다. 도요쿠니의 그림에는 두 명의 배우가 초상화로 그려진데다가, '야지로베 / 이치카와 단조(弥次郎兵衛 / 市川團蔵)'와 '기타하치 / 이치카와 구조(喜多八 / 市川九蔵)'라고, 배역 밑에 배우의 원래 이름까지 적혀있다.

일반적으로 배우 브로마이드 그림(役者絵 : 지금의 영화포스터)은 당시의 무대연출 중 유명한 장면, 인상에 남는 장면을 표현하기 마련인데, 인형극의 본 대목과 유사한 내용의 그림이 이와 같이 현존하는 사실로 미루어 짐작할 수 있는 사항은, 최소한 19세기 중반에 이미 본 인형극의 에피소드가 창작 상연되고 있었다는 사실이다. 바로 전년도인 1863년 8월부터 에도 이치무라극단(市村座)에서 〈이슬 젖은 억새풀밭에서의 정사(露尾花野辺濡事)〉라고 하는 야지기타 이야기를 패러디한 가부키를 공연하여 대성공을 거두는데, 이 연극의 한 장면을 삼대 도요쿠니가 표현한 것이 아닐까 하는 추측을 우선 하게 된다.

그런데 〈이슬 젖은 억새풀밭에서의 정사〉의 대본을 구할 수가 없으므로 그 내용을 선행연구[209]에 입각하여 추론해 보면 여우 탈 이야기는 없었을 수도 있다는 가능성이 대두된다. 즉 기요모토(清元)노래 연주에 맞추어

---

208 河鍋暁斎・三代豊国画, 〈藤川 赤坂〉, 『東海道五拾三駅名画之書分』, 太田屋多吉. 상단그림을 교사이가, 하단그림을 도요쿠니가 그렸다.
    http://beniya-web.co.jp/fujikawa/large/16.html에 탑재.
209 尾山蒼海, 「膝栗毛大全集」, 『演芸画報』, 昭和八(1933)年九月号.

무대에 등장한 기타하치(市川小團次)는 암자 안에 있던 오키쿠(お菊)라고 하는 아리따운 처자로부터 유혹을 받는다. 연애장면이 펼쳐지는 가운데, "아아 이런 장면을 야지씨에게 보여주고 싶으이"라고 탄식하자, 오키쿠의 여동생 오타마(お玉)와 함께 나란히 한 우산을 같이 쓴 야지(六代目市川團蔵)가 무대에 등장하여 두 커플의 연애장면이 기요모토노래와 함께 전개된다. 그리고 결말은 은어를 찻집에서 야지기타가 훔쳐왔기에 그 은어를 노린 여우가 이 처자들로 둔갑했다는 것이었다.

따라서 여우 탈 이야기가 등장하는 연극의 초연 일자 및 작가에 대해 두 번째 가능성을 추론해 보겠다. 현재도 불려지는 신나이 노랫말(新内節)에 위 인형극과 동일한 내용이 있다. 그런데 이 신나이 노래는 원래 인형극에서 불려지는 노랫말이었으나, 차츰 극장무대가 아닌 술자리에서 불려지는 형태로 변질되었다고 하는 역사가 있다. 19세기 초(1804)부터 크게 유행하였으니 마침 원작 『동해도 도보여행기』가 집필 간행되던 시기와도 겹친다.

한편 에도 시대 말기의 인형극 공연전단지(番付) 중에, 1864년(文久四) 1월 교토의 이즈미시키부 기타극단(和泉式部北座)에서 〈히자쿠리게(膝栗毛)〉를 인형 없이 노래(素浄瑠璃)만 공연했던 전단지(義太番付)가 와세다대학 연극박물관에 현존한다. 또 1867년(慶応三) 6월 나고야의 세주인(清寿院)에서 〈히자쿠리게(膝栗毛)〉를 인형극으로 상연했을 당시의 배역을 적은 전단지(浄瑠璃操人形役割附)가 동경대학에 현존한다.

이 전단지만으로는 여우탈 이야기가 위 두 공연에 등장했는지 알 수가 없으나, 1864(元治元)년 도요쿠니의 풍속화에 그려진 점으로 미루어 짐작컨대, 이 당시 행해진 인형극 또는 인형극 연주음악이었던 신나이에서 여우탈 이야기를 묘사하고 있었을 가능성이 제기되는 것이다.

당시의 신나이 노래(新內節)에 대해 설명하는 『일본대백과전서(日本大百科全書)』의 일부를 요약 발췌해보면, 1840년대 초반(天保期末期), 쓰루가 가가하치다유(鶴賀加賀八太夫, 1797~1861)가 중단되었던 후지마쓰유파(富士松派)를 중흥시키고자 후지마쓰 가가다유(富士松加賀太夫, 후에 로추(魯中))로 개명, 1854년~60(安政)년 사이에 구성지면서도 품위 있는 많은 작품(〈히자쿠리게(膝栗毛)〉 등등)들을 발표하였다고 한다.

후지마쓰 가가다유가 1850년대 중 후반에 발표한 〈히자쿠리게(道中膝栗毛)〉의 내용은 현재[210]에도 전해지는 바와 같이, 격투(組討)의 단, 후지가와(富士川)강의 단, 점쟁이무녀(市子口寄)의 단, 아카사카 가로수길(赤坂並木)의 단, 아베가와(安倍川)강의 단, 오다와라고에몬 욕조(小田原五右衛門風呂)의 단 등이다. 이 중 격투(組討)의 단, 점쟁이무녀(市子口寄)의 단, 아카사카 가로수길(赤坂並木)의 단은 '가부키'로도 공연되었다는 것을 현존하는 명치시대(1868~1912) 공연전단지로부터 엿볼 수 있는 가운데, 그 중 아카사카 가로수길(赤坂並木)의 단에 여우 탈 이야기가 등장하는 것이다.

그리고 그 신나이 가사는 실로 본 절 모두에서 예로 든 인형극 문장과 대동소이하다. 따라서 현재 상연되는 인형극 〈야지로베 기타하치 동해도 도보여행기(弥次郎兵衛 / 喜多八東海道中膝栗毛)〉〈아카사카 가로수 길로부터 낡은 절까지의 단(赤坂並木より古寺の段)〉은 원작 『동해도 도보여행기』의 4편 상권에 입각하는 내용이 아니라, 이를 변형시켜 재창작한 후지마쓰 가가다유의 신나이 노랫말에 입각하고 있을 가능성이 매우 높다고 할 수 있다. 즉 여우탈 이야기의 작가는 후지마쓰 가가다유이며, 실제로 인형극 또는

---

210 富士松松栄太夫, 『続新内の情景』, 2005.

가부키로 초연된 상연일자는 1854년부터, 삼대 도요쿠니가 그린 풍속화(〈藤川 赤坂〉(〈東海道五拾三駅名画之書分〉))의 제작년도인 1864(元治元)년 사이일 것이라고 추정할 수 있겠다.

도요쿠니의 이 그림으로부터 9년 뒤인 1872(明治五)년, 이번에는 가와나베 교사이(河鍋暁斎)가 〈서화 53역참・고유・어릿광대의 겁(書画五拾三駅・御油・戯人の臆病)〉[211]이라는 회화에, 도깨비불이 날아다니는 가운데, 부채를 머리 위에 올려서 묶고, 여우 손 모양을 한 기타(또는 야지)와 놀라는 야지(또는 기타)라는 변형된 형태로 그리고 있으니, 이 시기가 되면 의도적으로 여우인 냥 장난친다는, 원작 골계소설에는 없는 장면이 정형화되었음을 알 수 있다.

③ 창작담 여우이야기

이 여우가면 이야기는 물론이고, 마치 교겐(狂言, 전통희극)의 모두 부분처럼 자기소개로 시작되는 서두부분[212]이라든지, 여우 탈 이야기 다음에 전개되는 무덤가 이야기, 낡은 절 이야기 또한 원작에서 비슷한 일화를 전혀 찾아 볼 수 없다는 점에 주목해 보자. 즉 꼬마를 요괴라고 생각한 야지가 막대기로 꼬마를 때려대자 비명을 듣고 나타난 부친이 치료비를 요구, 그

---

211 豊橋市二川宿本陣資料館이 소장하는 이 그림이 『東海道中膝栗毛の世界展』, 常葉美術館発行図録, 2008에 수록됨.

212 いでやこの、春の景色のうらゝかに、行き来るさの稀人も、袖ふりはへて面白や。「これは関の東に住む喜多八」「弥次郎兵衛と申す者にて候」「さてもこのたび都方を一見せばやと思ひ立つて候」「殊更今日もはや日暮れて道を急ぎ候程に」「宿をとらばやと存じ候。」東路を、いつしか後に三河路や、あたふた川も打過ぎて、歩むに馴れぬ旅疲れ、ものいは穴の観世音、御燈の影もほの暗き、御油の宿をも離れて、並木原にぞ着きにける。

결과 가진 돈 전부 빼앗기고 기절하는 야지, 등등 무덤가에서 벌어지는 사건과, 사후세계라고 착각한 야지가 기타하치가 도망친 절로 찾아와 염불을 부탁하자 돈을 요구하는 스님, 이번에는 기타하치가 가진 돈을 몽땅 내놓아 둘 다 빈털터리 신세가 된다, 는 낡은 절에서 벌어지는 이야기는 모두 원작과는 무관한 창작담에 속한다.

단, 여우로 변장한 야지와 쩔쩔매는 기타하치가 나누는 다음 대사들은 원작에 입각하여 각색했다고 할 수 있다.

야지 "너는 참으로 밉살스러운 놈이다. 오늘도 가마꾼들의 돈 한 꿰미를 허튼 소리로 속여서 한턱내는 것인 냥 행동했던 것을 잊지는 않았겠지?"[213]

그러나 원작에서는 실은 가마꾼들이 자신들의 술값을 기타하치에게 대신 물도록 하기 위한 농간이었으므로 비난받기에는 억울한 면이 있다. 오히려 가마꾼에게 속은 어리석지만 독자가 이해할 수 있는 인간의 본성에 충실한 기타하치에게 동정이 가는 일화였다. 인형극에서는 가마꾼의 속임수였다는 사실을 누락함으로써 관객의 오해를 불러일으킬 수 있는 각색을 하고 있다 하겠다.

야지 "시오이강에서는 죄 없는 장님 어깨에 타서 강을 건너고 게다가 그 장님이 사먹는 술을 훔쳐 먹는 이 뻔뻔스런 놈, 흠흠."

---

213 「おのれは／＼憎い奴、今日も駕かきどもが銭を一本ちゃらめかし、酒肴をおごりし事、よもや忘れはしをるまい。」

기타 "네네 그 대신에 들통 나서 술값을 전부 제가 물었으니 그 계산은 끝났 사옵니다."[214]

이 인형극 대사만 들으면 기타하치가 강을 무사히 건넌 것처럼 보이나, 실은 원작에서는 눈치 챈 장님이 강 한가운데서 첨벙 떨어뜨려버리므로 물속에 빠져 죽을 뻔하다 살아난 기타하치였다. 장님 등을 타고 무사히 강 을 건넌 사람은 오히려 야지였다.

야지 "닛사카 여관에서는 시나노 무녀 할멈 침소에 숨어 들어가는 짓을 벌인 끝에 불단 속으로 우당탕탕 떨어졌지. 부처님 같은 네 동행 야지로베에게 그 소 동의 누명을 씌우고 네 놈은 뻔뻔스럽게 모른 체 하다니!"[215]

이 대사와 관련 있는 원작의 에피소드를 찾아보면 다음 두 가지를 들 수 있다. 먼저 본 인형극에서 거론하는 원작 3편 상권 닛사카 여관 이야기를 보면, 무녀 처자의 침소에 숨어 들어가는데 성공한(그렇게 생각한) 기타하치, 그러나 다음날 새벽, 처자가 아니라 무녀 할멈과 동침한 사실을 깨닫고는 나중에 끼어든 야지에게 그 죄를 뒤집어씌우고 도망쳐버린다.
또한 이 사건보다 앞서는 원작 2편 하권 간바라(蒲原) 여관이야기를 보면,

---

214 「塩井川では故もなき座頭の肩におぶさって川を渡り、あまつさへ座頭の買ったその酒を、飲み 喰ふこな横道者めがムニャ／＼。」「ア丶申し／＼その代りには尻が溂れて、その酒代はみん なわっちが払ひやしたから、その勘定は済んでございやす。」
215 「日坂の泊りでは、信濃市子の婆がところへ夜這ひにうせをって、仏壇の中ヘステ丶ラテンノ テンテコナと落っこった、その騒ぎをおのれが連れの仏のやうな弥次郎兵衛に塗付け、おのれ はぬく／＼知らぬ顔、」

순례 처자의 침소를 찾아가려고 했던 기타하치가 그만 착각해서 숙소 주인 할멈 침소에 기어들어가는 바람에, 잠을 깬 주인할멈에게 잡히지 않으려고 도망치다가 이층 대나무판자바닥이 뚫려 불단 속으로 떨어지고 만다.

그나마 원작 에피소드에 입각했다고 볼 수 있는 대사가 이 정도이니, 원작을 충실히 답습한 내용은 거의 없다고 볼 수 있다. 이와 같이 원작에 구애 받지 않는 자유로운 각색이 이미 에도 시대부터 행하여졌음을 알 수 있다. 이 또한 당대의 서민 관객층에게 받아들여지기 위한 연출가(또는 신나이 노래 작사가 후지마쓰 가가다유)의 각고의 노력의 산물이었을 것이며, 동해도 도보여행기물에 있어서 이러한 자유로운 각색을 용인하는 풍토가 21세기의 다양한 야지기타 이야기를 생성하는 원동력으로 작용하고 있다고 생각한다.

한편 본 인형극에서는 꼬마와 아버지, 스님 모두 여우가 변한 모습이었다는, 따라서 야지기타가 여우에게 홀린 것이라는 결말이 그려진다. 인간이 여우에게 속는 이야기는 일인만담(落語) 중에 〈일곱 번 여우(七度狐)〉[216] 등이 현재까지 구연되고 있다. 이와 같은 현대인들이 즐겨 듣는 이야깃거리 중 하나로 결말이 변형되어 있는 점도 이 고전인형극 〈동해도 도보여행기물―아카사카 가로수 길로부터 낡은 절까지의 단〉이, 역사의 흐름 속에 사장되지 않고 롱런할 수 있는 원인이 아닐까 생각해 본다.

---

[216] 七度狐에 대한 소개는 延広真治 編, 『落語の鑑賞201』, 新書館, 2002, pp.84 및 다음사이트가 상세하다. http://www.niji.or.jp/home/dingo/rakugo2/7fox.html : 한번 해를 입힌 자에게는 일곱 번 복수를 한다는 일곱 번 여우, 나그네 세이하치(清八)와 기로쿠(喜六)의 운명은 어떻게 될까! 의기투합한 두 남자가 이세참배를 가지고 오사카(大阪)를 출발하여 이윽고 나라(奈良)를 지나 이세길에 접어들어 이가 우에노(伊賀上野)근처 고갯길에 이르렀습니다 ……

(2) 가부키 〈동해도 도보여행기물〉

① 엑스포와 가부키

2005년 9월 동경 가부키좌(歌舞伎座)에서 〈야지로베 기타하치 동해도 도보여행기－에도 니혼바시로부터 오와리 지구엑스포까지〉(弥次郎兵衛 喜多八 東海道中膝栗毛－江戸日本橋の場から尾張地球博の場まで)가 막을 올렸다. 대략적인 줄거리는 다음과 같다.

복권 2등 500냥(약4천만 엔)에 당첨되어 이세 참배여행을 가려고 에도 니혼바시(江戸日本橋)를 출발하는 야지로베와 기타하치. 당첨금을 노리는 소매치기 남녀일당이 그 뒤를 쫓는다. 한편 아버지의 원수 아카보리 이에몬(赤堀伊右衛門) 뒤를 유미에(弓枝)와 하인이 쫓고 있다. 숙소에서는 유령이 나오고, 하코네(箱根)산중에서는 불량배들에게 쫓기다가 물리치고, 오이강(大井川)에서는 강을 건너다 태풍을 만나 도착한 곳이 엑스포회장. 엑스포회장의 맘모스 어금니 화석을 훔쳐서 부적으로 삼으려던 아카보리는 유미에에게 붙잡히지만, 엑스포 지킴이가 설득해서 목숨만은 살려준다, 고 하는 황당무계한 이야기이다.

2012년 여수에서 해양엑스포가 개최되지만, 2005년은 일본 나고야에서 지구엑스포가 개최[217]되었다. 따라서 당대의 화제를 도입해서 각색한다는

---

217 http://kairos.web.infoseek.co.jp/kabuki29.htm의 '愛・地球博' 코너 중에서 발췌 소개하고자 한다.
2005년 3월25일부터 2005년9월25일까지 185일간, 21세기 최초의 만국박람회인, 아이치엑스포(愛知万博)가 나고야(名古屋) 東部丘陵, 長久手・豊田市, 瀬戸市에서 개최되었다. 테마는『자연의 예지』. 서브테마는 ① 우주, 생명과 정보 ② 인생의 "기술"과 지혜 ③ 순환형 사회.
국제박람회는 국제박람회조약에 의거하여, 정식으로 박람회사무국에 등록 또는 인정된 것이다. 전에는 지배자들이 보물과 전리품을 전시함으로써 스스로의 권세를 과시하는 수단이었던 박람회

'야지기타물'의 특색을 여실히 보여주는 2005년도 판 가부키 〈동해도 도보 여행기물〉임을 이상의 줄거리만으로도 충분히 엿볼 수 있지 않을까 싶다.

이 황당무계한 스토리 중에 도대체 어느 부분이 원작에 의거하고 있을까. 원작 에피소드들은 오히려 사실적으로 묘사되고 있기 때문이다. 음식과 여자라면 물불을 가리지 않는 그야말로 2대 인간 본능―식욕과 색욕―에 충실한 두 주인공이 하는 여행이라면, 얼마든지 일어날 수 있을 것 같은 현실적인 이야기들이 원작에서는 펼쳐지기 때문이다.

② 여행 목적

예를 들면 제1장 에도 니혼바시의 장(江戶日本橋の場)부터가 새로운 등장 인물들로 가득 채워진다. 이는 가부키 연출을 살리기 위해 각색한 결과라고 여겨진다. 왜냐하면 소매치기콤비 남녀일당은 마치 가부키 악녀물(惡婆もの)에 등장하는 요염한 독부를 연상시키고, 아버지의 원수를 뒤쫓는 딸과 가신은 가부키의 복수담(敵討もの)을 응용했다고 할 수 있기 때문이다. 이와 같은 가부키의 전형적 스토리패턴 틀에 맞추기 위하여 새로운 인물들을 등장시켰고, 그들과의 관계 설정상 야지기타도 복권에 당첨되어서―소매치기와 악녀는 그 당첨금을 노려서 야지기타를 뒤쫓게 되므로―여행을 떠난다는, 원작과는 오히려 상반되는 여행출발 동기가 주어진 게 아닐까.

원작 발단에서 야지는 동고동락을 했던 조강지처를 내쫓고 지참금 목적

가, 지금은 평화의 상징으로써 세계 각국 사람들과의 교류의 장이 되고 있다. 다음 엑스포는 上海, 테마는 『Better City, Better Life』.

으로 젊은 여자를 맞이한다. 그 날 밤 임신 중이었던 여자는 끝내 죽고 만다. 그 여자는 실은 기타하치가 임신시킨 여자였다. 장례를 치르고 나서 둘은 서로의 불운을 한탄하며 운세가 다시 되돌아오길 기원하자고 이세참배를 떠나는데, 친구로부터 여비를 빌려야 하는 신세였던 것이다.

서로의 불운한 신세를 한탄하다가, 차라리 운수 회복을 위해 같이 길을 떠나지 않겠냐고 상의하고, 친구에게 여비를 빌린 뒤, 일단은 경사스런 그 해 봄날을 맞이하여 음력2월 중순 이세참배 가기로 각오를 다지고는 동해도로 떠났다.[218]

이 동해도 여행을 떠나는 장면에 있어서, 2005년 9월 동경 가부키좌 본무대에서는 또 하나의 색다른 즐거움을 관객들에게 선사한다. 무대에서 내려온 야지기타가 객석 통로를 걸은 것이다. 객석을 여행지로 비유하고 통로를 동해도 길로 비유하여 배우 얼굴을 가까이서 볼 수 있게 했으니, 전통적 고전연극임에도 불구하고 관객에 대한 서비스를 연출했다는데 매우 의미가 있다고 할 수 있다. 그것도 지방의 연극무대가 아니라 가부키무대 중에서도 가장 권위가 있는 동경 가부키좌에서, 게다가 최상위급 가부키 배우들이 객석으로 내려와 직접 걸어 다닌 이 연극을 관람하는 관객들의 환호성은 (필자 또한 관람한 바) 대단했다. 여기에 21세기 관객과의 소통을 도

---

218 「たがひにつまらぬ身のうへにあきはて、いつそのことまんなをしに、ふたりづれで出かけまい かとのそうだんが、友だちにたのみて金子をかりうけ、まづそのとしはめでたき春をむかへ て、きさらぎのなかばより、いせさんぐうとおもひたち、東海道へと出かける」『東海道中膝栗毛』新編日本古典文学全集81, 小学館, 1995에 의한다. 원작의 원문인용은 특별한 표시가 없는 한 이 책에 의거한다. 단 독자의 편의를 위해 필자가 일본어 원문에 쉼표를 넣고 촉음, 요음을 작게 표기 했으며, 한글번역에 있어서는 직역보다는 의역을 했음을 밝혀둔다.

모하는 새로운 연출법을 볼 수 있다.

③ 원작과의 비교

본 가부키 제2장과 제3장, 제4장은 오다와라(小田原) 숙소에서 벌어지는 이야기이다. 오다와라 여관에 묵게 된 야지기타는 이 여관집 주인 딸이 사랑하던 남자에게 버림을 받고 목을 매어 자살했다는 이야기를 듣는다. 목탁과 염불소리가 들리는 가운데, 무서움에 잠들지 못하는 밤, 급기야 야지기타는 서로를 놀래 주려고 유령 흉내를 내어 흰옷을 뒤집어쓰고 나타난다. 아니나 다를까 서로의 모습에 깜짝 놀란다는 이 일화는 원작 3편 하권 하마마쓰(浜松) 여관 이야기에 입각하여 각색했다고 할 수 있다.

즉 원작 3편에서 야지기타는 안마사로부터, 이 여관 주인의 바람 상대인 하녀를 질투한 나머지 안주인은 미쳐서 목을 매 자살하고 말았다, 주인은 하녀를 다시 불러들였는데 이번에는 이 하녀가 미쳐버리는 바람에 불경을 드리고 있다, 자살한 안주인의 유령이 매일 밤 나타난다, 는 이야기를 듣는다. 겁쟁이 야지기타는 밤중에 화장실도 못가고 덧문을 열고 소변보려 하는데 유령을 발견한 야지가 기절하고 말았다. 유령이라고 생각한 것은 실은 흰 속옷 빨래가 비바람에 휘날린 것이었다.

이와 같이 제2, 3, 4장인 경우, 등장인물과 시간대, 사건 배경에 원작과 유사점이 발견되는 가운데, 제5장은 전형적인 가부키 연출을 시도하면서 새로운 에피소드로 꾸며진다.

하코네 산중에서 불량배들에게 습격당한 유미에와 가신을 야지기타가 도와주고, 또 그들의 원수를 갚는 일에 조력하기로 약속한다. 그런데 마침 여기에 소매치기 일당과 원수 아카보리가 등장하여 산중 어둠 속에서 헤매는 가운데 야지의 지갑이 기타하치에게 넘어간다.

즉 제5장에서는 가부키의 전형적 연출방법 이른바 단마리(침묵)가 사용된다. '단마리'란, 주요등장인물들이 한꺼번에 등장해서 어둠 속에서 뒤적뒤적 보물을 찾아 헤맬 때 사용되는 연출법이다. 키포인트는 대사가 없다는 점, 칠흑 같은 어둠 속이기 때문에 서로의 얼굴이 전혀 보이지 않는다는 가정 하에서 슬로우 화면처럼 천천히 움직인다는 점 등이다. 일종의 판토마임 같은 가부키의 양식화된 연출 장면을 제5장에서는 새로이 도입함으로써 가부키 관객의 눈을 즐겁게 한다.

다음 제6장 미시마(三島) 숙소와 관련이 있는 원작 일화를 찾아보면, 3편 상권 닛사카(日坂) 숙소 이야기 정도가 아닐까. 원작에서는 야지가 무녀처자에게 죽은 마누라의 영혼을 불러내기를 부탁하는데, 불려 나온 마누라는 야지를 원망하는 말을 쏟아내고 야지는 자신의 잘못을 빈다는 골계적인 장면이 있었다.

그런데 본 가부키 제6장에는 무녀처자 대신 텔레비전에도 자주 등장하여 연예인들의 운수를 점치면서 유명해진 호소키 가즈코(細木数子)를 풍자한 듯한 무녀가 등장한다. 물론 아리따운 무녀처자가 아니라 호소키의 이미지 그대로 풍채 좋은 할머니가 기모노가 아닌 서양드레스를 입고 등장하는 것이다. 이 인물 설정 외에는 원작과는 전혀 상관없는 방향으로 이야기가 전개된다.

원작 3편 상권에서 야지는 오이강(大井川)을 싼값으로 건너려고 강 관리 사무소의 관리를 속여서 무사인 척 해보지만, 들통 나는 바람에 창피를 당하는 일화가 있다. 본 가부키 제7장, 제8장은 같은 장소 ― 오이강 ― 에서 사건이 전개되기는 하나 내용은 판이하다. 폭우로 건널 수 없게 된 강을 무리하게 건너려고 소매치기일당의 도움을 받아 관리를 속이고 오이강을 건너게 되는데, 그만 강물에 휩쓸리고 마는 것이다.

강물에 떠내려가다가 표착한 곳이 바로 오와리(尾張) 지구박람회회장(地球博の場)이라는, 갑자기 19세기와 21세기가 한 무대에 등장하는 제8장이다. 박람회장에 전시된 맘모스 어금니를 훔친 아카보리를 유미에와 가신, 야지기타가 에워싸고, 박람회지킴이의 설득으로 아카보리는 목숨을 구한다. 나고야박람회의 마스코트인 모리조, 기코로까지 등장해서 대미를 장식하는 그야말로 2005년도 판 〈동해도 도보여행기물〉인 것이다.

④『서양 도보여행기』

그런데 2005년도 판 가부키 〈동해도 도보여행기물〉에 앞서서, '박람회 구경'을 여행목적으로 한 선행 작품이 있었다. 야지기타의 손자들이 유럽으로 여행을 떠난다는,『동해도 도보여행기』아류작 중에서도 특히 유명한 골계소설『서양 도보여행기(西洋道中膝栗毛)』이다. 가나가키 로분(仮名垣魯文)과 후소칸(総生寛)이 1870(明治3)년부터 1876년까지 7년간 장기 집필했으니, 이 또한 인기를 얻은『동해도 도보여행기』아류의 골계소설이었음을 알 수 있다.

이들의 여행목적은 무엇이었던가. 실로 런던 박람회 구경이었던 것이다. 1862년 영국 런던 박람회, 1873년 오스트리아 빈 박람회 등은 신문기사거리로 등장하면서 당시 일본인들의 서양문물에 대한 호기심을 자극하는 상징적 화제였으니, 19세기 말과 21세기 초 〈동해도 도보여행기물〉작자들의 일맥상통하는 창작의도 — 당대의 뜨거운 감자를 도입하자 — 가 반영된 결과의 산물이라고 할 수 있다.

이와 같이 고전연극 특히 '가부키'라면 어쩐지 어려울 것 같다는 선입견을 불식시키는 2005년도 판 가부키 〈동해도 도보여행기물〉였다.

⑤ 20·21세기의 〈동해도 도보여행기물〉 가부키와 연극

니혼대학(日大) 및 와세다대학(早大) 연극박물관에 소장되어 있는 〈동해도 도보여행기물〉 팜플렛(番付)으로부터 엿볼 수 있는 사실은, 적어도 13가지 제목으로 1820년대(文政期)부터 1920년대(大正期)까지 약 백년에 걸쳐 끊임없이 반복 상연되었다는 점이다. 리츠메이칸(立命館)대학의 관서지방 팜플렛(上方番付)까지 범주에 넣으면 실은 원작 『동해도 도보여행기』 발단이 간행된 즉 짓펜샤 잇쿠 생존 중인 1814년(文化十一年) 오사카에서 〈定結納爪櫛(가미가케테　지카이노　쓰마구시:かみかけてちかひのつまぐし)〉(奈河晴助극본)[219]라는 제목으로 상연된 연극이 최초의 〈동해도 도보여행기물〉 가부키라는 사실도 발견할 수 있다.

그리고 와세다대학의 '근대연극 상연기록 데이터베이스'에는 1910년대부터 1970년대까지 상연된 도보여행기 관련 연극을 54건 기록하고 있다. 그렇다면 근·현대의 동해도 도보여행기 가부키물의 본격적인 스타트를 끊은 작품은 무엇일까. 2005(平成17)년 9월 가부키좌 공연 팜플렛(P.18)에 나와 있듯이, 1928(昭和3)년 8월 동경 가부키좌에서 공연된 기무라 긴카(木村錦花) 대본의 〈동해도 도보여행기물〉라고 한다. 이 폭소희극의 호평으로

---

219 尾山蒼海,「膝栗毛大全集」,『演芸画報』, 昭和八1933年九月号 및 立命館ARC의 歌舞伎·浄瑠璃 興行年表所収의 絵入番付画像을 참조했다. 大阪府立中之島図書館에 絵入根本(대본에 삽화를 넣어 인쇄 간행한 책자)중 『定結納爪櫛(狂画堂蘆洲그림, 文化十二年刊, 四卷二册)』이 소장되어 있으나 필자는 원본을 확인할 수 없었다.

가부키 〈동해도 도보여행기물〉는 공연에 즈음하여 작가가 당대의 화제와 유행을 도입하여 각색하는 풍토가 형성되었다고 한다. 위 팜플렛에는 1945년부터 2005년까지의 가부키 〈동해도 도보여행기물〉의 상연기록 12건이 기록되어 있다.

그리고 더욱 최근인 2009년 5월 나고야(名古屋)의 주니치극장(中日劇場)에서 짓펜샤 잇쿠(十返舍一九) 원작 중 기무라 긴카(木村錦花)작, 나카가와 쇼스케(奈河彰輔) 감수, 이마이 도요시게(今井豊茂) 각본, 이치가와 엔노스케(市川猿之助) 연출, 야지역 이치카와 우콘(市川右近)・기타하치역 이치카와 단시로(市川段治郎)로, 이치카와 엔노스케 극단의 특기인 공중 날기(宙乘り) 연출을 넣은 〈동해도 도보여행기물〉 2막 14장을 가부키무대에 올리고 있다.

스토리를 요약하자면, 나고야성의 금으로 된 장식물 샤치호코를 구경하고자 에도를 출발한 야지기타. 마리코 역참의 찻집에서는 참마 즙을 먹다가 불량배의 싸움에 말려들어 미끄러지고 넘어지고. 숙박한 여관에서는 유령소동을 일으키는가 하면 유랑 극단에 잘못 섞여 들어가서 무대를 부수는 등 소란을 피우다가, 결국에는 샤치호코의 눈 장식으로 사용되는 보석을 둘러싼 집안 소동으로 발전하는 2009년도 판 가부키 〈동해도 도보여행기물〉이다. 2010년은 나고야성을 축성한 지 400년에 해당되는 해이다. 이 화제를 도입하고자 나고야의 심벌인 나고야성의 금 샤치호코를 여행목적과 에피소드의 중요 소재로 삼은 게 아닐까 생각된다.

그 밖에 1991년 나고야 고엔극장(御園座)에서 상연된 〈여자 야지기타 여행기(女弥次喜多道中記)〉라든지, 2002년 오사카 쇼치쿠극장(松竹座)에서 상연된 〈야지기타여행 오사카주사위(弥次喜多道中浪花双六)〉와 같이, 가부키라는 형식에서 벗어난 연극무대에서도 야지기타 이야기는 활발히 전개되고 있다.

다른 많은 전통연극 작품들이 고전을 면치 못하는 가운데,『동해도 도보여행기』가 이와 같이 인형극과 가부키라는 대표적 전통무대예술에서조차 현재진행형으로 살아 있다는 것은, 원작『동해도 도보여행기』가 시공을 뛰어넘는 대중소설이라는 점을 재입증해 준다. 다시 말하면, 시공을 초월하는 통속성과 창조성을 부여 받을 수 있는 소설이야말로 뛰어난 대중소설이라고 할 수 있을 것이다.

2) 21세기 대중문예의 통속성과 창조성 — 트렌드 야지기타

(1) 만화와 소설

① 만화『야지기타 in DEEP』(1998~2003)를 중심으로

마치 21세기 벽두를 장식하듯이, 2001년 아사히(朝日) 신문사가 주최하는 제5회 데쓰카 오사무(手塚治虫) 문화상 '만화우수상'을 수상한 작품이『야지기타(弥次喜多) in DEEP』(시리아가리 고토부키작, 엔터브레인출판)이다.『철완 아톰』을 비롯하여 수많은 명작을 만들어 내 만화의 신이라고 불리는 데쓰카 오사무상을 수상했다는 것은 남다른 의미가 있다고 하겠다.『야지기타 in DEEP』는 1998년부터 매거진하우스의 만화잡지『아레!』에서 연재가 시작되어[220] 개정판으로 단행본 제1권이 엔터브레인사에서 간행된 것

---

220 『만화입문』, 講談社現代新書, 2006.

은 2000년이었다. 계속해서 2003년에 제8권까지 간행됨으로써 만화『야지기타 in DEEP』는 일단 완결되는 것처럼 보였다.

그러나 그 후로도 만화『야지기타 in DEEP』는 계속 꼬리에 꼬리를 물고 후속 작품들을 생성했다. 우선 '염가판'이라는 타이틀을 달고『야지기타 in DEEP 廉価版』이 제1권부터 제4권까지 같은 엔터브레인사에서 2005년에 간행되었다. 그리고 2005년에는 다음 절에서 상세하게 논할 영화〈한밤중의 야지상기타상〉이 개봉되기에 이른다.

이 글 초고 집필시점인 2008년 7월 현재 시즈오카에서는 원작『동해도 도보여행기』와 만화『야지기타 in DEEP』를 기획 전시하는 특별 전람회가 개최 중이다. 미술관에서 만화전시회라는 획기적인 연출을 가능하게 한 원천은 어디에 있을까. 이 21세기에 통속성과 창조성이 어우러지는 특별 기획전에 안성맞춤인 '고전'으로서 원작『동해도 도보여행기』가 대중들에게 받아들여지고 있다는 증거가 아닐까.

야지기타 문화 현상에 있어서 거론하지 않을 수 없는 또 하나의 만화 작품이 있다. 이상의 고토부키의 일련의 만화가 '소년만화'에 가깝다면, 일본 만화계의 반대 축을 짊어지는 '소녀(순정)만화'에 야지기타물이 있는 것이다. 당연히 두 주인공은 여고생 야지기타로, 1982년 9월부터 연재되어 2006년 8월에 제29권을 발행한『야지기타 학원여행기(やじきた学園道中記)』(市東亮子 작, 秋田書店)[221]이다. 중간에 12년간 중지되었음에도 불구하고 2003년에 연

---

221 시토료코(市東亮子)가『月刊ボニータ』(秋田書店)에서 1982년 9월호부터 연재를 시작하면서 대인기를 거둔 소녀만화이다. 1990년대에 연재가 중단되었으나, 2003년에 약 12년 만에 연재가 재개되어 2006년3월 현재 29권, 문고판은 14권(내용은 시미즈清水編까지＋단편)까지 간행되었다. 아름다운 외모에 남자형제들 사이에서 자라나 정에 두터운 에도코 기질의 야지마 쥰코(矢島順子) 즉「야지상」과, 형사아버지(양친은 이혼, 어머니는 재혼)를 두고 두뇌명석하며, 웬일인지 여자들

재를 다시 시작하면서 이와 같이 20여 년에 걸친 연작만화시리즈가 가능한 배경에는 독자의 끈질긴 요청이 있었다고 봐야 할 것이다. 그리고 여행기 성격인 이상 얼마든지 속편을 쓸 수 있다는 작품 성격에도 기인하리라. 이는 원작『동해도 도보여행기』가 19세기 전반기 21년간에 걸쳐 속편에 속편을 거듭하며 집필되었던 상황과 동일하다.

② 만화·소설『한밤중의 야지상기타상』(만화 1996, 97 / 소설 2000)을 중심으로

한편, 만화『야지기타 in DEEP』전에 작가 시리아가리 고토부키(しりあがり寿)는 다른 '야지기타물' 만화를 먼저 발표하고 있다.『한밤중의 야지상기타상(真夜中の弥次さん喜多さん)』(1996년 제1권, 1997년 제2권, 매거진하우스)이다. 이 만화의 호평으로 인하여 출판사에게 동일한 제재로 만화연재『야지기타 in DEEP』(1998, 매거진하우스)를 의뢰받고, 새천년이 시작되는 2000년에 개정판 만화 단행본 제1권『야지기타 in DEEP』(엔터브레인사)와『소설 한밤중의 야지상기타상』(가와데서방신사)을 발표, 대히트하면서 데쓰카 만화상을 수상하고, 2005년 4월에는 영화〈한밤중의 야지상기타상〉까지 개봉하게 된 것이다.

그리고 이 영화개봉에 발맞추어 2005년 3월에 동시다발적으로 만화 제1, 2권을 합본한『合本 한밤중의 야지상기타상』(매거진하우스),『야지기타

에게 인기가 많은 시노기타 레이코(篠北礼子) 즉「기타상」은, 완력이 센 여고생들이다. 사건에 휩싸이면서 전학을 거듭하는 둘은 전학한 학교에서도 또 사건에 휘말려들게 된다고 하는 끊을래야 끊을 수 없는 악연이다.「千代田編」,「必殺編」,「보디가드編」,「箱根編」,「日光編」,「속 보디가드編」,「邪劍編」,「騎士編」,「清水編」등 전학간 곳에서 수상한 인물들과 조우하고 간신히 사건들을 해결해 나간다. 그리고 현재 23巻부터는「빨간 눈 編」이다. 이상,『프리(フリー)百科事典 Wikipedia(ウィキペディア)』의「やじきた学園道中記」항목을 발췌했음.

in DEEP 염가판』(엔터브레인사), 문고본『소설 한밤중의 야지상기타상』(河出書房新社)이, 세 출판사에서 경쟁이라도 하듯이 쏟아진다. 그리고 대히트한 영화의 여운을 즐기려는 듯, 같은 해 10월에 만화『한밤중의 수염 난 야지상기타상(真夜中のヒゲの弥次さん喜多さん)』(엔터브레인사)까지 발매되기에 이른다.

소설『한밤중의 야지상기타상』과 만화『야지기타 in DEEP』의 파생 작품으로 영화에 앞서 **소극장연극** 〈한밤중의 야지상기타상〉(2002~2005)의 공연이 있었다는 사실도 짚고 넘어가지 않으면 안된다. 일회성 공연이 아니라 이 또한 롱런 공연이라는 점에서 의미가 적지 않은 〈동해도 도보여행 기물〉이기 때문이다.

즉 소설『한밤중의 야지상기타상』과 만화『야지기타 in DEEP』를 원작으로 하고, 아마노 덴가이(天野天街)가 연출한 소극장연극 〈한밤중의 야지상기타상〉은 이인(二人) 연극이다. 2002년 초연 당시 관객과 평단의 압도적 지지 하에 갈채를 받으면서, 2003년에는 북경 국제 소극장페스티벌에 정식 초청 작품으로 출품, 중국 3개 도시에서 공연, 2005년까지 일본 전국 소극장에서 앵콜 공연을 요청받은 인기 작품이었다.[222]

③ 일본대중문화의 미디어믹스전략

신세기 벽두를 장식한 이와 같은 야지기타 시리즈 현상은 일본대중문화 시장 특유의 미디어믹스전략을 전형적으로 보여주는 일례가 아닐까 생각한다. 예를 들면 대중문화 평론가 이문원의「허상을 좇다 추락한 영화 '황

---

222 http://www.officek.jp/kudan/yazikita.shtml? 를 참조 요약함.

진이'」(2007년 6월 24일 뉴시스)라는 신문칼럼 중에 "일본의 미디어믹스 전략은 '반복 시장' 개념이다. …… 이는 '되새김질'을 즐기는 일본 대중정서와 맞닿아 있는 전략이기도하다"라는 지적이 있다.

소설이 베스트셀러가 되면, 이를 만화로 만들고, 드라마로 만들고, 영화로 만들고, 연극으로 만들고, 심지어 비디오게임까지 만들어 일대 붐을 형성해 내는 전략이다. 말 그대로 모든 미디어가 믹스되어 만들어내는 자체 트렌드 창조 전략이다. 그러나 이는 '되새김질'을 즐기는 일본 대중정서와 맞닿아 있는 전략이기도 하다. 일본 대중은 한 번 믿음이 간 소재를 몇 번이고 반복하며 즐기는 성향이 있다.

이 논평에 부합하는 좋은 일례가 바로 19세기 고전소설 『동해도 도보여행기』로서, 21세기 만화 · 영화 · 연극으로 끊임없이 재생산되고 있는 야지기타 트렌드 현상이 아닐까.

(2) 20세기 영화와 TV드라마

① 20세기의 야지기타영화

지금까지 영화 〈한밤중의 야지상기타상〉이 탄생하기까지 이를 둘러싼 사회 문화적 배경을 만화, 소설, 연극을 중심으로 살펴보았다. 그럼 2005년에 영화 〈한밤중의 야지상기타상〉이 개봉되기까지 다른 야지기타 개봉 영화는 없었을까.

「희극의 수맥(喜劇の水脈)」이라는 논설에서 고바야시 준이치(小林順一)[223]

는 가장 빠른 야지기타 관련 영화로서 1926년에 개봉된 〈얼간이 야지기타(弥次喜多頓珍漢)〉(德永후랭크감독, 현대극)와, 〈야지기타 종군기(弥次喜多従軍記)〉(호레스비어리&레이몬드해튼 콤비등장, 헐리우드 코미디영화)를 예로 들면서 이 시점에서 야지기타는 이미 기호화된 존재가 되었다고 지적하고 있다. 그리고 필자가 아래 목록에서도 언급하는 〈노래하는 야지기타〉와 〈노래하는 야지기타 황금여행〉에 대해 비교적 상세히 소개한 후 다음과 같이 결론을 내린다.

〈야지기타물〉은 이인조 콤비에 의한 로드무비로서도 가장 적합한 희극의 소재임에 틀림없다. 희극영화의 장르를 세분하더라도 이 〈야지기타물〉만은 특별히 언급할 만하다.[224]

한편 필자가 조사한 20세기에 개봉된 야지기타 관련영화를 제작 연도 순서대로 나열해 보면,

1936년 〈노래하는 야지기타(歌ふ弥次喜多)〉(岡田敬&伏水修 감독), 뮤지컬사극

1938년 〈야지기타여행기(弥次喜多道中記)〉(マキノ正博 감독), 뮤지컬사극

1939년 〈에노켄의 야지기타(エノケンの弥次喜多)〉(中川信夫 감독)

1956년 〈야지기타여행기(弥次喜多道中)〉(斎藤寅次郎 감독)

---

223 神山彰 편저, 『映画のなかの古典芸能』, 森話社, 2010.9.
224 「弥次喜多もの」は、二人組によるロードムービーとしても最も適した喜劇題材であることには違いない。喜劇映画を細かくジャンル分けしても、この「弥次喜多もの」だけは特別に語られてもいい。

1957년 〈노래하는 야지기타 황금여행(歌う弥次喜多・黄金道中)〉(大曽根辰保 감독), 뮤지컬사극

1958년 〈야지기타여행기(弥次喜多道中記)〉(千葉泰樹 감독)

1958년 〈영주님야지기타의 괴담여행기(殿さま弥次喜多怪談道中)〉(沢島忠 감독)

1959년 〈영주님야지기타의 수사여행기(殿さま弥次喜多捕物道中)〉(沢島忠 감독)

1960년 〈영주님야지기타(殿さま弥次喜多)〉(沢島忠 감독)

1961년 〈꽃바구니 여행기(花かご道中〈武蔵屋喜多八〉)〉(工藤栄一 감독)

1961년 〈샐러리맨 야지기타여행기(サラリーマン弥次喜多道中)〉(青柳信雄 감독)

1961년 〈속편 샐러리맨 야지기타여행기(続サラリーマン弥次喜多道中)〉(青柳信雄 감독)

1961년 〈꽃 겨루기 너구리여행기(花くらべ狸道中)〉(田中徳三 감독), 뮤지컬사극

1962년 〈히바리 치에미의 야지기타여행기(ひばり・チエミの弥次喜多道中)〉(沢島忠감독)

이상과 같이 목록을 만들 수 있을 정도로 다양한 야지기타영화가 1960년대 초반까지 제작 상연되었음을 알 수 있다. 이는 텔레비전이 일반가정에 보급되기 전, 사극을 중심으로 한 일본영화의 황금기라고 일컬어졌던 시대 상황과 부합했기 때문이 아닐까 생각된다. 이들은 코미디영화, 희극영화의 진수를 보여주고 있는데, 이 중에서 비교적 관객 동원수가 많았고 호평을 받았던 작품으로는 1958년부터 1960년까지 개봉된 〈영주님야지기타(殿さま弥次喜多)〉 시리즈 삼부작과, 2005년 DVD 발매중인 1961년 개봉작 〈꽃 겨루기 너구리여행기(花くらべ狸道中)〉를 들 수 있겠다.

전자는 막부 최고 장군의 후계자로 지명된 오와리(尾張) 영주와 기슈(紀

州) 영주가, 답답한 궁중생활을 벗어 던지고 상인 야지기타로 변장하여 여행을 떠나는데, 여행도중에 유령, 산적, 여자도둑 등등을 만나서 펼치는 파란만장한 모험담이다.

후자는 영화 〈한밤중의 야지상기타상〉의 참고가 됐다고도 하는, 당대 최고의 배우(市川雷蔵, 勝新太郎, 若尾文子)들이 출연해서 호화캐스팅으로도 주목을 모은 작품이다. 너구리국의 왕좌를 둘러싸고 다툼이 벌어진 가운데, 에도에 있는 너구리국 궁전에 담판을 지으러 가는 야지너구리와 기타너구리, 뒤를 쫓는 야지의 애인너구리의 여행기이다(너구리이야기라고 해서 아동용 영화가 아니라는 점). 특히 금발상투를 맨 기타너구리의 모습은 만화『야지기타 in DEEP』의 기타 및 영화 〈한밤중의 야지상기타상〉의 기타의 모습으로까지 스타일이 계승되고 있는 것으로 보인다.

② TV드라마 속의 야지기타

1961년 〈에도모습 노래하는 야지기타(江戸姿歌う弥次喜多)〉라는 일회성 드라마가 방영되기도 하지만, 영화 전성시대가 막을 내리고 텔레비전시대에 접어들면서 많은 팬을 확보한 야지기타 TV드라마라고 하면, 〈야지기타 밀사 여행기〉(弥次喜多隠密道中, 1971년 奈良방송, 전26회 시리즈)를 들 수 있다.

문무에 뛰어나지만 융통성이 없고 술버릇이 나쁜 야지와, 태평한데다 호색가인 기타, 물과 기름처럼 정반대의 성격인 두 사람이 펼치는 특명 첩보담이다. 이른바 특명수사관의 임무를 부여받고 에도 시대 전국 각지의 정보 수집을 위해, 악의 무리를 퇴치하기 위해 길을 떠나는 야지기타, 그 뒤를 야지의 약혼녀가 따른다.

이상의 영화와 드라마에서는 야지기타 외에 대부분 동행녀가 뒤따르고 있다는 사실을 발견할 수 있다. 다음 절에 논하는 영화 〈야지기타 여행 데 레스코〉(2007년 개봉작)에 등장하는 전직유녀 또한 야지의 애인에 준하는 설정인 것이다. 원작『동해도 도보여행기』에서는 여행지에서 만나는 수많은 여성들과의 하룻밤의 일화가 전체 여행담 중에서도 중요한 비중을 차지한다. 그러한 에피소드들을 위해서라도 남자인 야지기타 둘만의 자유로운 여행은 필수 조건이었을 테고, 근 현대의 야지기타들은 에도 시대와는 달라진 윤리관에 의해 정해진 애인이라는 배역을 설정할 필요가 있었던 것이라고 추측된다.

단, 만화『야지기타 in DEEP』및 영화 〈한밤중의 야지상기타상〉에서는 약혼녀 등이 중요한 역할을 하지 않는데, 이는 두 남자가 동성애 관계에 있다는 전제조건이 있기 때문이다. 원작『동해도 도보여행기』의 야지기타 또한 '발단'에서는 젊었을 적 한때 동성애 관계에 있었다는 기술이 보이나, 본문 여행담에서 동성애적 관계가 묘사되는 일은 전혀 없다. 이러한 사실에 대해서는 선행연구에서도 논해진 바가 없는데, 두 사람의 관계 규정상 주목해야 할 부분으로 생각된다.

(3) 21세기 영화

① 영화 〈한밤중의 야지상기타상〉(2005)

만화 〈야지기타 in DEEP〉(1998~2003)와 만화 및 소설『한밤중의 야지상기타상』(만화 1996,97 / 소설 2000)을 원작으로 한 영화가 있다. 2005년 4월 개봉하여 개봉 흥행수입 약4억 엔이라는 기록을 달성한 〈한밤중의 야지상

기타상〉(真夜中の弥次さん喜多さん, 공식 사이트 http://yajikita.com/)이다.

이 영화는 우리나라에서도 2006년7월에 개최한 '일본 인디영화페스티벌'(스폰지하우스, 시네코아)에서 선을 보였다. 〈한밤중의 야지상기타상〉은 우리나라 관객들에게 어떻게 받아 들여졌을까. 이를 본 네티즌의 20자 평[225]을 각주에 게재하였다. 이를 보면 ― 물론 일본 인디영화 페스티벌에 참가할 정도로 일본문화에 대한 관심과 지식이 있다는 것을 감안하더라도 ― 원작 고전소설을 모르는 한국관객들까지도 웃을 수 있는 대중적인 코미디영화로 이해되고 있음을 알 수 있다.

㉮ 인물의 관계 설정 : 동성애의 의미

먼저 인물설정을 원작과 비교해 보자. 이하 원작이라 함은 짓펜샤 잇쿠작 『동해도 도보여행기』이다.

남자답고 열정적인 성격의 상점주인 야지(나가세 토모야, 長瀨智也)와, 삶에 의욕을 잃은 약물중독 꽃미남 떠돌이배우 기타(나카무라 시치노스케, 中村七之助)는 동성애 커플이다.

원작에서의 야지기타 성격은 둘 다 구분이 안 될 정도로 '겁쟁이'였다. 이와 상반되는 성격 설정이나, 직업과 **동성애** 관계 설정은 원작 발단의 상황과 흡사하다. 원작에서 제법 큰 상점의 아들인 야지는 떠돌이배우 소년

---

225 쿠도칸 특유의 맛이 살아있는 정신없는 코메디 …… / 처절한 듯 하면서도 인생의 의미는 있다. / 정신없지만 분명웃기다. / 웃다 지쳐 쓰러지고 싶은 분들께 추천합니다 / 웃기다. 속이 쓰릴 정도로 웃기다. / 웃다가 의자에서 떨어질 뻔 했어요! / 황당함의 극치 …… 웃다가 눈물을 흘릴 수도 …… 토모야의 오버연기 …… 첫 번째 만난 쿠도칸은 당혹, 지루 …… / 쿠도칸 군단의 대거 출동 : 기대 안하고 보면 조금 재밌다. / 돈 주고 보면 돈 아까울 영화. :
http://www.cine21.com/Movies/Mov_Movie/movie_detail.php?id=18423

하나노스케에게 빠져 가산을 전부 탕진 한 끝에 고향 시즈오카를 둘이서 도망쳐 나와 에도에 정착하였다. 하나노스케가 성인이 되면서 이름을 기타하치로 개명한다,[226]고 하였다.

발단에서는 이와 같이 둘의 관계가 젊었을 적 고향인 시즈오카에서 한때 동성애 관계에 있었다는 사실이 짤막하게 나온다. 그러나 주의할 점은 본 영화에서는 야지기타의 동성애 관계가 여행 목적 및 여행 과정에 있어서 매우 중요한 모티브로 그려지나, 원작에서 야지기타는 본격적 여행담이라고 할 수 있는 초편 이후, 동성애 관계가 전혀 묘사되지 않는다는 점이다. 오히려 캄캄한 밤중에 여자의 침소인 줄 알고 기타가 몰래 숨어들어가서 입을 맞추었더니 야지였길래 더럽다고 서로 침을 뱉는 일화가 있을 정도다. 동성애(게이관계)는 에도 시대 터부시하는 성적 취향이 아니었다. 오히려 이성애보다 동성애를 찬미하는 부류도 많았으므로 일반적인 애정관계라고 할 수 있다.

따라서 이와 같은 사회문화적 배경을 생각하더라도, 원작에 있어서 위의 짤막한 설명 이외에 둘의 게이관계를 묘사하지 않는 것은 윤리적 가치 판단에 의거한 것이 아니라는 것을 알 수 있다. 원래 원작『동해도 도보여행기』에는 '발단'편이 없었다. 1802년 초편부터 발행이 시작되는데 인기

---

226 生国は駿州府中、栃面屋弥治郎兵衛といふもの、親の代より相応の商人にして、百二百の小判には、何時でも困らぬほどの身代なりしが、安倍川町の色酒にはまり、其上、旅役者華水多羅四郎が抱の、鼻之助といへるに打込、この道に孝行ものとて、黄金の釜を掘いだせし心地して喜び、戯気のありたけを尽し、はては身代にまで、途方もなき穴を掘明て留度なく、尻の仕舞は、若衆とふたり、尻に帆かけて、府中の町を欠落する …… 鼻之助に元服させ、喜多八と名乗せ、相応の商人方へ奉公にやりしが、…… 弥治郎は又国元にて、習覚たりしあぶら絵などを書きて、その日ぐらし ……

를 얻자 2편, 3편 계속되어 5편에서 이세에 도착하고 6, 7, 8편에서 교토, 오사카에 도착하면서 『동해도 도보여행기』 정편은 끝난다. 그러나 그 후에도 '동해도'가 아닌 다른 길로 야지기타를 계속 여행시키는 중이었던, 즉 『속편 도보여행기』 집필 중인 1814년에 급히 발단 편을 집필, 끼워 넣은 것이다.

그러므로 애당초 야지기타의 관계는 동성애 관계가 아니었고, 본편에서 묘사한 적도 없는데, 작가 잇쿠가 둘은 본디 에도 출생이 아니라는 것을 설명하기 위하여 지방에서 에도로 올라온 이유를 시대상황에 맞추어 일반적이며 흥미롭게 설정하려고 해서 동성애 관계를 끼워 넣은 것이 아닌가 추론된다. 이러한 발단의 설명이 있기 전인 원작 정편에서 독자들에게 가장 큰 웃음을 안겨 준 에피소드는, 여행지에서 벌어지는 여성들과의 희롱이었다. 호색적인 그들의 성격을 규정하는데 있어서 중요한 사건인 하룻밤의 시도가 대부분 실패로 끝난다는 우행담을 통한 웃음이 원작 『동해도 도보여행기』에서는 중요한 비중을 차지한다. 이 웃음이 영화 〈한밤중의 야지상기타상〉의 웃음과는 이질적이기 때문에 인물관계도 이렇게 같은 듯 다를 수밖에 없는 것이다.

㉯ 웃음과 사상성

그렇다면 영화 〈한밤중의 야지상기타상〉의 웃음은 원작 『동해도 도보여행기』의 웃음과 구체적으로 어떻게 다를까.

영화개봉과 함께 제작노트 등, 영화를 소개하는 팜플렛 『CINEMA RISE No.145 한밤중의 야지상기타상』이 2005년 4월 2일 발행되었는데, 여기서 소제목들로 내건 캐치프레이즈를 살펴보면,

"깊은 테마를 웃음과 질주감으로 그리는 청춘 로드무비."

"리얼과 환상, 삶과 죽음이 뒤섞인 애절하면서도 우스운 '영혼의 동해도 여행'이 시작 된다."

원작 『동해도 도보여행기』에 대해서 소수의 학자(尾崎久弥등)를 제외하고 일본 학계에서 그다지 긍정적 평가를 받지 못하고 있는 중요한 이유는 작품성이 없다는 점에서였다. 여기서 작품성이란 '사상성'이다. 즉 사상성이 없는 작품은 연구할 가치가 없다는 학계의 근대적인 가치판단과 결부된 결과이다. 그러나 반대로 어떤 사상을 주장하지 않는 작품이기에 시공을 초월하여 롱런하는 베스트셀러가 될 수 있었고, 이 역사적 사실 하나만으로도 충분히 연구할 가치가 있다는 생각으로 필자는 짓펜샤 잇쿠 연구에 매진해온 바이다.

따라서 원작 『동해도 도보여행기』는 아무 생각 없이 요절복통, 포복절도하게 만드는 개그로 무장한 작품이었다면, 영화 〈한밤중의 야지상기타상〉은 조금 복잡하다. 여행 목적지는 원작과 동일한 '이세'이지만, 이세참배를 가는 목적은 다르다. 원작은 '발단' 마지막에서 '운수대통(まんなをし＝運直し)'을 위하여 라고 이세참배 목적을 밝히나, '초편'에서는 여행에 대한 목적자체가 아예 없다. 즉 태평 성대한 시절을 맞이하여 딸린 식구 하나 없는 야지기타는 어느 좋은 날, 이세참배가 끝나면 교토, 오사카까지 가자고, 없는 재산 팔아 치우고 길을 떠난다, 고 초편은 시작된다.

㉰ 여행 목적과 웃음

원작 발단의 '운수대통'이라는 이세참배 목적과 영화의 여행 목적은 광의에서는 일맥상통하는 듯하지만, 영화 쪽이 좀더 직접적이다. 기타가 약물 의존증 환자라는 현대적인 설정으로 인한 치료 기원과, 영화 후반부에서 밝혀지지만 야지가 아내를 살해해서 도망치기 위함이라는 미스터리 한 여행목적이 부가된다.

원작 발단 편을 다시 주목해 보자. 에도로 도망쳐 나온 야지는 아내를 맞이하여 벌써 10년이라는 세월이 흘렀다. 그러나 임신한 젊은 여자의 지참금을 탐내어 조강지처를 내쫓고 새 아내를 맞이한 그날 밤, 여자는 그만 복통으로 죽고 만다.

따라서 영화는 원작 발단 편에 의거하여 패러디하고 있음을 알 수 있다. 원작 발단에서는 본편 여행담의 경쾌한 웃음과 달리, 에도의 야지 자택에서 벌어지는 스토리인 만큼 기승전결이 있는 사건 구성으로 재미를 준다. 즉 본편과 성격이 다른 웃음이 펼쳐지고 있으며, 영화 또한 이 발단과 근접한 웃음을 택하고 있다는 사실이다.

다시 말하지만 원작의 '발단'은 번외 편, 본편과는 다른 여러 가지 모순점[227]이 발견되는 특별편이라는 점을 기억하길 바란다. 예를 들면 본편에서 야지기타는 어디까지나 에도 토박이(서울내기)로 묘사되며 게이 관계도 아니다.

여기서 영화 팜플렛의 캐치프레이즈를 다시 살펴보자.

"깊은 테마를 웃음과 질주감으로 그리는 청춘 로드무비."

"리얼과 환상, 삶과 죽음이 뒤섞인 애절하면서도 우스운 '영혼의 동해도 여행'이 시작된다."

---

227 졸고, 「『東海道中膝栗毛』の 一考察―その 大衆性を中心に」, 한국외국어대학교, 1994.8, 1~72頁에서 상세하게 논하고 있다.

원작 『동해도 도보여행기(東海道中膝栗毛)』라는 제목에 담긴 의미는 자신의 무릎(膝)을 밤색 털(栗毛)의 말인 양, 걸어서 동해도를 여행한다는 뜻이다. 그런데 영화에서는 이 밤색 털의 말은 '검정 오토바이'로 바뀐다. 그렇다고 여행 내내 오토바이를 타고 다니는 것은 아니고 처음 오토바이로 에도를 출발하려 했으나, 오토바이로 여행하는 것은 시대에 걸맞지 않다고 주의를 받고는 도보여행을 시작하는 것이다. 상투를 튼 야지기타가 오토바이에 탄 모습의 영화 포스터가 인상적이나, 실제 여행은 원작처럼 '도보여행'이라는 점.

㉪ 사상성의 유무

사상성이 없는 원작과 달리 ― 일면 태평 성대한 에도 시민들에게는 어떠한 사상도 이상도 필요 없었던 것이다. 따라서 이상을 추구하지 않고 현세의 즐거움을 만끽하고자 했던 세태를 원작은 사실적으로 반영했다고 생각한다 ―, 본 영화는 사상이 필요한 21세기, 그렇다고 해서 고매한 철학적 사상이 아니다, 현실에 땅을 내리지 못하고 이상향을 갈구하며 판타지의 세계에서 헤매는 젊은이들이 추구하는 테마를 담고자 했던 것 같다. 어쩌면 원작 고전소설도, 원작 고전소설을 제재로 하는 21세기의 만화 영화도, 세태에 충실하고자 하는 측면에서 서로 닮았다고 할 수 있겠다. 당대의 독자와 관객들에게 받아들여지는 것이 대중문예로서 최고의 제작 목표이며 필수 조건이기 때문이다.

웃음의 숙소 → 기쁨의 숙소 → 노래의 숙소 → 왕의 숙소를 거치면서 최종적으로 도달하는 이세(이세는 일본인에게 있어서 영혼의 땅 신들의 땅이기도 하다)가 아닌, 영혼의 숙소에서 진정한 사랑을 확인한다는 테마를, 심각한 것을 싫어하는 영상세대 젊은이들의 감각을 꿰뚫듯이, 희극적 요소와 빠른 스토리 전개로 풀어나간 감독의 역량이 크다 하겠다. 현실과 환상(약물 중독 현상), 이승과 저승, 과거(에도 시대)와 현재(21세기), 사극(전통문화적인 것)과 현대극(서양문화적인 것)을 빠른 스피드로 질주하며 관객들을 정신없이 웃게 하는 사이, 혼돈 속에서 하나씩 던져졌던 실마리들이 이윽고 하나의 결론으로 모이면서 통쾌한 엔딩이 된다. 그리고 이 모든 요소를 축제에 가까운 감각으로 풀어낸 것은 21세기의 짓펜샤 잇쿠격인 감독 구도 간쿠로(宮藤官九郎)이다.

야지기타가 들리는 여행지, 웃음의 여관 → 기쁨의 여관 → 노래의 여관 → 왕의 여관 → 영혼의 여관의 기상천외한 이야기는 원작 고전소설과는 무관하다. 고전소설, 흑백영화, 텔레비전 드라마, 만화, 현대소설, 소극장 대본, CG영화(〈한밤중의 야지상기타상〉)를 거치는 사이, 19세기에서 21세기로 오는 사이, 200년이 흐르는 사이에 이루어진 대폭적인 각색인 것이다. 각 시대마다의 통속성과 창조성을 발휘한 결과인 것이다.

② 영화 〈야지기타 여행 데레스코〉(2007)

영화 〈야지기타 여행 데레스코(やじきた道中てれすこ)〉(공식사이트 http://www.telesco-movie.com/)는 2007년 11월10일 전국 개봉하였다. 〈한밤중의 야지상기타상〉이 주연배우가 아이돌에 가까운 존재이며 테마 또한 젊은 이들의 고뇌인 청춘영화라면, 〈야지기타 여행 데레스코〉는 중견배우[228]들

---

[228] 참고로 기타역의 에모토아키라(柄本明)는 〈야지기타여행 데레스코〉 개봉 이후인 2008년 2월15일 제31회 일본아카데미 남우조연우수상을 수상한 연기파 배우이다.

이 주연을 맡고 내용 또한 전통적 사극인 중년영화이다. 전자는 텔레비전 인기드라마에서 각본을 집필하다가 이 첫 영화로 카리스마감독이라고 불리게 된 감독의 처녀작품인 만큼 영화 형식이 과감하며 파격적이다. 후자는 영화감독으로 이미 단단하게 입지를 굳힌 중견감독 히라야마 히데유키(平山秀幸)의 작품으로, "정통파 오리지널" 영화를 추구했다[229]고 스스로 단언할 만큼 정감 있게 여정을 그려냈다.

㉮ 인물의 관계 설정

본 영화에서 야지(배역 十八代目 中村勘三郎)는 쌀가루를 빚어서 세공품을 만들어내는 솜씨 좋은 장인이며, 기타(배역 柄本明)는 야지의 소꿉친구로 현재 무명배우라는 설정이다. 원작 발단에서의 야지는 메밀국수집(蕎麺屋) 아들 출신으로 칠기에 그림 그리는 화공, 기타는 원래 떠돌이배우였다는 설정과 상통하는 부분이다. 원작 초편에는 여행 목적은 물론이고 이들의 직업 또한 기재되지 않는다. 단지 "간다 핫초보리 근처에 혼자 사는 게으름뱅이 야지로베 집에 빈대살이 하는 기타하치(神田の八丁堀辺に、独住の弥次郎兵ヘといふのふらくもの、食客の北八)"가 어느 좋은 봄날 가산을 팔아 치워서 보따리 짐을 싸고는 훌쩍 여행을 떠날 뿐이다.

영화에서는 새로운 제3의 인물이 등장한다. 즉 5년 전에 병으로 죽은 자신의 아내를 빼닮아서 야지가 몰래 연모하는 전직 유녀 오키노(배역 小泉今日子)이다. 이들의 여행 목적은 원작과 상관없이 오키노의 병든 아버지를 만나기 위해서, 그녀의 고향 누마즈(沼津, 동해도의 한 역참마을)로 가는 길이

---

[229] 본 영화 팜플렛 「やじ きた道中てれすこ」, 감독과 각본가의 대담 중에서.

다. 동시에 기타는 연기 수업을 받기 위해 오사카로 향하면서 동행한다.

원작 발단 편과는 무관한 원작 본편의 원래 설정이라고 할 수 있는 야지의 가족관계를 엿볼 수 있는 부분이 본 영화에 있다. 3편 상권 닛사카 숙소에서 무녀에게 죽은 마누라의 혼백을 불러내 줄 것을 야지가 부탁하는데, 불려나온 야지 마누라의 말을 통하여, 일찍이 외아들과 마누라가 병에 걸려 죽은 것을 알 수 있다. 스토리는 진지하나 마누라의 혼백이 야지를 원망하는 말이나 과거를 회상하는 어투, 야지에게 당신도 빨리 저승으로 와 달라고 부탁하는 등 골계스럽기 그지없는 명장면 중의 하나이다. 본 영화 〈야지기타 여행 데레스코〉에서는 야지가 꿈속에서 죽은 아내와 아들을 만나는 장면이 있는데, 원작3편 상권의 이 장면을 연상시키면서도 회상 장면이 가져오는 효과는 웃음이 아니라 눈물이다. 원작의 우스운 한 장면이 본 영화 중에서 가장 슬픈 장면으로 탈바꿈하고 있는 것이다.

㉯ 자라가 너구리로

영화 에피소드 중 원작과 관련지을 수 있는 또 하나의 장면이 있다. 전날 밤 도쓰카(戸塚) 숙소에서 사기를 당한데다가, 기타의 술주정으로 부상당한 사람들의 치료비와 여관 수리비등으로 빈털터리가 된 야지 일행. 아이들에게 괴롭힘을 당하는 너구리새끼를 발견한다. 너구리수프를 만들어 먹자고 야지가 아이들과 열심히 요리 준비하는 사이에 기타와 오키노가 너구리를 놓아주고 만다.

원작 2편 상권, 하코네를 지나서 미시마(三島)로 향하는 길이다. 까까머리를 한 두 세 명의 소년이 커다란 자라를 붙잡아서 갖고 노는 것을 기타하치가 발견하고(こゝにいがぐりあたまの子ども二三人、大なるすっぽんをとらへて、

もちあるきあそびいるを北八見付て), 자라수프를 해먹자며 아이들에게 돈을 주고 구입한다. 그 후 미시마 숙소에서 잠을 자는 사이에 자라가 기어 나와 대소동이 벌어진다. 영화로서의 각색이 있기는 하나, 너구리 사건의 발단은 원작의 이 자라 사건에서 힌트를 얻은 게 아닐까 생각된다.

단, 자라를 너구리로 변형시킨 데는 후속 사건과의 연관성 때문이리라. 즉 살려준 은혜를 갚겠다고 기타와 오키노 앞에 나타난 너구리꼬마 소년은 주사위로 변신하여 야지 일행이 도박에서 이기도록 해준다. 본 영화에서 유일하게 현실을 벗어난 장면이기도 하다.

㉕ 만담의 재창조

1960년을 전후한 일본 영화 황금기의 야지기타물과 같은 "정통파 오리지널" 영화를 추구하고자 한 감독이 택한 본 영화의 핵심 소재는, 일인만담(落語)이었음을 본 영화 팜플렛 중에서 밝히고 있다. 〈야지기타 여행 데레스코〉라는 영화 제목 중의 '데레스코' 자체가 만담 소재이며, 너구리가 주사위로 변신하여 은혜를 갚는다는 만담 '너구리 주사위(狸賽)'는 지금도 구연되고 있다.

원작의 에피소드 대신에 본 영화에서는 여섯 가지의 만담 에피소드를 택하였다고 할 수 있다. 일인만담(落語) 자체가 우스운 이야기이며, 일인만담기의 출현은 17세기 무렵부터라고 일컬어지는 바, 원작『동해도 도보여행기』에서도 많은 만담 소재들이 이용되고 있었다. 단 희작자 짓펜샤 잇쿠가 만담을 그대로 사용하지 않고 작품 속에서 가공하였듯이, 영화감독 히라야마도 재창조한 것이다. 청춘영화 〈한밤중의 야지상기타상〉이 질주하듯이 빠른 자유분방한 전개로 관객들을 정신없이 웃게 했다면, 이

스피드에 따라갈 수 없는 중장년층 관객들을 위한 영화 〈야지기타 여행 데레스코〉는 인정과 유머가 정감 있게 조화를 이루면서, 따뜻하고 코믹한 야지기타 영화로 재탄생한 것도 이와 같은 고전만담을 소재로 했기 때문이 아닐까.

만화의 양대 산맥인 소년만화와 소녀만화에서 동시에 야지기타가 대활약을 했다면, 영화의 전 관객층을 포함하는 즉 청춘 코미디사극과 중장년층 코미디사극 영화 그 어느 쪽에서도 활약상을 펼치고 있는 야지기타는, 실로 남녀노소를 불문할 수 있는 21세기의 트렌드 캐릭터상품이 아닐까 생각한다.

(4) 디지털시대의 『동해도 도보여행기』

서적·잡지와 같은 인쇄매체, 라디오·텔레비전·영화와 같은 전파매체는 물론이고, 21세기에 접어들면서 이 양자를 정보량에 있어서 점점 능가하게 된 인터넷과 같은 전자매체 등의 매스미디어를, 야지기타는 종횡무진하면서 대활약하고 있음을 개인 또는 단체가 운영하는 홈페이지, TV 예능(오락정보) 프로그램, 인터넷(전자오락) 게임, 전시회 등에서 확인할 수 있다. 바야흐로 문학작품의 상품화 전성시대인 것이다.

① 홈페이지

개인이 운영하는 홈페이지 중에서는, 〈동해도 도보여행기의 여행(東海道中膝栗毛の旅)〉[230] 블로그와, 〈마리코길 만화경(丸子路万華鏡) : 짓펜샤 잇쿠와 마리코 마을(十返舍一九と丸子の里)〉[231] 블로그가 내용이 충실한 가운데, 특히 누마즈시 상공회(沼津市商工会)가 2001년 시즈오카현 누마즈시(静岡県沼津市)의 하라・우키시마(原・浮島) 지역에서 개최한 '동해도 400주년 기념 축제'에 즈음하여 운영을 시작한 홈페이지는 그 내용 구성이 압도적으로 충실하다. 이 중 한 코너인 〈짓펜샤 잇쿠의 동해도 도보여행기(十返舍一九の東海道中膝栗毛)〉에는 원작 초편부터 3편까지의 원문이 직역 탑재되어 있을 정도로 심혈을 기울이고 있는 것이다. http://www.numazu-s.or.jp/yajikita/index.htm라는 사이트 이름에 '야지기타'를 내걸 정도로 야지기타를 브랜드화 하고 있음도 엿볼 수 있다.

이상의 홈페이지에서 알 수 있듯이 짓펜샤 잇쿠의 고향인 시즈오카 지역을 중심으로 『동해도 도보여행기』를 일종의 문화관광 산업 육성 측면에서 적극적으로 활용하고자 하는 움직임이 전개되고 있다.[232] 하나의 고전소설 작품이 21세기의 지역산업 발전에 이바지하고 있는 전형적인 예인 것이다.

② TV예능 오락정보 프로그램

한마디로 현대판 야지기타 전국여행기라고 할 수 있는 〈좋잖아(ええじゃないか)〉(미에[三重]방송제작, 공식사이트 http://www.mietv.com/yajikita/index.html)라는, TV예능 오락정보 프로그램이 오랫동안 제작 방영되고 있다. 각 시역

---

230 http://www013.upp.so-net.ne.jp/gauss/hizakuri.htm

231 http://www11.ocn.ne.jp/~mariko/a7.html

232 2012년 1월 시즈오카시 주최로 '짓펜샤 잇쿠 특집' 행사를 개최한다고 한다. 그 일환으로 강연회를 계획하고 있는 바, 필자도 초청을 받고 강연자로 나설 예정이다.

방송사 사정에 따라 편차가 있으나 대체적으로 수요일 저녁7시 무렵부터, 또는 밤10시 무렵부터 전국 네트워크로 방송된다.

시리즈 제1탄은 2007년 4월부터 2008년 3월까지, 시리즈 제2탄은 2008년 4월부터 2009년 3월까지, 제3탄은 2009년 4월부터 2010년 3월까지, 제4탄은 2010년 4월부터 2011년 3월까지이다. 이 추세로 보면 제5탄, 제6탄으로 계속 이어질지도 모르겠다.

줄거리는 단순 명쾌하다. 제1탄에서는 이세참배를 마친 에도 시대의 야지기타가 영문도 모른 채 21세기로 타임 슬립한다. 그리고 미에현(三重縣, 이세신궁이 있는 지역)의 매력을 전국에 전파해야 한다는 사명을 받들게 된다. 이윽고 동경을 출발하여 동해도 각 지역에서 만나는 사람들에게 미에현과 관련된 퀴즈를 풀게 한다는 내용이다. 제2탄 또한 대동소이하다. 이세에 정착해서 살고 있던 야지기타는 갑자기 '미에 매력 보급위원회'의 회장과 회원 임명장을 받고 다시 여행길을 떠난다. 전국을 찾아다니면서 미에현과 관련 있는 수수께끼를 푼다는 내용이다.

제3탄은 자신이 야지의 자손임을 알게 된 프리카메라맨이 기타의 자손을 찾기 위해 조수를 데리고 전국여행을 떠난다는 설정이다. 미에현을 중심으로 기타의 자손 찾기 전국 취재 여행이 펼쳐진다. 제4탄에서는 이세신궁 근처에 있는 여행전문 잡지사의 베테랑 카메라맨 야지와 햇병아리 기자 기타가 미에현, 나라, 교토, 오사카, 효고현을 비롯한 관서지역을 출발하여 관동지역까지 취재여행을 가게 된다.

이와 같이 동해도 각 지방의 역사와 문화를 배우는 동시에 미에현을 알리는 단순한 스토리가 야지기타 캐릭터를 이용함으로써 시청자들에게 유쾌하게 받아들여져 4년 동안 유지된, 하나의 에듀테인먼트의 성공사례로도 기록될 수 있을 것 같다.

③ 전자오락게임

『동해도 도보여행기』가 19세기 에도 시대의 대중문예에 끼친 영향에 대해서 2절《동해도 도보여행기물》풍속화(浮世繪)의 탄생과 계승 편에서 논한 바, 그 중 하나였던 그림주사위판이 20세기를 거쳐 21세기까지 꾸준히 판매되고 있다. 『동해도 도보여행기』를 풍속화의 대가 히로시게(広重)가 그림으로 표현한《우키요浮世(浮世道中膝栗毛滑稽双六)》를 오쿠노카루타사(奧野かるた店, 가격1575엔)에서 복각 판매하고 있는 것이다. 놀이 방법은 에도 시대와 마찬가지로 주사위를 던져 나온 숫자만큼 그림판에 그려진 동해도를 나아가는데, 빨리 교토에 도착하는 사람이 승자가 된다.

이와 같이 에도 시대부터 전해 내려오는 상품 형태를 그대로 계승하는 경우가 있는가 하면, 완전히 디지털화하여 인터넷 전자오락게임에 응용하는 경우도 있다. 위 히로시게가 그린《우키요浮世》를, 동해도53역참 조성 400주년을 기념하여 2002년에 소프트파일로 제작했다[233]고 한다. 소프트를 시간대로 구매하거나, 인터넷으로 다운을 받아 직접 파일을 만들어 즐길 수도 있도록 변형된 형태이다. 야지기타가 된 플레이어가 동해도 53군데의 지역을 여행하다가 숙박하게 되는 역참에서는 그 지역과 관련된 우키요에가 영상으로 소개되고, 그 마을 지도와 당시의 여관사정까지 전통 일본음악을 배경으로 해설해 준다. 디지털아트의 세계에 빠져 놀고 즐기는 사이에 어느덧 에도 시대의 역사와 문화를 자연스럽게 익히고 배울 수

---

[233] http://www.feel-good-web.com/download/sugoroku.html 시간당 980엔.

있게 하는 아이디어가 21세기의 젊은이들에게도 통용될 수 있는 상품이라고 생각한다.

제작회사의 선전 문구 중에 이런 글귀가 있다. "이 주사위게임은 오직 건전한 오락과 전통을 후세에 기리 전하는 것을 목적으로 합니다. 이 주사위 게임으로 주사위 놀이와 친숙하게 되어, 실제 주사위로 온 가족이 함께 즐길 수 있기를 바라마지 않습니다."[234] 이윤 추구가 회사 설립의 자명한 목적일터, 그러나 자칫 도박으로 변질될 수 있는 것을 경계하면서 전통문화를 계승하고자 하는 의지를 표명하고 있다는 점에 사회적 의미가 있을 것이다.

④ 미술관 전시회

마지막으로 21세기 대중만화가와 19세기 대중소설가가 근대 미술관이라는 공간에서 만나는 순간이, 본 원고의 초고 집필시점인 2008년 초여름, 시즈오카(静岡) 도코하(常葉)미술관에 의해 기획 연출되고 있음을 덧붙이고 싶다. '『동해도 도보여행기』의 세계전―시리아가리 고토부키와 짓펜샤 잇쿠(「東海道中膝栗毛」の世界展―しりあがり寿と十返舎一九)'라는 전시회가 바로 그것이다.

만화에서 컴퓨터게임에 이르기까지 뉴미디어 대중예술들은 대중의 일상에 깊숙이 침투해 있다. 필자는 대중예술을 가치 폄하적 의미로 판단해서는 안되며, 오히려 현대의 주류예술임을 인식해야 한다고 생각한다. 이

---

234 純粋に健全な娯楽と、伝統を後世に伝えることを目的としています。この雙六ゲームで雙六遊びに親しみ、できることなら本物の雙六で家族そろって遊んで頂けることを願う次第です。
http://www.vector.co.jp/soft/win95/game/se329372.html?site=n&srno=SR026730

미술관의 기획의도 자체가 바로 그러한 단적인 예가 아닐까.

⑤ 『팔견전』과 더불어

제1장 2절 및 본 3절에서 고전소설이 후대문예에 끼친 영향의 일례로 살펴 본 바와 같이, 『동해도 도보여행기』가 걸어온 다면적인 궤적은 학계의 본격적인 관심과 인식을 촉구한다. 그럼에도 불구하고 고전문학 분야에서 조차 『동해도 도보여행기』의 식욕과 색욕을 둘러싼 품위 없는 사건들에 압도되어 작품의 지명도에 비해 연구 성과는 축적되지 않고 있는 실정이다. 나아가 고전문학 연구자들이 전공지식을 활용하여 근 현대 『동해도 도보여행기』 변천사에 대해서 논하려는 시도는 찾아보기 어렵다.[235]

그런데 1953년 발표된 소설 및 영화 『비 오는 달밤 이야기(雨月物語)』와 1776년에 발표된 우에다 아키나리(上田秋成)의 원작 소설과를 비교 분석한 근세문학 전공자의 최근 논문[236]이 있다. 그러나 『비 오는 달밤 이야기』는 에도 시대의 유명한 고품격 소설 중의 하나이기는 하나, 위 영화와 소설 이후 뚜렷한 관련 작품이 나타나지 않는다는 점 등으로 보건데, 21세기에 있어서는 더 이상 '야지기타' 혹은 아래 '팔견전' 만큼 대중에게 공통적으로 각인된 이미지를 지니지 않으므로, 21세기 일본 대중문예의 시원이 된 작품이라고 보기는 어렵다.

---

235 綿抜豊昭, 『膝栗毛はなぜ愛されたか』, 講談社, 2004에 히자크리게와 야지기타 단어를 제목에 사용한 근현대 서적목록과 관련 소설(특히 아동서), 연극 등을 제시하고 있으나, 본 연구서와 중복되는 바는 거의 없다. 이 책에서는 야지기타를 동성애자로 확신하고 있고, 현재 히자크리게의 수용은 거의 이루어지지 않고 있으며, 금후 문학서적으로 읽힐 확률도 적다고 보는 등등, 필자와는 의견을 크게 달리한다.

236 田中厚一, 「「浅茅が宿」「蛇性の淫」から映画「雨月物語」へ」, 『秋成文学の生成』, 2008. 2.

『동해도 도보여행기』와 견줄 만한, 현재에도 인기 있는 에도 시대 고전소설로서『난소사토미의 팔견전(南総里見八犬伝, 교쿠테이바킨작)』을 들 수 있겠다. 이에 대해서는 근세문학 전공자 우치다에 의한 논문[237]까지 있다. 1992년『팔견전』을 명확히 표방하지 않으면서, 2차적 3차적 수용으로 원작을 다르게 해석하거나 부분적인 차용으로 남아 있는 현상에 대해 언급했는데, 그 배경에는 NHK 인형극의 영향, 관객층을 어린이로 확대하고자 하는 제작사측의 의도가 있다고 보았다.

또한 근세문학연구자로서 왕성한 집필활동 중의 다카기는『팔견전』원본 이후 2009년에 이르기까지 간행된 〈팔견전물〉을 정리 분석해서 그 광범위한 수용양상을 일목요연하게 제시하고 있다.[238] "개작본의 작자가 전거로 삼는 텍스트는 널리 인구에 회자된 작품일 필요가 있다. (…중략…) 그러나 현대에 있어서는 이미『팔견전』원본을 읽는 독자는 거의 없다. 전술한 다이제스트본이라든지 영화, 드라마를 통해서 '줄거리'를 알고 있는 것에 불과하다. 그럼에도 불구하고 이와 같이 많은 개작본이 계속 창작되고 있는 것은 '구슬과 멍 자국을 가진 여덟 명의 소년이 기구한 운명으로 이합집산 한다'고 하는 구조 즉 '세계'로서의 팔견전이 작용하고 있기 때문일 것이다." "원본 이후에 나온『팔견전』의 후예를 추적해 본 결과, 실로 각양각색의 텍스트가 생산되고 향수되어 온 것을 알 수 있었다. 일본 고전문학 중에서 이만큼 광범위하게 영향을 받은 작품이 유포하고 있는 텍스

---

237 内田保廣, 「いまどきの八犬士」, 『読本研究』 第六輯, 1992; 「馬琴の現在的魅力」, 『国文学解釈と鑑賞』, 1979. 12.

238 高木元, 「八犬伝の後裔」, 『日本のことばと文化 ― 日本と中国の日本文化研究の接点 ―』, 渓水社, 2009. 10. http://www.fumikura.net/paper/8kouei.html 에서도 공개.

트가『팔견전』이외에 존재할까 싶다. 일본고전문학의 대표인『원씨 이야기(源氏物語)』와 견주더라도 광범위함과 다양함으로는『팔견전』이 압도적으로 능가한다. 이러한 현상에 입각한 19세기이후 문학사의 구축은 기존의 근대문학사를 상대화하기에 충분한 가능성을 지닌다고 생각한다."

　이와 같은 다카기의 언급은 상당부분『동해도 도보여행기』와도 겹친다는 점에서 시사하는 바가 크다. "일본 고전문학 중에서 이만큼 광범위하게 영향을 받은 작품이 유포하고 있는 텍스트가『팔견전』이외에 존재할까 싶다"고 했는데 필자는『동해도 도보여행기』를『팔견전』에 버금가는 존재로 들고 싶다. 에도희작 중에서도, 고품격소설로서 무사계급이 등장하는 독본(讀本)의 최고봉『난소사토미의 팔견전』과, 저품격 통속소설로서 서민층이 주인공인 골계본(滑稽本)의 최고봉『동해도 도보여행기』모두, 21세기의 문화원형콘텐츠로 확고히 자리매김하고 있기 때문이다.

　한편 등장인물 등에 원작과의 공통성은 없으나 구슬과 여덟 명이라는 조합이 남아 있다면 광의의〈팔견전물〉에 속한다고 우치다가 위 논문에서 간주하였고 다카기 또한 그러한 작품들을『팔견전』의 후예로 거론하였듯이, '야지기타라는 주인공의 이름과 유람기로서의 형식'을 보전하고 있다면 광의의《동해도 도보여행기물》이라고 할 수 있으리라. 이는 매력 있는 고전소설의 허구세계가 이미지를 증폭시키면서 현대에 수용되어 가는 한 방도일 것이기 때문이다. 광의의《동해도 도보여행기물》의 21세기적 수용을 앞으로도 지켜보아야 할 것 같다.

3) 나가며 – 문화원형콘텐츠 야지기타

　이상 문학 장르의 인기가 만화, 드라마, 영화로 옮겨가는 경우를 살펴보았다. 제1장 본3절은 고전소설이 21세기 창작물에 끼친 영향을 고찰하는 장이었다. 고전연극과 트렌드 상품으로 나누어, 에도 시대 골계소설 『동해도 도보여행기』를 일례로 현대적 수용을 고찰한 바이다.

　양민정이 「디지털 콘텐츠화를 위한 조선시대 애정소설의 구성 요소별 유형화와 그 원형적 의미 및 현대적 수용에 관한 연구」[239]라는 논문에서 지적한 것처럼 "고전소설이 현대인과 조우하는 방식은 디지털 콘텐츠화를 통해서"라고 생각한다.

　　본 논문은 문자매체인 고전 애정소설 텍스트가 애니메이션, 영화, 게임, 만화, 드라마, 에듀테인먼트 등 다른 장르 형태의 문화콘텐츠로 다양하게 활용될 수 있는 문화원형 콘텐츠화 방안을 구축하고 제시하는 방향으로 진행되었다. …… 예를 들면, 고전소설 〈춘향전〉은 그 동안 십수편의 영화는 물론, 오페라, 창극, 드라마〈쾌걸 춘향〉, 패러디소설〈춘향뎐〉, 최근의〈발레춘향〉, 애니메이션 등 다양한 장르의 다양한 내용의 콘텐츠로 재창출되고 있다.

　이와 같은 양민정의 제안이 이미 그대로 실현되고 있는 일본대중문화 시장을, 본 1장 3절 2)에서 살펴볼 수 있었다. 즉, 문자매체인 고전골계소설 텍스트가 영화, 만화, 드라마, 에듀테인먼트 등 다른 장르 형태의 문화콘텐

---

239 『외국문학연구』 27호, 한국외국어대학교 외국문학연구소, 2007.8.

츠로 적극적으로 활용되고 있는 사실을 확인할 수 있었다. 일본에서는 야지기타가 하나의 문화원형콘텐츠로 이미 확고히 자리 잡고 있는 것이다.

그러나 주의할 점은 이러한 일본대중문화 시장의 전략이 우리에게도 그대로 적용될 수 있을지에 대해서는 신중한 접근이 필요하다는 점이다. 앞서서 예로 든 바 있는 이문원의 「허상을 좇다 추락한 영화 '황진이'(2007년 6월 24일 뉴시스)」라는 신문칼럼의 다음 부분이 시사하는 바가 크다고 생각되기 때문이다.

한국대중문화시장과 일본의 그것을 종종 혼동하는 태도가 (있다). 한국대중문화시장은 일정부분 일본을 좇아간다. 부정하기 힘든 부분이다. 그러나 상품전략 중에는 대중정서면에서 일본의 그것과 판이하게 달라 절대 벤치마킹해선안되는 전략도 있다. '황진이 트렌드'는 일본대중문화시장 특유의 '미디어믹스' 전략을 벤치마킹한 인상이 짙다. 한국대중에게 한번 접한 소재를 다시 접하고싶어 하는 되새김질 취향은 없다. 한국은 유행이 빠르고, 싫증이 빠르다.

이처럼 대중문화 평론가가 단문으로 논하는 경우를 제외하고, 실질적으로 양국의 고전문학 전공자들이 고전소설의 현재적 소통에 대해 논하는 일에는 인색해왔던 것 같다. 따라서 '문학작품의 상품화 전성시대'에 대한 이해와 인식 수준은 낮을 수밖에 없었으며 이론적 토대 또한 상당히 빈약하였다고 할 수 있다. 본 저술서 제1장 3절이 고전문학의 연구범위를 '현재적 소통'의 문제로 넓히고, 고전문학연구의 유용성을 새롭게 확보해 나갈 수 있기를 기대한다.

본 저술은 뉴미디어 대중예술들이 문학의 방계지점에 머무르면서 문학의 주변적 오락거리에 불과하다는 20세기적 인식이 더 이상 통용되지 않게 된 21세기에, 고전문학과 근대문학이라는 학계의 벽을 허물 수 있는 연구 방법을 제시하고자 했다.

태생 자체가 대중의 저속한 취미에 호소하는 통속 오락물로 태어난『동해도 도보여행기』이다. 이러한『동해도 도보여행기』를 적극적으로 생산 유통 소비한 일본 대중문예사의 일례를 통해, 일본대중문화의 사회역사적 맥락을 이해할 수 있었다. 일본대중문화 시장 특유의 '미디어믹스' 전략은, 이미 19세기 초반부터 독자층 확보와 이윤 창출이라는 출판 수익용 기획 의도를 내포하면서 상품으로 자리매김한 결과였다. 즉『동해도 도보여행기』는 1802년에 첫 선을 보인 이후, 사회적 커뮤니케이션의 한 실천행위로서 대중매체와의 긴밀한 연관성 하에서 움직여 왔다는 것이다.

그리하여 21세기 출판계와 영화 등의 신매체가 독자층 확대 및 고정 독자를 확보하여 이윤을 창출하는 경쟁에서 어떻게 야지기타를 활용, 동원하는지를 특히 '3. 2) 21세기 대중문예의 통속성과 창조성 ― 트렌드 야지기타'에서 구체적으로 살펴본 바이다.

4. 맺음말

『동해도 도보여행기』 초편 범례에서 표방한 집필방침 즉, 여행도중의 아름다운 풍경은 생략하는 대신, 각 지역의 특산품, 여관여인들과의 희롱, 동해도를 왕래하는 귀인에서부터 서민에 이르기까지의 풍속을 골계스럽게 묘사함에 있어서, 억지 빗대기(故事付け)와 농담투성이 교카(狂歌)를 삽입한다는 기획 의도는, 정편의 마지막인 8편에 이르기까지 대체적으로 지켜진다. 본 작품이 공전의 대히트를 기록한 여러 가지 이유 중에, 이상의 집필방침 즉 신선한 기획의도를 빼놓을 수는 없을 것이다. 이는 작품 내용을 좌지우지하는 요소이기 때문이다.

한편, 작품 내용면에 있어서의 '우스운 이야기(골계담)'의 성공을 논하면서도, 골계스런 내용을 담는 그릇, 즉 잇쿠의 필치의 힘, 이른바 문체를 중요한 요소로 논하는 경우는 별로 없는 것 같다. 그러나 생각해보자. 소재를 차용한 원래 골계담과 비교하였을 때, 『동해도 도보여행기』쪽이 훨씬 재미있는 것은 무슨 이유에서일까. 경쾌하면서도 박진감 있게 그리고 스피디하게 이야기를 이끌어가는 잇쿠의 글 솜씨에 기인한다는 사실을 간과하고 있지는 않은지 생각해 볼 문제이다. 선행 작품의 모방은 에도 시대 문학작품의 관례였고, 모방에서 잉태되는 재창작을 겨루었는데, 잇쿠의 경우는 필력으로 원래 소재를 뛰어넘는 창조성(신선함)을 보여주었던 것이다. 미약하나마 초편(1편)과 후편(2편)의 한국어 번역(졸저『짓펜샤 잇쿠 작품선집』, 소명출판, 2010.5)을 통하여 그러한 잇쿠의 필체를 조금이라도 느낄 수 있기를 기대한다.

1802년 초편의 성공에 힘입어 잇쿠는『동해도 도보여행기』를 연속시리즈로 그 후 20년간 저술함은 물론이고, 다른 골계소설들도 발표하게 된다. 대표적인 몇 작품만 보도록 하자.

시골사람들이 충신장 연극 연습을 하면서 벌어지는 실패가 제1권에, 이윽고 무대에 올린 충신장 연극을 관람하는 객석의 소동이 제2권에 담긴『시골소설』(田舍草紙, 1804(享和四)), 에도 뒷골목 판잣집을 배경으로 섣달 그믐날의 빚 독촉과 정월 초하루의 세배 손님들을 둘러싼 골계담을 묘사한『농담숙취』(串戱二日酔, 1811(文化八)), 에도의 판잣집 주인과 셋방살이하는 미망인과 그 친구들이 영험하다는 부슈의 여섯 아미다불 참배를 가는 도중 만나는 사람들에게 주인이 골계스런 교훈을 들려주는『여섯 아미다불 참배』(六あみだ詣, 1811~13(文化八~十)), 산파 할멈을 중심으로 에도 판잣집 주민들의 일상생활과 충신장 연극연습을 하는 모습을 담은『골계 비상금털』(滑稽臍栗毛, 1814(文化十一)), 에도의 어느 판잣집 주민이 영험하다는 호리노우치 참배를 가는 길에 벌어지는 골계스런 일곱 장면을 구경한다는『골계 호리노우치 참배』(誹語堀之内詣, 1815(文化十二), 잇쿠그림), 빈곤신이 들러붙은 거상의 양아들과 복신이 들러붙은 잡동사니 가게주인의 치부와 파산의 일생을 골계스럽게 그린 『세상빈부론(世中貧福論)』(전편1812(文化九), 후편 1822(文政五)), 시골극단의 다유(대사치는 사람)의 신세타령이 상권에, 노인들의 동네 처자 험담이 중권에, 꾀를 부리다가 중 신세가 된 다이코모치(유객의 알랑쇠) 이야기가 하권에 담긴 『잡담 휴지통(雜談紙屑籠)』(1823(文政六) 등을 꼽을 수 있다. 이처럼 하층 서민들의 소소한 일상, 취미로 하는 연극연습, 신세타령에다 남의 험담, 빚 독촉에 시달리는 모습까지 잇쿠는 우스꽝스럽게 골계소설 속에 담아내고 있다.

『동해도 도보여행기』의 성공은 '골계본'(이 장르명은 후대 연구자들이 붙인 호칭으로 당대에는 서책 크기에 의해 中本이라고 하였다. 지금의 문고판보다 약간 큰 정도)이라는 장르를 형성하는 한 무리의 작품들을 파생시키기에 이른다. 잇쿠와 골계본의 쌍벽을 이루게 되는 시키테이 삼바(式亭三馬)는 공중목욕탕 또는 이발소에 드나드는 에도서민들의 일상생활을 특히 그들의 독특한 말투를 세세하게 글로 표현해 냄으로써 웃음을 불러일으키는 『요즘 목욕탕(浮世風呂)』(1809~13(文化六~十)), 『요즘 이발소(浮世床)』(1813~14(文化十~十一)) 등을 간행하기에 이른다. 당대 언어의 충실한 재현이라는 학술적 가치 면에서도 높은 평가를 받고 있는 두 작품이다. 그러나 『동해도 도보여행기』와 같이 '시공을 초월하는 대중소설'이라는 관점에서 보면, 당대인이 아니고서는, 그리고 에도 시민이 아니고서는 웃을 수 없는 언어표현이 골계의 기점을 이루므로, 지역과 국경과 시대를 넘나들기에는 한계가 있는 작품이라고 할 수 있다.

아울러 『동해도 도보여행기』는 그 원본이 지금도 시골지방의 서책들을 조사할 때마다 새로이 발견된다는 사실로 미루어 보건데, 19세기 초반에 이미 일본 전국 각지에 애독자 층을 형성할 수 있었던 유일무이한 베스트셀러 소설로서, 현재 21세기까지 만화, 영화, 드라마로 면면히 계승 발전되고 있는, 나아가 세계인에게 통용될 수 있는 웃음을 지닌 21세기의 '살아 있는 **古典**'이라고 부르기에 마땅하리라.

제2장
에도 시대 만화책
그림소설(草双紙)의 시각적 읽기

1
단편 그림소설책 황표지(黃表紙)를 중심으로
2
중·장편그림소설책 합권(合卷)을 중심으로

1. 단편 그림소설책 황표지(黃表紙)를 중심으로

1) 에도희작자의 표절 · 모방, 그리고 독창성

(1) 일본문학의 전통적 창작관

일본문학의 현저한 특징 중의 하나로써 '의존성'을 들 수 있다. 의존성이라는 토양은 일본인의 전통적 문예관 · 창작관 중에서도, 본떠짓기(本歌取り) · 흉내내기(もどき) · 빗대기(もじり) · 패러디(パロディー)와 같은 기법을 꽃피우고, 창작수법 가운데 핵심 위치를 차지하게 하였다. 와카(和歌)에 있어서 元노래(本歌), 모노가타리(物語)에 있어서 元이야기(本說), 렌가 · 하이카이(連歌 · 俳諧)에 있어서 元정취(本意), 한문서적(漢籍)에 있어서 元문장(本文), 그리고 소설에 있어서 元소재(世界) 등, 일본 고전문학에서는, 전거에 입각한 패턴을 추종하는 창작기술이 당당한 지위를 확보하면서 활발히 행해지고 있는 것이다. 특히 에도 시대에 이르러, 속(俗)문학을 대표하는 운

문·산문·연극 일체가 고전 즉, 선행문학을 직·간접적으로 인용하는데 심혈을 기울이면서 경이적인 발달을 이루었다는 것은 근세문학 연구계에 기정사실화 되어 있을 정도이다.

이와 같은 현상이 특히 에도 시대의 시대적 현상으로까지 그 영역을 확장할 수 있었던 배경은 어디에 있는 것일까. 앞서 제1장 2절 1)에서도 언급한 바이지만, 그것은 근세에 들어서 비약적으로 발전한 출판문화의 뒷받침 하에서, 모방·번안하고자 하는 선행 작품이 일반적·보편적 정보로서 작자 및 독자에게 작용하게 되었음을 뜻한다. 그리고 당시 독서계의 요청에 따른 현상이었음을 말해준다. 이는 원고료를 받고 생계를 꾸려나가는, 따라서 독자들의 인기를 먹고 살아가는 직업작가들, 즉 후기 에도희작자(江戸戯作者)들에게는 더욱더 사활을 건 문제가 아닐 수 없었다. 그리하여 당시 작자들의 창작상의 주된 관심사는, 선행 작품의 취향을 어떻게 환골탈태할 것인가, 그 취향상의 재미있는 것을 어떻게 증대시킬 것인가 하는 것이었음을 짐작케 한다.

에도 시대의 베스트셀러작가로서 각광받았던 희작자들에게, 이와 같은 표절·모방, 그리고 독창성은 어떤 양상으로 나타났는지 살펴보면서, 에도 희작의 특징을 조명하는데 본 제2장 1절의 궁극적 목적이 있다고 하겠다.

가령, 시키테이 삼바(式亭三馬) 등, 오늘날의 문예 창작관에서 보면 표절이리고 지탄받을만한 작품들이 많은 가운데, 일본학계에서조차 "짓펜샤 잇쿠 뿐만 아니라 대부분의 희작자는 빈번하게 개작을 행하고, 독자 또한 그런 작품들을 기대하고 있었으므로, 잇쿠 만을 비난하는 것은 가혹하지만, 그의 순수한 창작이 부족한 것은 역시 약점인 것 같다"라고 하는 식의 일반적 결론을 도출시키고 있는 것은, 현재 에도희작의 연구현황이 짓펜샤 잇쿠에 대한 편견 속에 많은 문제점을 안고 있음을 여실히 보여주고 있다.

(2) 잇쿠의 저술방침

1802년 황표지 『여름 숲 사랑의 짐(夏木立恋重荷)』을 간행한 잇쿠는, 이 작품이 인형극(淨瑠璃) 〈여름축제 오사카 거울(夏祭浪花鑑)〉(1745년 초연, 1800년 오사카 도톤보리道頓堀에서도 상연)을 **번안 개작(模写)**한 것임을 다음과 같이 서문에서 밝히고 있다.

다케모토 도요타케가 연주 노래하고, 요시다 와카타케가 연기하여 아녀자에게 인기를 얻은 "오사카 거울"이라는 인형극을 모사하여, 금년에 새로이 벚나무에 새기노라.[1]

1802년 황표지 『잇쿠, 겨우 창작하다(屈伸 一九著)』의 다음 서문에서, 선행 작품에 의거하지 않고 무작정 집필하는 자신의 **작품을 비하**하고 있는 듯한 어조에서 엿볼 수 있듯이, 당시 구사조시(그림소설)의 일반적 창작법은 선행 작품의 이용임을 잘 알 수 있다.

미술사도 재료가 없어서는 관객의 눈을 속일 수가 없으며, 구사조시도 재료가 없어서는 벚나무에 새기기가 어렵다고 하거늘, 지금 여기에 저술하는 것은

---

1 竹本豊竹か、音曲共かけて、吉田若竹の操共、児女の目を、よろこばしめたる、浪華鏡の浄瑠璃狂言を**模写**して、茲歳(ことし)、あらたに春の桜木に寿(いのちながう)するものならし。

그러한 재료 없이 마침내 3권을 이루었다. 그리하여 애당초 종잡을 수 없다 할 것이다.[2]

필자가 직접 접한 〈충신장물〉(『가나견본 충신장』 패러디물) 황표지만 해도 43종에 달하는 가운데, 한 무리를 이루는 이러한 존재 그 자체가 '모방과 전용'이라는 창작태도가 일반화된 것임을 단적으로 보여준다. 다음은 잇쿠가 1797년에 집필한 〈충신장물〉 황표지 『충신 보증인 기록(忠臣店請狀)』 서문이다.

충신곳간이 있다. 팔 때 붙어 있던 낡은 선반 다타미 등을 허물고 벽을 칠하는데, 농담을 밑바탕으로 하고 거짓말로 발라 군힌 회반죽 벽, 어영차 취향의 토대를 바꾸어서 우선 새해 들어 여는 첫 곳간 문으로 한다.[3]

충신장의 세계를 사용하여 소설을 창작할 때(=팔 때) 오래된 취향(=낡은 선반 다타미)은 삭제(=제거)하면서 농담과 거짓말로 새로운 토대를 구축한다고 저술방침을 밝히고 있는 것이다. 이는 일반적인 희작의 창작법이다.

1814년에 간행한 합권 『충신장 때늦은 축제(忠臣蔵跡祭)』 발문은, 『가나견본 충신장』 패러디물 창작에 임하는 태도를 장황하게 부연설명하고 있

2 　放下師も種なくしてハ、人の眼を戯心(ちょろまか)すこと能ハず、草ざうしも種本なくして、桜木に彫る事かたしといへ供、今此に顕すものハ、其種なくして、終に三つの巻となる。そこで根から攔所(つかまへどころ)なしと爾云。

3 　忠臣蔵あり、売居(うりすへ)の古きをうかつて壁をぬるひ、悪差禮(わるしゃれ)の壁下地(こまい)をかき、食言(うそ)でぬつて堅めたる、漆喰(しつくい)そつくひ、えいやらへつと、趣向の土台をとりかへて、先(まづ)正月初蔵開(ひらき)とし。

는데, 그 내용인 즉은 '희작관'이기도 하다. 작자 잇쿠, 나아가 당시 희작자의 '표절, 모방, 그리고 독창성'이라는 창작태도를 잘 엿볼 수 있는 발문이므로, 여기에 전문을 번역하고자 한다.

중국의 예양, 일본의 오보시라고 쌍벽을 이루는 그 이름 지금도 남아있어 용맹하며 의로운 마음의 거울이 되고 있음은 무가의 공훈이라. 이 미덕을 장난삼아 농하는 것은 분별없어 보이지만, 관대한 마음으로 보면 신불을 팔아서 생업으로 삼는 것과 다를 바 없다. 이는 그 후광에 의해 사람들을 크게 이롭게 하니 비범한 후덕함이 고마울 따름이다. 특히 연극 중에 봄의 소가, 가을의 충신장은 항상 손님들이 만원사례를 이루어서 출자자를 두둑하게 하고 극단을 활기차게 하여 관객의 눈을 끄는 효능이 있는지라 오로지 이 연극의 빠른 약효를 본받고 싶을 따름이다. 그런데 희작자가 중개소의 간판 하에 물건을 파는데 환약으로 만들기도 하고 가루약으로 만들기도 하고 연고로 만들기도 하는 등 굽거나 삶거니 다양하게 궁리하는 가운데 누락된 것을 여기에 모았으니, 희귀하기도 하면서 어처구니없기도 하다. 거짓말인가 싶지만 거짓도 아니며 정말인가 싶지만 정말도 아닌, 거짓말에서 나온 정말인지 정말에서 나온 거짓말인지 모르겠다.[4]

4　(跋文)「唐土(もろこし)の豫譲日本(よじゃうにっぽん)の大星と一對(いっつい)の名今に 残りて勇壮義心の鏡ハ曇らぬ武門(ぶもん)の功(いさほ)とや。此美徳を戯(たはふれ)に慰(い)する事こころなきに似たれど、寛仁大度(くわんじんたいと)の器より視れバ神仏を売(うり)て生業(なりわい)とするものにひとし。是其余光によりて人に益ある事大なるハ凡(ぼん)ならぬ厚徳(かうとく)の有りがたさ。就中戯場狂言(しばゐけうげん)に春の曽我より秋の忠臣蔵いつも独参湯(どくじんとう)にして金主(きんしゅ)の脾胃(ひゐ)をつよくし一座の元気を増(まし)見物の気をひきたつる功能(かうのう)ひとへに此義士の精法薬力(せいほうやくりき)の速(すみやか)なる事仰(あおぐ(??))ぐべし尊(たっと)むべし。しかるをさうしの戯作者が取次(とりつぎ)所の看板をかけて是を売るに丸薬(がんやく)とし散薬(さんやく)(こなぐすり)とし又煉薬(ねりやく)として煮たり焼たりさま／＼の趣向の内もれたる事をこゝに拾ひ集(あつむ)れバあやしうも又馬鹿／＼しけ

(3) 모방과 창조에 관한 논문 소개

모방·번안·표절이라고 하는 관점에서 짓펜샤 잇쿠의 문학사적 위치
를 평가절하 하고자 하는 입장에 대해, 필자는 과연 그런 입장이 객관적으
로 타당한 것인지를 밝히기 위하여, 그의 작품 중 이른바 '모방(燒き直し)'이
라고 불릴 것 같은 부분과, 선행 희작자와 동시대 희작자들의 작품을 아울
러 검토, 대조하면서 논한 졸고[5]가 있다. 둘 다 일본에서 발표한 논문이므
로 한글로 번역 요약하면 다음과 같다.

[1] 「잇쿠의 황표지 『통인의 잠꼬대(通人寝言)』·『여름 숲 사랑의 짐(夏木立
恋重荷)』서설—선행 작품의 패러디취향에 대해」

작은 글씨로 적힌 「2대 엔지로(艶次郎二代目)」에서 알 수 있듯이『통인의 잠
꼬대(1802)』는 교덴작『에도태생 바람둥이의 자작나무장어구이(江戸生艶氣樺
燒, 1785)』를 패러디한 작품이다. 전체 황표지를 통틀어 대표적 걸작이라고 일
컬어지는『에도태생 바람둥이의 자작나무장어구이』와 본 작품과를 비교 검토
함으로써, 잇쿠의 창작법의 특색을 밝히고자 한다. 모방과 전용이라는 패러디
의 기술은 어떻게 구현되고 있을까.

『통인의 잠꼬대』는『에도태생 바람둥이의 자작나무장어구이』를 재탕하면

れ。食言(うそ)かと思へゝ嘘にもあらず実(まこと)かと思へゝ誠にもあらず嘘から出た誠かまこ
とから出たうそかわからず。

5 [1]「一九の黄表紙『通人寝言』・『夏木立恋重荷』序説―燒き直しの趣向などを巡って―」,『雅俗』
7号, 雅俗の会, 2000.1, pp.176~195.
[2]「一九の創作姿勢に関する一考察―享和期の読本と黄表紙を題材として―」,『語文研究』85号,
九州大学国語国文学会, 1998.6, pp.26~41.

서 원작의 옴니버스식 진행을 따르지 않고 초점을 좁히고 있다. 즉 사건의 목적·결말·인간관계 등은 원작에 준하면서도 사건의 전개과정에 있어서 원형과 상이한 스토리를 창작하고 있는 것이다. 이는 잇쿠가 중점적으로 묘사하고 싶은 부분이 교덴과 달랐기 때문이다. 특히 남녀의 거짓 동반자살소동을 생략하고, 질투의 장면을 확대했다는 점이 소재 선택 면에 있어서 가장 다른 차이점이다. 나아가 원작 등장인물 중 한명을 잇쿠 자신과 대응시켜서 희화화하고 있는 점도 잇쿠가 즐겨 구사하는 기법 중 하나이다. 엔지로의 주먹코가 후일 교덴코(京傳鼻)라고 불리게 되는데, 이는 교덴 작품에 등장하는 대표적인물이라고 하는 의미이므로, 잇쿠가 자신의 실물초상화로 우행을 펼치는 것과 비교하면 독자가 받아들이는 인식정도는 확연히 차이가 날 것이다.

이와 같이 전체적 구상으로서는 선행작품 패러디와 작자의 희화화를 들 수 있는데, 부분적 구상에서 사용되는 천착(穿ち) 등은 교덴에게 미치지는 못하지만, 서민생활의 신변잡기적인 것들을 천착하는 수법도 선보인다. 또한 인물들의 넌센스한 대사에는 잇쿠의 독특한 가벼운 유머가 구사된다. 본문의 말미 형식은 원작에 준하여 지문을 훈계조로 마무리하면서도, 같은 해 간행한 『어설픈 귀동냥』, 『여행 중 수치를 써서 버린 한 통』과 동일하게 작자의 초상을 게재하고 당시 유행상품의 선전 문구를 여백에 써넣고 있다.

1802년 잇쿠는 인형극(淨瑠璃)〈여름축제 오사카 거울(夏祭浪花鑑)〉(1745년 초연, 1800년 오사카도톤보리에서 상연)을 번안 개작한 황표지『여름 숲 사랑의 짐(夏木恋重荷)』을 간행한다. 이『여름 숲 사랑의 짐』은 독립적인 복수담 일화를 제외하고, 원작 인형극을 비교적 충실히 번안하고 있는 부분만을 보더라도, 상황·인물은 원작에 준하면서 스토리를 한층 발전시켜나간 부분과, 상황·인간관계를 원작과는 다르게 한 부분이 있다. 또한 원작 장면을 생략하고 신국면을 삽입하는가 하면, 스토리 순서를 변경한다든지, 사건의 원인과 결말, 무대배경에 있어서 잇쿠 나름의 새로운 연출을 시도했다.

필자는 본 작품을 뛰어난 번안작이라고 단언할 자신은 없다. 그러나 위와 같이 잇쿠 나름의 시도를 정리해 보면, 최소한 원작에는 없었던 새로운 복수담 사건이 작품 전체 스토리에 파탄을 일으키는 일 없이 잘 융화되어 있음을 알 수 있었다. 거의 필연성이 없는 두 가지 일화가 자연스럽게 전개되도록 결부시켜 나간 것은 역시 잇쿠의 각색 솜씨라고 할 수 있다. 작자 서문에 "오사카 거울"(浪花鑑)이라고 확실히 언급하고 있는 것만 보더라도 독자에게 원작을 부각시킬 의도가 있었음은 분명하지만, 1800년도까지 상연을 거듭할 정도의 인기 있는 인형극에, 『복수 의녀의 꽃(敵討義女英)』 이후 1800년 전후하여 대유행하고 있던 복수담 황표지를 끼워 넣음으로써 작품의 대중성 확보에 진력한 것이다.

[2] 「잇쿠의 창작자세 일고찰－1801~1804년의 독본(読本, 伝奇소설)과 황표지의 장르변용에 대해」

1802년은 잇쿠가 読本의 처녀작을 간행한 해이기도 하다. 그리고 한꺼번에 29작품 이상을 다양한 장르로 집필하면서 잇쿠는 동일한 소재·세계를 독본과 황표지에서 사용하였다. 재탕이라는 안이한 창작법에 의존하는 잇쿠이니까 이와 같은 방대한 양의 작품 저술도 가능했던 것이라고 잇쿠의 창작태도를 비판할 수도 있겠다. 그러나 재탕되는 두 작품을 비교분석함으로써 잇쿠라고 하는 작자에게 있어서 가령 다른 장르인 독본과 황표지가 어떠한 의미로 이해되고 있었는지 알 수 있다고 하는 문학사적인 의의가 작지 않다. 당시 대중들에게 호평을 받았던 그의 재탕 기법을 통해서 당대 희작자의 장르인식도 엿볼 수 있기 때문이다.

이를 위해 본고에서는『심창기담(深窓奇談)』5권 전 10화중에 3권 첫 번째 이야기「늙은 암너구리가 집착을 버리고 보은하다(古狸?女が憶念を廢して恩に報ふ)」(전 22페이지 중 삽화 2장, 독본)와『미남너구리의 금박(美男狸金箔)』(3권 전 30페이지, 황표지)을 살펴보았다. 같은 해 같은 작가가 같은 세계를 배경으로 한, 다른 장르작품을 비교분석함으로써 일반적인 장르인식에 의거하면서 잇쿠가 어떻게 개작하고 있었는지 고찰할 수 있었다. 1800년대 전반기에 간행되었던 독본과 합권은 같은 해 같은 작가에 의해 간행되면서 한쪽이 다른 한쪽을 간략화해서 개작하기 마련인데, 이 독본『심창기담』과 황표지『미남너구리의 금박』은 각각 독립된 읽을거리로써 개작되고 있음을 알 수 있다. 그리고 장르 특성상 할애해야 하는 부분을 다른 장르에서 묘사해 준다. 본 작품 집필 시기는 줄거리가 복잡해지는 장편 독본과 합권 시대를 맞이하기 직전이었다. 잇쿠는 간략한 줄거리든 번잡한 줄거리든 상관없이 같은 정도의 문자수로 두 장르의 작품을 표현하려고 시도했다. 개작솜씨가 발휘되었던 순간이다.

이 외에 에도희작의 근원적 창작기법 중 하나인 '번안'(광의의 재탕)수법을 잇쿠가 어떻게 구사하고 있었는지 알 수 있는 절호의 작품으로『요괴태평기(化物太平記)』가 있다. 1804년 간행된 그의 황표지『요괴태평기』는 다케우치 가쿠사이글・오카다 교쿠잔그림(武內確齋作・岡田玉山畵)의 독본『그림책 태합기(繪本太閤記, 1797)』의 초편3권까지를 번안한 것이다. 즉 타작가의 선행 독본을 황표지라는 장르로 번안하는 수법을 알 수 있는 것이다. 독본을 다이제스트화한 합권이 등장하기 전에 저술한 것이『요괴태평기』라는 측면에서도 문학사적 의의가 있다. 원작 단어를 그대로 차용한 점에서는 잇쿠의 독창성을 찾을 수 없지만, 독본적인 문장을 일정부분 자신의 어조로, 간략하면서 평이하게 표현하려고 노력한다. 원래 줄거리가 손상되지 않도록 하는 게 잇쿠의 기본 번안 방침이었으므로, 스토리상에서는 전혀 유머스럽지 않은 역사적 인물들을 요괴로 각색하여 원작의 행동을 요괴의 행동답게 패러디함으로써 역사독본에는 없었던 골계미를 잇쿠는 황표지에 부여할 수 있었다.

많은 작품들을 저술하기 위해 잇쿠가 취한 창작방법 중 하나는 이상과 같은 재탕, 번안이었지만 1801년부터 1804년까지 재탕, 번안된 잇쿠의 독본과 황표지를 비교분석함으로써 알 수 있었던 것은, 독본을 간략화하여 합권으로 제작하는 문학풍토가 아직 생기기 전에, 1802년 처녀작 독본(『심창기담』)과 같은 세계를 그린 황표지(『미남너구리 금박』)를 창작함에 있어서, 각 장르의 특성을 살리고 있다고 하는 점이다. 이로부터 2년 뒤, 합권에 앞서 황표지(『요괴태평기』)에서 독본(『그림책 태합기』)의 간략화를 시도하기에 이른다. 잇쿠라고 하면 안이한 저작태도를 비판하는 연구자가 많은 가운데 이와 같이 시대를 앞지르는 그의 새로운 시도는 높이 평가해 마땅하다고 생각한다.

위 두 논문에서 규명한 바와 같이, 짓펜샤 잇쿠의 '취향'은 서두에서 밝힌 일본의, 그리고 에도 시대의 전통적 문예관에 부끄럽지 않을 만큼 능숙하게 한 번 비틀고 두 번 비틀면서 새로운 맛을 내고 있을 뿐만 아니라, 의거하고 있는 작품과는 다른 색깔을 지니는 짓펜샤 잇쿠 자신의 개성이 두드러진 작품으로서, 재창작되고 있다는 것을 논증한 바이다.

2) 대중소설가로서의 창작태도 '작가희화화'

(1) '작가희화화' 취향이란

여기 제2장 1절 2)에서는 필자의 기존 논문에서 다룬 작품 외의 황표지를 중심으로 에도희작자의 창작관에 대해 좀더 구체적으로 살펴보고자 한다.

에도희작(江戸戯作)과 황표지(黄表紙)란 무엇인지, 그 개념을 재정리하는 것으로부터 출발해 보자.

웃음을 위한 갖가지 표현기교를 동원했던 소설 양식으로서 에도희작이 있다. 이 에도희작의 하위 장르 중 하나가 황표지(黄表紙, 기뵤시)이며, 대표 작자가 짓펜샤 잇쿠이다. 황표지는 삽화와 문장이 혼연일체가 된 20페이지에서 30페이지 분량으로 이루어진 그림 소설책이다. 성인들의 시사정보 오락을 목적으로 18세기 후반에 성행한 일본 특유의 넌센스 문학이라고 할 수 있다.

짓펜샤 잇쿠는 이 황표지는 물론이고, 에도 시대의 다양한 소설 장르인 골계본(滑稽本), 합권(合卷), 독본(讀本), 화류소설(洒落本), 인정본(人情本) 외에도, 만담집(噺本), 교과서(往來物), 실용문(案文類), 극본(淨瑠璃)과 같은 장르의 산문도 집필하여, 바킨(曲亭馬琴)과 더불어 근세 에도 시대의 최다 집필 작자에 속한다. 총 작품 수는 580종 이상을 헤아리는 등, 작품(戲作) 집필만으로 생활을 유지한 일본 최초의 작가이기도 하다.

그러나 짓펜샤 잇쿠는 황표지의 최대 양산 작가, 즉 최고의 베스트셀러 작가였으면서도, 현 일본학계에서 그의 선배 또는 동료들의 황표지가 긍정적 평가라는 조명을 받는 동안에도, 그의 황표지들은 주목을 받을 기회를 얻지 못하였다. 연구 자료로서 한동안 등한시되어 왔던 짓펜샤 잇쿠의 황표지를, '작가희화화'라는 창작태도에 포인트를 두고 면밀하게 검토·분석함으로써, 에도희작 특히 짓펜샤 잇쿠의 대중성확보양상을 엿볼 수 있으리라 생각한다.

이와 같은 황표지를 주 재료로 대중소설가로서의 창작태도를 살피기 위하여, 필자는 다음과 같은 방법을 선택하였다.

즉 '작가희화화' 취향이다. 에도희작은 웃음을 자아내기 위해 갖가지 표현기교를 동원하기 마련인데, 그 중에서도 황표지는 특히 작가 자신을 작품 속에 등장시킴으로써 해학성을 추구하는 방법을 종종 사용한다는 점에 주목하였다. 따라서 작자가 자신의 초상을 권두·권말에 그려 넣거나, 작자라고 생각되는 인물을 본문 속에서 활약시키는 취향, 즉 '작가희화화' 취향에 초점을 맞추고자 한다. 필자가 직접 읽은 '작가희화화' 취향을 구사한 황표지만 하더라도 59종에 달하는 방대한 이 흐름은, 반복과 변용이라는 묘미 속에 환골탈태해 가는 희작자의 창의성을 가늠하는데 있어서 적격의 관점이라고 판단하였기 때문이다.

본 1절 2)의 집필 목적을 좀더 구체적으로 살펴보면 다음과 같다.

대표적 대중소설가 짓펜샤 잇쿠의 작품은 일본의 전통 문예관에 뒤지지 않을 만큼, 자신의 개성이 두드러진 작품으로서 재창작되고 있었기에 베스트셀러작가로서 각광 받았고, 다른 희작자에 비해 한층 즐겨 구사했던 '작가희화화' 수법이 이를 뒷받침하는 중요한 요소였음을 평가하고자 한다. 한국의 고소설에서는 찾아보기 어려운 이 독특한 창작수법을 통하여 반복과 변용이라는 묘미를 겨루어야 했던 에도희작자들의 창의성을 가늠할 수 있게 되리라 기대한다.

(2) '작가희화화' 취향에 관한 논문 소개

　필자가 직접 읽은 황표지 중, '작가희화화' 취향을 구사하고 있다고 판단한 작품만 하더라도, 짓펜샤 잇쿠(十返舍一九)의 15종을 필두로, 산토 교덴(山東京傳)의 13종(1종은 滑稽本), 교쿠테이 바킨(曲亭馬琴)의 6종, 시키테이 삼바(式亭三馬)・이치바 쓰쇼(市場通笑)의 각 5종(1종은 合卷), 호세이도 기산지(朋誠堂喜三二)・도라이 산나(唐來參和)의 각 3종, 고이카와 하루마치(戀川春町)・시바 젠코(芝全交)의 각 2종, 기타 만조테이(萬象亭)・산바시 기산지(三橋喜三二)・혼젠테 쓰보히라(本膳亭坪平)・난센쇼 소마히토(南杣笑楚滿人)・가즈시카 호쿠사이(葛飾北齋)의 각각 1종씩, 총 59작품에 달한다.

　이 가운데 '작가희화화' 취향 전개사를 통해서 에도희작자의 표절・모방, 그리고 독창성을 규명하고자 교덴・하루마치・기산지의 18종, 잇쿠의 3종에 대해서는 이미 살펴본 적이 있다. 즉 교덴・하루마치・기산지 이 세 명의 '작가희화화' 취향에 대해서는 필자가 두 편의 선행논문[6]에서 상세하게 고찰했으며, 잇쿠의 3종에 대해서도 다른 두 편의 선행논문[7] 집필과정에서 같이 다루었으므로 이하 간단히 소개하고자 한다.

　그러나 본인의 위 선행논문들은 「에도 후기 희작의 작자연출방법에 대

6　[1] 「黃表紙における〈作者の戲画化〉趣向の展開史－恋川春町と朋誠堂喜三二を中心に－」, 『日本語文学』9輯, 韓国日本語文学会, 2000.9, pp.485～502.
　　[2] 「黃表紙における〈作者の戲画化〉趣向の展開史攷－山東京伝を中心に－」, 『日本学報』47輯韓, 国日本学会, 2001.6, pp.189～200.
7　[3] 「十返舍一九の黃表紙二種試読－『聞風耳学問』と『旅恥辱書捨一通』と－」, 『文献探究』37号, 文献探究の会, 1999.3, pp.25～37.
　　[4] 「에도 후기 희작의 작자연출방법에 대하여－『에이얏토잇쿠가사쿠』를 축으로」, 『日本学報』60号, 韓国日本学会, 2004.8, pp.267～284.

하여-『에이얏토잇쿠가사쿠』를 축으로」를 제외하고 전부 일본어로 집필
하였기에, 여기에 그 요약문을 한글로 번역 소개하겠다.

[1]「황표지에 나타난 '작자의 희화화' 취향의 전개사 고찰 －고이카와 하루마
치(恋川春町)・호세이도 기산지(朋誠堂喜三二)를 중심으로－」: 일본 특유의 문
학 양식인 에도 희작의 한 장르로서, 황표지가 있다. 에도 희작은 웃음을 자아
내기 위해 갖가지 표현 기교를 동원하기 마련인데, 그 중에서도 황표지는 특히
작가 자신을 작품 속에 등장시킴으로써 해학성을 추구하는 수법을 종종 사용하
고 있음을 알게 되었다. 그러나 이른바 '작가의 희화화'라고 할 수 있는 황표지
의 이 중요한 취향에 대하여, 체계적으로 충분히 분석 정리한 논문이 아직 없다.

'작가의 희화화'란 작자가 작품 속에서 자신을 노출시키는 태도를 말하는데,
에도 희작에 있어서 가끔 구사되는 수법이다. 특히 황표지의 경우, 서문・발문
과 같은 권두・권말에서 자화상과 더불어 대사를 늘어놓거나, 혹은 작품 속 등
장인물이 되어 줄거리에 관여하기도 한다. 작가의 희화화란 이와 같이 작자의
초상을 권두・권미에 그려 넣거나, 작자라고 생각되는 인물을 본문 속에서 활
약 시키는 취향을 일컫는 용어로서 필자는 사용하고 있다.

그러나 본고에서는 지면 관계상, 고이카와 하루마치(恋川春町)와 호세이도
기산지(朋誠堂喜三二)의 황표지에 초점을 맞추어 논한 뒤, 전체 황표지에 나타
난 작자의 희화화 취향 전개는 개별 작품의 고찰 과정은 생략하고 도출된 결론
만 도표의 형식을 빌어 서술하였다.

즉, 서문・발문, 혹은 본문의 처음과 끝에 작자를 등장시키는 수법은, 황표지
의 초기부터 취향으로 이용되었지만, 1780년에 접어들면서 하나의 틀로서 정
착하게 되었음을 증명해 나갔다. 요약하면, 고이카와 하루마치(恋川春町)・호

세이도 기산지(朋誠堂喜三二)에 의해 개척된 작가의 희화화 취향이, 산토 교덴 (山東京伝)·도라이 산나(唐來參和)·시바 젠코(芝全交)에 이르러 틀로서 인식 되고, 짓펜샤 잇쿠(十返舍一九)에 이르러서는 더욱더 내막 폭로 사상과 결부하 여, 우행을 되풀이하는 작자가 묘사되는 과정을 분석 정리 할 수 있었다.

[2] 「황표지에 나타난 '작자의 희화화' 취향의 전개사 고찰—산토 교덴(山東京 伝)을 중심으로」: 1775년부터 1806년까지 출판된 구사조시 2천여 작품의 총칭 으로 '황표지'가 있다. 이는 무가의 상층작자들에 의해 개척된 장르이나 그 후 활약하는 상인 작자층을 대표하여 산토 교덴이 있다. 그가 일생 동안 집필한 황 표지 약 120작품 중 본고에서는 불과 12작품만 텍스트로 선정하였으나, 총체적 인 "황표지의 '작자 희화화' 취향 전개사"를 위한 금후 과제의 첫 걸음이라는데 의의를 두고 싶다. '작자의 희화화'란 작자라고 생각되는 초상화를 권두 권말에 두거나 본문 중에 작자의 모습을 지닌 인물을 등장시킴으로써 작자자신을 희 화화하는 취향을 가리킨다.

교덴의 황표지를 전기와 중기, 관정개혁을 경계로 해서 후기로 나눌 경우 다 음과 같이 교덴 황표지의 '작자 희화화' 구상 전개사를 요약 할 수 있겠다.

전기: 1782년부터 1785년까지 교덴은 화공에서 황표지 작자로 변모하는 모 습을 서두인사(口上)에서 피로한다. 자화상을 다로카자(太郎冠者) 모습으로 그 리고는 자기소개하기도 하고 작품의 창작동기를 농담조로 말하기도 한다.

중기: 개혁의 바람이 불면서 교덴은 작품 서두에 자기 자신과 여동생을 그리 거나, 교덴의 표상인 납작코로 작중에 등장하거나, 어디까지나 스토리를 인도 하는 안내인, 그리고 구경꾼의 역할을 시키고 있었는데, 관정개혁이 한창일 때 는 작자의 실패담이라는 형태를 차용하여, 스스로를 철저하게 놀려대는 수법

을 처음으로 사용, 주역으로써 사건의 당사자가 된다. 혹은 또다시 예복차림으로 등장하여 "어린이 여러분"이라고 하는 말을 인사말(口上)에서 강조하기도 한다. 그리고 납작코 교덴이 야담가(講釈師)의 모습으로 본문 서두에 등장하는가 하면, 독자를 대표해서 지나치게 멋을 부리는 풍조를 훈계하는 조역으로 등장하기도 한다.

후기 : 관정개혁이 시작되면서 특히 교훈성을 의식하게 된 교덴은 납작코로 자신의 초상을 희화화하고는 있지만, 본문서두와 말미에서 지극히 진지한 언사를 하는 작품들을 집필한다. 그러나 이윽고 1804년『작자태내 10개월 그림(作者胎內十月図)』에서 주먹코 교덴이 임산부 모습으로 그려져 희작의 씨앗을 낳을 때까지의 고통을 묘사함으로써 작자희화화 수법의 정점에 다다른다.

[3] 짓펜샤 잇쿠의 황표지 2종 탐독 ─『어설픈 귀동냥(聞風耳学問)』과 『여행 중 수치를 써서 버린 한 통(旅恥辱書捨一通)』 : 본고에서는 잇쿠의 황표지 중 두 작품을 선정, '작자의 희화화'라고 하는 관점에서 고찰하였다. 문학사상에서 가장 많은 황표지 작품을 산출한 잇쿠는 작중에서 자신을 광대역할로 설정, 실패담이라는 형식 하에 미련한 모습을 연출한다. '작가'라고 하는 명예를 내세우는 일 없이 항상 독자에게 저자세로 일관하는 잇쿠의 태도가 자연히 '작자의 희화화'라는 제재와 결부되었다고 생각한다.

본고에서 논하는 『어설픈 귀동냥』은 18페이지부터 마지막 30페이지까지 잇쿠를 주인공으로 한 이야기로 『여행 중 수치를 써서버린 한통』과 마찬가지로 벌거숭이 지경이 되는 우행을 묘사하고 있다. 『어설픈 귀동냥』의 전체적 구상은 귀에 얽힌 에피소드, 이원적 구성, 작자의 희화화라고 할 수 있다. 이른바 귀와 관련되는 관용어의 근원을 억지로 갖다대면서 작품 전반부에서는 귀의 신령이 담당하는 인간 옆에서 인간행동을 빗댄 포즈를 취하거나 대사를 하고, 후반부에서는 작자자신을 피에로 역으로 삼아 창피를 모르는 '잇쿠'라고 하는 인물을 창출하고 있다. 한편 부분적 구상으로는 자신의 내막을 폭로하거나, 유녀·기생집과의 교류를 천착하거나, 외설적인 해학을 표출하고 있다. 그 중에서도 '창피'라고 하는 용어와 결부시켜 작자의 구사조시 창작관을 피로하기도 한다. 작품본문의 서두 형식은, 천상계(지옥)를 세계로 하여 하늘님(염라대왕)과 그 부하(귀의 신령)라고 하는 도식을 도입한다. 그리고 본문의 마무리 형식은 마치 꿈에서 깨어나 현실로 되돌아간 것처럼, 기다랗게 된 귀도 정상으로 돌아가고 "경사로다 경사로다"라고 하는 축사로 끝난다.

같은 1802년에 간행한 자신의 골계본 『난소지방기행문(南總記行旅眼石)』의 황표지 판이라고 할 수 있는 『여행 중 수치를 써서버린 한통(旅恥辱書捨一通)』에서는 전체적 구상으로서 본문 첫머리에서 마무리까지 철저하게 자신을 희화화하고 있다. 주인공이 되어 한껏 바보스런 짓을 하는 것이다. 철두철미하게 작자자신을 어릿광대로 만들어 아는 체하는 반가통, 촌뜨기가 되더니 반나체를 독자들 앞에서 피로하기에 이르는 완전한 '작자의 희화화'이야기라고 할 수 있다. 이 나체 건을 강조하듯이 일부러 재담(小咄)까지 인용한다. 결국에는 골계본의 『도보여행기』 또는 『난소지방기행문』에 등장하는 유녀 또는 저급창녀를 둘러싼 실패담을 재이용하면서 그 중의 한 에피소드를 과장 확대시키고 동시에 잇쿠 장기인 사실성(寫實性)을 살려서 황표지답게 넌센스한 웃음을 불러일으키도록 재창작한 작품이라고 할 수 있다. 그리고 본문 말미의 형식은 전술한 『어설픈 귀동냥』에서도 본문 중간에서는 귀가 기다랗게 되어 추태를 보였으나 말미에서는 정상적인 초상으로 되돌아갔듯이, 본 작품에서도 나체를 말미에서는 보이지 않고 정월명절의 경사스런 자리를 연출하면서 작자와 출판사의 관계를 언급하는 것으로 막을 내리고 있다.

이와 같은 작자의 자기 노출의 태도는 에도희작 초창기의 흑본(黑本)·청본(靑本) 시대부터 종종 구사된 수법이었다. 그러나 본문의 서두와 말미뿐만 아니라 작중 주인공으로써 스토리에 관여하면서 특히 철저한 어릿광대 역할을 하는 〈작자의 희화화〉 취향을 맘껏 구사했던 희작자는 잇쿠라고 할 수 있다.

[4] 에도 후기 희작의 작자연출방법에 대하여 – 『겨우 지어낸 잇쿠작품』을 중심으로 : 본고에서는 『겨우 지어낸 잇쿠작품』이 짓펜샤 잇쿠의 저작물 중에서 문학사적 가치가 높은 작품임에도 불구하고, 지금까지 번각된 적이 없음은 물론이고, 면밀한 분석의 대상이 된 적조차 없음에 착안하여, 에도 후기 희작의 '작자연출방법'을 고찰하기 위한 한 매개체로서 『겨우 지어낸 잇쿠작품』을 축으로 하는 잇쿠의 취향에 대하여 고찰해 보았다.

『겨우 지어낸 잇쿠작품』에 앞서 3년 전 『짓펜샤 희작의 재료(十返舎戯作種本)』에서 잇쿠는 자신의 실패담인 것처럼 견강부회하여 자신을 연출시킴으로써, 희작창작에 필요한 요소를 명확하게 제시하고자 하였다. 그 중에서도 '교훈'을 희작에 있어서 중요한 요소로 인식하는 가운데, 익살(洒落)·잡담(無駄)·동음이의어(地口)를 아우르는 교훈관을 제시하였다.

그리고 1802년에 잇쿠는 13종의 황표지를 간행한다. 그 중 아홉 작품에 작자 자신이 직간접적으로 출연하고 있다. 그만큼 작품 속에서 다양한 자기연출을 시도하게 되는데, 『겨우 지어낸 잇쿠작품』은 전체적 취향으로서 창작에 고심하면서도 실패를 거듭하는 잇쿠 자신의 내막이야기, 즉 스스로를 희화화시키는데 온힘을 기울인 작품이다. 작자를 피에로로 만들기 위하여 각종 수사법을 총동원하는 가운데 "구사조시작품에 없어서는 안 될 녀석들"(草紙になくてか

わぬてやい)로서 위 익살(洒落) · 잡담(無駄) · 동음이의어(地口)를 드는 등, 당시 잇쿠의 표현의식을 표명하기도 한다.

이와 같이 황표지의 최대양산 작가였던 잇쿠는 종종 스스로를 어릿광대 역으로서 실패담 속에 등장시킴으로써 어리석은 모습을 연출하였다. 때로는 철부지로, 때로는 바보로, 시골 기녀에게까지 맥을 못추는 작품 속 잇쿠의 모습은 『동해도 도보여행기』의 두 주인공 야지기타(弥次 · 北八)를 연상시킨다. 희작상의 픽션임을 독자들도 충분히 이해하면서도 자신의 용모조차 웃음의 대상으로 삼는 잇쿠의 대중소설가로서의 철저한 서비스 정신이 독자들을 끌어 당겼던 것이리라. 미하일 바흐친이 "우리를 웃게 만드는 모든 것은 가까이 있는 것이고 모든 희극적 창조성은 최대한의 근접영역에서 발휘된다."고 했듯이, 잇쿠의 '자기연출법'이야말로 일반 독자들을 웃을 수 있게 하는데 뛰어난 효용성을 지닌 기법이었던 것이다.

(3) 잇쿠의 자기연출 '작가희화화'

18세기 말엽부터 19세기 초반 사이에 간행된 '작자희화화' 취향의 황표지 59작품(1종은 슴卷) 외에도, 일본고전문학사상 최고의 베스트셀러작가 중 한 명이라고 할 수 있는 짓펜샤 잇쿠의 작품들을 읽다보면 부분적으로 '작자희화화'를 사용하는 황표지를 더 발견할 수 있었다. 짓펜샤 잇쿠의 선행 희작자로서 저명한 이치바 쓰쇼(市場通笑) · 호세이도 기산지(朋誠堂喜三二) · 도라이 산나(唐來參和), 그리고 동시대 희작자로서 라이벌이라고도 할 수 있는 산토 교덴(山東京傳) · 시바 젠코(芝全交) · 교쿠테이 바킨(曲亭馬琴)의 창작태도에 비하여, 잇쿠가 '작자희화화'라는 취향에 얼마만큼 몰두하고 있었는지 새삼 깨닫게 되었다.

따라서 기존의 필자 논문에서 언급한 적이 없는 새로운 작품들에 부분적으로 사용된 '작자희화화' 취향을 우선 살펴보고자 한다. 이러한 부분적 사용을 거쳐 이윽고 총체적 사용으로 발전한 두 작품, 『잇쿠, 겨우 창작하다(屈伸一九著)』와 『여행 중 수치를 써서 버린 한 통(旅恥辱書捨一通)』은 기존 논문에서 언급한 바 있으나 '작자희화화' 취향의 집대성이라는 면에서 아주 중요하다고 생각되므로 여기에서는 예문을 통하여 재확인 해보고자 한다.

이리하여 현재 학계의 평가가 높은 다른 희작자들보다, 당대에는 잇쿠가 대중소설가로서 성공할 수 있었던 요인, 그리고 그의 개성이 '작자희화화'라는 취향을 통하여 발휘되었음을 논하고자 한다.

① 작가희화화 취향의 부분적 사용

㉮『귀명정례 기묘한 자식받침대의 지팡이(奇妙頂礼胎錫杖)』(1797)

잇쿠의 희작문단 데뷔작 중 하나인 본 작품의 내용은, 승려가 짚고 다니는 석장지팡이를 사람의 씨앗에 비유하여, 석장지팡이가 사람의 형태를 갖추게 되면 돌받침대에 옮겨 심는다, 따라서 사람은 누구나 받침대를 갖고 있다, 는 황당무계한 스토리가 본문을 이룬다. 그리고 마지막 페이지에서는 작자 잇쿠를 희희최해서 등장시킴으로써 이 본문 내용을 부정 또는 야유한다. 15장 뒷면(〈도판 1〉)을 번각해 보자.

　홀연히 잇쿠 앞에 나타난 도깨비는, "인간을 당근, 무인 냥 밭에 심어서 만든다고 하는 거짓말쟁이!" 라며 혀를 뽑아 버린다. 그래서 혀가 하나가 되어(혀 두

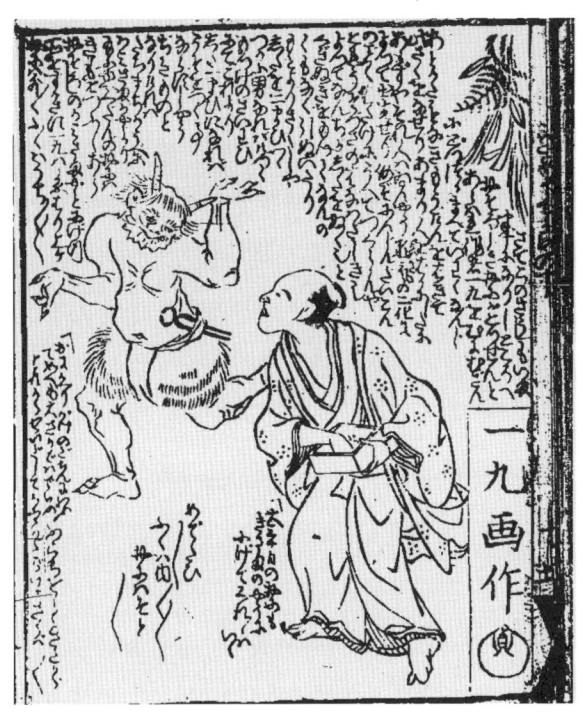

〈도판 1〉『奇妙頂礼胎錫杖』(15장 뒷면)

개는 거짓말을 뜻함) 정직한 사람이 되었으므로, 도깨비가 도망가는 것을 "귀신은 밖으로 밖으로, 복은 안으로 안으로"라며 잇쿠는 콩을 뿌린다. 도깨비가 귀갓길에 선심 쓰며 말한다. "네놈도 오사카에서는 아주 몹쓸 짓을 했었으니까, 앞으로는 부지런히 버는 게 좋을 거다. 그럼 안녕이다 안녕."[8]

8　「こつぜんと一九の前に現れた鬼は、人間をにんじん・だいこんのように畑に植えて作るといったうそつき者だと、舌を抜いてしまう。それで一枚舌になり、正直者になった故、鬼が逃げて行く所を、「鬼は外々福は内々」と一九は豆をまく。鬼帰りがけのだちんにいふ。てめへも大さかで、でいぶふらちをしてきたから、これからせい出してかせいだがいゝ。さらば／＼」이상은 동경도립중앙도서관소장 가가문고본을 이용 번각했음.

거짓말로 본문을 썼다고 작자 스스로를 비판하고 있는 것이다. 거짓말
쟁이는 혀가 두개라고 하니 혀 하나를 뽑고, 에도 문단에 데뷔하기 전 오사
카에 살았던 작자 잇쿠의 나쁜 행실(방탕한 생활로 데릴사위를 쫓거난 듯함)까지
지적하는 등, 자학에 가까운 창작 수법을 전체적 취향은 아니지만, 마지막
장에 등장시킴으로써 지금까지의 본문 내용을 뒤집어버리는 효과를 갖게
하고 있다. 희작의 처녀작부터 잇쿠는 자신의 주요 창작 기법으로 '작자희
화화'를 선택했음을 알 수 있다.

    ⊕ 『돋보기 들판의 어린 풀(虫看鑑埜辺若草)』(1798)
    이듬해에 간행한 『돋보기 들판의 어린 풀』은, 뱀은 괄태충을, 괄태충은
개구리를, 개구리는 뱀을 무서워한다는 속담에 의거하여, 삼자가 서로 견
제함으로써 누구도 자유로이 움직이지 못하는 상황을 곤충의 의인화로 그
려낸 황표지이다. 뱀과 개구리와 괄태충이 지렁이처자를 흠모하여 싸움을
벌이는 내용이 본문 스토리이다. 이 싸움을 말리기 위하여 14장 뒷면과 15
장 앞면에 등장하는 것이 작자 잇쿠이다.
    이어지는 마지막 페이지 15장 뒷면(〈도판 2〉)에는

    하늘에서 볼 때는 같은 세계의 벌레이다. 그 벌레라고 하는 증거를 가까이서 찾
아서 말씀드릴 것 같으면 우선 저입니다. 왜냐라고 하시겠지요. 우선 이런 하나
도 재미없는 작품을 쓰고, 창고 벽의 낙서 같은 그림을 그려댄 주제에 의기양양해
하니 뻔뻔스럽기 그지없네, 이를 염치없다(일본어로 '벌레가 좋다')며 웃으시겠
지요. 식충이는 아무래도(이어지는 'きもがいい' 해석 불가. '대담하다'?).[9]

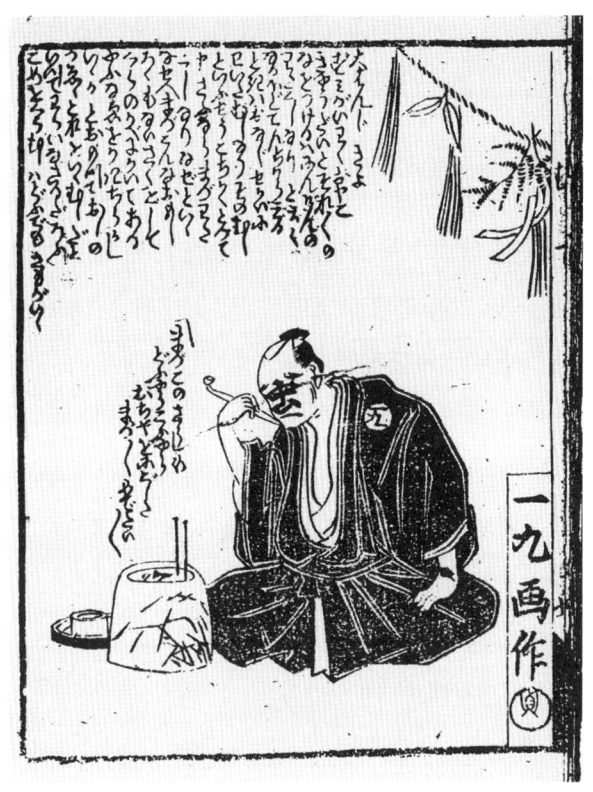

〈도판 2〉『虫看鑑埜辺若草』(15장 뒷면)

라고 하며 작자 자신도 벌레라는 사실을 새삼 강조하듯이 얼굴에 크게 벌레 '충'자를 새겨 넣은 작자 잇쿠가 곰방대를 들고 앉아 있다. 작자자신을 벌레와 동류라고 단정한 뒤, 그 이유는 작품 내용이 재미없을 뿐만 아니라

---

9 「てんちから見る時は、同じ世界にわいた虫なり。其虫といふ証拠ちかくとって申さふなら、
まづわたくしなり。なぜといゝなせへ。まづこんな面白くもない作をして、くらのかべにかい
てあるやぶな絵をかきちらかし、いゝかと思つておしのつゑゝ。これをいゝむしだといつてわ
らひなさるだらう。米をくう虫はどぶでもきもがいい。」이상은 동경도립중앙도서관소장본을
이용 번각했음.

화장실벽에 그려져 있는 낙서와 같이 서투른 삽화를 그렸기 때문이라고, 이번에는 자신의 글뿐만 아니라 그림까지 비하하는 발언을 하는 것이다.

㉓『적본의 쥐 흑본의 여우 두 이야기 혼인 기담(赤本鼠黒本狐 両説嫁入奇談)』(1799)
『적본의 쥐 흑본의 여우 두 이야기 혼인 기담』의 본 스토리는 여우와 쥐를 의인화한 혼인담이라고 할 수 있다. 그러나 이 이야기가 8장 앞면에서 끝난 뒤, 8장 뒷면부터 10장 앞면까지는 '추가'라는 형식으로 작자 잇쿠의 혼인 실패담을 싣고 있다. 이 '추가' 내용을 근거로 나카무라 유키히코는 일본고전문학전집『동해도 도보여행기』해설에서, 잇쿠가 실제로 오사카에서 연상의 처자에게 데릴사위로 들어갔을 가능성을 제시하고 있다. 수수께끼에 둘러싸인 20대를 보낸 잇쿠의 오사카시절을 해명할 열쇠가 되는 부분이기도 하며, 자신의 과거폭로 형식이 '작자희화화' 취향을 사용하고 있으므로 여기에 번각해보고자 한다.

추가 : 여우와 쥐 이야기도, 행복하게 잘 살았단다 하고도 2장 정도의 종이가 남았으므로, 부득불 지금부터 잇쿠의 참회이야기를 하겠습니다. 각설하고, 제가 훨씬 젊었을 적 볼일이 있어 이즈모 지방에 가서 이즈모대신사에 참배하고 툇마루에서 쉬다가, 여행으로 지쳤는지 그만 꾸벅꾸벅 졸고 말았습니다. 날이 저물어 문득 잠에서 깨었는데, 신사 안에는 등불이 어마어마한 가운데, 일본 전국의 신들이 모여 후손들의 인연을 맺어주고 계셨소. 하나하나 장부를 넘기시더니, 여기 잇쿠 라고 하는 자의 인연은 어찌된 걸까, 라는 회의. 신 한분이 말씀하시기를, 이 자는 오사카 다이후쿠 마을의 에비스야 다이에몬 딸을 짝지어 주어야 한다고 말씀하셨다.[10]

〈도판 3〉『赤本鼠黒本狐 両説嫁入奇談』(8장 뒷면, 9장 앞면)

이상은 8장 뒷면(〈도판 3〉)으로, 신사 툇마루에서 곰방대를 입에 물고 여행객 차림의 잇쿠가 졸고 있는 옆모습이 그려져 있다.

잇쿠는 이즈모대신사에서 자신의 결연 이야기를 듣고 신기하게 생각하여 즉

---

10 追加：狐と鼠の話も、市が栄へてまだ二枚ほどの紙が残り、よんどころなくこれから八一九が懺悔はなしを致しませう。さてわたくしぐっと若い時に用事あっていつものくに(出雲の国)へまいり、大やしろへ参詣し、ゑんがはに休みいたりしに、旅くたびれの記しにや、ついとろ／＼とやらかし、日暮れてふっと目を覚ましみれば、やしろの内にはとうめう(灯明)すさましく、てうしにっぽんの神々集まり、氏子(うぢこ)／＼の縁結びをなし給ふ。たん／＼てうめん(帳面)を繰りたまい、こゝに一九といふものゝ縁はどふしたものだろふ、との御評議、一人の神様のたまいけるは、この者は、なにはづの大福町にて恵比寿屋たい衛門が娘にめやわすへしと、のたまいける。이하 본 작품은 일본 국회국회도서관소장본을 사용하여 번각했으며, 한자와 쉼표는 필자에 의함.

시 오사카에 왔다. 지인에게 부탁하여, 한편 다이후쿠마을의 에비스야라는 것은 있는지 조회하니, 모르는 사람이 없는 집주인으로 땅도 상당히 있는데다가 돈도 있다고 듣고 잇쿠 매우 기뻐하며, 드디어 그 다이후쿠마을에 연줄을 찾아 셋집을 빌렸는데, 어느새 이 에비스야의 딸이 잇쿠에게 첫눈에 반했는지 연모하여, 단골로 드나드는 사람에게 은밀히 부탁해서 혼인 이야기를 물어보러 왔다. 이 때 잇쿠 나이 마흔에 가깝다. (이후 5글자 : 해석불가) 라면 모르지만, 이런 중년에게 반하다니 엉뚱한 처자다 라고 생각할 정도였다. 중매쟁이 "혼수는 바라시는 대로, 그리고 따님과 가게를 따로 즉시 내주겠다고 하시오. 특히 처자는 보통 이상으로 굉장히 아름다운데, 어떻소 어떻소?"[11]

이상은 9장 앞면(《도판 3》)으로 중매쟁이가 잇쿠에게 혼인을 권하고 있는 그림이다. 여기서 잇쿠의 입가에는 주름이 잡혀있으며 마흔 살이 가깝다고 본문에서 밝힌 바와 같은 용모로 그려져 있다. 바로 전 장면에서는 지금보다 훨씬 젊었을 적 일이라고 해 놓고서는, 갑자기 본 장면에서 잇쿠의 1799년 현재 나이 35세보다도 많은 나이로 재설정하고 있다. 너무 사실적으로 묘사되는 것을 일부러 피하기 위함이 아닐까 생각된다.

11　一九は出雲の大社にて我が縁組の事を聞き、不思議に思い、早速難波へ来たり。知る辺(しるべ)の方へ頼りて、さて大福町の恵比寿屋といふはありやと聞きやはすれば、誰知らぬものなき大家にて、地面もよっぽどあり、金もありと聞き、一九大きに喜び、やがてその大福町へ伝手(つて)を求めて店(たな)を借りけるに、いつの間にやこの恵比寿屋の娘、一九を見初めて恋い慕い、内証にて出入りの者を頼み、縁談の事を聞きやわせに来る。この時一九四十に近しおふね○○はいざ知らず、このおやちに惚れるといふはとんだ娘だと思ふくらいなり。仲人「支度金は望み次第、そしておむすと直(ぢき)に店(みせ)を出してやるとの事、殊に娘は十人並みにすぐれて美しいが、どふだ／＼。

중매쟁이 말이라고 하는 것은 믿을 바 못되는 법, 좋은 말 일색으로 상담이 성립하여 잇쿠 데릴사위로 들어갔는데, 과연 혼수는 아무것도 필요 없다, 알몸뚱이 하나로 족하다고 말할 법하다. 그 집에 갔는데 어떤 옷도 입혀주는 기색도 보이지 않고, 이쪽에서 알몸으로 간 것을 구실삼아 계약이 성사된 것이라 하고, 뛰어나게 아름다운 처자라고 중매쟁이가 말한 것은 그 여동생이었고, 당사자의 얼굴은 사람인지 괴물인지 전혀 분간할 수 없다. 몹시 뒤얽힌 복잡한 얼굴생김새, 게다가 장님이며, 절름발이이다. 마흔이나 되는 낯짝의 잇쿠를 흠모했다는 것도 당연지사, 이 여자 명색만 아가씨일 뿐, 나이는 쉰 살이나 되는 연상이다. 제 아무리 재물이 많다한들 이래서는 안된다고 어느 날 밤 잇쿠는 뛰쳐나와 도망쳐 돌아왔다. 어쨌든 좋은 곳에 공짜로 가려고 하면 이런 일을 곧잘 당하는 법이니까 미치지 못하는 희망에 마음을 쓰는 것은 큰 손해. 나는 대체로 염치가 없어서 대부분의 일들은 참습니다만, 이 것만은 두 손 다 들었소. 도망쳐 돌아온 뒤에도 그 얼굴이 눈에 아른거려 3년 정도 앓았습니다. 이거 참 창피한 이야기를 들려드렸습니다.

(여자로부터 도망치며 말하는) 잇쿠 "내가 이제 욕심도 이득도 필요 없다고 말할 정도니까 예삿일이 아니여. 우선 목숨을 부지하고 볼 일일세. 제발 제발, 용서해 줘 용서해 줘, 야 살인자 살인자, 맞서 싸워라 맞서 싸워라 맞서 싸워라!"[12]

---

12 仲人ぐちといふものは、あてにならず、上手い事づくめに相談整い一九婚入りして行ったところが、なるほど支度は何にも要らぬ、丸裸で良いと言ふはづ、むかふへ行ったところが、何も着物を着せるていも見へず、こっちから裸で行ったなりに手打っちゃっておき、とんだ美しい娘だと仲人の言いしは、その妹の事にて、とうにんの顔は人か化物か一向に分からぬ。とんだ入り組んでむつかしい顔付き、その上めくらなり、ちんばなり、四十面下げたる一九を恋焦がれたるも最も、この女名ばかり娘にて、年は五十の上なり。なんぼ銭金が沢山でもこれではならぬと、或る夜一九は駆け出して逃げ帰りたり。とかく良いところへ只行かふとすると、こん

9장 뒷면과 10장 앞면(〈도판 4〉)에 해당하는 이 장면의 삽화는, 잠자리를 박차고 도망가는 잇쿠와 그런 잇쿠의 소맷자락을 붙잡는 용모가 추한 여자가 그려져 있다. 다나하시 마사히로는『황표지 총람』중편, 본 항목에서 '아가씨가 쉰이 넘은 사팔뜨기인지라 놀라 도망친다(娘は五十過ぎの眇で、驚き逃げ出す)'라고 해설하고 있는데, '몹시 뒤얽힌 복잡한 얼굴생김새'(とんだ入り組んさむつかしい顔付き)를 '사팔뜨기'를 묘사한 것으로 간주하고 있는 것

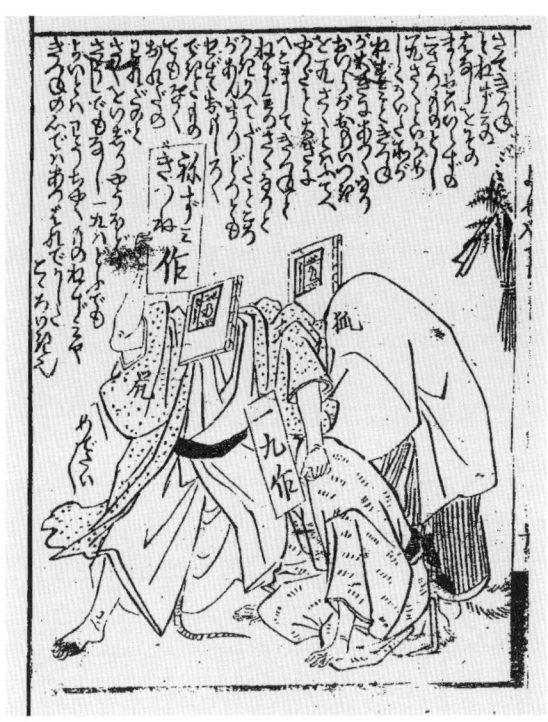

<도판 5> 『赤本鼠黒本狐 両説嫁入奇談』(10장 뒷면)

같다. 재고해야 하지 않을까.

잇쿠는 31살에 에도 희작문단에 등단한다. 등단하기 전 20대에 오사카에서 데릴사위로 들어갔으며 무슨 이유에서인지 이혼했다는 것은 대체적으로 인정받고 있는 사실이다. 본 추가 장면에서 추정할 수 있는 사항은 아마도 10살 이상 연상의, 용모가 아름답지 못한 부잣집 딸에게 빈 몸으로 장가갔다가 뛰쳐나온 것 같다는 정도이다. 작자 잇쿠의 실제 실패담을 황표지답게 부풀려서, 여자의 용모를 괴물 내지 장애인이라고 까지 비하하면서 자기 자신을 희화화함과 동시에 과거의 아내까지 희화화하고 있는 것이다.

이어지는 마지막 장면(〈도판 5〉)은 추가 내용에서 벗어나 여우와 쥐의 혼인담이라는 본 스토리를 마무리하는 내용이 된다. 이 또한 작가 잇쿠의 또다른 회화화라고 할 수 있는데, 여우와 쥐가 자신들의 세계를 그대로 차용했음에도 불구하고 '잇쿠작'이라고 마지막 페이지에 적는 것은 어불성설이다, '쥐와 여우 작'이다, 라고 쓴 팻말을 처든 쥐와 여우 앞에 사죄하듯 무릎을 꿇고 앉아 있는 잇쿠가 그려져 있다.

㉣『다케모토 기다유가락 무사(竹本義太夫武士)』(1799)

위 작품과 동일한 1799년에 간행한 『다케모토 기다유가락 무사』는, 기다유가락(인형극의 대본)에 흠뻑 빠진 낭인을 다케모토극단(竹本座)의 원조 다케모토 기다유(竹本義太夫)에 억지 빗대어 전 문장을 기다유가락조로 쓰고 있다. 약간 모자란 듯한 산스케(三介)라고 하는 인물이 다케모토 기다유 집에 봉공인으로 고용되면서 전개되는 실수담이 본 스토리라고 할 수 있다. 그리고 마지막 10장 뒷면(〈도판 6〉)에서 이 산스케는 실은 희작의 소재를 찾아 온 잇쿠, 라고 다음과 같이 밝히면서 막을 내리는 것이다.

그 때 산스케 자세를 가다듬고, 저로 말씀드릴 것 같으면 실은 하세가와마을에 사는 짓펜샤 잇쿠라고 하는 게으름뱅이. 이 집주인인 기다유님이 조루리가락을 좋아하신다고 전해 듣고 뭔가 희작의 소재로 삼으려고 본모습을 속이고 숨어들었습니다. 옳거니, 농담이려나 잡담이려나 다케모토의 집안에서의 행동거지, 이야말로 이야깃거리라고 적은 종이부스러기 …… [13]

---

13 「その時三助いぎつくろい、それがしまことは長谷川町の住人、十返舎一九といへるなまくら

　결국 작품의 주인공으로 바보스런 실수 — 절구공이로 할복하려고 한
다든지, 사랑의 도피를 했다가 배고파서 돌아온다든지 — 를 연속하는 산
스케가 실은 잇쿠였다는 결말은, '작자의 희화화'를 작품의 전체적 취향으
로 사용하는 바로 전 단계까지 와 있음을 보여주는 작품이라 하겠다. 이 산
스케의 얼굴은 잇쿠의 초상화로 그린듯하다는 점도 본문에서 이미 잇쿠를
염두에 두고 산스케를 묘사했다는 점을 방증한다. 이 마지막 장면에서 잇

者。この家(や)のあるじ義太夫どの、浄瑠璃好きと伝へ聞き、何がな戯作の種にもと姿をやつ
し入りこみしに、ハヽアちゃなるかな無駄なるかな、竹本氏の家内の振舞ひ、これこそ話の種
本とつゞりし紙かず、」이상은 동경도립중앙도서관소장 가가문고본을 이용 번각했음.

쿠는 '壽'·'福' 이라고 적힌 연을 양손에 들고 앉아 있는데, 코가 납작코로 그려져 있으므로 용모까지 희화화하였다고 할 수 있다.

② 작가희화화 취향의 총체적 사용

㉮ 『잇쿠, 겨우 창작하다(屈伸一九著)』(1802)

빚 독촉에서 벗어나기 위해 가시마신사 참배를 하고 에도로 돌아온 잇쿠는 출판사로부터 작품 독촉에 시달리게 된다.

잇쿠가 말하기를, 다른 때라면 뱃속에는 작품의 취향이 아물거리고 있습니다만, 올해는 이제 뱃속에는 아무것도 없소. 라고 하니 출판사, 아니 아니 네 놈 배에 없다고 하는 게 말이 안된다, 며 졸라댄다. 잇쿠, 정 그렇다면 뱃속을 보여드리지요, 라며 갑자기 마음을 쩍 열어서 보이니, 뱃속은 실로 각등을 발로 차부순 것처럼 작품의 취향도 아무것도 없다. (…중략…) 잇쿠는 원래 굉장한 식탐가였으므로 보이는 것마다 전부 먹고 싶어 해서 시골에서 여러 가지 먹어보지도 못한 것을 무턱대고 먹어치우니 설사가 나서 배는 실로 각등을 발로 차 부순 것처럼 되었으므로 작품을 쓸 수도 없었다. (…중략…) 잇쿠는 천성적으로 게걸스러운 남자로 무엇이든 남기는 것을 싫어해서 이것저것 배가 터질 정도로 먹었는데, 이제는 일어설 수도 없게 되어 괴로운 배를 양손으로 쓸며 문득 배를 한빈 두드리니 북처럼 둥하고 울리길래, 이 것 참 신기하다고 웃을 벗어보니 배에 소용돌이 무늬가 나타나 북이 되었으므로 두들기니, 둥둥, 이것 참 묘하다고 혼자서 두드리고 있자, 이웃에서 몰려들어 재미있어하며 저마다 두들겨본다. 그리하여 지나치게 많이 먹었을 때 '배는 북이 되었다'고 함은 이 때부터 시작! 시작![14]

〈도판 7〉『屈伸一九蓍』(2장 뒷면・3장 앞면) : 출판업자에게 배를 열어 보이는 잇쿠

이와 같이 작품의 제재를 고민하다 못한 잇쿠는 배(한국식으로는 머리)야
말로 제재가 나오는 곳이라 생각하여 한배 가득 먹어치웠지만 배는 북이
될 뿐으로 새로운 제재는 나오지 않는다. 요시와라 유곽에 놀러간 잇쿠는
침실에서 혼자 외로이 배 북을 치고 있으려니 이를 훔쳐 본 젊은 유녀(新造)
가 깜짝 놀라 그대로 도망가 버렸다. 다른 유녀들이 배 북을 재미있어하며

---

14 「江戸後期戯作의 作者演出 方法에 대하여─『屈伸一九蓍』를 축으로」, 『日本学報』 60号, 韓国日本
学会, 2004.8, pp.267~284에『屈伸一九蓍』 원문 전체를 번각하여 수록하였다. 본 번역의 일본어
원문은 pp.278~279에 해당하므로 참조 바란다. 졸저『짓펜샤 잇쿠 작품선집』에 해당 작품의 한
국어번역본을 게재하였음. 본 작품은 시즈오카 시립중앙도서관 기무라문고본을 이용하였다.

두들겨 대자 망가진 배 북의 갈라진 틈새로부터 지혜(智惠)가 도주하고, 남은 동음이의어(地口)・익살(シャレ)・잡담(ムダ)・서문(序)이 모여서 상담해 보지만 지혜가 없는지라 소용이 없었다. 그래서 잇쿠는 지혜롭기로 유명한 문수보살・구스노키 마사나리(楠正成)장군・들원숭이(山猿)로부터 지혜를 빌리려고 하지만 잘 안 되고, 작품을 집필하지 못한 채 출판사 이와토야(岩戶屋)에 상담하자, 그럼 작품을 집필하기위해 지금까지 고생한 경위를 쓰라고 해서 완성된 게 본 작품이다, 라고 하며 막을 내린다.

이처럼 작자 스스로 등장하여 작품구상에 고심하면서 실패를 거듭하는 '작자희화화'취향이 전형적으로 발휘된 이 작품에는, 잇쿠가 그 이름 그대로 주인공으로써 전 페이지에 걸쳐 자화상을 보인다. 그의 희작자로서의 독특한 자부심을 담은 비굴하리만치의 '저자세(卑下慢)' 정신이 전형적으로 표출된 작품이라고 할 수 있다.

㉯『여행 중 수치를 써서 버린 한 통(旅恥辱書捨一通)』(1802)

작자 잇쿠가 벌거숭이 신세가 되어 쫓겨나기까지의 과정이 묘사되는 본 작품이야말로, 궁극적으로 완전한 작가희화화물 황표지라고 할 수 있다. 드디어 독자는 원하든 원하지 않든 작자의 알몸 감상이라는 서비스까지 받게 되는 것이다.

시골 집창촌에 놀러간 잇쿠는 시골유녀라고 내심 얕보고 있었다. 에도 손님은 세련(通)되시니까 잠시 자리를 비워도 화를 내거나 하시지는 않겠죠, 라는 상대유녀 지요쓰루를 잘난 척하며 보내준다. 아무리 기다려도 돌아오지 않는 유녀. 결국 독수공방 신세가 된 잇쿠는 자신과 같은 멋있는 남자보다 촌스럽고 못생긴 남자 쪽이 인기 있는 것을 보고 이상하게 여긴다.

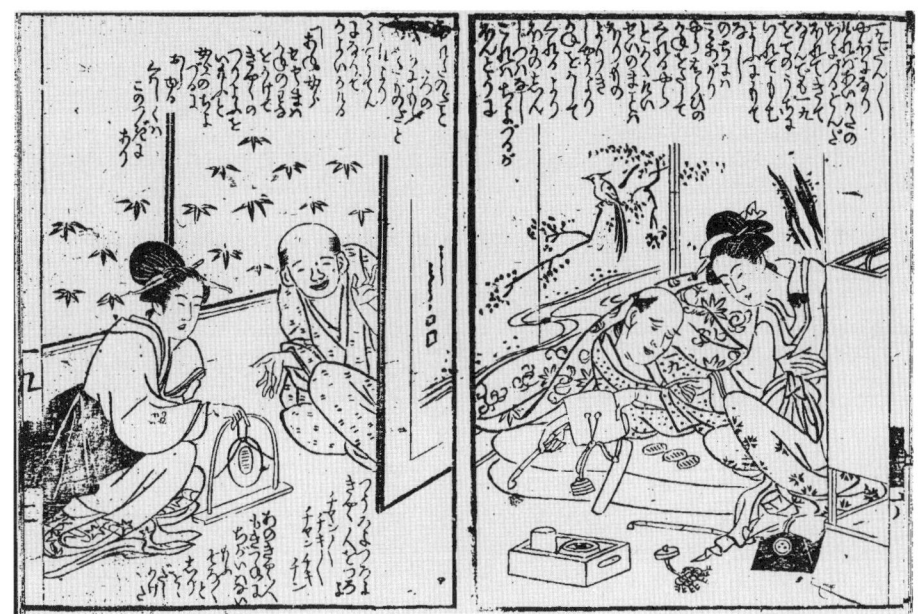

〈도판 8〉『旅恥辱書捨一通』(6장 뒷면, 7장 앞면)

언니격 유녀인 세야마로부터 "유녀의 마음이 되어 보세요"라고 가르침을 받은 잇쿠는 유녀 차림새를 하고 시골손님의 연회를 엿보았더니, 그들이 풍류객으로 보였기에 그 이유를 묻자, 돈을 쓰므로 우리 눈에는 멋있는 남 자로 보이는 거라는 설명을 듣는다. 그리하여 일부러 촌스런 행동을 해 보이게 된 잇쿠에게 반했는지 지요쓰루는 돈까지 빌려주며 진실된 마음을 표시했기 때문에, 잇쿠는 하늘을 날 듯한 기분이 된다.

잇쿠 점점 촌스러워졌으므로 상대유녀 지요쓰루 몹시 반하게 되어 뭐든지 잇 쿠를 손 안에 넣어 주무르듯이 대접하고, 나중에는 자신의 화대를 스스로 내기 도 하고, 지불해야할 돈을 보태주는 등, 어쨌든 유녀의 진심은 문신이나 서약서

보다 돈을 빌려주는 것만큼 더 진실 된 것은 없다, 이는 지요쓰루가 정말로 반한 것이라고 마음속으로 이제 됐다며 그로부터 하늘이라도 날아갈 듯한 기분이 되어 다니기 시작했다.[15]

그러나 이 장면의 삽화(〈도판 8〉)를 보면, "낚자 낚자 손님을 낚자"라는, 여우낚시를 할 때와 같은 노래를 부르는 언니격 유녀와 유곽사환의 모습이 한 쪽에 그려져 있으므로, 바보처럼 감쪽같이 속고 있는 잇쿠를 빗대고 있음을 알 수 있다.

골계소설 『동해도 도보여행기』가 여자를 둘러싼 야지기타의 실패담을 현실적으로 묘사하고 있다면, 본 황표지는 잇쿠가 유녀에게 속는 실패담을 비현실적인 소재를 섞어가며 넌센스한 웃음을 추구한 작품이라고 할 수 있다.

이와 같은 황표지와 골계소설 외에도 잇쿠가 집필한 화류소설에 이르기까지 실패를 거듭하는 작자 자신의 모습을 보고 독자는 어느새 친밀감을 느끼게 되었으리라. 대중독자들에게 받아들여지는 에도희작을 양산할 수 있었던 기본적 수법으로 잇쿠는 '작자희화화'를 체득하고 있었던 것이다.

시골유녀에게까지 당하고야 마는 잇쿠는 황표지에서 이처럼 자신의 배

15　一九だん／＼やぼになりければ、あいかたのちよづるとんだほれてきて、なんでも一九をてのうちにいれてもむよふにもてなし、のちに八身あがりやら、はらひのかねをたしてくれるやら、とかくけいせいのまこと八ほりものより、きしゃうより、かねをかしてくれるよりほかのしんじつ八なし。これ八ちよづるがほんとうにほれたのだと、こころのうちに、もふしめたもどたと、それよりうてうてんになりてかよいかける。 본 저술서의 『旅恥辱書捨一通』관련 인용도판 및 번각은 동경도립중앙도서관 소장본을 이용했음.

를 갈라 보이기도 하고 볼썽사나운 나체를 드러내기도 하는 등, 작자 스스로가 사건의 피해자 또는 가해자가 되어 몸으로 대가를 지불한다. 희작상의 픽션이며 과장이라고 독자는 알면서도 실제 잇쿠의 자화상으로 그려지는 인물이 벌이는 어리석은 사건 사고에, 한층 더 친근함을 느끼면서 그의 작품을 찾게 되는 것은 아닐까 하고 생각해 본다.

2. 중·장편그림소설책 합권(合巻)을 중심으로

1) 들어가며

(1) 합권과 잇쿠

합권(合巻, 고칸)은 각 페이지마다 그림과 문장이 함께 어우러지는 성인용 그림소설책이다. 19세기 초반에 등장할 때는 비교적 단편소설(약 30페이지 에서 90페이지의 분량)에 가까웠으나, 점차 연작소설의 형태를 갖추면서 장편 소설화 한다.[16]

---

16 『日本古典文学大辞典』「合巻」항목을 발췌하면서 나름대로 요약 정리해 보겠다.
　　종래의 황표지(黄表紙)가 농담(洒落)과 골계적 성향이었다면, 합권(合巻)은 충효사상이 도입되면 서 기승전결을 중시하다보니 내용이 팽창하여 장편화하게 되었다. 1804년(文化元年)무렵부터 잇 쿠(一九)작품 표지에 '합권'이라는 조어의식이 엿보이나, 본격적 출발은 1807년(文化四年)부터로 여겨진다. 1807(文化四)~1809(文化六)년 : 복수담 중심. 1810(文化七)~1817(文化十四)년 : 가 부키물 중심. 1818(文政元)~1823(文政六)년 : 연애담 음악물 중심. 1824(文政七)~1844(天保十

합권을 대량제작 한 짓펜샤 잇쿠. 대량제작이 가능했다는 것은 그의 합권 작품을 사서 읽는 다수 독자층의 존재를 반증한다. 구매의욕을 불러일으키는 잇쿠작 합권 작품의 매력은 무엇이었을까. '골계본'이라는 장르를 확립시킬 수 있었던 그의 재능이 합권이라는 다른 장르에 있어서도 유감없이 발휘되었기 때문이라고 필자는 생각하고 있다.

즉 잇쿠의 합권에 있어서 '골계성'이야말로 대중독자를 끌어들이는 최대의 매력이 아니었을까 하고 생각한다. 대중소설가가 시대의 유행을 따라갈 수밖에 없는 것은 예나 지금이나 마찬가지일 터, 잇쿠의 합권 중에는 당연히 시대의 주류였던 합권의 성격("이전의 황표지가 세련되고 골계스럽게 세태를 묘사했던 작풍에 비해, 충효와 의리를 주체로 하는 경향으로 바뀌면서 스토리 전개를 중점으로 둔 전기적(伝奇的) 경향으로 흐르고 특히 복수담의 성공으로 내용이 팽창"[17])에 충실히 따라가는 작품들도 많았다. 그러나 다른 작가들의 합권에서는 찾아보기 어려운 골계성을 잇쿠작 합권에서는 종종 찾아 볼 수 있다는 점만 보더라도 대중소설가로서의 그의 장점이 어디에 있었는지를 짐작케 한다.

(2) 합권『미남 대할인판매(色男大安売)』의 내용

골계미가 자연스럽게 녹아든 ― 즉 부분적으로 사용된 ― 잇쿠의 합권

四)년 : 중국 및 일본의 고전물 중심. 본격적인 장편화가 시작됨. 1845(弘化元)~1867(慶応三)년 : 기존의 인기 독본의 축약본적 합권 등장. 대장편 소설화함.『시라누이이야기(白縫譚)』는 90편이며 각 편은 4권씩으로 구성됨. 1868(明治元)~1888(明治二十) : 개화물등장.

17 『日本古典文学大辞典』「合巻」 항목에서 「従来の黄表紙の、洒落・滑稽的世相活写の作風が、忠孝節義主体の傾向に転進させられて、筋と脚色に重点を置く伝奇的傾向をとみに進め、とくに敵討物の急激な成功を軸に、内容が膨張.」

은 여기에 전부 거론할 수 없을 만큼 많으므로, 전면적으로 골계미를 내세운 합권 하나를 집중적으로 살펴보고자 한다. 1820년(文政三年)에 간행된 가쓰카와 슌센그림(勝川春扇画)『미남 대할인판매(色男大安売, いろおとこおおやすうり)』[18]이다. 본 작품은 염문을 퍼뜨리고 싶은 탕아 엔지로(艶二郎)가 우행을 펼치는 산토 교덴(山東京伝)작 황표지(黄表紙)『에도태생 바람둥이의 자작나무장어구이(江戸生艶気樺焼, えどうまれうわきのかばやき)』(1781년 간행, 교덴 그림) 이후 전승되는 엔지로이야기를 다룬 작품이다.

주인공 엔지로(艶二郎)가 전반부에서는 미남으로 대단한 인기를 얻다가, 후반부에서는 무일푼이 되어 궁색한 시도를 하게 됨으로써 야기되는 우스꽝스러운 장면들로 본 작품은 구성되어 있다. 전체 줄거리는 다음과 같다.

굉장한 꽃미남으로 태어난 엔지로는 ① 수많은 연애편지에 답장을 하기 위해 인쇄공을 거느려야 했다. ② 정사의 상대를 서열일람표(番付)에 의하거나 제비를 뽑아서 정하는데, 여자들끼리 절구공이로 싸움을 벌이는 사태가 벌어진다. ③ 선을 보는데 대신 나가 달라고 부탁받는다. 대리로 온 상대방 여자가 엔지로에게 반하고 만다. ④ 처가 쪽에서는 아무것도 필요 없다 하여 엔지로는 알몸뚱이 하나로 장가간다. ⑤ 처의 여동생이 엔지로에게 반하는 바람에 장인으로부터 자매를 아내로 맞이해 달라는 부탁을 받는다. ⑥ 유녀도 돈을 주고 엔지로를 사고 싶어 한다. ⑦ 유곽에 틀어박혀 지내는 엔지로를 참다못한 장인이 절연을 선언한다. ⑧ 마누라로 삼고

---

18 본 작품의 저본은 동일한 판본이라고 여겨지는 ① 国立国会図書館所蔵本 ② 静岡市立中央図書館所蔵木村文庫本 ③ 名古屋蓬左文庫本을 적절히 참조하면서 사용한다. 번각은 필자에 의한다. 졸저『근세일본의 대중소설가, 짓펜샤잇쿠작품선집』에 해당 작품의 한국어번역본을 게재하였음. 이하 본 저술서『色男大安売』의 인용 도판은 국회본임.

자 했던 오이란(花魁, 최고급유녀)에게 속는다. 오이란은 다른 남자의 마누라가 되어 있었다. ⑨ 종이로 만든 큰머리 탈을 뒤집어쓰고 지나가는 여자의 소매를 잡아끌며 상대가 되어 달라고 호소해 보지만 거지로 오인 받는다. ⑩ 자신을 사달라고 "연애 대바겐세일"이라고 쓴 광고전단지를 배부한다. ⑪ 지참금이 딸려 있다는 선전에 혹하여 중년의 미망인을 마누라로 맞이하나 지참금이야기는 착각이었다. ⑫ 여장해서 젊은 영감님(若隱居, 젊어서 은퇴한 사람)의 남색상대가 된다. ⑬ 영감님 집 시녀와 사랑의 야반도주를 하는데 도중에 상대여자를 착각해서 바뀌는 바람에 투옥된다. ⑭ 소나기가 퍼붓는 어느 날, 우산 같이 쓰기 작전으로 여자를 유혹하는데 성공하나 싶었는데, 여자가 먹고 튀는 바람에 음식 값을 갚느라 빈털터리 알몸신세가 된다. ⑮ 분수에 맞게 부엌때기 여자를 맞이하고 둘이 힘을 합쳐 열심히 일하여 잘 살게 된다.

(3) 그림소설의 삽화의 힘

이상과 같은 『미남 대할인판매』의 개략적인 스토리만 보더라도 본 작품의 골계성을 미루어 짐작할 수 있겠으나, 이 에피소드와 더불어 매 장마다 등장하는 삽화는 웃음을 배가시킨다. 합권을 포함하여 에도희작의 일반적 제작 시스템은, 작가 스스로 삽화를 구상하고 밑그림을 그리면, 그 후 전문 화공 및 도공, 인쇄공들이 분업하여 삽화를 완성하는 시스템이다. 따라서 본 작품의 삽화에서 느껴지는 골계미는 작가 잇쿠의 또 하나의 의도라는 점도 간과해서는 안 될 것이다.

문장을 읽기 전에 먼저 눈에 들어오기 마련인 삽화는, 대중독자의 구매력을 향상시키는데 크게 기여했으리라 여겨진다. 다음 2)편에서는 잇쿠가 베스트셀러작가가 될 수 있었던 원동력 중의 하나를, 이와 같은 삽화의 구상력에서 찾고자 한다. 세세한 문장을 접하기 전에 일단 화면상으로 보기만 해도 우스울 수 있도록 하기 위해, 잇쿠가 애용한 소재 중 하나가 바로 '나체' 취향이 아니었을까.[19]

2) 그림소설(草双紙)의 '나체' 소재에 대하여

(1) 황표지(黄表紙)의 '나체' 취향

① 『여행 중 수치를 써서 버린 한 통(旅恥辱書捨一通)』과 『어설픈 귀동냥(聞風耳學問)』[20]

본 저술서 제2장 1절에서 논한 바와 같이 잇쿠는 자신을 작품 속에 등장

---

19 본 작품 『미남 대할인판매』에 대해 논한 다음과 같은 필자의 선행논문이 있다. 대상작품이 동일하므로 작품에 관한 내용소개 등, 일부 중복되는 부분이 있으나, '나체'취향을 중심으로 타 작품을 아우르며 논하는 본고는 연구목적·과정·방법이 상이함을 밝혀둔다. 「『色男大安売』考—翻字と解題〈Ⅰ〉」, 『文学研究』94号, 日本文学研究会, 2006.4, pp.97~121; 「『色男大安売』考—翻字と解題〈Ⅱ〉」, 『超域文化科学紀要』11号, 東京大学大学院総合文化研究科, 2006.9, pp.190~201; 「江戸戯作の挿絵からみる一九のお多福趣向について」, 『日本語文学』30号, 韓国日本語文学会, 2006.9, pp.169~184; 「十返舎一九の艶二郎もの草双紙」, 『江戸文学』35号, ぺりかん社, 2006.11, pp.64~66; 「艶二郎もののパロディーの趣向と転用—十返舎一九作合巻『色男大安賣』を通して」, 『国語国文』77巻3号(883号), 京都大学文学部国語国文学研究室, 2008.3, pp.21~31.

20 본 두 작품에 대해 논한 필자의 선행논문으로 「十返舎一九の黄表紙二種試読—『聞風耳学問』と『旅恥辱書捨一通』と(『文献探究』37号, 文献探究の会, 1999.3, pp.25~37)」가 있다. 또한 본2) (1) 편에서 논하는 『京伝憂世酔醒』, 式亭三馬, 落語, 『手前漬赤穂辛塩』는 본인의 박사논문에서도 언급한 작품이므로 작품에 관한 내용소개 및 영향관계 등, 중복되는 부분이 있으나, 나체취향을 중심으로 타 작품을 아우르며 논하는 본고는 연구목적·과정·방법이 선행논문과 상이함을 밝혀둔다.

시켜 활약하게 하는 '작자희화화' 수법을 즐겨 사용한다. 그러한 희화화 수법 중의 극단적인 일례로서 달랑 샅바 한 장 걸친 자신을 그려 넣는 경우를 들 수 있다. 독자가 알몸이 된 작가를 그림으로 보는 순간 즉각적인 웃음 속에 빠져들게 되리라는 것은 짐작하고도 남음이 있으리라.

황표지(黃表紙)『여행 중 수치를 써서 버린 한 통(旅恥辱書捨一通)』(1802년 간행)에서는, 잇쿠가 시골유녀의 농간에 걸려 가진 돈을 탕진한 끝에 알몸 빈털터리가 되어 집(에도)으로 돌아가게 되는 모습으로 등장, 웃음을 불러일으킨다. 같은 해 발행한 황표지『어설픈 귀동냥(聞風耳学問)』에서도 요시와라의 찻집으로부터 부족한 돈을 갚지 않는다고 하여 마찬가지 맨몸으로 쫓겨나 나체로 여행길을 떠나는 작자의 도상은 역시 웃지 않을 수 없게 한다.

『여행 중 수치를 써서 버린 한 통』에서는 전체적 구상으로서 권두에서 권말까지 철저하게 작가 자신을 희화화하고 있다. 주인공으로써 한껏 바보짓을 하는 것이다. 어설프고 어수룩한(半可通, 野暮) 잇쿠는 알몸 빈털터리가 될 때까지 시골유녀에게 농락당한다는 설정이다. 이 작품의 대략적 스토리를 보자. "작년(1801) 가시마 신사참배를 갔을 때, 조시(銚子)의 엔메이정(ゑんめい亭)에 체류한 잇쿠가 혼죠(本城) 유리(遊里)에 놀러 갔는데, 상대유녀 지요쓰루(千代鶴)와 그 언니격 유녀의 농간에 넘어가 수중에 있던 돈을 몽땅 털리고 알몸신세가 되어 에도로 귀향한 이야기를 썼다"고 되어 있다.

『어설픈 귀동냥』은 18페이지부터 마지막 30페이지까지가 잇쿠를 주인공으로 한 이야기로, 여기에서도 알몸이 되는 수모를 당하고 귀가 허리에 닿을 정도로 길어지기(〈도판 1〉)까지의 우행을 묘사하고 있다. 같은 해『여행 중 수치를 써서 버린 한 통』에서는 시골유녀의 농간에 걸려 가진 돈을 전부 탕진하고 알몸으로 귀향하는 잇쿠였는데, 이 작품에서는 요시와라 찻집

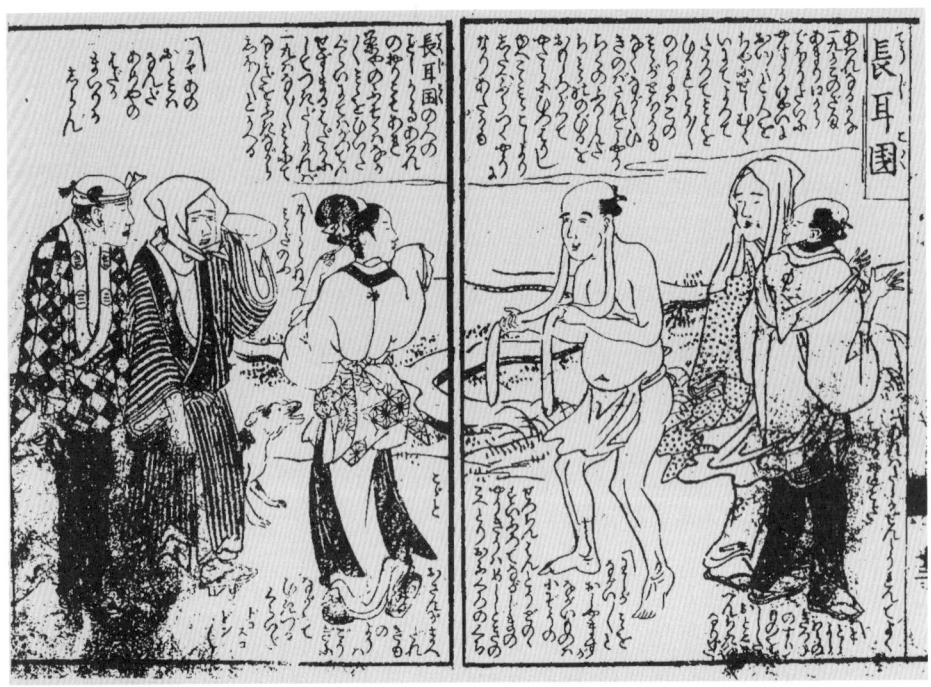

〈도판 1〉『聞風耳学問』 귀가 길어진 잇쿠

에 부족한 돈을 갚지 않는다고 하여 마찬가지 알몸으로 쫓겨나는 것이다.[21]

 ② 『여행 중 수치를 써서 버린 한 통(旅恥辱書捨一通)』과 『교덴 덧없는 세상 술에서 깨다(京伝憂世醉醒)』

 『여행 중 수치를 써서버린 한 통(旅恥辱書捨一通)』은 철두철미하게 작자자신을 어릿광대로 만들어 아는 체하는 반가통(半可通), 촌뜨기(野暮)로 설정하더니, 반나체를 독자들 앞에 피로하기에 이르는 완전한 〈작자의 회화화

21 이하『聞風耳学問』,『旅恥辱書捨一通』관련 인용 도판 및 번각은 동경도립중앙도서관 소장본을 이용했음.

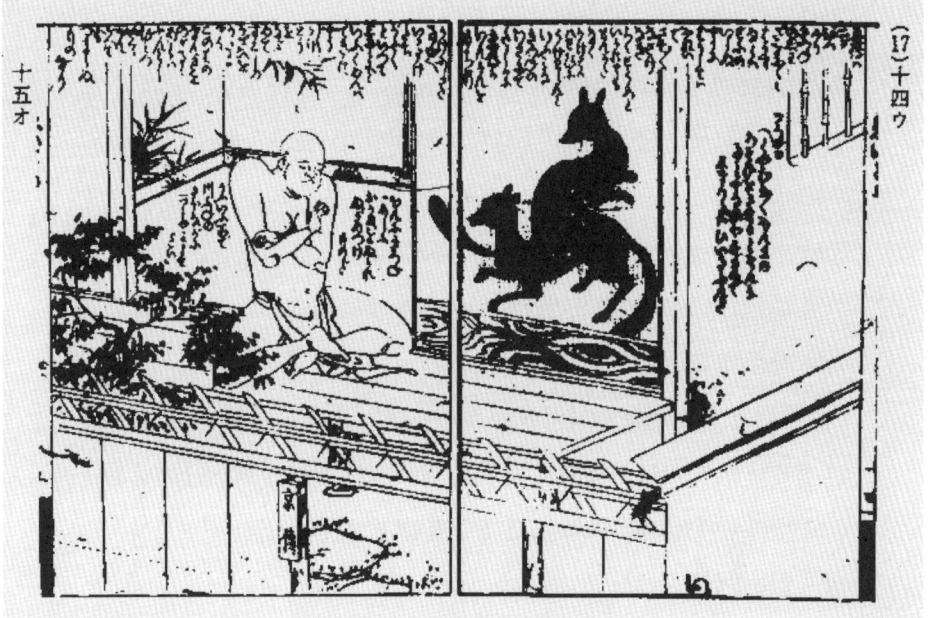

〈도판 2〉『京伝憂世酔醒』 알몸으로 반성하는 교덴

〈도판 3〉『旅恥辱書捨一通』 알몸으로 생각에 잠긴 잇쿠

물)이라고 할 수 있다. 이 나체 건을 강조하듯이 일부러 재담(小咄)까지 인용한다. 결국에는 골계본의 『동해도 도보여행기』 또는 『난소지방기행문(南総記行旅眼石)』에 등장하는 유녀 또는 저급창녀를 둘러싼 실패담을 재이용하면서, 그 중의 한 에피소드를 과장 확대시키고 동시에 잇쿠 장기인 사실성(寫實性)을 살려서 황표지답게 넌센스한 웃음을 불러일으키도록 재창작한 작품이라고 할 수 있다.

이 『여행 중 수치를 써서버린 한 통』 마지막 장에서는, 샅바(褌) 하나 걸친 신세가 되어 비로소 꿈에서 깬 듯한 기분이 든 잇쿠가 에도인의 망신이라고 뱃마루에 걸터앉아 깊은 생각에 잠긴다. 방탕한 자의 결말로서 『교덴 덧없는 세상 술에서 깨다(京伝憂世醉醒)』(1780, 교덴작)[22]와 유사하지만, 알몸으로 추운 듯이 웅크리고 앉아 있는 교덴은 자기분수에 맞게 만족할 줄 알아야 한다는 사상(知足安分)을 깨닫고 반성의 말을 마지막에 서술하는데 반하여(〈도판 2〉), "아아 춥네 추워"라고 말하면서도 잘난 체 하는 모습으로 발을 꼬고 뱃마루에 걸터앉아 있는 잇쿠는 반성조·훈계조의 언사를 본문에서 전혀 하지 않는다는 점과 더불어 골계스런 느낌이 한층 더 강하게 와닿는다(〈도판 3〉).

더욱이 잇쿠의 모습을 보고 "멍멍! 이런 녀석에게 안 짖고서는 짖을 놈이 없당께, 라고 개까지 조시사투리"[23]라고 하는 문구를, 짖어대는 모습의 개 그림 옆에 덧붙임으로써 잇쿠 특기인 방언을 사용한 골계감을 불어넣고 있다. 게다가 "저 남자는 뭐야. 알몸뚱이에 칼을 차고. 의사선생이기요

22 『京伝憂世醉醒』 관련 인용 도판 및 번각은 『山東京伝全集』, ぺりかん社, 1993을 이용했음.
23 ワン／＼／＼こんなやつをほへにやア、ほへるやつがないのや、と犬までがてうし(銚子)ことば

모리의 맥을 짚으러 가는 것도 아닐 테고"[24]라고 하는 통행인의 대사는, 잇쿠 작품에서 알몸을 희롱할 때 자주 사용하는 표현으로, 헤이안 시대의 권력자 기요모리가 열병에 걸렸는데 그 열기에 참다못한 의사는 알몸으로 진맥했을 것이라는 속설에 의한 비유이다. 지나가는 사람들마저 잇쿠의 기이한 알몸행태에 손가락질해대는 것이다.

③『교덴 덧없는 세상 술에서 깨다(京伝憂世酔醒)』와 시키테 삼바(式亭三馬)

황표지 『시키테삼바 자만의 유리거울(式亭三馬自惚鏡)』(1801, 式亭三馬작)에서 에도 니혼바시(江戸日本橋) 근처에 사는 시키테 삼바(式亭三馬)라고 하는 자는 빚쟁이가 와도 잠자는 척하는 인물이다. 어느 날 하늘님(天道様)과 염라대왕, 용왕님이 나타나 모든 소원을 들어준다는 통옥(通玉)을 하사하신다. 즉시 미남자(色男)로 모습을 바꾸어 유곽으로 놀러 간 삼바, 용궁선녀와의 연애를 둘러싸고 다양한 활약을 하게 된다. 그런데 꿈에서 깨어나 주위를 둘러보니 알몸신세가 되어서 남은 것은 빚뿐이었다. 평상시 자만 속에 빠져 산 대가라고 깨닫는다.

본 작품은 실로 『교덴 덧없는 세상 술에서 깨다(京伝憂世酔醒)』(1780, 京伝작)에서, 에도 교바시(江戸京橋) 근처에 사는 가난하고 못생긴 교덴이, 시중들기 좋아하는 신선(厄介仙人)으로부터 무엇이든 자유자재로 이룰 수 있다는 신선약(仙薬) 선통환(仙通丸)을 하사 받고, 유곽놀이, 연극구경을 비롯하여 갖가지 향락을 음미하는 사이에, 정신 차려 보니 알몸이 되어 빚만 남아

---

24 あのおとこはなんだ。はだか身にわきざしをさして。いしゃどのが、きよもりさまのみゃくを
見にいきゃアしめへし。

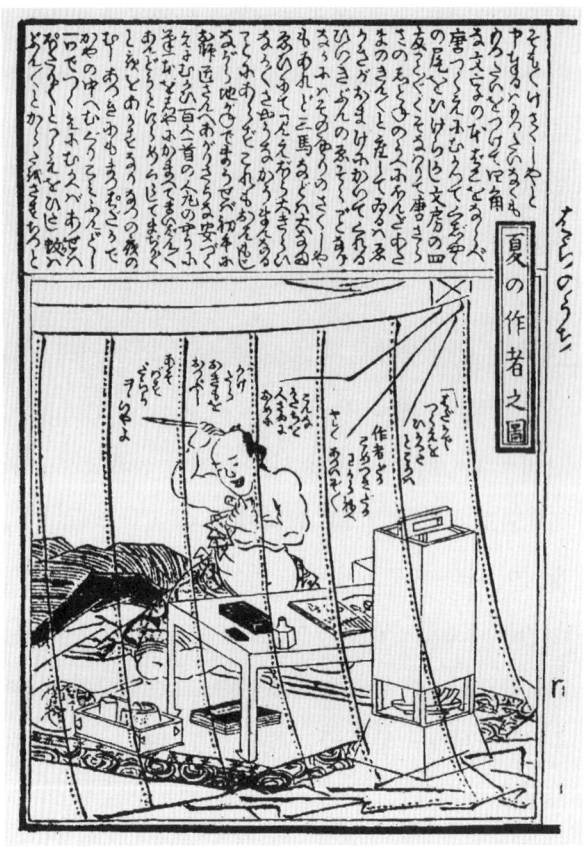

〈도판 4〉『腹之內戱作種本』 알몸으로 책상을 마주한 삼바

있었다, 그래서 분수에 맞게 살아야 한다는 지족안분(知足安分)사상을 깨닫

는다고 하는 구상을 그대로 이용하고 있음을 알 수 있다. 다나하시 마사히

로(棚橋正博)는 『황표지 총람(黃表紙総覧)』²⁵ 본 작품 해설에서, 본 작품이 『교

25 棚橋正博, 『黃表紙総覧』 中篇, 日本書誌学大系, 青裳堂書店, 1987.

덴 덧없는 세상 술에서 깨다』로부터 차용하고 있는 취향은 선통환(仙通丸)과 통옥(通玉, 本田康雄가 이미 지적)뿐만 아니라 삼바 자택의 정원에 놀잇배(猪牙船)와 가마(駕籠)가 도착하는 부분이라든지, 알몸이 되어 빚만 남는 점, 마지막 장에 책상에 향하는 작자의 도상이 있는 점 등을 지적하고 있다.

한편, 희작자의 내막이야기를 담은 황표지 작품들이 있는데, 이를 계승한 합권 『뱃속 희작의 재료집(腹之內戯作種本)』을 시키테 삼바(式亭三馬)가 1811년(文化八年)에 간행한다. 작자에게 피에로역할을 시키면서 그림소설이 완성되기까지의 고심을 낱낱이 공개하고 있다. 〈여름의 작자그림(夏の作者之図)〉이라고 하는 장면에서는 벌거벗은 채 모기장안에서 책상을 마주하고 앉아 있는 삼바의 도상(〈도판 4〉)이 그려져 있다. 이 장면의 지문을 보면,

원래 희작자라고 아뢰는 족속들은 괜히 점잖은 체하며 …… 앉아 있는 모습은, 화공이 선심으로 좋게 그려주었을 따름인 새빨간 거짓말이다. 그와 같이 점잖은 작가도 몇은 있겠지만, 삼바로 말할 것 같으면 얼큰하게 술에 취한 채 …… 무더운 여름밤일지라도 벌거숭이가 되어 모기장 안에 기어들어가, 샅바 하나 걸치고 책상 앞에 앉으면, 땀은 뚝뚝 책상을 적시고, 모기는 앵앵거리며 몸을 쏜다.[26]

라고, 집필에 고생하는 작자의 현실을 적나라하게 그림과 글로 고백하는

---

26 そも／＼戯作者と申し奉るは、勿体なくも勿体をつけて、 …… きん／＼と座してゐるは、絵描きがおまけに描いてくれる晶屓分の絵空事なり。なかにはその通りの作者もあれど、三馬などは大生酔ひにて …… 夏の夜の蒸し暑さにも、真っ裸で蚊帳の中へむぐりこみ、褌一つで机に向へば、汗はぼたり／＼と机をひたし、蚊はぶん／＼と体を刺す. 이상 『腹之內戯作種本』관련 인용 도판 및 번각은 林美一校訂, 『江戸戯作文庫』, 河出書房新社, 1987을 이용함.

것이다.

④『여행 중 수치를 써서 버린 한 통(旅恥辱書捨一通)』과 만담(落語) 〈구라마에 가마(藏前駕籠)〉

『여행 중 수치를 써서 버린 한통(旅恥辱書捨一通)』에서 잇쿠는 에도로 귀향하는 알몸 여행길의 마지막에 꽁트(小咄)적 구상을 덧붙인 두 페이지를 설정한다. 즉 잇쿠는 칼을 팔아 에도로 돌아오는 길에 배를 타기 싫어서 가마를 탄다. 그리하여 도중에 노상강도를 만나게 된다. 그러나 벌거벗은 잇쿠를 보고 강도 왈 "이건 벌써 끝난 거로군(これはもふすんだのだな)"라고 내뱉고는 그냥 떠난다, 고 하는 일화이다.

전거가 되는 이야기로 『시카노코모치 후편, 이야기주머니(鹿子餅後編譚囊)』(1777安永六년 서문) 중 「노상강도(追剝ぎ)」를 들 수 있다.[27] 이하 『시카노코모치 후편, 이야기주머니』 중 「노상강도」의 전문을 인용해 보겠다.

"요즘엔 세상이 어지럽다고 하는군. 밤에 외출할 일이 있으면 매우 조심하는게 좋네"라고 이르고 돌아간 그날 밤, 밤늦게 문을 시끄럽게 두드린다. 누구냐고 물으니, 낮에 방문했던 곳의 사람 목소리로, "나야 나"라고 말한다. 열어 보니 알몸. "그것 봐라 그래서 낮에 갔을 때 밤에 다닐 경우에는 조심하라고 했잖아. 어디에서 강도를 만났나." "아무데서도 만나지 않았네. 매우 조심해서 집에서부터 알몸으로 왔지."[28]

---

27 『고전만담(古典落語, 筑摩書房, 1968)』제1권에서, 일인만담(落語) 〈구라마에 가마(藏前駕籠)〉의 선행담으로, 『新 말하는 새(浮世はなし鳥, 1775)』중의 「노상강도」, 『이야기주머니, 시카노코모치 후편(譚囊, 鹿子餅後 編, 明和九年版)』, 『軽口五色紙(安永三年版)』등을 거론하고 있다.

28 このごろ八世間ふっさうなときく。夜ルなと出やらば、随分用心シしたが能と言て帰た晩、門を夜更てしきりにたゝく。どちらかと聞けば、昼行た所のやつの声で、おれだ／＼といふ。明て

이와 같은 재담(小咄)이 원형이 되어, 만담가 하야시야 쇼죠(林家正藏)의 주특기였던 만담(落語) 〈구라마에 가마(蔵前駕籠)〉로 전승되는 것이다. 〈구라마에 가마〉의 줄거리를 보자.

전란이 휘몰아치던 19세기 말엽(幕末), 군자금 모집을 이유로 낭인들이 노상 강도가 되어 요시와라(吉原)로 가는 손님을 태운 가마를 구라마에(蔵前)에서 노린다. 입은 옷까지 몽땅 빼앗기므로 가마꾼은 밤에는 구라마에에 가지 않았다. 그러나 물불을 가리지 않는 남자가 꼭 요시와라에 가고 싶다고 가마꾼을 설득한다. 그 남자는 샅바 하나만 걸친 채 알몸으로 가마를 탄다. 낭인 강도가 나타나자 가마꾼은 도망가고, 강도가 가마 안을 들여다보니 벌거벗은 남자가 팔짱을 끼고 앉아 있길래, "벌써 끝났군(もうすんだか)."[29]

1777년의 『시카노코모치 후편, 이야기주머니』의 「노상강도」보다, 오히려 잇쿠의 본 황표지 간행 후에 지어졌을 〈구라마에 가마〉가 더욱 흡사한 것을 알 수 있다. 이는 잇쿠가 살았던 19세기 초엽에 위 〈구라마에 가마〉와 유사한 일인만담(落語, 落し話)이 구연되어졌을 가능성을 짐작하게 한다. 『만담 감상 201(落語の鑑賞201)』에서 노부히로가 이 이야기의 원형을 12세기 전반기의 설화집 『고금이야기 모음집(今昔物語集)』까지 거슬러 올라갈 수 있다고 지적하였듯이, 각 시대의 상황에 맞게 개작되면서 면면히 전

見た所、真っ裸。そりゃ見やれ。それて昼行た時、夜歩行きやらば用心をしやれと言た。どこで剥れた。どこても剥れハせぬ。随分用心をして、内から裸で来た。 : 武藤禎夫 編『噺本大系』第十一巻、東京堂出版、1979.

29 延広真治 編, 『落語の鑑賞201』, 新書館, 2002을 참조.

승되어 온 에피소드를, 잇쿠 또한 자신의 황표지 작품에서 '나체'취향을 골계스럽게 부각시키기 위한 소재로 선택, 개작한 것이다.

앞서 살핀『교덴 덧없는 세상 술에서 깨다(京伝憂世酔醒)』에서 주인공 교덴은 맨몸 신세가 된 결과, 본문에서 묘사됐던 자신의 행동을 전부 부정·반성하고 인과응보·자업자득을 깨닫는 것으로 작품 속 사건의 마무리를 짓고 있었다. 이와 비교하여 스스로 이야기모임(咄の会)을 결성할 정도로 일인만담을 좋아했던 잇쿠는 '나체'라고 하는 소재에 집착하여, '유리(遊里)에서 창피를 당한다'고 하는 본 작품의 주된 테마와는 그다지 연관성이 없어 보이는 다른 성격의 이야기, 즉 일인만담(落語)을 이용, 나체가 불러 온 뜻밖의 행운과 같은 재미 위주의 에피소드를 본 작품에 추가함으로써 전체적 구성으로서는 파탄을 일으키고 있다고 할 수 있다.

그러나 그렇기 때문에야말로 교덴과는 달리 '교훈성'에 구애받지 않는 자유분방한 잇쿠의 골계성이 한층 더 탄력을 받게 되는 것이다. 하권(下巻)의 표지그림(絵大簽, 〈도판 5〉)에도 알몸으로 가마에서 내리는 장면이 그려져 있다. 본 작품『여행 중 수치를 써서 버린 한 통』에서 잇쿠가 나름 중요한 소재로 사용하고 있었다는 증거이다. 도망치는 가마꾼이 "가마에 태운 손님보다는 우리가 털릴 것 같군. 도망쳐 도망쳐!"[30]라고 하는 대사로부터는 노상강도를 만난 긴박한 상황조차 익살스런 장으로 탈바꿈시키고자 하는 잇쿠의 면밀한 의도가 드러난다고 할 수 있다.

30　かごにのせただんなよりは、おらがはがれそふだ。にげろ／＼

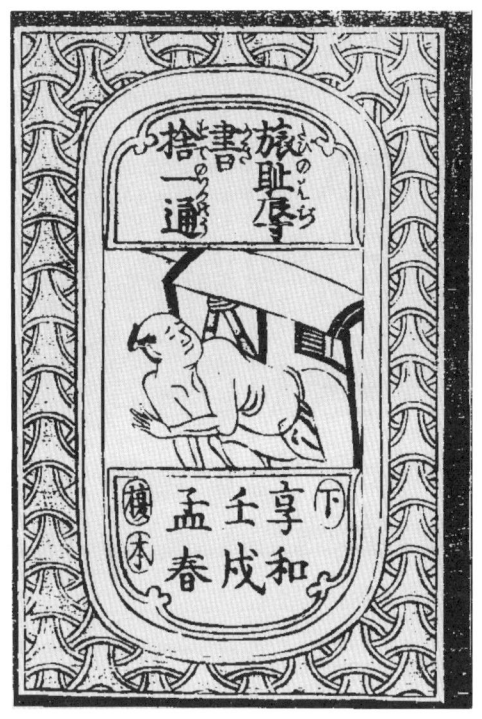

〈도판 5〉『旅恥辱書捨一通』하권 표지그림

⑤『손수 담근 아코젓갈(手前漬赤穗辛塩)』

1795년(寬政七年) 혼젠테 즈보히라(本膳亭坪平)는 황표지『손수 담근 아코 젓갈(手前漬赤穗辛塩)』작중에, 자기 자신을 주인공으로 등장시키고 있다. 혼 죠 이번지(本所二つ目) 도오리마치(通町)에 사는, 약방 나카타네(薬屋名方屋) 도미에몬(富右衛門)의 종업원으로 별명을 즈보히라(坪平)라고 하는 덴로쿠 (伝六)는, 그림소설(草双紙)을 매우 즐겨 읽는지라, 스스로 충신장(忠臣蔵) 스 토리로 그림소설을 써보려고 하다가 어느새 깜박 잠이 들고 만다. 꿈속에 유라노스케(由良之介)를 비롯한 충신장 등장인물들이 나타나 덴로쿠에게

〈도판 6〉『江戶生艶氣樺燒』 강도에게 옷을 빼앗기게 되다

〈도판 7〉『色男大安賣』 옷을 전당잡히고 알몸이 되다

갖가지 요구 — 아마추어인 자네가 충신장 이야기책을 쓸 수 있을 리가 없다고 하는 — 를 강요하는 부분에서 잠이 깨, 그 과정을 서술한다고 하는 내용이다.

즈보히라(坪平)라고 하는 작자 자신이 충신장을 재제로 한 그림소설을 집필하려고 하자 출현한 충신장 등장인물들이 반대하면서 괴롭히지만, 일생에 한번은 그림소설을 써보고 싶다는 초지를 일관한다고 하는 내용인 것이다. 즉 앞선 1절에서 논한 '작자의 회화화'를 전체적 구상으로 한 작품이기도 하다.

잠깐 여기서 교덴작 황표지 『에도태생 바람둥이의 자작나무장어구이(江戸生艶氣樺燒)』(1785天明五년 간행)[31] 가운데, 엔지로와 우키나(浮名)의 사랑의 야반도주와 관련하여 '나체' 소재에 주목해 보겠다. 이 황표지에서는 염문을 퍼뜨리고 싶은 엔지로가 유녀 우키나와 거짓으로 사랑의 도피행각을 벌이는데, 목적지인 미메구리(三圍) 둑에 도착했을 때, 【볏단 뒤에서 검정 복장을 한 도둑 두 명이 나타나더니, 두 사람을 벌거숭이로 만들어 몽땅 빼앗는다】[32]고 하는 장면(〈도판 6〉)이 있다. '엔지로가 입은 옷을 전부 빼앗기고 벌거숭이가 된다'고 하는 취향은, 잇쿠의 합권 『미남 대할인판매』(23장 뒷면, 24장 앞면, 〈도판 7〉)에서 여자에게 속아 요리 값 대신으로 입었던 옷을 홀랑 전당잡히고 알몸신세로 전락한 엔지로, 라는 취향으로 후에 계승되기도 하였다.

여기서 '사랑의 도피여행과 벌거숭이'라는 소재 측면에서 잠시 생각해

---

31 이하 『江戸生艶氣樺燒』 관련 인용 도판 및 번각은 『日本古典文学全集(小学館)』을 이용했음.
32 稲むらの陰より、黒装束の泥棒二人現れ出て、二人を真っ裸にして剥ぎ取る

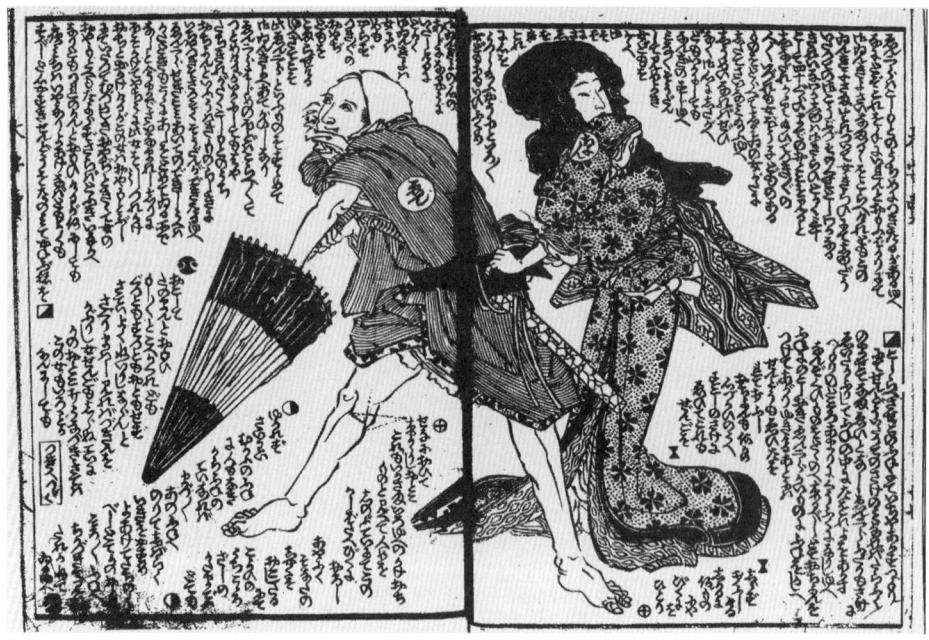

〈도판 8〉『色男大安賣』사랑의 도피여행

〈도판 9〉『江戶生艶氣樺燒』알몸이 되어 귀가하는 사랑의 도피여행

보자. 교덴작 황표지에서는 동반 자살하러 가는 일반적인 사랑의 도피여행 대신에, 엔지로·우키나가 가짜동반자살연극을 하려고 한 순간 복면강도에게 습격당하여 목숨구걸을 하는 장면의 도상(〈도판 6〉)이, 구도적으로는 합권『미남 대할인판매』의 '사랑의 도피여행' 장면(17장 뒷면, 18장 앞면, 〈도판 8〉)과 약간 유사하다고 할 수 있다. 그리고 강도에게 옷을 빼앗긴 교덴작의 엔지로·우키나가 알몸 — 샅바 또는 아랫도리속치마(腰巻)를 걸치고, 손수건으로 얼굴을 감싸고(頬被り), 굵은 원모양 무늬의 종이우산(蛇の目傘)을 같이 쓴 채 걷는다 — 이 되어 집으로 돌아가는 '사랑의 도피여행' 삽화(도판 9)가 이어지는데, 합권『미남 대할인판매』에서 엔지로와 오촌과의 '사랑의 도피여행' 도상 〈도판 8〉과는 오히려 관련성이 적다 하겠다.

즈보히라작 황표지로 돌아가 보자. 사실『손수 담근 아코젓갈』은 충신장 제5단이 플롯의 기본 틀이다. 여기에 교덴작『에도태생 바람둥이의 자작나무장어구이』의 취향이 일부 삽입되는 것이다 교덴작의 복면강도 역할을 사다쿠로(定九郎)가, 엔지로의 역할을 덴로쿠(伝六)와 간페(勘平)가, 우키나의 역할을 오카루(お軽)가 각각 맡은 듯한 이야기가 전개되는, 6장 뒷면의 그림 배경에는 연극 충신장 무대에도 설치되기 마련인 볏단이 그려져 있으며, 연극의 충신장처럼 요이치베(与一兵衛, 본 황표지에서는 덴로쿠)가 살해당하는 것이 아니라 입고 있던 단 한 장의 무명옷(布子)을 사다쿠로에게 빼앗겼을 뿐이고,[33] 게다가 벌거숭이가 된 덴로쿠 앞에 한 우산을 쓰고

---

33 원작 충신장에서는 "아뇨아뇨 이 지갑에는 방금 지난 시골에서 짚신을 사려고 푼돈을 냈습니다만, 이제 남는 것은 점심으로 먹을 주먹밥과 …… 예예 이것은 돈입니다. 하지만 이 돈은, 저에게 단하나의 딸년이 있습지요 …… イエ／＼此財布は跡の在所で草鞋買ふとて、端銭を出しましたが、あとに残るは昼食の握り飯 …… 成程／＼是は金でござります。けれども此金は、私がたった一人の娘がござる。……"인데, 본 황표지 작품에서는 "예예 이것은 제 잘못입니다만, 어떤 사람

〈도판 10〉『手前漬赤穂辛塩』 벌거숭이 덴로쿠 앞에 나타난 오카루와 간페

나타난 간페와 오카루의 차림새(8장 뒷면, 9장 앞면, 〈도판 10〉)는, 교덴작 황표

지에서 벌거숭이가 된 엔지로와 우키나가 집까지 되돌아가는 여행길(〈도판

9〉)을 연상시킨다.

　아직 신인이었던 희작자가 거장(교덴)의 그림자에 기대어 집필하려고 했

이라도 배가 고픈 데는 참을 수 없지요. 그래서 무심코 먹었습니다만, 한 냥은 고사하고 나중에 시
골에서 짚신을 사고 싶어도 푼돈 한 푼 없습니다. 아무쪼록 이 무명옷으로 목숨만은 살려 주십시
오. 제발 제발 자비를 베풀어 주십시오. なるほど／＼是ハ、わたくしがあやまりてこさります
が、いつくのかたても、ひたるひといふやつに、、こまります。それてうか／＼たへました
が、一両の事ハさておき、あとのざいしょで、わらぢをかわふとぞんじても、はした錢一もん
ごさりません。どうぞ此布子で命をおたすけ下さりませ。もうし／＼おじひてござります"와
같이 변형된다. 이리하여 덴로쿠는 목숨을 잃는 대신 벌거숭이 신세가 되는 것이다.
이상의『手前漬赤穂辛塩』번각과 도판인용은 동경도립중앙도서관소장본을 이용했음.

던 것은 쉽게 예측 가능한 창작태도이다. 즈보히라 또한 선행 인기작을 모방하면서도 자기 자신에게 어릿광대의 주역을 시킴으로써 여타 충신장물 작품들과는 다른 충신장의 세계를 전개하게 되어, 결과적으로 골계성이 뛰어난 작품을 발표할 수 있었던 것이라고 본다.

⑥ 충신장물 황표지·합권에 그려진 벌거숭이

복수와 죽음의 대서사시(전부 상연을 하면 10시간 이상 소요됨)라고 할 수 있는 연극 충신장[34]이, 그림소설 특히 그 중에서도 황표지에서는 어떤 식으로 패러디되고 있는지를 앞서 『손수 담근 아코젓갈』에서 엿본 바이다. 47 인의 낭인들은 물론이고 사건의 원인 제공자들과 낭인의 가족들까지 죽음으로 몰아넣는, 즉 죽음에 의해 갈등이 야기되고 또 죽음에 의해 갈등이 해소되는 비극이 충신장이라고 할 수 있다.

그런데 그림소설 특히 황표지는 기본적으로 희극이다. 웃음을 위하여 갖가지 표현기교를 동원했던 장르인 것이다. 그러면 이 유명한 비극스토리를 희극으로 만들기 위하여 그림소설에서는 어떠한 기법을 동원했을까.

가령 충신장물 그림소설에서는 원작을 희화화하기 위하여 등장인물들을 지위의 높낮음, 성별에 상관없이 벌거숭이로 만들어버리는 경우를 일례로 들 수 있다. 이는 『손수 담근 아코젓갈』뿐만이 아니라 다른 그림소설들에서도 엿볼 수 있는 바, 특히 짓펜샤 잇쿠가 자신의 충신장물 그림소설에서 애용한 방법이기도 하다.

---

[34] 1701년에 일어났던 아코(赤穂)사건에 입각한 조루리 『가나데본 충신장(仮名手本忠臣蔵)』이 1748 년에 상연되고, 이를 전용하여 〈忠臣蔵物〉이라고 할 수 있는 방대한 話型이 다양한 장르에서 등장 하게 된다. 본 연구서에서 특별한 표기가 없는 한 '충신장'은 『가나데본 충신장』을 지칭하고 있다.

〈도판 11〉『義士之筆力』의상도구가 빠져나가버린 충신장의 무대

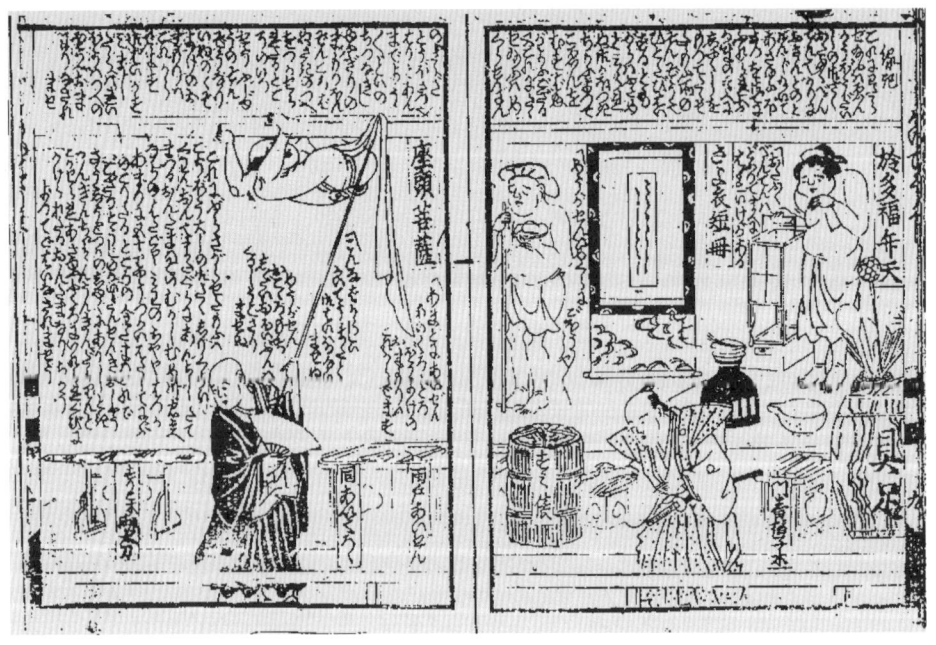

〈도판 12〉『木秀師直開帳』충신장의 소도구

교덴(京伝)이 1788(天明八)년에 간행한 황표지『의사의 필력(義士之筆力)』에서는 연극 소도구들이 불만을 품고 제멋대로 소동을 피우는 바람에 유라노스케(由良之介)를 비롯한 일행은 서막 장면에서 명주속옷(小袖)과 허리띠(오비)와 같은 의상도구까지 모두 빠져나가 버려 무대에서 맨몸을 드러내게 된다.(〈도판 11〉)【사랑의 무거운 짐은 그렇게 무겁다랄 것도 없는데 무겁기 이를 데 없는 모로노는, 가오요가 막 목욕을 마치고 나온 듯한 차림새로 나왔길래 더욱더 참을 수 없게 되었으나, 다다요시공의 면전임을 꺼리어 양손으로 열심히 앞을 누르고 있다】[35]와 같이 알몸으로 우왕좌왕하는 고귀한 신분의 귀족과 무사들이 우스꽝스럽게 그려져 있다.

1797(寛政九)년에 잇쿠가 출간한『복각 모로노의 개장(木秀師直開帳)』마지막 페이지에 개장(開帳, 사찰 보물을 공개하는 것) 장면(〈도판 12〉)이 양면에 걸쳐 그려진다. 화면에는 낭인들의 습격 당시 도망 다녔던 사람들과, 연극 충신장의 소도구가 마치 보물인양 진열되어 있다. '사요고로모 단자쿠(さよ衣短冊)'[36]를 중심으로 양쪽에는 '다복녀 벤텐(於多福弁天)'과 '맹인보살'이 서 있다. 단자쿠가 걸려있는 윗미닫이틀 들보(鴨居)에는 벌거벗은 남자가 필사적으로 매달려 있다. 개장 보물들을 해설하는 승려의 말에 의하면 이 남자는 '뒷일 나 몰라라 관음(尻くらい観音)'[37]이라고 한다. 이 남자의 샅바 끝이

---

35 「恋の重荷はさなぎ(꼭)だに、重きが上の師直は、顔世が湯上がりといふ身にて出しゆへ、いよ
    ／＼こたへられねども、直義公の御前を憚り、両の手にて一生懸命と前を押さへている」. 관련
    인용 도판 및 번각은『山東京伝全集』, ぺりかん社, 1993을 이용했음.
36 원작에서 사요고로모(소매달린 이불) 관련 와카가 등장하므로 직사각형 종이인 단자쿠에 적힌 내
    용을 표상한 것임.
37 시리쿠라이관음 또는 시리쿠라에관음이란, 궁하면 관세음보살을 외지만, 문제가 해결되면 은혜를
    잊고 뒷일은 상관하지 않는다는 의미로 쓰이는 관용어.

장문의 두루마리 편지처럼 아래로 길게 늘어뜨려져 있다.

실은 이 세 사람의 도상은 작자 잇쿠의 창안이 아니라, 도라이 산나(唐来
参和)가 3년 전에 간행한 『대도구 샤치가 나올 막이 없음(大道具鯱幕無)』을
그대로 답습하고 있다고 생각한다. 산나의 작품에는 엔야판관(塩冶判官)이
칼을 휘두르며 쫓아오자 깔깔 웃어대면서 도망치는 벌거숭이 장님과 하녀

〈도판 13〉『大道具鯱幕無』 도망치는 벌거숭이 장님과 하녀

(하녀는 각등을 들고 있음)가 그려져 있다(〈도판 13〉). 또 마치 편지인 것처럼 유
라노스케가 손에 들고 보고 있는 것은 찻집의 윗미닫이틀 들보에 매달려
있는 남자의 샅바가 아래로 늘어뜨려진 것이었다, 라고 하는 구상이 이미
산나의 이 작품 다른 페이지에 사용되고 있는 것이다.

잇쿠는 『복각 모로노의 개장』을 출간한 이듬해 1798년(寬政十)에 『의가
빛나는 야광옥(義光夜功珠)』에서, 모로노 저택을 원근법으로 그리면서 개미

〈도판 14〉『義光夜功珠』습격당한 모로노저택, 도망가는 벌
거숭이

와 같이 작은 인물들의 격투 장면(〈도판 14〉)을 묘사하고 있는데, 작지만 여
기에도 윗미닫이틀 들보에 매달려 있는 벌거숭이 남자와, 샅바를 질질 끌
면서 도망치는 장님을 그린다. 자신의 전작『복각 모로노의 개장』의 〈도
판 12〉를 전용한 것이 아닐까 생각된다.

이어서 1802년에 잇쿠가 출간하는『그림・아마추어연극(画事素人狂言)』
습격 장면에서는 앞서 살펴 본 산나(参和)의『대도구 샤치가 나올 막이 없음
(大道具鯱幕無)』(1794) 이후, 잇쿠의 충신장물에 종종 모습을 드러내게 되는, 상
반신을 벗은 뚱뚱한 하녀가 각등을 들고,【'허둥지둥' 도망친다, 네네네 말도
아니다 말도 아니다!】[38]라고 동음이의어(地口)를 사용한 대사를 내뱉으면서

〈도판 15〉『画事素人狂言』습격당한 모로노저택, 도망가는 벌거숭이

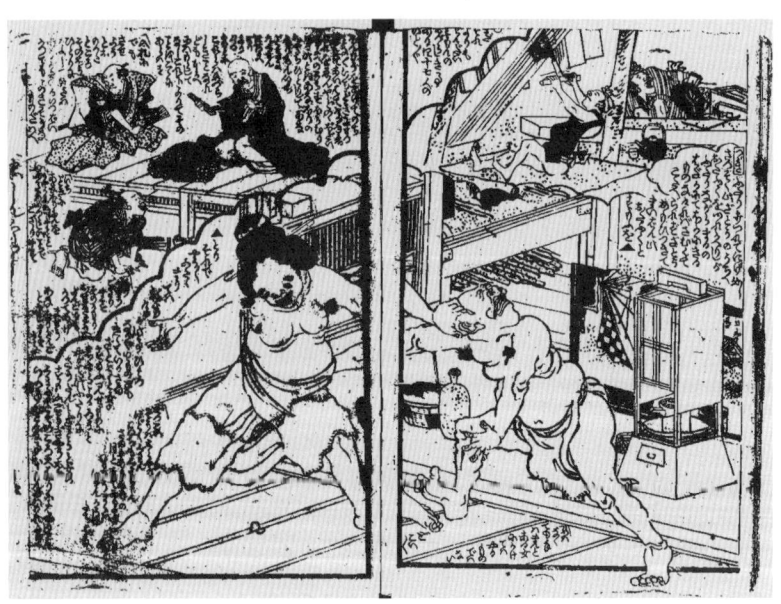

〈도판 16〉『忠臣蔵跡祭』벌거숭이 다복녀와 장님의 씨름

---

38 「{うろたへにげるハイ／＼／＼馬でなし／＼}」.

웃는 얼굴로 도망을 간다.(〈도판 15〉) 여기서 '사람도 아니다(HitoDenasi)'를 일부러 '말도 아니다(UmaDenasi)'라고 비슷한 음을 이용하여 바꾸어 말함으로써, 일분일초를 다투는 심각한 습격 상황임에도 불구하고 골계성이 부각되는 효과를 준다. 지금까지 살펴본 잇쿠의 작품들은 그림(즉 나체그림)까지 작자 스스로 그린 작품들이었다.[39]

한편 전문 우키요에 화공인 야나가와 시게노부(柳川重信) 그림으로 1814(文化十一)년에 잇쿠가 집필 출간한 합권(合卷) 『충신장 때늦은 축제(忠臣蔵跡祭)』(三巻三冊)[40] 13장 뒷면 14장 앞면(〈도판 16〉)을 보면, 벌거숭이 다복녀(お多福)와 장님이 씨름을 하고 있는 모습이 크게 확대 묘사된다. 그림이 의미하는 바는 다음과 같다.

한편 또 충신장 원문에 써야할 것을 빠뜨린 게 있는데, 야습 당시 …… 등을 든 다복녀의 손을 끌고 도망친 장님의 신세이다. …… 장님과 다복녀는 둘이 함께 도망쳐 곧장 이 장님의 집에 다복녀를 데리고 돌아왔으나, 둘 다 알몸뚱이 처지인지라 그 밖에 입을 것도 없고 추워서 견딜 수가 없었는데, 장님의 착안으로 매일 밤 이 다복녀와 씨름을 해서 겨우 훈훈해지고 …… 이 사실을 같은 판잣집 주민들이 듣고, 필시 장님과 다복녀의 씨름을 돈을 받고 구경거리(見世物)로 삼으면 좋을 거라고, 드디어 이 두 사람에게 의논하여 장님과 다복녀의 씨름 흥행을 기획한 바, 대유행에 유행을 거둔 사실 …… 원문에는 빠져있다.[41]

---

39 『木秀師直開帳』, 『大道具鯱幕無』, 『義光夜功珠』, 『画事素人狂言』의 번각 및 도판 인용은 동경도립중앙도서관 소장본을 이용했음.

40 이하 번각 및 도판 인용은 東京大学霞亭文庫本에 의한다.

41 「さてまた忠臣蔵の本文に書き漏らしあるハ、夜討ちの時 …… 行灯(あんどう)を下げたるお多福の手を引きて逃げたる座頭の坊の身のうへなり。 …… 座頭とお多福ハ、二人打連れて逃げ

이와 같이 외설적인 내용과 의도적인 곡해(曲解)로부터 골계를 꾀한 장면에 벌거벗은 다복녀를 등장시키고 있는 것이다.

(2) 합권(合卷)『미남 대할인판매』의 '나체' 취향

〈엔지로물〉의 원조인 교덴작 황표지『에도태생 바람둥이의 자작나무 장어구이(江戸生艶気樺焼)』에서는 동반자살 소동 끝에 남녀주인공이 벗은 몸으로 길을 가야 하는 장면(〈도판 9〉)이 한군데 있었다. 합권『미남 대할인 판매』에서는 다복녀(お多福) 취향을 사용하면서 다복녀의 나체그림을 넣는 장면을 포함, 에피소드 자체가 나체를 주요한 모티프로 하여 성립하고 있는 세 장면에 대해 살펴보기로 한다.

① 알몸신랑

먼저 맨몸뚱이로 장가가는 엔지로(艶二郎)의 이야기이다.

[빈 몸뚱이 하나로 족하네. 준비도 필요 없고 그 몸 그대로 알몸으로 좋다고 하는 간곡한 부탁. 그렇다면 그렇게 하지요 라고 즉시 상담이 이루어져 나중에랄 것도 없이 지금 당장 바로 장가가자고 좋은 일은 서두르자고 보쿠안 급하게 권유하니, 그러하다면 엔지로 상대방의 희망대로 맨몸뚱이 하나로 장가를 간다.][47] 이처럼 빈 몸이라도 상관없다고 한다는 중매쟁이

出し、早速此座頭の家へお多福を連れ帰りしが、二人ながら丸の裸にて、他に着る物なければ寒くて堪へられず、座頭思ひ付きて毎晩此お多福と相撲を取り、それでやう／＼暖まり、…… 此事一つ長屋の者ども聞きて、如何様座頭と女の相撲、見世物にしたら良かろうと、やがて此二人に相談し、座頭と女の相撲興行を企てたところ、大流行りに流行りし事…… 本文にハ洩れたり」

〈도판 17〉『色男大安賣』 7장 뒷면·8장 앞면 : 알몸신랑

의사 보쿠안의 권유로, 달랑 샅바 한 장만 걸친 채 장가를 가는 엔지로. 혼
례장소에 모인 하객들은 신랑의 '나체'를 화제로 한마디씩 비아냥거린다.

장인 왈 "사위님은 고지식한 사람인 것 같네. 이쪽에서 알몸이라도 상관없
다, 그대로 오시오 라고 말했더니 정직하게 알몸으로 장가를 드셨군. 저 고지

---

42 「まるのはだかでもかまはぬ。したくどころか、そのみそのまゝ、はだかてほしいと、たつて
ののぞみ。しからばそれにきめませうと、さつそくそうだんとゝのひ、のちともいわず、たつ
た今、すぐにむこ人、ぜんへいそぎと、ぼくあんたつてすゝめたるに、さあらばとて、ゑん二
郎さきののぞみとふり、まるはだかにて、むこいりしける。」

식한 마음가짐으로는 곧바로 집안 재산을 상속해도 걱정은 있고말고 있고말고"라고 '걱정은 없고말고'라고 해야 할 것을 반대로 말하면서 고지식한 사위를 빈정댄다. 신부 왈 "당신은 이 차가운 날씨에 필시 추우시겠지요. 감기라도 안 걸리면 좋을 텐데. 그런데 얼굴 가죽이 두꺼운 분이신 것 같으니까, 몸 가죽까지 두꺼운 분이시겠죠"라고 몸 가죽이 두꺼워서 알몸이라도 감기 따위 안 걸리시겠다고 놀란다. 하녀 왈 "신랑님은 알몸으로 오셨으니까, 피로연에서는 아마 샅바라도 갈아입으시겠죠"라고 혼례복을 벗고 다른 옷으로 갈아입어야 하는 행사에서는 샅바라도 갈아입으시려나 하고 비웃는다.

주변 사람들은 전부 예복정장차림인 가운데 혼례의 주역이기도 한 신랑만이 알몸이라는 실로 우스꽝스러운 그림이다. 작자 잇쿠는 마치 이 빈정거리는 말들을 써 넣기 위하여 【빈 몸이라도 상관없다】고 하는 말을 액면 그대로 해석, 결국 오해(곡해)에 의한 골계의 레토릭으로써 나체취향을 사용하지 않았나 생각될 정도로 본 장면의 대사들은 골계적인 빈정거리는 말로 가득하다.

그림(도판 17)에는 시마다이(島台, 혼례용 장식물)가 정중앙에 위치한 가운데, 와타보시(綿帽子, 혼례용 신부모자)·시로무쿠(白無垢, 흰색)의 후리소데(振袖, 소매통이 넓은 혼례복)·하얀 오카에도리(打掛, 옷 위에 걸치는 혼례복)의 신부가 다소곳이 앉아 있다. 이와 마주앉은 신랑이 샅바 한 장 차림이라는 구도가 한층 우스운 깃이다.

② 알몸으로 창고 지키기

다음은 알몸으로 창고를 지키게 된 엔지로 이야기이다.

그리하여 몸뚱이 하나로 데릴사위가 된 엔지로는 장인으로부터 【앞으로

〈도판 18〉『色男大安賣』 8장 뒷면·9장 앞면 : 알몸으로 창고 지키기

나대신 돈을 잘 지켜주게나)[43]라는 부탁을 받고, 【엔지로는 알몸인 채, 돈
을 지키라는 분부를 받고 재미도 없는 돈 지킴이를 하면서 살았다】[44]라고
한다. 앞서 혼례 장면에서의 '나체' 취향과 마찬가지로 상대방의 말을 표면
적으로 받아들임으로써 오해에 의해 생기는 골계, 라는 방법을 계속해서
사용하고 있는 것이다. 즉 삽화(도판 18)에서도 창고 앞에서 삳바 한 장 ―

---

43 これからかねのばんを、おれにかはつて、たいせつにして下され
44 ゑん二郎はだかのまゝにて、かねのばんをいひつけられ、おもしろくもなき、かねのばんし
　　て、くらしける

그 살바는 여우 꼬리처럼 그려져 있다 ─ 걸친 엔지로가, 열쇠를 입에 물고 여우처럼 웅크리고 앉아 지키고 있는 모습을 확인 할 수 있다. 상인이라면 장사를 해서 돈을 벌어야 하는데, 장인·사위 할 것 없이 돈을 지키는 데만 여념이 없다는, '합권'이면서도 황당무계하고 넌센스한 '황표지'의 유머와 일맥상통하는 골계성을 의도하고 있는 장면이라고 할 수 있다.

일본신사 중 이나리신사(伏見稻荷大社)에 가면 상업번창·가내안녕을 주관하는 오곡 신(稻荷神)의 신하인 여우(神狐)가, 오곡 신으로부터 하사받은 술 장식이 달린 열쇠를 입에 물고 받침대 위에 앉아 있는 동상을 볼 수 있다. 꼬리가 여의주 모양의 흰 여우가, 술 달린 열쇠를 들고 말 위에 앉아 있는 민화(大津絵)도 있다. 따라서 집안의 재물을 지키는 여우신이라는 민간신앙에 기초하여 엔지로를 여우에 빗대어 그리고 있음을 알 수 있다.

한편, 남편의 모습을 본 부인 오카메가【여보 창고를 지키는데 열쇠를 입에 물고 그런 여우 흉내까지 내실 필요는 없사온데, 참 장난스런 분이시네요】[45]라고 힐책한다. 교덴의 원작에서 여주인공 우키나(浮名)가 엔지로(艶二郎)를【정말 당신은 별난 사람이네요】[46]라고 평가하는 문구가 있다. 이 문장의 패러디라고도 생각된다. 동시에, 이 장면에서 엔지로가 왜 난데없이 여우흉내를 내고 있을까 라고 하는 독자의 의문을 오카메가 대변하는, 즉 비현실적인 장면에 대해 현실적인 견해에 의한 조롱을 담은 대사라고 하겠다. 이 대사에 대한 엔지로의 변명은 다음과 같다.

---

[45] おまへさん、くらのばんをなさるに、かぎをくわへて、そんなにきつねのまねをして、ござること へないに、しゃうだん(冗談)なことをなさる.

[46] ほんにぬしは粋狂な人(物好きな人)でござりんす

아니 나는 이렇게 하고 싶지 않은데 말이야, 화공 놈이 나를 여우처럼 그려댔어. 분하고 억울해. 나는 여우도 아닌데, 라고 말하면 이번에는 말처럼 그려댈지도 모르지.[47]

라고 하는, 실로 작자 잇쿠를 대변하고 있는 듯한 변명, 즉 본 장면을 넌센스하게도 여우로 그린 이유를 작자를 대신하여 변명을 늘어놓고 있는 것이다. 이 엔지로의 대답으로부터 여우 모습을 시키는 '장난(冗談なこと)'을 치면서까지 황당무계함에서 오는 웃음을 작자가 의도하고 있는 것으로 추론할 수 있다. 환언하면 이 대사는 이중의 내막폭로에 의한 웃음을 함유하고 있다하겠다. 그림소설(草双紙) 창작과정에 있어서 작자는 그림의 초안을 화공에게 넘긴다. 화공에게도 약간의 자유로운 발상은 허용되지만, 주인공을 여우모습으로 그린다는 것은 작자의 지시 없이는 불가능한 구상일 것이다. 필연성이 없는 주인공의 벌거숭이차림새에 대한 억지핑계(屁理屈)를 '대사'로 적고, 동시에 '화면'에서 오는 이중의 웃음을 의도함으로써 결과적으로 우스꽝스럽기 짝이 없는 장면을 창출하는데 성공했다고 보여 진다.

③ 의복을 모두 전당잡히기까지

다음은 음식값으로 입었던 옷을 몽땅 빼앗기게 된 엔지로 이야기이다.

방탕한 생활을 보내다 장인으로부터 의절당한 엔지로는 무일푼이 되고 나이도 들게 된다. 상대가 되어주는 여자도 없어서 외로운 나날을 보내던

---

[47] イヤわしゝ、何のこんなにしていたい、ことゝないが、えし(絵師)めがわしを、きつねのやうにかきおつた。いま／＼しい。わしゝきつねでゝ、ないもせぬものを、といつたら、又うまのやうに、かきおるもしれない。

어느 날, 소나기가 쏟아지자 우산 같이 쓰기 작전으로 미모의 여자를 유혹하는데 성공한다, 아니 성공한 것 같았다. 같이 요정에 들어갔는데 여자가 한 턱 내겠다고 고급요리를 마구 주문해도 행복하기만 한 엔지로. 화장실 다녀오겠다던 여자는 감감무소식. 그대로 줄행랑 친 것이다.

예상외의 고가의 요리 값에 가진 돈 몽땅 털어도 갚을 수 없게 되자, 요정의 종업원들에게 입었던 옷을 전부 빼앗기게 된다. 화면 정중앙에는 샅바 한 장의 엔지로가 있고 엔지로의 앞에는 요리계산서, 왼쪽에는 엔지로의 옷을 빼앗은 종업원들, 오른쪽에는 벌거숭이 엔지로를 보고 깜짝 놀라는 친구(본문에는 등장하지 않음)부부라고 하는 구도로, 화면만 보더라도 골계스럽기 이를 데 없는 삽화(23장 뒷면, 24장 앞면, 도판 7)이다.

소매를 입에 대고 고소한 듯 웃고 있는 친구마누라의 장난기 어린 모습이 눈에 띈다. 실은 이 에피소드의 배경이 되는 엔지로의 처지가 남달랐다. 즉, 더부살이 식객인 주제에 어울리지 않게 제 잘난 말만 하고 있던 엔지로였으므로, 본 화면의 친구마누라의 이러한 반응은 본문과 융합 조화되고 있는 것이다. 친구부부 앞에서 제대로 망신살이 뻗친 이 알몸 사건을 마지막으로 엔지로는 겨우 제정신을 차리고, 부엌때기 하녀출신의 여자와 부부가 되어 견실한 생활을 하게 된다고 함으로써 본 합권은 막을 내린다. 그만큼 뼈아픈 최후의 실패담으로 등장하는 본 에피소드가 21장 앞면부터 24장 잎면까지 길게 전개된다. 필자의 번역본(『짓펜샤 잇쿠 작품선집』, pp.345~358)에서 해당본문과 도판을 확인할 수 있는바 인용은 생략하겠다.

이 일화를 흐름에 따라 요약 설명하자면, 친구 집에 얹혀사는 엔지로는 아무데도 쓸모없는 게으름뱅이로 친구마누라로부터 미움을 산다. 자기는 일본에서 제일 잘 나가는 미남자니까 조만간 비싸게 팔릴 몸이다. 잘 대접하시오, 라고 하는 엔지로의 자만에, 동네 사람들은 그를 미치광이라고 생각한다. 소나기가 쏟아지던 날, 엔지로는 우산 같이 쓰기 작전으로 여자를 기다리다가 드디어 20대 후반의 여성을 유혹한다.

잘난 척하는 이유 자체가 우스우나, 이에 대한 반응으로 "저 사람은 제정신일 리가 없어. 집주인(大家)에게 일러서 우물 뚜껑을 닫도록 하는 게 좋겠군. 얼토당토않은 놈이 우리 동네에 와서 이웃들까지 신경 쓰게 하네"라고 하는, 동네사람들의 대처 또한 골계스럽기 그지없다.

실은 이 대처법은 황표지『연애 제목 바람난 황표지(色外題空黃表紙いろけだいうはきびやうし)』(1803년간행, 一九作画) 12장 앞면에, 추남 잇쿠가 17살 난 아름다운 아가씨가 자기에게 반했다고 하는 자랑이야기를 들은 판잣집 동네주민들이【모두다 간이 콩알만 해져, 아무래도 이는 제정신일 리가 없어. 집주인(大家様)에게 일러서 오늘 밤부터 우물 뚜껑을 닫도록 하는 게 좋겠군. 이라며 모두 총총히 돌아간다】[48]라고 이미 사용된 취향이기도 하다.

'한 우산 쓰기로 유혹하기'와 같은 사건의 설정 및 전개방식은 매우 현대적이며, 원작 황표지의 바보스런 엔지로와는 달리 오히려 용의주도한 면이 엿보이는 합권의 엔지로이다. 사건뿐만 아니라 자만하는 엔지로의 논리와 문체도 현대적이다. 그리하여 처음에는 아주 적절한 유혹 작전으로 성공한 것처럼 보였으나, 마지막에는 자만에 의한 비참한 결말을 맞이하는 것이다.[49]

---

48 みな／＼胆(きも)を潰(つぶ)し、何(なん)でもこれは、本(ほん)気(き)ではあるまい。大家(や)様(さま)へそふいつて、晩(ばん)から井戸(いど)のふたをしておくがよいと、みなそこ／＼に立(た)ち帰(かへ)る。번각은 大東急記念文庫所蔵본을 이용했음.

49 한편 유혹대상이 되는 여자의 농담과 음담패설이 섞인 대사 "희한하네. 내가 외출하는 날에는 비가 오네. 원래 나는 젖는 게 잘 듣는(정사에 능한) 여자니까 그래서 비가 내리는 걸까 몰라"는 실제로는

우산을 쓰게 해 준 사례로 술을 사겠다고 하는 여자의 권유로 들어간 요리찻집에서 둘은 맘껏 먹고 마시는데, 이러한 찻집(水茶屋)에 대해서 『에도학사전』[50]을 참조하면, 도시에 있는 찻집(水茶屋)은 상당히 훌륭한 바깥객실(別座敷)을 설치하고 있는 곳도 있었는데, 모임과 사업상담 시 이용되며, 주문에 따라 요리배달을 시켜주고 술안주를 대접하는 영업형태를 취하는 곳도 많았다. 또한 이와 같은 안채객실(奧座敷)의 존재가 이윽고 찻집매춘의 온상이 되기도 하였다고 한다.

'요리찻집'이라고 하는 고급요정도 출현하는데, 1824(文政七)년 간행한 쇼핑 가이드북(『江戸買物独案内』) 음식 편(飮食之部)에 의하면, '요리(御料理)'라는 간판을 내건 가게가 에도에 69채나 있었다고 한다. 이와 같은 요리찻집의 안채객실에서 먹고 마시며 정사까지 계획하는 엔지로와 여자는 당시의 풍조를 잘 보여준다.

결국 고급요정에서 대접하는 척하고 여자는 사라져버리는데, 이처럼 먹고 튀는 일화는 나라를 불문하고 세계 각국에 있을 법하다. 그러한 보편적인 일화를 큰 틀로 하여, 여자를 유혹하기 위한 전통적인 그러면서도 현대적인 수법 '한 우산 쓰기 작전'과, 서로를 탐색하는 남녀의 심리전이 잇쿠의 쉴 틈 없이 몰아치는 듯 하면서도 경묘한 위트가 넘치는 필력으로 생생하게 그려진다. 그리고 '나체' 취향으로 사건과 삽화가 마무리되면서 폭소를 자아내는 에피소드로서 독자의 뇌리에 각인되는 것이다.

해당인물이 말하지 않았을 사항을 장난으로 이야기하게 하는 그림소설(특히 황표지)의 '잡담(無駄口)'이라고 하는 레토릭을 도입한 것이다. 따라서 본 스토리와는 상관없는 농담으로 이해하면 된다.
50 『江戸学事典』, 弘文堂, 1984.

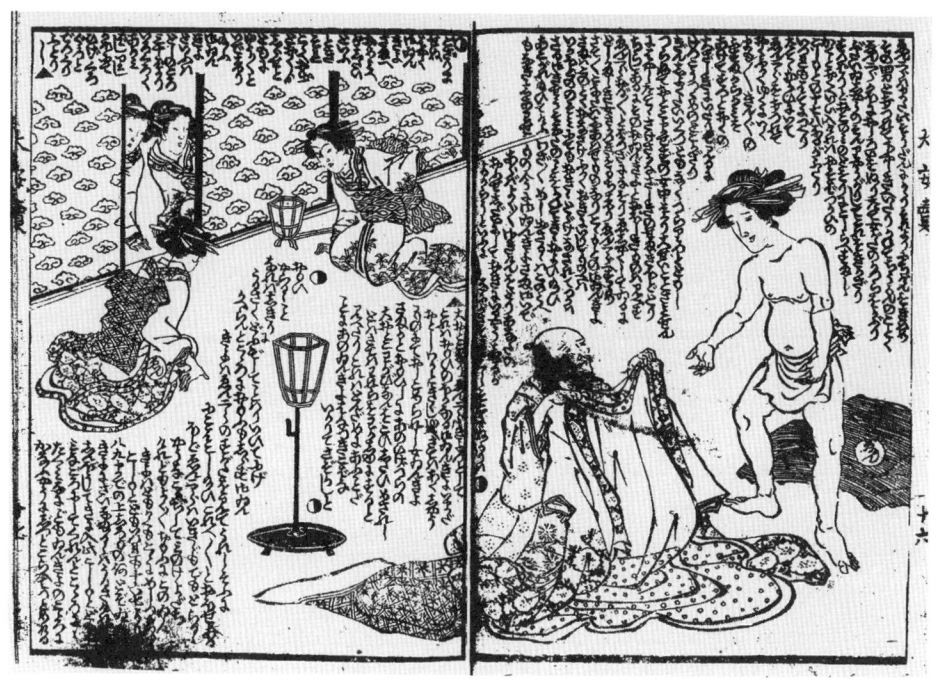

〈도판 19〉『色男大安賣』16장 뒷면・17장 앞면 : 여장 중인 엔지로

④ 여장을 하다

이상의 '장가들기, 돈 지키기, 먹고 줄행랑치기'일화에서는 나체 소재가 사건을 구축하는 중요한 위치를 차지하고 있었다. 한편, 사건과 직접적인 관련성은 없으나 시각적인 웃음을 유발하기 위하여 나체를 화면으로만 보여 주는 경우도 있다.

【엔지로 얼굴에 분을 잔뜩 발라대고, 여자역배우의 가발을 쓰고, 돈 주고 빌린 무대의상을 차려입고, 완전히 상대의 취향대로 치장을 마친 뒤】,[51] 젊은 영감의 남색상대가 되는 일화가 있다. 이 일화의 첫 장면 화면(도판 19)

에는 다른 시간대에 벌어지는 행동이 동시에 그려지고(異時同図法) 있는데, 시간흐름에 따르듯이 큰 객실 공간이 하나로 이어져 있는 독특한 구도의 화면이라고 할 수 있다. 좌우가 같은 객실 — 본문에서는 같은 별저 안이기는 하지만 장소는 이동하고 있다 — 인 양 이어져 그려지고 있는 것이다.

즉 우측그림에는 옷을 막 갈아입는 중의 엔지로 — 여자가발을 쓰고, 배가 불룩하니 속옷치마 한 장 걸치고 있는 우스꽝스러운 모습 — 와, 이를 도와주는 친구가 그려진다. 이어지는 좌측에서는 옷을 다 갈아입고, 골계스런 나체 모습으로부터 완전히 탈바꿈한 엔지로가 양손을 바닥에 짚고 시녀에게 공손히 절하고 있다. 자못 여성스럽고 아름다운 엔지로의 뒷모습이 호화로운 맹장지와 은촛대, 화려하게 차려입은 시녀들과 완벽한 조화를 이루는 이 둔갑술에 독자들이 웃게 되는 것은, 우측의 볼썽사나운 나체그림의 공로가 아닐까. 본모습과 둔갑 후 모습의 괴리에서 오는 웃음을 의도하여, 작자 잇쿠는 사건과는 직접적 연관성이 없음에도 불구하고, 화면상에서 일부러 벌거벗은 엔지로의 모습을 자연스럽게 그려 넣은 것이라고 생각된다.

⑤ 알몸 다복녀

본 합권에는 나체 소재와 동시에 다복녀 소재가 사용되는 경우가 있다. 나복녀 취향에 대해서는 졸고「에도희작의 삽화에서 보는 잇쿠의 다복녀 취향에 대해서」[52]에서 상세히 거론하고 있으므로, 여기에서는 '알몸이 된

---

51 ゑん二郎かほにおしろいをぬりたて、女がたのかつらをかぶり、ぶたいいしゃうの、そんりゃうがりして、これをきかざり、すっぱりとおこのみのとをりに、こしらへすまし

52 「江戸戯作の挿絵からみる一九のお多福趣向について」,『日本語文学』30号, 韓国日本語文学会,

다복녀'라는 측면에서 두 장면만 간단히 언급하겠다.

여자들이 엔지로를 다퉈서 난투극을 벌이는 장면에, 상반신을 절반쯤 벗고 어깨와 젖가슴을 드러낸 여자가 있다. 남자들 싸움에 못지않은 용감무쌍한 행색을 한 그녀는 화면 중앙에 위치하여 유독 돋보인다. 복스런 다복녀 얼굴이라는 점에서 더욱 그러하며, 차려입은 여자들 가운데 혼자 상반신을 드러낸 행색이라는 점에서 더더욱 그러하다. 작자 잇쿠의 골계적 의도가 전형적으로 표출된 장면이라고 할 수 있다.

그리고 통통한 다복녀가 아랫도리속치마 한 장 차림으로 상반신을 적나라하게 드러낸 채, 거대한 송이버섯을 짊어지고 쫓겨나는 장면이 있다. 누케사쿠는 잠자리에 든 새신부가 다른 여자인 것을 알고 화난 김에【우물쭈물하고 있는 과부를 붙잡아 발가벗기고는, 즉석촌극(茶番)에서 받은 상품인 커다란 송이버섯을 짊어지우고, 빗자루를 들고 두들겨 쫓아낸다】[53]고 하는 장면이, 화면에서도 그대로 재현되고 있는 것이다.

실은 이 외설적이고도 골계스런 구도가 본 합권에서 갑자기 나타난 것은 아니다. 앞서 '(1) ⑥ 충신장물 황표지 · 합권에 그려진 벌거숭이'에서 살펴보았듯이, 이미 충신장을 소재로 한 그림소설과 우키요에에 있어서, 상반신을 벗은 다복녀 같이 생긴 통통한 하녀가 각등(角行灯)을 손에 든 채 웃는 얼굴로 도망 다니는 구도는, 일종의 화제(画題, 그림의 테마)로써 19세기에 접어들면서 정착한 감이 있다. 이를 활용하여 잇쿠는 본 합권과 같은 엔지로

2006.9, pp.169~184.

53 もじ／＼している後家(ごけ)をひっとらへ丸裸(まるはだか)となし、茶番(ちゃばん)の景物(けいぶつ)にとりたる大松茸(まつたけ)を背中(せなか)に背負(せお)はせ、箒(ほうき)おっとり叩(たゝ)き出しける

스토리 속에서 한층 더 외설적인 웃음으로 탈바꿈시키고 있는 것이다.

⑥ 다복녀에 대한 추고

'나체' 취향이라는 취지에서는 벗어나지만, 졸고 「에도희작의 삽화에서 보는 잇쿠의 다복녀 취향에 대해서」 발표 후, 새로이 알게 된 다복녀가 등장하는 그림소설에 대해 보고하고자 한다.

우선 잇쿠가 그림까지 그린 황표지 『낚시 에비스 첫손님 명부(釣戎水揚帳)』(1797寬政九)라는 작품에 여주인공 '후구(복어)'가 등장한다. 에비스신이 복어를 낚아 올렸는데 '오타후쿠' 아닌 '오타후구'로 변신, 미인은 아니었으나 좋은 맛에 감탄하여 빠져든다. 결국 그녀의 정체가 뎃포(총, 저급창녀)임을 알고 쫓아낸다는 내용이다. 동음이의어를 이용하여, 복어 → 다복녀 → 총, 저급창녀로의 변화를 이용한 황표지다운 황당무계한 내용이라 하겠다. 화면에 등장하는 그녀는 복스런 다복녀 얼굴에 머리에는 복어를 얹은 모습으로 형상화된다.

후타마타 준은 「그림소설의 삽화 세 점」,[54]에서 잇쿠가 본 작품 『낚시 에비스 첫손님 명부』 집필에 있어서 교덴의 『꽃의 웃음 칠복신 참배(花之笑七福神参詣)』를 참고로 했다고 지적하고 있다. 그런데 교덴의 이 선행 작품으로부터 삽화까지 모방하고 있음에도 불구하고, 교덴 작품에는 등장하지 않는 '다복녀'를 스토리의 중심에 갖고 오는 등, '다복녀'가 역시 잇쿠의 기호에 맞는 취향이었음을 가늠케 한다.

위 작품과 마찬가지로 역시 잇쿠가 그림까지 그린 황표지 『갓파의 항문

54　二又淳, 「草双紙の挿絵三点」, 『近世文芸 研究と評論』 75에 작품이 소개된다.

구슬(河童尻子玉)』(1798寬政十, 동경도립중앙도서관加賀文庫本)에 다복녀처럼 보이는 해녀가 등장한다.

주인공 가마타로(釜太郎)를 돕는 조역으로서 여섯 페이지에 걸쳐 활약한다. 알몸(九장 앞, 뒷면)이기도 하고 차려입기도(十三장 앞면)하지만, 처진 눈꼬리, 납작코, 큰 입에 두터운 입술, 이중 턱, 아래턱 쪽이 부푼 둥근 얼굴로 묘사되고 있어 전형적인 다복녀 스타일이다. 이 황표지의 다른 여성들의 외모와 비교하더라도 잇쿠가 그녀를 다복녀로 의도하여 그린 것이라고 생각된다. 해녀인 그녀의 이름은 '오후구'(복어?)라고 적혀 있으나, 인형극의 젊은 여자 가면 중에 낮은 코 우스운 얼굴 생김새의 '오후쿠(お福)'라고 하는 가면이 있는데 이를 염두에 둔 명명이 아닐까 추측해 본다.

기타가와 즈키마로(喜多川月麿)가 그리고 1807(文化四)년에 잇쿠가 집필 간행한 합권 『욕심의 가죽 철면피(欲皮千枚張)』(三卷一冊, 東大霞亭문고)에도 단역의 다복녀가 등장한다. 좀더 정확히 말하자면 오카메(お亀)의 분장을 해서 우스꽝스러운 춤을 추는 사자춤(太神楽)의 한 장면에 등장하고 있다.

야나가와 시게노부(柳川重信) 그림으로 1814(文化十一)년에 잇쿠가 집필 출간한 합권 『충신장 때늦은 축제(忠臣蔵跡祭)』에는, 모친 도나세(戸名瀬)의 칼을 받아 죽을 각오를 한 고나미(小浪)가 다복녀 인형장난감(飛び人形, 일명 「飛んだり跳ねたり」)으로 그려짐으로써, 충신장을 패러디하여 허를 찌르는 웃음을 선사하기도 한다.

이와 같이 잇쿠의 작품에 종종 등장하는 다복녀가 다른 희작자의 작품에서는 어떤 역할로 등장을 할까.

산토 교덴(山東京伝)이 1802(享和二)년에 간행한 황표지 『날랜 솜씨 7인의 몫(早業七人前)』은 여러 가지 교훈에 해당하는 본문과 삽화를 각 페이지마다

달리 실는데, 그 중 6장 뒷면에 "깨달음의 볏단, 다복녀와 미인의 돌변"이라는 장면이 있다. 작자의 교훈 중 한 가지 — 미인도 다복녀도 마음으로 깨달음을 얻고 보면 똑같다 — 를 설파하기 위한 일례로 등장시키고 있는 것이다. 여기서 유녀 복장을 한 미인이, 헤이안 시대 귀족여성(차림새가 오노노 고마치小野小町를 연상케 한다)의 복장을 한 다복녀에게 다음과 같이 말한다. "그대는 볼이 찐빵과 같고, 코가 틀에 찍은 라쿠간 과자와 같네요. 과자상자에 그려지는 다섯 가인인가요."(主は頬が饅頭で、鼻が落雁のやうでおざんす。菓子壺の五歌仙とやらかへ。).

그러나 다른 희작자 작품에서는 다복녀의 등장자체를 찾아보기가 쉽지 않을뿐더러, 다복녀가 주도적 역할을 하는 작품은 특히 없는 것 같다는 점에서도, 다복녀 취향은 골계성을 발휘하기 위해 잇쿠 스스로 즐겨 선택했던 소재임을 알 수 있다.

그런데 잇쿠의 친구인 간와테 오니타케(感和亭鬼武)가 간행한 작품 중에 다복녀 취향을 전적으로 활용한 황표지가 있다. 1803(享和三)년에 오니타케가 쓰고 호쿠사이(北斎)가 그린 『일본 중국 네덜란드 잡화(和漢蘭雑話)』이다. 다복녀라는 단어를 사용하고 있지는 않으나, '부타노'라는 여주인공의 이름이 연상시키는 이미지(돼지=부타)와 삽화의 용모, 그리고 못생긴 얼굴로 인하여 일본인 유객에게는 인기가 없다고 하는 지문으로 보건데, 다복녀에 준하는 인물이라고 할 수 있나. 그러나 왠지 중국인 유객과 네덜란드 유객의 사랑을 받게 된 유녀 부타노. 그녀의 마음에 들기 위하여 중국인과 네덜란드인이 벌이는 황당무계한 사건들이 전개된다. 따라서 미인이 아닌 추녀를 좋아하여 벌이는 사랑싸움이라는 설정부터가 우스꽝스러운 이 작품은, 다복녀가 주도적 역할을 하는 잇쿠의 작품에 준하는 성격을 지니고 있다고 할 수 있다.

3) 나가며 - 『미남 대할인판매』의 즉물적 삽화

일본에서 제일 잘 생겼다는 꽃미남 엔지로가 전반부에서는 여자들에게 지나친 사랑을 받다가, 후반부에서는 나이가 들고 무일푼이 되었는데도 여전히 잘난체하다가 여자들에게 버림을 받는다는 갖가지 재미있는 일화들로 본 합권 『미남 대할인판매』는 구성되어 있다. 그런데 에도 시대 만화책이라고 할 수 있는 그림소설에는 매 장마다 지문과 대사와 더불어 삽화가 필수요건으로 등장함은 앞서 설명한 바이다. 따라서 스토리뿐만 아니라 삽화 또한 작품의 재미를 책임지게 된다.

합권을 포함하여 에도희작의 일반적 제작 시스템은, 작가 스스로 삽화를 구상하고 밑그림을 그리면, 그 후 전문 화공 및 도공, 인쇄공들이 분업하여 삽화를 완성하는 시스템이다. 따라서 본 작품 『미남 대할인판매』의 삽화에서 골계미가 느껴진다면 이 또한 작가 잇쿠의 의도라는 점을 간과해서는 안 될 것이다.

문장을 읽기 전에 먼저 눈에 들어오기 마련인 삽화는, 대중독자의 구매력을 향상시키는데 크게 기여했으리라 여겨진다. 잇쿠가 베스트셀러 작가가 될 수 있었던 원동력 중의 하나를 이와 같은 삽화의 구상력에서 찾을 수 있을 것이다. 세세한 문장을 접하기 전에 일단 화면상으로 보기만 해도 우스울 수 있도록 하기 위해 잇쿠가 애용한 소재 중 하나가 바로 지금까지 살펴 본 '나체' 취향이었다. 그리고 '큰머리 탈'과 '초롱' 소재였음을 마지막으로 거론하면서 이 장을 마무리 짓고자 한다.

〈도판 20〉『色男大安賣』13장 뒷면·14장 앞면 : 큰머리 탈을 쓰다

① 큰머리 탈을 뒤집어쓰다

엔지로가 큰머리 탈을 쓰고 등장하는 장면을 대표적인 즉물적 화면으로 꼽을 수 있다. 방탕한 생활을 하던 엔지로는 의절당하여 무일푼 신세가 되고 마누라가 되기로 약속했던 유녀에게조차 버림받아【동네사람 부끄러워 볼 면목 없어, 문을 걸어 잠그고 집에만 있었다. 사람들이 알아볼까봐 골목길 드나들 때는 가면이라도 써서 걷고 싶은 심정】[55]이었는데, 여기에서

---

55 ながやのてまへ、めんぼくなく、戸をしめて、うちにばかり。人にかほをあわされず、ろじの 出はいりに〻、めんでもかぶりて、あるきたいこゝろもちに

다시 한번 단어를 액면 그대로 해석하는 넌센스한 웃음의 세 번째를 구사한다. 앞서 살펴본, 【그 몸 그대로 알몸으로 좋다고 하는 간곡한 부탁】을 받고 알몸으로 혼례를 치룬 사례, 【엔지로는 알몸인 채, 돈을 지키라는 분부를 받고】 알몸으로 돈을 지키고 앉아 있는 사례와 유사한 레토릭이다. 【다행히 아이가 갖고 노는 큰머리 탈을 사 와서 이를 쓰고 골목길을 드나들 수 있었다】[56]고 되어있다. 이 말 그대로 화면(도판 20) 우측에는 골목길 출입에 큰머리 탈을 뒤집어쓰고 있는 엔지로가 그려져 있으며, 그의 손에는 단풍잎 두부(紅葉豆腐)와 술병(貧乏德利 : 아가리 부분이 긴 원통형의 사기로 된 술병)이 들려져 있다. 이 모습을 보고 삿대질 하며 놀려대는 아이와 동네 아낙까지 덧붙여 그림으로써 주변인들의 반응이 현실적으로 묘사되고, 피에로 역할을 하는 엔지로의 우스운 처지가 한층 부각되는 듯하다.

이 큰머리 탈 소재는 1828(文政十一)년에 간행한 잇쿠의 또 다른 합권 『충신너구리의 일곱 역할(忠臣狸七役)』에도 계승된다. 5장 앞면에 너구리가 빗속을 【예의 왕방울 눈 소년(大目玉小僧)이 술을 사러 가는 차림으로】[57]둔갑하는 장면이 나오는데, 너구리소년의 손에는 술병(貧乏德利)과 외상 장부(通い帳)가 들려져 있다.

『충신너구리의 일곱 역할』의 왕방울 눈 소년은, 잇쿠가 직접 그리고 쓴 황표지 『괴담·심산의 벚꽃(怪談深山桜)』(1797년에 잇쿠가 그리고 써서 간행한 『요괴 미코시의 소나무』化物見越松의 증보판으로 간행년도는 미상)의 「두부소년(豆腐小僧)」 및 잇쿠의 합권 『가면 다이코전(化皮太鼓伝)』(1833天保四, 歌川国芳画)의

---

56 さいわひ子ともの、もちあそびの、大あたまかって参り、これをかぶりて、ろじのではいりをなしける。

57 れいの大めだまのこぞうが、さけをかひにゆくなりに

【눈알이 빛나는 소년이 술통을 들고 온다】[58]고 하며 묘사된 소년과도 흡사하다.[59] 자신의 이전 작품에 이용했던 소재를 몇 번이고 재사용하는 것은 당시 회작자들의 전형적인 창작 수법이다. 잇쿠는 애교스런 요괴 중 하나로 이 요괴소년을 즐겨 등장시켰으며, 본 작품에서는 모습을 변형시켜서 엔지로가 큰머리 탈을 뒤집어쓰고 있는 모습에, 두부소년 요괴와 왕방울 눈 소년요괴의 형상을 투영하고 있는 것이다.

그 동안 동네사람들에게 큰소리를 쳤었던 만큼 하루라도 빨리 마누라를 얻고 싶은 엔지로는, 큰머리 탈을 쓴 채 지나가는 여자들의 옷자락을 잡아당겨 보지만 거지라고 오해를 살 따름이다. 좌측 화면에는 큰머리탈의 엔지로가 여자의 소매를 잡아끌고 주변 사람들이 그런 모습을 보고 웃고 있는 구도가 취해진다. 여기에서 엔지로는 두부소년이나 왕방울 눈 소년처럼 갑자기 작은 키로 그려진다. 달인(通人)같은 멋 부린 복장에 큰머리에 작은 키라고 하는 부조화에서 오는 웃음을 의도한 화면이라고 할 수 있다.

『대에도 요괴안내(大江戶化物細見)』(아담카봤編, 小学館) 중, 【인간에게도 큰머리가 유행】한다는 칼럼을 보면, 『돈이 열리는 나무 아들(金生木息子)』(1805년 간행, 잇쿠 글 그림)에서 종이탈로 만든 큰머리가 유행하는 모습이 소개된다. 『돈이 열리는 나무 아들』에서는 큰머리 탈을 쓰고 인기스타가 되지만, 본 합권에

---

58 目の玉の光る小僧が酒の樽を提げて来たる

59 졸고「近世大衆文芸の趣向考究一合巻『忠臣狸七役』に現れた「七役」と「狸」を端緒に一(『日本語文学』43号, 韓国日本語文學会, 2009.12, pp.289~308)」에서 "『忠臣狸七役』のこの大目玉小僧狸は、一九の黄表紙『怪談深山桜』(かいだんみやまざくら、自画作で寛政九年刊行した『化物見越松(ばけものみこしのまつ)』の増補作、刊年不詳、自画)の「豆腐小僧」及び、先述した一九の合巻『化皮太鼓伝』(ばけのかわたいこでん、天保四年、歌川国芳画)の小僧(「目の玉の光る小僧が酒の樽を提げて来たる」)とも近似する図柄である。"라고 지적한 바이다.

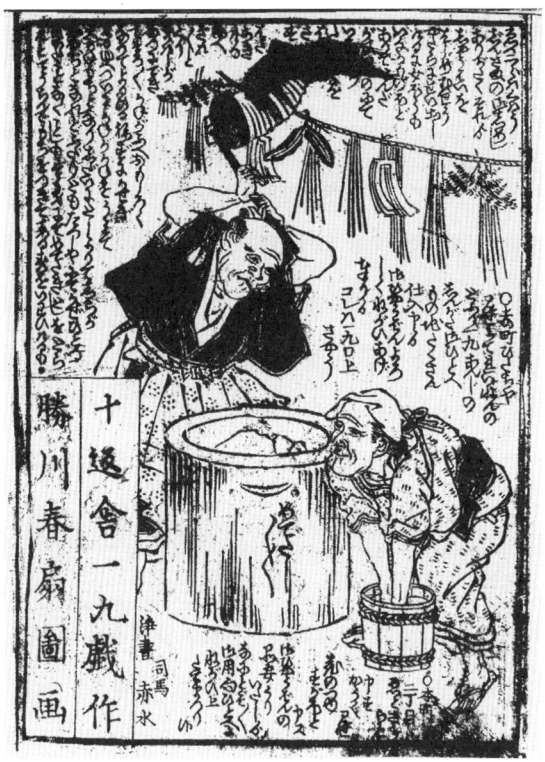

〈도판 21〉『色男大安賣』25장 뒷면 : 초롱으로 떡 찧기

서는 주변사람들에게 비웃음을 사고 독자들에게는 즉물적인 웃음을 선사하
는 적격의 소재로 사용되고 있는 것이다.

② 초롱으로 떡을 찧다

기본적으로 음력 정월 초하루에 발매되는 그림소설은 해피엔드로 경사
스럽게 막을 내리는 것이 관례였다. 본 작품에서도 후반부에서 갖가지 고
생을 한 엔지로였지만, 마지막 장에서는 밤낮을 가리지 않고 열심히 일하

여 부자가 되니, 【경사일세 경사일세】[60]라는 구절이 떡 찧는 절구에까지 적힌다. 절굿공이 대신에 초롱을 치켜든 할아버지(정장예복차림에 앞치마를 두르고 있다)와, 떡 찧기를 바지런하게 돕고 있는 할머니, 라고 하는 외설적 장면이 웃음을 자아내는 경사스런 결말이다. 마지막의 이 도상(도판 21)은 단순히 음란한 웃음을 의도했다기보다, 자손번영을 기원하는 의미를 담고 있다고 해석해야 할 것이다. 예를 들면, 인형극 〈무용 경단장사(景事 団子売り)〉는 경단장사 부부가 절구와 절굿공이를 부부에 빗대어 자손번영을 기원하며 노래하고 춤추는 경사스런 상연종목으로서 지금도 무대에 올려지고 있다.

이른바 〈엔지로물〉의 계보를 이어받으면서 창작된 본 합권이지만, 전거가 되는 작품을 모르는 독자도 웃을 수 있는 즉물적인 화면을 구축하고 있는 몇 가지 도상으로부터 인기작가 잇쿠의 원동력을 살펴보았다. 삽화를 읽어내는 키워드로 '다복녀' '나체' 등을 추출할 때, 매 장마다 등장하여 웃음을 배가시키는 삽화의 힘을 새삼 인식할 수 있었다.

다복녀의 용모와 견줄만한 웃음을 가져오는 직접적 소재라고 하면 나신(裸身)을 보여주는 것이리라. 이 두 소재가 융합된 '알몸의 다복녀'는 잇쿠 작품에서 지금까지 조역으로만 등장하던 다복녀를, 드디어 에피소드의 주역으로 성장시키는 결과를 본 작품『미남 대할인판매』가 낳았다. '알몸의 다복녀'는 골계의 상승효과를 불러일으키면서 독자의 눈을 즐겁게 하였던 것이다.

1절 2)에서 살펴본 바와 같이 다른 희작자에 비해 더욱 철저히 '작자의

---

60 めでたし／＼／＼

회화화'수법을 구사한 잇쿠는, 궁극에는 달랑 샅바 한 장 걸친 자신의 모습을 속속들이 드러내기까지 했었다. 이러한 경향의 하나로써『미남 대할인 판매』에서는 주인공 엔지로의 나신을 독자들 눈앞에 들이대는 것으로 박장대소하게 했다. 주인공을 알몸으로 결혼식에 내보내고, 창고를 지키게 한다. 대접하겠다던 여자가 먹고 줄행랑치는 바람에 알몸뚱이 신세가 되고, 여자 옷으로 갈아입는 중에 우스꽝스런 배불뚝이 몸매를 적나라하게 드러낸다.

이 외에도 큰머리 탈을 쓴 엔지로·초롱으로 떡 찧는 엔지로는 우선은 화면으로 즉각적인 웃음을 독자에게 선사한 뒤, 지문과 대사로 이차적인 웃음을 배가하여 선사한다. 인형극작가로써 관서지방 극단에 데뷔한 뒤, 자신이 직접 그림까지 그린 황표지로 에도희작 문단에 발을 디디는 주춧돌을 마련한 잇쿠의 진면목이, 이와 같은 즉물적 삽화에서 엿보이는 듯하다. 서민들의 연극인 인형극의 작가로서 닦은 기틀이, 남녀노소 지역을 불문하고 누구나 웃게 하는 소재를 선정할 수 있는 능력을 갖게 하였던 것이 아닐까. 또 그러한 소재를 자신이 뜻하는 바대로 밑그림 또는 본그림으로 그릴 수 있는 화가로서의 탁월한 능력을 겸비하고 있었기에, 대중작가로서의 성공으로 이어졌던 것이 아닐까 생각한다.

부록

日文目次

『日本大衆文芸の始原，江戸戯作と十返舎一九』

第2章 江戸時代の漫畫「草双紙」の視覺的讀み

1. 短編の繪入り小説「黄表紙」を主に

  1-1 江戸戯作者の剽窃・模倣、そして獨創性

    (1) 日本文学の伝統的創作態度

    (2) 一九の著述方針

    (3) 模倣と創造に関する拙論紹介

  1-2 大衆小説家としての創作態度「作者戯畫化」

    1-2-1 「作者戯画化」趣向とは

    1-2-2 作者戯画化趣向に関する拙論紹介

    1-2-3 一九の自己演出「作者戯画化」

      (1) 作者戯画化趣向の部分的使用

        ①『奇妙頂礼胎錫杖』

        ②『虫看鑑埜辺若草』

        ③『赤本鼠黒本狐 両説嫁入奇談』

        ④『竹本義太夫武士』

      (2) 作者戯画化趣向の総体的使用

        ①『屈伸一九著』

        ②『旅恥辱書捨一通』

2. 中・長編の繪入り小説「合巻」を主に

  2-1 はじめに

    (1) 合巻と一九

    (2) 合巻『色男大安売』の内容

    (3) 草双紙の挿絵の力

  2-2 草双紙の「裸」題材について

    2-2-1 黄表紙の「裸」趣向

      (1)『旅恥辱書捨一通』と『聞風耳学問』

      (2)『旅恥辱書捨一通』と『京伝憂世酔醒』

      (3)『京伝憂世酔醒』と式亭三馬

      (4)『旅恥辱書捨一通』と落語「蔵前駕籠」

      (5)『手前漬赤穂辛塩』

      (6) ＜忠臣蔵もの＞黄表紙・合巻に描かれた裸身

: 부록 2 :

참고문헌의 요약

　본 저술서에서는 본인의 지금까지의 연구테마를 계승하는 한편 더욱 발전시켜 보다 광범위한 작품과 테마를 논하고자 하였다. 따라서 필자의 선행논문과 중복되는 절이 일부 있는데, 그 중복 정도를 日文目次 순으로 계산해보면, 제1장 1절(3) : 80%(6) : 80% 2절2-2 : 10% 2-3 : 40% 제2장 1절1-1(3) : 50% 1-2-2 : 50% 1-2-3(2) : 80% 2절2-2-1 : 40% 2-2-2 : 10%라고 할 수 있을 것 같다. 이들은 중복되더라도 대부분 일본어 논문이었으므로 한글로 번역하는 단계를 거쳤다. 이 외의 절은 이번 저술서를 계기로 새롭게 작성하였으므로 선행논문과 중복되지 않는 원고가 대부분임을 밝힌다.

　이하 본 저술서와 관련 있는 필자의 선행논문을 목차 순으로 요약 소개하겠다.

제1장 골계소설(滑稽本)의 탄생과 계승

1. 밀리언셀러 탄생:『동해도 도보여행기(東海道中膝栗毛)』
　　[1]「19世紀日本のベストセーラ『膝栗毛』の大衆性確保の様相研究－狂歌を中心に」, 『日本語文学』20号, 韓国日本語文学会, 2004.3, pp.173～193.
　　[2]『東海道中膝栗毛』の一考察－その大衆性を中心に－」, 修士学位論文, 1～72頁, 韓国外国語大学校, 1994.8.

　■요약문
　[1]「19세기 일본의 베스트셀러『膝栗毛』의 대중성 확보 양상 연구－狂歌의 역할」: 弥次, 北八라고 하는 이름을 듣기만 해도 일본인은 자신도 모르는 사이에 입가에 미소를 띄우게 된다고 한다. 나아가, 일본인뿐만 아니라 일본어를 알고『히자쿠리게』를 읽은 사람이라면 국적을 불문하고 웃지 않을 수 없을 것이다. 그만큼 대중적일 수 있는『히자쿠리게』의 저력을 찾고자 했던 것이 본 고찰이었다.

　그리하여『히자쿠리게』가 21년 간 베스트셀러가 될 수 있었던, 즉 대중성을 확보할 수 있었던 일단으로서, 狂歌라는 각도로부터 접근해 본 결과,『히자쿠리게』의 그러한 엄청난 인기는, 현재 학계 한편에서 일컬어지고 있듯이 우연 내지는 요행이 아니었음을 알 수 있었다. 골계구현 양상의 측면에서 볼 때, 合卷『方言修行金草鞋』와 비교해서, 狂歌를 읊는 주체자를 확실하게 했던 집필 의도에 의해 주인공의 성격을 차별화하는 효과를 가져왔고, 언어유희를 풍부하게 담았고, 집필의도 차이에 따른 狂歌의 쓰임새의 변화를 분석할 수 있었다. 合卷과 滑稽本이라는 장르 변용에 따른 취향상의 특색 또한, 狂歌를 매개로 할 때 한층 선명하게 부각됨을 알 수 있었다. 그리고『膝栗毛』초편과 동시 발행한『南総記行旅眼石』의 狂画・狂歌와『膝栗毛』8편의 삽화를 계기로 에도狂画壇을 살펴봄으로써 一九의 취향의 특색을 선구성 이라는 면에서 생각해 보았다.

이상, 본고에서는 기존의 선행연구들과는 다른 방법으로 좀 더 면밀하게『膝栗毛』에 담긴 狂歌의 역할을 살펴보고자 하는데 목적이 있었다.『膝栗毛』속 狂歌에 대한 분석을 시도해 봄으로써, 구체적인 狂歌의 역할을 고찰한 바이다. 이와 같이 一九가 고심하여 발안한『膝栗毛』는 전국규모의 독자를 획득하고, 에도문예의 지방 유통에 있어서 커다란 추진력이 된 상품이라는 점에서도 그 역사적 의의는 결코 평가절하 할 수 없을 것이다.

■日文要約 「19世紀日本のベストセーラ『膝栗毛』の大衆性確保の様相研究－狂歌を中心に」:『膝栗毛』が二十一年間ベストセーラになることができた、即ち大衆性が確保出来た一因として、狂歌という観点から近づいてみた結果、『膝栗毛』のそのような夥しい人気は、現在学会の一角で言われているように偶然もしくは紛れ当たりではなかったことがわかった。滑稽の現れ方から考察する時、合卷『方言修行金草鞋』と比較して、狂歌の詠み手を確実にした執筆意図によって主人公の性格を差別化する効果をもたらし、言語遊戯を豊富に盛り込む等、執筆目的の相違による狂歌の変化を分析することが出来た。合卷と滑稽本というジャンルの変容における趣向の特色も狂歌を通すとき、更に鮮明に見えてくることがわかる。また、享和二年『膝栗毛』初編と同時に刊行された『南総記行旅眼石』の狂画・狂歌と、『膝栗毛』八編の挿絵一つを媒介に江戸狂画壇を鑑み、一九の趣向の特色をその先駆性から探ってみた。このように一九が苦心して創案した『膝栗毛』は全国規模の読者を獲得し、江戸文芸の地方流通における大きい推進力になる商品であったという点からも、その歴史的意義は深いと言わざるを得ない。

[2] 「『히자쿠리게(膝栗毛)』의 대중성에 대하여」: 본 고찰에서는 『히자쿠리

게』가 江戸시대 21년간 대중성을 확보하면서 베스트셀러가 될 수 있었던 일단으로 서, 다음의 두 가지 각도로부터 접근해 본 결과, 『히자크리게』의 그와 같은 엄청난 인기는, 현재 학계 한편에서 일컬어지고 있는 것과 같이 우연 내지는 요행이 아니었 음을 알 수 있었다. 그 첫 번째는 골계의 구현 양상 측면에서이다. 즉, 『히자크리 게』에 나타난 웃음의 종류와 그 빈도수를 조사함으로써, 얼마나 다양한 웃음이 담 겨져 있고, 각 편마다 작풍이 변해가는가 라고 하는 측면으로부터이다. 그리고 두 번째는 일탈화 양상 측면에서이다. 즉, 얼핏 보기에는 엉터리처럼 보이는 모순된 내 용이, 실은 작자의 의도로부터 교묘하게 시도되어진 것이어서 그 계획된 구성을 엿 보이게 한다 라고 하는 측면으로부터이다.

따라서 본 고찰의 결과 언어의 골계, 思考의 골계, 객관적 골계, 주관적 골계의 종 류와, 狂歌, 삽화와 讚으로부터는 一九가 웃음을 노려 얼마나 고심했는가가 절실히 느껴졌다. 그러한 골계의 종류에 따라 弥次, 北八의 성격까지 구분하고 있고, 狂歌 의 역할도 각 편의 성질에 따라 바꾸어 가며, 삽화에는 사건을, 讚에는 여정을 담아 서 본문과 서로 유기적인 관계를 맺도록 하고 있다. 도입된 갖가지 골계의 수사법이 특히 초편에서 빛을 발한 뒤, 점차 으스러져 가는 것은 실로 유감스러운 일이지만, 독자 확보로 인한 안도감에서 온 게으름 내지는 소재의 고갈에 기인한다고 보아야 할 것이다.

또한 얼핏 보기에는 일탈화인 것 같은 내용도, 실은 一九의 숨겨진 의도 하에 설 정된 면이 컸기에 독자의 인기를 모을 수 있었음도 알 수 있었다. 아무리 교양이 낮 은 일반대중이 독자였다고 하더라도, 엉터리만이라면 무리였을 것이다. 그 고의적 인 것 같은 이면에는 교묘한 계산이 숨겨져 있어서 내용적 모순조차 극복할 수 있는 매력을 부여했기 때문에 작품으로서 성공했던 것이다. 본편 중 계속 江戸사람이었 던 弥次, 北八가 발단에서 돌연 지방 출신으로 변모해버린 것이 그 단적인 사례일 것 이다.

오늘날 『히자크리게』는 지나친 외설 묘사의 문제점 등으로 인하여 학계에서의 평판은 그다지 좋지 않다. 주인공의 주된 관심사가 여자와 음식물에 있었기 때문에 자연적으로 생긴 현상이겠지만, 그러한 부분이 매력적이었기에 대중성을 확보할 수 있었던 것이다. 一九가 쓰려고 했던 것은 고상하고 격조 높은 문학은 아니었을 터이다. 현대에 사는 우리의 가치관으로 판단하기에 앞서, 『히자크리게』는 오직 독 자만을 의식하고 노력했던 一九와 그러한 작품을 지지한 江戸시대의 서민들이 만 들어 낸 작품이라는 것을 잊어서는 안 될 것이다.

물론 『히자크리게』에서는 훌륭한 인물상이라든지 표현 등은 찾아 볼 수 없다.

그 점에 대해서는 다른 문학 작품과 비교하여 비판을 받고 부정적인 견해가 행해지더라도 반론의 여지가 없을 것이다. 그러나, 어디까지나 민중의 문학으로서 민중 속으로 융합할 수 있었던 『히자쿠리게』가 실생활을 있는 그대로 묘사하면서, '골계'의 표현에 있어서 다양한 문예성을 발휘하고, '골계'의 문학으로서 스스로의 위치를 확립할 수 있었다고 하는 점에 대해서는, 역시 높은 문학사적 가치 평가가 부여되어야 할 것이다.

■日文要約　「『東海道中膝栗毛』の一考察－その大衆性を中心に－」：『膝栗毛』が二十一年間ベストセーラになることができた、即ち大衆性が確保出来た一因として、次の二つの観点から考察した結果、『膝栗毛』のそのような夥しい人気は、現在学会の一角で言われているように偶然もしくは紛れ当たりではなかったことがわかった。一つは滑稽の具現様相からである。即ち、『膝栗毛』に表れた笑いの種類とその頻度数を調査することによって、どれ程多様な笑いが入っていて、各編毎に作風は変わっていくのだろうか、という側面から探ってみた。もう一つは逸脱化様相からである。即ち、一見すると出鱈目のようにみえる矛盾した内容が、実は作者の意図により巧妙に企てられたのであって、画策された構成であることが窺える、という側面から探ってみた。

　このような考察の結果、言語の滑稽、思考の滑稽、客観的滑稽、主観的滑稽の種類と、狂歌・挿絵・讃によって一九が笑いを醸し出すためにどれ程苦心したかが分かってきた。滑稽の種類によって弥次・北八の性格まで書き分けているし、狂歌の役割も各編の性質によって代えていくし、挿絵には事件を、讃には旅情を盛り込んで、本文と助け合うようにしている。そして、一見矛盾のようにみえる内容も、実は、一九の強かな意図下で行われたものであったからこそ、読者にうけたことも分かった。本編中、ずっと江戸っ子であった二人が、発端で急に地方出身へと変貌してしまったのが好例である。

　今日『膝栗毛』は、あくどい、猥褻描写が目立つのがよくない、というふうに評されることが多い。主人公の主な関心事が女・食べ物にあるが為に、現在『膝栗毛』の評判はこのようにあまり芳しくないといえる。しかし、そういう部分が魅力だったからこそ大衆性が得られたのである。あくどいほどのサービス精神。猥褻描写はその一環だろう。『膝栗毛』はひたすら読者を意識し努力した一九と、そんな彼と作品を支持した江戸時代の人々の上に成り立っていたのである。

2.《동해도도보여행기물》풍속화(浮世繪)의 탄생과 계승

[1] 「膝栗毛もの絵双六の表象と表現」『国際日本文学研究集会会議録』第30回、
pp.95～108、国文学研究資料館、2007年3月

[2] 「浮世絵に見る『東海道中膝栗毛』滑稽の旅」『浮世絵芸術』151号、pp.15～33、国
際浮世絵学、2006年1月

[3] 〈膝栗毛もの〉絵双六に現れた江戸表象文化考」『日本研究』39号、pp.67～84、韓
国外国語大学校日本研究所、2009年3月

[4] 「〈膝栗毛もの〉の絵双六『しんはん東海道欝散双六』・『五十三駅滑稽膝栗毛道中図
会』の位置付け」『浮世絵芸術』159号、pp.48～61、国際浮世絵学会、2010年1月

[5] 〈膝栗毛もの〉作品群の書誌―その図様継承史の一環として―」『国語国文』923
号、京都大学文学部国語国文学研究室、2011年7月

■요약문

[1] 「도보여행기물 그림주사위판의 표상과 표현」: 그림주사위판 본연의 특색을
규명하기 위하여, 〈도보여행기물〉그림주사위판들에 나타난 인물과 문체 및 《즈
에図會》의 특징을 중심으로 고찰하였다. 그림주사위판들의 도안에 주목하면, 『도
보여행기』에 삽화가 있어서 이를 토대로 하는 경우에도 단순한 모방뿐만 아니라
창안해서 사용하고 있는 도상도 많이 발견할 수 있다. 또한 매 장마다 그림·본
문·대사가 혼연 일체되어 한 작품을 이루기 마련인 구사조시의 화면 구성법은, 게
임완구로 즐겼던 주사위보드그림에도 응용되었음을 알 수 있다. 그 대표적 예가
《즈에図會》로, 원작 『도보여행기』 본문은 지문과 회화로 구성되어 있는 반면, 그
림주사위판 《즈에図會》는 지문 대신 특히 회화를 선택함으로써 도안뿐만이 아
니라 문장으로부터도 골계미를 자아내는 점에 특징이 있다. 그림주사위판 《즈에
図會》의 또 다른 특색으로, 생활용품이 세세하게 그려져 있어서 세간을 통하여 당
시의 살림살이와 가도 연변의 풍속을 시각적으로 알게 한다는 점에 대해서도 지적
한 바이다.

■日文要約 「膝栗毛もの絵双六の表象と表現」: 〈膝栗毛もの〉絵双六における
人物と文体、『五十三駅滑稽膝栗毛道中図会(以下『図会』と略称)』の趣向、という
側面から探ることで、絵双六の在り方を問うてみた。双六群の絵柄に注目すれ
ば、『膝栗毛』に挿絵があってそれに基づく場合も単なる模倣のみではなく、創
案・発案された図様も多々見受けられる。また、毎丁絵と書入と本文が合わ
さって一作を成すという草双紙における画面の構成法は、玩具として遊ばれた
絵双六に応用されることがあった。その代表的絵双六が『図会』だが、『膝栗

毛』本文は地の文と会話で構成されているなら、『図会』は会話を取ることで、絵柄のみでなく文章からも滑稽味を醸し出している点に特色がある。もう一点『図会』の特色として、生活道具が事細かく描かれており、調度品を通して『膝栗毛』当時の暮らしぶり、街道筋の風俗が視覚的に見えてくることも指摘した。

[2] 「우키요에에 나타난 『동해도도보여행기』 골계 여행」 : 一九作『東海道中膝栗毛』는 1802년 초편이 나온 후 수 많은 모방작품을 탄생시킨 베스트셀러 滑稽本이다. 그러나 『히자크리게』는 문학뿐만이 아니라 회화라는 타 장르에 이르기까지 영향을 미쳤음을 에도 시대의 대중미술 浮世絵를 통하여 고찰하고자 한다.

　画題로서 『히자크리게』를 암시하거나, 또는 『히자크리게』의 주인공 야지・키타를 연상시키는 두 명의 동반여행자가 등장하는 우키요에(浮世絵)는 상당수 현존한다. 그 중 본고에서는 一九作『東海道中膝栗毛』의 판본삽화(版本挿絵)를 밑바탕으로 그렸다고 여겨지는, 이른바 원작스토리의 회화화(絵画化)를 의도한 우키요에에 초점을 맞추었다.

　그 결과, 초대 広重가 그린 『道中膝栗毛』・『膝栗毛道中雀』시리즈를 중심으로 논하는 과정에서 『히자크리게』 改版本의 삽화가 초대 広重의 우키요에로부터 구상을 얻으면서 새로이 그려졌을 가능성이 대단히 높음을 고증할 수 있었다. 즉, 改版本『東海道中滑稽五十三駅』가 初版本『히자크리게』의 삽화를 의식한 것은 당연하다 하겠으나, 그 뿐만 아니라 선행하는 초대 広重의 우키요에를 이용한 구상이 상당히 많다는 사실이다. 『히자크리게』 改版本이 발행되는 1862년에는 이미 초대 広重의 우키요에는 널리 알려져 있어서, 그 도안은 유형화 양상까지 보이며, 滑稽本이었어도 改版本에서는 새삼스레 스토리의 클라이맥스를 감출 필요가 없었기 때문일 것이다. 재언하자면, 滑稽本이기 때문인지 一九作画『膝栗毛』 삽화에서는 일부러 사건의 클라이맥스를 피하는 경향이 있었던 것이다.

　한편, 合巻『絵本膝栗毛』에서는 에피소드의 절정의 순간을 그리는 것을 주저하지 않았던 점으로 보아, 장르의 특색도 추출할 수 있었다. 渓斎英泉은 合巻『絵本膝栗毛』를 그림에 있어서, 선행하는 滑稽本『膝栗毛』의 삽화와 초대 広重의 우키요에로부터 동시에 구상을 얻어, 몇 페이지에 걸쳐 기승전결을 묘사하였다. 더욱이 동일한 画題여도 一九의 원작삽화에 비해 초대 広重의 우키요에는 등장인물의 한순간의 움직임을 포착하여 코믹하게 또는 과장하여 그리는 것에 주된 의도가 있었다고 하는 사실을 규명함으로써, 책자(冊子)와 회화(絵画)라고 하는 미디어에 있어서의 표현법의 차이까지 고찰 할 수 있었다.

■日文要約　「浮世絵に見る『東海道中膝栗毛』滑稽の旅」：初代広重画『道中膝栗毛』・『膝栗毛道中雀』の揃物を中心に論じた。考察過程で改板本『膝栗毛』の挿絵が、広重の浮世絵から構想を頂きながら描き改められた可能性が極めて高いことが検証できた。更に、同画題であっても、一九の原話挿絵に比して、広重浮世絵は人物の一瞬の動きを捉え、滑稽に、或いは誇張して描くところに狙いがあったということから、冊子と絵画というメディアの相違についても論じた。

　もう少し詳言すると、十返舎一九作画『膝栗毛』の挿絵を下地にするか、もしくは原話の絵画化を独自に目論んだ、初代広重画「道中膝栗毛」・「膝栗毛道中雀」揃物を中心に論じてきた。その考察過程で『膝栗毛』の改板本の挿絵が、広重の浮世絵から構想を頂きながら描き改められた可能性が極めて高いことが考証できた。即ち、改板本『東海道中滑稽五十三』が初板本『膝栗毛』の挿絵を意識したことは当然であろうが、それに加えて先行する広重の浮世絵から用いた構想が結構あるということである。文久二年(一八六二)の時点になると、既に広重の浮世絵は知れ渡り、その図様は類型化の様相を帯び、滑稽本であっても改板本では、今更クライマックスを隠す必要がなかったからであろう。重言すれば、滑稽本であるゆえか、一九作画『膝栗毛』挿絵では、敢えて事件のクライマックスを避ける傾向があったのである。

　一方、合巻『絵本膝栗毛』では、一件のクライマックスを描き込むことに躊躇しなかったことから、ジャンルの特色も考究できた次第である。渓斎英泉は合巻『絵本膝栗毛』に描く際、先行する滑稽本『膝栗毛』の挿絵と広重の浮世絵から同時に想を得て、幾つかの丁に渡り振り分け、起承転結を描いていた。更に、同画題であっても、一九の原話挿絵に比して、広重浮世絵は人物の一瞬の動きを捉え、滑稽に、或いは誇張して描くところに狙いがあったということから、冊子と絵画というメディアの相違も考えることができた。

[3]「〈膝栗毛물〉그림주사위판에 나타난 江戸表象文化고찰」：에도 시대만 해도 천 종류이상 간행되었다고 일컬어지는 그림주사위판의 전모 규명을 위한 한 걸음으로서 본고에서는 같은 간행물인 소설 세계와의 관련에 주목하여 滑稽本『동해도중히자쿠리게』에 입각한 〈히자쿠리게물〉그림주사위판의 주석 분석을 행한다. 그 결과 소설에서 우키요에로 장르를 넘나드는 江戸表象文化를 살펴보고 그림주사위판의 취향과 전용-그 수용과 창조-를 규명하고자한다.

고찰 텍스트로서는 一猿斎国升戯画『五十三駅滑稽膝栗毛道中図会(嘉永期既刊行으로 필자추정. 以下『図会』라고 약칭)』, 一立斎広重狂画『浮世道中膝栗毛滑稽双六(安政二年五月刊, 以下『浮世』라고 약칭)』, 広重狂画『伊勢参宮膝くりげ道中寿語録(安政二年五月刊, 以下『伊勢』라고 약칭)』, 歌川重宣画『新板膝栗毛道中双六(安政三年九月刊, 以下『新板』이라고 약칭)』를 제재로 한다.

한 장짜리 놀이도구인 그림주사위판은 소설의 세계를 도입할 때 화공의 발안보다는 모방 쪽에 더 급급할 것으로 여겨져 창조성이 부족한 장르로 인식되어지기 쉽다. 그러나 그림주사위판의 한 칸 한 칸에 주석적 분석을 실시해 보면 그 창조성이 발견되는 것이다. 즉, 원화에 기초하면서 새로운 그림을 발안하는 경우라든지, 원화에 입각하지 않는 화가의 창안·발안에 의한 도상의 경우가 있다. 원화의 에피소드를 전용하는 경우에도 창작한 대사에 입각하여 도상과 상황 모두가 원화와는 다른 분위기로 연출되어지기도 한다.

원화의 삽화계승은 답습과 각색으로 나누어 생각할 수 있다. 그리고 원화의 삽화를 그대로 답습하기 보다는 뭔가 연출해 보이는 경우가 태반이다. 『히자쿠리게』 삽화와 그림주사위판 도상에 있어서의 차이점을 한마디로 말하면 원화의 삽화가 아직 사건의 서막·종막을 그리고 있다면 그림주사위판 쪽은 사건의 클라이맥스를 그리려고 하는 점이라고 할 수 있을 것이다. 그림주사위판이 『히자쿠리게』 삽화를 전용할 때, 그 취지는 여기에 있었던 것이 아닐까.

이상, 滑稽本『히자쿠리게』에 유발되는 그림주사위판의 주석분석을 통하여 소설에서 우키요에로 월경하는 에도표상문화, 이른바 책자를 수용해서 한 장짜리 회화로 확대하는 에도의 독특한 문화현상의 일면을 고찰한 바이다.

■日文要約 「〈膝栗毛もの〉絵双六に現れた江戸表象文化考」:江戸時代だけでも千種以上刊行されたと言われる絵双六の全貌究明の一歩として、本稿では同じ刊行物である読み物の世界との関連に着目し、滑稽本『東海道中膝栗毛』を踏まえた〈膝栗毛もの〉絵双六の注釈分析を行う。その結果、小説から浮世絵へ越境する江戸表象文化を垣間見、絵双六の趣向と転用─その受容と創造─を明らかにしていきたい。

考察テキストとしては、一猿斎国升戯画『五十三駅滑稽膝栗毛道中図会(『図会』と略称)』、一立斎広重狂画『浮世道中膝栗毛滑稽双六(『浮世』と略称)』、広重狂画『伊勢参宮膝くりげ道中寿語録(『伊勢』と略称)』、歌川重宣画『新板膝栗毛道中双六(『新板』と略称)』を取り上げる。

一枚物の玩具である絵双六は、読み物の世界を取り込む際、絵師の発案より

は模倣の方に軍配が上がるだろうということで、創造性に乏しいジャンルとして思われがちである。しかし、絵双六のコマに一つ一つ注釈的分析を行ってみると、その創造性が発見できるのである。即ち、原話に基づきつつ新しい絵柄を発案する場合や、また、原話に基づかない絵師の創案・発案による図像の場合がある。原話のエピソードを持ってくる場合も、創作された台詞に合わせて絵柄・状況ともに原話とは一味違う工夫が施される。

　原話の挿絵継承は、踏襲と脚色というふうに考えられる。そして原話の挿絵をそのまま踏襲するよりは、何等かの工夫を施す場合が大半を占めるのである。『膝栗毛』挿絵と絵双六図柄における捉え方の相違点を一言で述べると、原話の挿絵がまだ事件の序幕・終幕を描いているなら、絵双六の方は事件のクライマックスを描こうとする点と言えよう。絵双六が『膝栗毛』挿絵を転用する際、その主旨はここにあったのではなかろうか。

　以上、滑稽本『膝栗毛』に端を発する絵双六の注釈分析を通して、小説から浮世絵へ越境する江戸表象文化、いわば冊子を受容して一枚物の絵画へと広げる江戸独特の文化現象の一面を垣間見た次第である。

　[4]「〈히자쿠리게물〉그림주사위판『しんはん東海道饗散双六』・『五十三駅滑稽膝栗毛道中図会』의 위상」: 〈히자쿠리게물〉그림주사위판 계보에 있어서 지금까지 연구 대상으로 거론 된 적이 없는『しんはん東海道饗散双六』는 1834년(天保五年) 가을에 간행되어, 〈히자쿠리게물〉그림주사위판의 최초 작품이라고 위치 지을 수 있음을 도상과 삽화(挿話: 이야기) 면에서 고찰하였다. 즉『しんはん東海道饗散双六』는『東海道中膝栗毛』삽화와 유사성이 보이는 것은 물론이고, 나아가 원화(原話)를 토대로 한 사건을 묘사하는 경우일지라도 새로운 도안과 대사를 제시하거나, 원화(原話)와는 닮은 듯하면서도 다른 상황을 창출하거나, 원화(原話)에는 등장하지 않는 사건을 안출하는 등의 창작 상의 궁리를 엿볼 수 있는 작품이었다. 그리고 이『しんはん東海道饗散双六』는 1833년(天保四年)부터 간행되기 시작하는 히로시게 그림(広重画) 大判니시키에『東海道五拾三次』시리즈물과도 일맥상통하는 도상을 지적할 수 있는데다가, 나아가 히로시게 그림(広重画) 大判니시키에『膝栗毛道中雀』・『道中膝栗毛』라든지 그 밖의 〈히자쿠리게물〉그림주사위판인『五十三駅滑稽膝栗毛道中図会』・『伊勢参宮膝くりげ道中寿語録』에 이르기까지 후속 작품으로 계승되어가는 도상을 지닌다고 하는 문예사적 위상 또한 드높은 작품이었다.

아울러 히로시게보다 앞서 〈히자쿠리게물〉그림주사위판을 제작했을 가능성이 높은 만큼 문예사적 의의가 큰『五十三駅滑稽膝栗毛道中図会』의 화공이라든지 간행시기에 대하여 고찰하였다. 그 결과『五十三駅滑稽膝栗毛道中図会』의 화공 '이치엔사이 구니마스'는 다름 아닌 '초대 우타가와 사다마스'라고 하는 점,『五十三駅滑稽膝栗毛道中図会』의 제작시기는 1848년~1854년(嘉永期)이라고 하는 점, 히로시게의 이름을 표방하면서 간행된 1855년(安政二)의 〈히자쿠리게물〉그림주사위판이 실은 노부시게(重宣)를 중심으로 한 히로시게 공방에서 제작되었을 가능성이 매우 높은 점을 규명한 바이다. 따라서 〈히자쿠리게물〉그림주사위판 4작품 중에서『五十三駅滑稽膝栗毛道中図会』가 가장 이른 시기에 간행되었음을 증명할 수 있었다.

■日文要約　「〈膝栗毛もの〉の絵双六『しんはん東海道饌散双六』・『五十三駅滑稽膝栗毛道中図会』の位置付け」：〈膝栗毛もの〉絵双六の系譜において、今まで顧みられることがなかった『しんはん東海道饌散双六』は、天保五年秋に刊行され、〈膝栗毛もの〉絵双六の魁けとして位置付けられることを図様や挿話の面で考察した。即ち、『饌散双六』は、『膝栗毛』挿絵と類似性が見られることは勿論、更に、原話に基づいた事件を描出する場合であっても、新たな図像や台詞を示したり、原話とは似て非なる状況を創出したり、原話には見られない事件を案出する、などの創作上の工夫が窺える作品であった。そしてこの『饌散双六』は、天保四年から世に出る広重画大判錦絵『東海道五拾三次』揃物との一脈相通じる絵柄が指摘できる上に、更に広重画大判錦絵『膝栗毛道中雀』・『道中膝栗毛』や他の〈膝栗毛もの〉絵双六の『五十三駅滑稽膝栗毛道中図会』・『伊勢参宮膝くりげ道中寿語録』に至るまで、後続作へ継承されていく図様を有するという文芸史的位相も低からぬ作品であった。

また、広重より先に〈膝栗毛もの〉絵双六をものにした可能性が高いだけに、文芸史的意義が大きい『五十三駅滑稽膝栗毛道中図会』の絵師や刊行時期についても考究した。その結果、『図会』の絵師「一猿斎国升」は、他ならぬ「初代歌川貞升」ではなかろうかということ、『図会』の製作時期は嘉永期であること、広重の名前を以て出された安政二1855年の〈膝栗毛もの〉絵双六が、実は重宣を中心にして行われた可能性が極めて高いことが明らかになった。よって、〈膝栗毛もの〉絵双六四種の中で、『図会』が最も早期に刊行されたといえるのである。

[5]「〈도보여행기물〉작품군의 서지―그 도상 계승사의 일환으로서」：　1802년 초

편 발행 이후, 『東海道中膝栗毛』의 대유행과 함께 제작된, 삽화를 지니는 판본을 비롯하여, 배우그림(役者絵)・주사위판그림(絵双六)・시리즈그림(揃物)등의 한 장짜리그림(一枚物)에 있어서의 『膝栗毛』 수용의 소개, 및 체계적 정리를 본고의 목적으로 한다. 이른바 〈도보여행기물〉의 도상 계승사에 있어서 탐색할 막부말기・명치시대의 우키요에와 판본작품을 장르별로 거론하면서, 그 서지를 고찰함으로써 도상적 계보를 잇는 〈도보여행기물〉 수용사의 일단을 엿보는 단서를 제공하고자 한다.

구체적으로는 원작의 골계본 『東海道中膝栗毛』 八編本을, 후년에 改題・改板한 十編本 『東海道中滑稽五十三駅』과 『東海道中膝栗毛』의 성립관계를 재고했다.

合巻중에서는 우선 『絵本膝栗毛』의 판권 이동, 및 초판본과 개제본(改題本), '合巻형식'과 '中本형식'이라고 하는 책의 형태문제에 주목하였다. 그리고 골계본풍의 합권 『東海道中栗毛弥次馬』와 동명이본의 합권이 있는데 후자에는 후인본(後印本) 2종이 있음으로 인하여 혼란스러운 해당본의 서지를 본고에서 처음으로 명확히 할 수가 있었다.

배우그림(役者絵)중에는, 가부키 〈旅雀我好話〉, 〈鏡山再盛花硯曳〉, 〈壮花四季の所作〉, 〈露尾花野辺濡事〉에 기인하는 다양한 한 장짜리 그림(一枚物)이라든지, 1840년대 후반(天保後期)부터 명치시대에 이르기까지 간행된 시리즈그림(揃物) 8종에 대하여 그 서지적 발견과 문제점을 규명한 바이다.

이상, 『東海道中膝栗毛』의 방대한 향수사 가운데 선행연구로부터 빠진 감이 있는 '도상'의 관점으로부터 이어지는 작품군을 서지학적으로 탐구한 바이다. 이와 같은 관점에 의해서야말로 지금까지 주목받지 못했던 많은 판본 삽화와 우키요에가 비로소 조명되고, 종합적인 ≪도보여행기물≫의 도상 계승사 구축을 위한 첫걸음을 내딛을 수 있는 것이 아닐까 생각한다. 본고와 같은 전체적으로 조망할 수 있는 ≪도보여행기물≫ 작품군의 서지학적 검증이 이루어진 후에 비로소 화제(画題) 면에 있어서의 상호영향관계론 또한 객관성을 보장받을 수 있을 것이다.

■日文要約 「〈膝栗毛もの〉作品群の書誌―その図様継承史の一環として―」
：享和二年(1802)初編発行以来、『東海道中膝栗毛』の大流行にともなって制作された、挿絵を有する板本を始めとして、役者絵・絵双六・揃物等の一枚物における『膝栗毛』受容の紹介、及び体系的整理を本稿の目的とする。いわゆる〈膝栗毛もの〉の図様継承史において考究すべき、幕末・明治の浮世絵や板本作品をジャンル毎に取り上げながら、その書誌を考察することで、図像的系譜に連な

る〈膝栗毛もの〉の受容史の一端を垣間見る糸口としたい。

　具体的には、原作の滑稽本『東海道中膝栗毛』八編本を、後年改題・改板した十編本『東海道中滑稽五十三駅』と『東海道中膝栗毛』の成立関係を再考した。

　合巻の中では、まず『絵本膝栗毛』における板株の移転、及び初板本と改題本、「合巻仕立」と「中本仕立」という書型上の問題に注目した。そして、滑稽本風の合巻『東海道中栗毛弥次馬と同名異本の合巻があって、後者には後印本二種があったりして錯綜する当該本の書誌を本稿で初めて明確にできた。

　役者絵としては、歌舞伎『旅雀我好話』『鏡山再盛花硯曳』『壮花四季の所作』『露尾花野辺濡事』に因んだ一枚物の数々や、天保後期から明治期に至るまで刊行された揃物八種について、その書誌的発見と問題点をも究明した次第である。

　以上、『東海道中膝栗毛』の膨大なる享受史の中で、先行研究から抜け落ちた感のある「図様」の観点から連なる作品群を書誌学的に辿ってみた。このような試みによってこそ、今まで注目されることのなかった多くの板本挿絵や浮世絵に初めて光が当たり、総合的な〈膝栗毛もの〉の図様継承史構築の為の一歩に繋がるのではないかと思う。本稿のような全体的に見渡せる〈膝栗毛もの〉の作品群の書誌学的な検証があってこそ、画題面における相互影響関係論も、客観性が保持できるのではなかろうか。

제2장 에도 시대 만화책 그림소설(草双紙)의 시각적 읽기

1. 단편 그림소설책 황표지(黄表紙)를 중심으로

1) 에도희작자의 표절·모방, 그리고 독창성

[1] 「一九の黄表紙『通人寝言』・『夏木立恋重荷』序説　－焼き直しの趣向などを巡って－」『雅俗』7号、pp.176〜195、雅俗の会、2000年1月 //

[2] 「一九の創作姿勢に関する一考察－享和期の読本と黄表紙を題材として－」『語文研究』85号、pp.26〜41、九州大学国語国文学会、1998年6月

　■요약문

[1] 「잇구의 기보시『통인의 잠꼬대(通人寝言)』・『여름숲 사랑의 짐(夏木立恋重荷)』서설－선행작품의 패러디취향에 대해」: '제2장 1. (3)모방과 창조에 관한 논문 소개' 본문참조

■日文要約 「一九の黄表紙『通人寝言』・『夏木立恋重荷』序説 －焼き直しの趣向などを巡って」：「艶次郎二代目」という角書から分かるように、『통인의잠꼬대通人寝言(享和二年刊)』は京伝の『江戸生艶気樺焼(天明五年刊)』の焼き直し作である。京伝に於いてだけでなく、黄表紙界に於いて代表的傑作と言われる『江戸生艶気樺焼』と本作とを比較検討する事によって、一九の趣向の特色が露わになってくることだろう。焼き直しの技術がどのようなところに具現されているかを考察した。『通人寝言』は『江戸生艶気樺焼』を焼き直すのに当たって、原作のオムニバス風進行から離れ、興味の焦点を絞っている。即ち、目的・結末・人間関係等は原作と同じくしながら、過程において原型をあまり留めないストーリーを創作している。それは重点を置いて描きたかった所が京伝と違っていた故であろう。殊に、心中狂言の場面を省き、焼き餅の場を拡大したことが素材選択面での一番の相違点である。更にその上、原作の登場人物の一人を一九自身に対応させて戯画化している点も一九ならではの趣向である。艶二郎の団子鼻が後に京伝鼻と呼ばれるようになるが、それは京伝の作品に登場する代表的人物という意味合いをもって言うのであって、一九が似顔絵で愚行をやってみせるのとは、異なる手法である。

　このように全体的趣向としては焼き直しと作者の戯画化が先ず挙げられるが、部分的趣向としての穿ち等は、到底京伝のそれに及ぶものではないとは言え、庶民生活に拘わる身辺雑記的なことを少々穿っていた。また、ナンセンスの台詞にも一九らしいたわいない可笑しさがあった。しまいの型は原作を真似て教訓調で地の文は締めているが、作者の肖像が同年刊の『聞風耳学問』『旅恥辱書捨一通』同様載っており、当時の流行り物を宣伝する書き入れが付け加えられている。

　享和二年、一九は浄瑠璃『夏祭浪花鑑(延享二年初演、寛政十二年道頓堀で上演)』を翻案した黄表紙『夏木立恋重荷』を出している。この『夏木立恋重荷』は独立性がある敵討ち譚を除いた、原作の浄瑠璃にほぼ寄っていて焼き直しに当たる所だけを見ても、状況・人物は殆どそのままにしてストーリーをより発展させていった所が有るかと思えば、一方では状況・人間関係を原話とは必ずしも一致させていなかったり、場面の完全省略、新局面の挿入、話しの前後の入れ替え、原因と結末、舞台背景等々に於いて工夫を凝らしたりしている。

　本作を巧妙な翻案物だと言い切れる確信を筆者は持っていない。しかし、こうして整理してみると、少なくとも原作に挿入した部分(敵討ち譚)

が破綻を起こすことなく、丸く収まっているのが分かった。殆ど結び付かない二つのストーリーを、自然に流れるように繋いだのが一九の趣向の力である。序文に「浪花鑑」を謳ったことからも、読者に原作を意識させる意図が有ったことは疑う余地もないが、寛政十二年の時点まで上演を重ねていた程の評判の浄瑠璃に、『敵討義女英』以来の寛政末から享和にかけて氾濫していた敵討ちもの黄表紙を填め込むことで、更なる大衆性を獲得したのである。

[2]「잇구의 창작자세 일고찰－1801～1804년의 伝記소설(読本)과 기묘시의 장르 변용에 대해」：'제2장 1. (3)모방과 창조에 관한 논문 소개' 본문참조

■日文要約 「一九の創作姿勢に関する一考察－享和期の読本と黄表紙を題材として－」：享和二年は一九が読本の処女作を出す年でもある。そして一気に二十九余りの作をあらゆるジャンルで出すに至って、一九は同じ素材・世界を読本と黄表紙で使っていた。例の一九の癖、二番煎じという安易な方法を使ったからそのような膨大な作品も刊行出来ただろうと、ここで一九の創作姿勢を非難することはたやすいことかもしれない。しかし、両作品を対照することによって、一九という作者の中で読本と黄表紙はどういう意味を持って理解されていたか、がわかるという興味深い事実を見逃す手はない。当世に受け入れられた彼の焼き直しの方法を通して、同時に当代の戯作者のジャンル認識の一抹をもかいま見ることが出来るからである。

　その好都合な作品というのは、『深窓奇談』五巻五冊全十話の内、巻三の第一話「古狸？女が憶念を廃して恩に報ふ」全十一丁(内二丁は挿絵)と、『美男狸金箔』三冊全十五丁である。

　同年同作家即ち、享和二年一九が刊行し、同世界を扱った読本と黄表紙を読み比べることによって、世間一般のジャンル認識にしっかり基づきながら、一九がどのようにして焼き直しを成功させていたかを覗いてみたものである。同年同作者が刊行した同世界を扱った別ジャンルの作品に於いて、後の文化文政期の読本と合巻の関係のように、一方が他の方を簡略化ないしダイジエストするのではなく、この読本『深窓奇談』と黄表紙『色男狸金箔』は、各々独立した読み物として焼き直されていることが分かった。そしてジャンルの特性から割愛しなければならないところを、一方のジャンルで描写してくれる。筋が複雑化した長編の後期読本・合巻時代に入る直前に於いて一九は、筋の繁簡に囚われ

ることなく、同じほどの文字数で両ジャンルを表現してみようと試みたのである。器用な一九がなせる技である。

そして、又江戸戯作の根元的手法の一つである「翻案」(広義の焼き直し)の仕方を、一九はどのようにこなしていたかを探るための好材料として『化物太平記』がある。この享和四年の一九黄表紙『化物太平記』は、寛政九年の武内確斎作・岡田玉山画の読本『絵本太閤記』の初編三巻までを翻案したものである。即ち、他作家の先行読本を黄表紙化するその翻案の手法が調べられる作品なのである。読本をダイジェストした合巻が登場する前に、先立って著わされたのが『化物太平記』だと言える。原拠の用語をそのまま用いたりしたところから、一九の独創性に満ちた趣向は捜せないが、読本の文章をある程度自分の言葉で纏めて、簡略且つ平易に表現しようとする努力はなされる。筋書きを損なわない、というのが一九の翻案の基本方針だったので、筋書きの上では笑いと全く無関係な歴史上の人物たちを化物にすり替え、原拠の行動をも化物らしい行動にもじることによって、歴史読本にはなかった滑稽を一九は黄表紙に与えた。

多作を成し遂げるために一九が採った方法の一つは、以上のような焼き直し、翻案であったが、享和期焼き直された一九の読本と黄表紙を対照することによって分かったのは、まだ、読本を簡略化した合巻という図式が生まれる前の、享和二年処女作の読本(『深窓奇談』)と同世界の黄表紙(『色男狸金箔』)を創出するに当たって、各々のジャンルの特性を生かしていたということである。それから二年後になると、合巻に先立って黄表紙(『化物太平記』)で読本(『絵本太閤記』)の簡略化を実践しているのである。一九と言えば、ともすれば安易な著作姿勢だけが指摘されがちだが、このように時勢に先駆けた彼の動きは評価していかなければならないと思う。

2) 대중소설가로서의 창작태도 '작자희화화'

[1] 「黄表紙における〈作者の戯画化〉趣向の展開史－恋川春町と朋誠堂喜三二を中心に－」『日本語文学』9輯、pp.485〜502、韓国日本語文学会、2000年9月 //

[2] 「黄表紙における〈作者の戯画化〉趣向の展開史㪌－山東京伝を中心に－」『日本学報』47輯、pp.189〜200、韓国日本学会、2001年6月 //

[3] 「十返舎一九の黄表紙二種試読－『聞風耳学問』と『旅恥辱書捨一通』と－」『文献探究』37号、pp.25〜37、文献探究の会、1999年3月 //

[4] 「江戸後期戯作の作者演出方法について一『屈伸一九著』を軸として」『日本学

　　報』60号、pp.267～284、韓国日本学会、2004年8月 //

[5]「黄表紙にみる教訓性と滑稽性小考」『笑い学研究』12号、pp.12～19、日本笑い学
　　会、2005年7月

■요약문

[1]「黄表紙에 나타난〈作者의 戯画化〉趣向의展開史 고찰－恋川春町와 朋誠堂喜
三二를 중심으로」:'제2장 2) (2) 작가희화화 취향에 관한 논문 소개' 본문참조

　■日文要約　「黄表紙における〈作者の戯画化〉趣向の展開史－恋川春町と朋誠
堂喜三二を中心に－」：安永五年から八年に渡る春町と喜三二において駆使され
た作者の戯画化の手法は、主役を助ける脇役として作者が作中に参加したのを
嚆矢として、本文の最後に裃姿の版元、或いは作者が割り込んできて平伏して
は、作品宣伝の口上を並べたり、冒頭の序文で寝そべっている躰の作者が逃げ
口上を吐いたりすることで現れていた。

　それから天明七年に後の一九が得意とする〈作者の戯画化〉の趣向がほぼ出
揃った『亀山人家妖』が喜三二により刊行される。則ち、作品の着想に苦心する
作者、誇張されてない作者の似顔絵、自惚れから惹起された失敗譚という三大
要素がそれである。更に作品の冒頭から末尾まで徹頭徹尾に主人公として枚丁
に顔を出している。こうして筆者が作者の戯画化の定義として考えている全て
の要素が初めて此の作で総括され用いられているのである。

　このように序・跋、或いは本文の書き出し・しまいに作者を登場させるの
は、黄表紙の初期から趣向として用いられたが、天明期に入ると一つの〈型〉と
して定着することになったといえる。例えば、夢の趣向、忠臣蔵物の趣向等々
がそうだったように、恋川春町・朋誠堂喜三二によって開拓されたこの作者の
戯画化の趣向は、山東京伝・唐来参和・芝全交に至り〈型〉として認識され、十
返舎一九に至ると一層の楽屋裏暴露の精神と結び付いて、愚行を繰り返す作者
が描かれるようになって行く。

[2]「황표지에 나타난〈작자의 희화화〉취향의 전개사 고찰－산토쿄덴(山東京
伝)을 중심으로」:'제2장 2) (2) 작가희화화 취향에 관한 논문 소개' 본문참조

　■日文要約　「黄表紙における〈作者の戯画化〉趣向の展開史攷－山東京伝を中
心に－」：安永四年(1775)から文化三年(1806)まで出版された草双紙二千余種の総
称として「黄表紙」がある。これは武家作者らによって開拓されるが、その後新

しく活躍期を迎える町人作者を代表したのが「山東京伝」である。彼が生涯もの
にした黄表紙約百二十余部のうち，本稿では僅か十二部のみテキストとして取
り上げることになるが，総体的「黄表紙における〈作者の戯画化〉趣向の展開史」
をまとめる，という今後の課題の一歩というところに意義を置きたい。〈作者の
戯画化〉とは作者らしき肖像画を巻頭・巻尾に出したり，本文中に作者の面影を
持つ人物を登場させることによって，作者自身を戯画化する趣向を指す。

　山東京伝の黄表紙を前期と中期，それから寛政改革を境にして後期というふ
うに分けると，次のような　山東京伝黄表紙における〈作者の戯画化〉趣向の展開
史をまとめることができる。

　前期　：　天明二年から五年に渡って，京伝は画工から黄表紙作者へと比重を移
す姿を，口上で見せてくれる。自画像を太郎冠者姿に仮託して現れては，自己
紹介したり，作品の創作動機を戯れたりする。

　中期　：　改革の嵐が吹き始めた時，京伝は作品の巻頭に自分と妹を描き入れた
り，獅子鼻で作中に登場しながら，あくまでもストーリーを導いていく案内
人，そして見物客の役割をさせたりしていたのだが，寛政改革の真っ直中に置
かれる頃は，作者の失敗譚という形を借りて，自分を徹底的に茶にする手法に
目覚め，主役として事件の当事者にもなる。或いは，再び裃姿になって「お子様
方」という言葉を口上で強調したりする。そして，獅子鼻の京伝が講釈師の姿を
借りて冒頭に登場したり，読者を代表して洒落過ぎる風潮を諌められる脇役に
廻ったりする。

　後期　：　寛政末期になると，殊更教訓を意識するようになった京伝は，獅子鼻
で自分の肖像を戯画にしてはいるが，至極真面目な言辞を巻頭巻尾で述べる作
品を著す。しかし，いよいよ享和四年，『作者胎内十月図』で団子鼻の京伝が妊
婦姿で描かれ，戯作の種を産み落とすまでの苦心ぶりを描写して作者の戯画化
の手法の頂点を極める。

[3] 짓펜샤잇구의 기묘시 2종 탐독 ―『어설픈 귀동냥(聞風耳学問)』과『여행 중
수치를 써서 버린 한통(旅恥辱書捨一通)』: ‘제2장 2) (2) 작가희화화 취향에 관한 논
문 소개’ 본문참조

　■日文要約　「十返舎一九の黄表紙二種試読―『聞風耳学問』と『旅恥辱書捨一
通』と」：本稿では一九の黄表紙二種を選んで〈作者の戯画化〉という趣向を中心に
読解を試みることにする。黄表紙史上において最も多作家である一九は，作中

で自分をよく道化役にし、失敗談にこじ付けて愚かな自己を演出する。作者という名誉を鼻に掛けることなく、常日頃読者に対して下手に出ようとする一九の態度が、自ずから〈作者の戯画化〉という趣向と結び付いたと考えていいだろう。

　本稿で論じる『聞風耳学問』は、九丁裏から最後の十五丁までが一九を主役に据えた話で、次の『旅恥辱書捨一通』と同じく裸にされる目に遇う等の愚行を描いている。『聞風耳学問』は先ず全体的趣向として、耳の吹き寄せ、二元的構成、作者の戯画化で成り立っていると言える。いわゆる耳に関する言葉の始源を故事付けていくのに当たって、前半部では耳の霊が受け持った人間の傍らでその行動を見立てたポーズを取ったり台詞を吐いたりするし、後半部では作者自身を道化役に廻して恥じることを知らない一九という人物を創出するのである。一方、部分的趣向としては、楽屋内のネタを使って自らの事を穿ったり、遊女・茶屋との交流を穿ったり、猥雑な可笑しさを狙ったりしている。その中でも「恥」という用語と関連して作者の草双紙の創作意識を語ったりする。書き出しの型としては、天上界(地獄)を世界にして天道様(閻魔大王)と手下(耳の霊)という図式を導入する。そしてしまいの型は、まるで夢から醒めて現実に帰ったように、長い耳も正常に戻り、めでたし／＼という祝言で終わる。

　同じ享和二年に刊行している自作の滑稽本『南総記行旅眼石』の黄表紙版といえる『旅恥辱書捨一通』では全体的趣向として、巻頭から巻尾まで徹底的に自分を戯画化している。主役になって馬鹿の限りを尽くすのである。『旅恥辱書捨一通』は、徹頭徹尾に作者自身を道化役にし、半可通になったり、野暮になったりした結果、裸を読者の前にさらけ出すようにしむけられる完全な〈作者の戯画化〉物だといえる。その裸の一件を強調するかのようにわざわざ小咄を場の趣向として取り入れている。結局は滑稽本の『膝栗毛』もしくは『旅眼石』に出て来る遊女、或いは飯盛女を巡った失敗譚の趣向を転用するにおいてその中の一話を誇張拡大し、一九得意の写実性も忘れず、黄表紙らしいナンセンスな笑いの取り方で纏めて見せた作品なのである。そしてしまいの型としては、前述の『聞風耳学問』でも本文では長い耳で醜態を曝していたが、巻尾では正常の絵姿に戻るように、本作でも裸を巻尾まで曝すことはなく、お正月のめでたい場を演出しながら作者と版元の関係を言及することで幕を下ろしている。

　このような作者の自己露出の態度は、江戸戯作において黒本・青本の時代からしばしば取られる手法であった。しかし、巻頭・巻末だけでなく、作中主人

公として筋書きに関与し、特に道化役を演じ切る〈作者の戯画化〉の趣向を最も自家薬籠中とした戯作者は一九と言えるだろう。

[4] 에도 후기 희작의 작자연출방법에 대하여-『겨우 지어낸 잇구작품』을 중심으로 : '제2장 2) (2) 작가희화화 취향에 관한 논문 소개' 본문참조

■日文要約 「江戸後期戯作の作者演出方法について-『屈伸一九著』を軸として」：江戸戯作中には作者自らが登場する場合もあるが、一九はその頻度や程度が激しいことを考察した。享和二年刊『屈伸一九著』には全体的趣向として、作品の案じに苦しんで失敗を重ねる「作者戯画化」の全ての要素が惜しみなく発揮される。主役として全丁に渡り似顔絵を見せ、彼の戯作者としての卑下慢の精神がよく表れた作品であった。翻字と脚注を付して補足とする。

　もう少し詳言すると、本稿では『屈伸一九著』が十返舎一九の著作物の中でも、文学史的価値が高い作品であるにも関わらず、今まで翻字及び、綿密な分析さえ行われたことがないことに着目し、江戸後期戯作の「作者演出の方法」を考究する橋掛りとして取り上げてみた次第である。

　『屈伸一九著』の三年前に刊行した『十返舎戯作種本』で、一九はあたかも自分の失敗譚であるかのように自らを出演させることによって、戯作における創作の要素を表明した。それから、享和二年に一九は十三種の黄表紙を刊行、その中の九作に直接、或は間接的に出演するのである。それだけ作中で様々な自己演出を試みることになるが、その中でも殊に『十返舎戯作種本』の戯作者の楽屋内話を全体的趣向として引き継いだ作品が『屈伸一九著』である。『屈伸一九著』は創作の新趣向産出に苦しみながら失敗を重ねる一九自身の楽屋内的話である。即ち、自らを戯画化するのに全力を尽したような作品である。ストーリのしまいの型は黄表紙誕生以来、使われ続け陳腐化した「夢」をまたもや利用しているが、一九は更に「古い」を「物尽くし」技法を以て弄び戯文化する。古い趣向であればこそ良いものである、と逆説して見せることから、彼の戯作者たる創作思想を垣間見ることができる。

　黄表紙の最大量産作家であった一九は、自らを道化役として失敗譚の中に登場させることに躊躇しなかった。戯作趣向の要素自体をテーマにして、その要素を悟るまでの愚行を告白したり、創作の苦しみを失敗と結び付けて吐き出したりする。戯作上のフィクションであることを、読者たちも十分承知の上、自分の容姿さえ笑いの対象とする一九の大衆小説家としての徹頭徹尾たるサービ

ス精神が読者をして親近感を覚えさせたのであろう。ミハイル・バフチンが「我らを笑わせる全ては、身近にあるものであり、喜劇的創造性は最大限近接した領域で発揮されるものである。」と言ったように、一九の「作者演出法」こそ、一般読者をして心置き無く笑うことができるようにしてくれるという、優れた効用性を持つ手法であったのである。

[5]「기표시에 나타난 교훈성과 골계성에 대하여」: 골계성을 본의로 하는 기표시가 어떻게 교훈성을 나타내는가, 그 양상을 살펴보았다. 자신의 작품의 새로운 취향으로서 당대성을 부여하기 위하여 스스로 적극적으로 교훈성을 받아들인 듯한 작품이 시바젠코에 의하여 집필된다. 그러나 교훈적 작의로 인하여 이론에 치우친 골계성이 전혀 없는 작품이 되고 말았다. 이치바츠쇼의 경우, 처음에는 자신의 다양한 테마 중 하나에 불과했던 교훈이 주변독자의 평가에 영향을 받으면서 평생의 주요 테마가 된다. 익살이 없는 건전하면서 교육적인 내용을 쉬운 어조로써 상식선에서 서술하는 수법은 그의 전유물이었다. 처음부터 교훈성을 자신의 내면 속에 존재하는 체질과 같이 지닌 작가도 있었다. 교쿠테바킹과 짓펜샤잇구이다. 그러나 윤리도덕을 창작테마로 하여 그것을 분명한 언사로 표명하는 바킹과, 단순명쾌한 교훈성을 제창하면서도 항상 골계성을 우선시하고 있었던 잇구와는 교훈에 대한 작품 색채가 상이한 결과로 나타난다.

■日文要約「黄表紙にみる教訓性と滑稽性小考」: 滑稽性を本意とする黄表紙がどのように教訓性を受け入れているか、その様相を辿ってみた。自作の目新しい趣向として当世性を付与するために自ら積極的に教訓性を収容した感がある作品が芝全交によって書かれる。しかし、教訓的作意で理に墜ちてしまい、滑稽性皆無の生真面目な作品になってしまった。市場通笑の場合、最初は自分の様々なテーマの中の一つに過ぎなかった教訓が、廻りの評価に影響された形で、生涯のテーマになる。駄洒落抜きで健全、且つ教育的な内容を、平明な語り口を以て常識的に述べる手法は彼の専有物だった。最初から教訓性を自分の内に秘める体質のようなものとして持っていた者もいる。曲亭馬琴と十返舎一九がこれに属するだろう。しかし、倫理道徳を創作のテーマにし、それをあからさまな言辞で表明する馬琴と、単純明快な教訓性を謳いながらも、常に滑稽性を主に置いていた一九とは自ずから教訓に対する色彩を異にする。

2. 중·장편그림소설책 합권(合巻)을 중심으로

2) 그림소설(草双紙)의 '나체'소재에 대하여

3) 나가며: 『미남 대할인판매』의 즉물적 삽화

[1] 「『色男大安売』考－翻字と解題〈Ⅰ〉」『文学研究』94号、pp.97～121、日本文学研究会、2006年4月 //

[2] 「『色男大安売』考－翻字と解題〈Ⅱ〉」『超域文化科学紀要』11号、pp.190～201、東京大学大学院総合文化研究科、2006年9月 //

[3] 「合巻『色男大安売』考、その翻字と解題Ⅲを通して」『日本研究』43号、国際日本文化研究センター, 2011年3月 //

[4] 「合巻『色男大安売』考、その翻字と解題Ⅳを通して」『東アジア研究』1号, 全南大学校東アジア研究所、2010年3月 //

[5] 「合巻『色男大安売』の本文末尾と広告、新版目録について」『アジア児童支援学会誌』1号, アジア児童支援学会、2010年3月 //

[6] 「江戸戯作の挿絵からみる一九のお多福趣向について」『日本語文学』30号、pp.169～184、韓国日本語文学会、2006年9月 //

[7] 「十返舎一九の艶二郎もの草双紙」『江戸文学』35号、pp.64～66、ぺりかん社、2006年11月 //

[8] 「艶二郎もののパロディーの趣向と転用－十返舎一九作合巻『色男大安売』を通して」『国語国文』77巻3号(883号)、pp.21～31、京都大学文学部国語国文学研究室、2008年3月 //

■요약문

[1][2][3][4][5] 「『색남대할인판매』 고찰- 번각과 해제〈Ⅰ〉〈Ⅱ〉〈Ⅲ〉〈Ⅳ〉」「합권 『색남대할인만매』의 본문 말미와 광고, 신판목록에 대해」: 짓펜샤잇구(十返舎一九)의 〈기보시풍의 고칸〉 중 한 작품인 『색남할인판매(色男大安売, 1820년간행, 전 50페이지)』에 대해, 번각과 상세한 해제, 서지사항을 조사 고찰하였다. 저본으로는 국립국회도서관 소장본과 시즈오카(静岡)시중앙도서관기무라문고(木村文庫)소장본·나고야호사문고(名古屋蓬左文庫)소장본을 사용했다.

■日文要約 「『色男大安売』考－翻字と解題〈Ⅰ〉〈Ⅱ〉〈Ⅲ〉〈Ⅳ〉」「合巻『色男大安売』の本文末尾と広告、新版目録について」: 十返舎一九の〈黄表紙風の合巻〉の一つである、文政三年刊『色男大安売』について、翻字と詳しい解題を施した。底本としては国立国会図書館本・静岡木村文庫本・名古屋蓬左文庫本を用いた。

[6] 「江戸戱作의 삽화에서 보이는 一九의 오타후쿠 趣向에 대하여」: 山東京伝의 黃表紙『江戸生艷気樺焼(天明五年刊, 自画作)』이후 이어지고 있는 艷二郎物 계보 상에 위치하는 작품이 1820년 간행된 고칸『색남할인판매(色男大安売, 勝川春扇 画)』이다. 이 작품의 삽화를 축으로 잇구 자신 또는 타작가의 선행 작품들과 비교하 면서 一九의 골계성의 특징을 분석하였다. 고찰을 위한 키워드로 선정한 '오타후쿠' 는, 쳐진 눈, 납작 코, 두터운 입술, 둥근 얼굴, 이중 턱, 애교 있는 표정을 전형적으로 지니는 여성의 모습이다. 못생겼지만 복스러운 이 얼굴형상은 잇구 작품에 있어서 보는 자로 하여금 자연스러운 웃음을 유도하는데 좋은 매개체로 쓰여 지는 것 같다. 『色男大安売』외에도 一九作 黃表紙『木秀師直開帳(寬政九年刊)』,『画事素人狂言(享 和元年刊)』,『通人寝言(享和二年刊)』에서 오타후쿠는 주인공 또는 단역으로 애교스 런 얼굴을 내밀고 있는 것을 확인할 수 있는 것이다.

이와 같이 여자들 무리 속에 오타후쿠 여성을 자연스럽게 한명 그려 넣는 것은, 잇 구 작품 삽화의 특징이라고 할 수 있겠다. 오타후쿠 여성은 장면에 따라 화려한 복장 을 하기도 하고, 반라의 모습으로 등장하기도 하지만, 주위 여성들과 동일한 웃는 얼 굴일지라도, 쳐진 눈 꼬리, 납작코로 묘사되는 점이 이색적이다. 즉, 오타후쿠 여성 은 강에서 목욕재계(川垢離)하는 모습, 스케로쿠(助六)의 연인, 사랑싸움(打ち合 い), 맞선(お見合い)일행, 결혼식(婚礼) 일행 등으로서 잇구의 여러 작품에 등장하지 만, 한결같이 코가 납작하며 눈 꼬리가 쳐진 모습인 것이다. 이와 같은 다양한 장면 삽화에서 오타후쿠를 설정한 것은, 서민적 웃음을 의도했던 작자 잇구의 위트 있는 기획의 결과물이라고 보여 진다. 이른바 艷二郎物 계보의 뒤를 이으면서 창작한 合 巻『色男大安売』이지만, 그 패러디 이전의 원전 즉『江戸生艷気樺焼』를 모르는 독 자들도 배꼽잡고 웃을 수 있는 即物的 화면을 구축하고 있는 삽화로부터, 베스트셀 러 작가 잇구의 대중작가로서의 재능을 살필 수 있었다.

■日文要約 「江戸戱作の挿絵からみる一九のお多福趣向について」: 山東京伝 の黃表紙『江戸生艷気樺焼(天明五年刊、自画作)以来の、艷二郎ものの系譜を踏 んでいる文政三年刊合巻『色男大安売』(勝川春扇画)』を取り上げながら、挿絵を 軸に一九の笑いを読み解いてみた。そのキーワードになったのが「お多福」であ るが、垂れ目で平べったい鼻に愛嬌たっぷりの表情は自然と読者の顔を綻ばせ たことだろう。『色男大安売』の他、一九作草双紙で彼女たちは、主役或いは端 役として度々その愛くるしい顔を見せていたのである。もはや女の集団の中に お多福を一人混ぜて描くのは、一九の挿絵の特徴といえまいか。着飾っていよ うと裸同然でいようと、同じく笑顔であっても廻りの女性達と違って目尻は下

がり、鼻は平べったく描写するのが一九作品の挿絵の共通項として見て取れる。川垢離、助六、打ち合い、お見合い、婚礼の場揃って然り。このような多様な場面でのお多福の存在・設定は、庶民的な笑いを狙った作者一九の意図、イタズラだったと思ってよかろう。いわゆる艶二郎ものの系譜を踏んで創作された合巻『色男大安売』であるが、そのパロディ以前の原典を知らない読者も笑えるような、即物的な絵面を構築している幾つの図柄から、ベストセラー作家一九の原動力を探ってみたところである。

[7]「짓펜샤잇쿠의 엔지로(艶二郎)물 구사조시」: 원작과의 비교를 통하여 대중작가 잇쿠의 진면목을 확인하고자, 본고에서는 레토릭상에 유사점과 특징이 보이는 점에 착안, 표현・문체 면을 중심으로 서술하였다. 고칸『색남할인판매』에는, 천착(穿ち)기법보다는 주요 수사법으로 거의 매 장에 사용되는 '성적화제・잡담' 외에, 동음이의어・비유・빗대기 등이 다양하게 사용되고 있으며, 우스꽝스러운 도안 또한 익살스럽기 그지없다. 고칸『색남할인판매(전50페이지)』는 본문과 대사의 구별이 확연하지 않은 경우가 많다. 즉 본문 속에 대사가 간접화법 형식으로 들어가 등장인물들이 주고받는 대화형식으로 본문이 진행되어, 지금 만화처럼 인물그림 옆에 보통 적히기 마련인 대사는 생략되어 버리는 경우가 많다. 따라서 본문의 양적 증가로 인해 배경을 그릴 여백까지 사라진 듯한 형세다. 본문 속 대사와 인물그림 옆 대사가 병존하는 장면에서는 동일한 내용이 반복됨으로써 작품전체 분량을 늘리기 위한 의도가 이와 같은 문체를 형성하지 않았나 추측된다. 이 중복 경향은 사건의 중복에서부터 문장의 중복까지 다채롭다.

■日文要約「十返舎一九の艶二郎もの草双紙」: 典拠作との比較によって、大衆作者一九の真骨頂を確認する為には、構想・絵柄・話柄における転用の仕方を分析して行かなければならないが、紙幅の都合上、小考ではレトリックに類似点と特徴が見られることから、表現・文体面を中心に触れたい。合巻『色男』には、穿ちよりは主なレトリックとして、殆ど毎丁に登場する「下ネタ・無駄口(駄洒落)」の他、掛詞・地口・比喩・見立てが様々使われており、滑稽な図柄による可笑しさも際立つ。合巻『色男(全二十五丁)』では本文と書入の区別が判然としない場合が多い。つまり、本文の中に台詞が間接話法の形で沢山入り込み、登場人物達が発する会話の形で本文が進み、書入は省略されてしまう場面が多々あるのである。文章量の増加によって背景を描く余白まで奪われた感がある。本文台詞と書入台詞が併存する場面では、同じ内容が繰り返されたりし

て、作品全体の分量を多くする為に、わざと書入を付け足しているかのような
印象さえ与える。この重複の傾向は事件から文辞レベルまで多彩である。

[8] 「엔지로(艶二郎)물의 패러디 방법 -짓펜샤잇구(十返舎一九)작 고칸『색남할
인판매』를 통해서-」: 짓펜샤잇구의 방대한 작품 군에 면면히 흐르는 가장 큰 근본정
신은 장르를 불문하고 '웃음'이며, 여기에 잇구의 개성·재능이 존재한다. 이를 잘
나타내는 작품으로 1820년 간행된 고칸『색남할인판매(色男大安売)』를 들 수 있다.
산토교덴(山東京伝)작 기뵤시『에도태생 바람둥이의 장어구이(江戸生艶気樺焼,
1785년)』이후 엔지로(艶二郎)물 구사조시의 계보를 이어 받고 창작된 본 고칸을 중
심으로 잇구 자신의 선행작 기뵤시『통인의 잠꼬대(通人寐言)』까지 고찰 범위에 넣
어서 엔지로물의 패러디수법을 살펴보겠다. 원작과의 비교에 의하여 대중작가 잇
구의 실력을 솜씨를 확인하는 것이 본고의 목적이다.
　고칸『색남』에서는 원작기뵤시의 〈구상〉을 완전히 역전시키는 수법을 새롭게
선보인다. 즉 주인공이 전반부는 '미남', 후반부는 '무일푼'이라는 설정으로 인해 야
기되는 사건을 묘사하는 것이다. 1. 기뵤시『장어구이』로부터 고칸『색남』으로 변
용 : 화제거리 자체는 새롭게 창작하면서 〈도안〉만을 모방한 장면이 있다. 이와 같
은 도안의 패러디는 주로 엔지로가 몰락한 후 취해지는 웃음을 자아내기 위한 방법
으로 선택되고 있음을 알 수 있다. 유사성이 보이는 〈화제거리〉도 있지만, 개변·
각색이 현저하다. 이와 같은 화제의 패러디는 엔지로가 몰락하기 이전부터 취해진
웃음을 자아내기 위한 방법이었다. 몰락하기까지 엔지로는 일본에서 가장 인기 있
는 미남자(色男)로서 원작을 역전시켰기 때문에 원작상황을 거꾸로 묘사한 개변이
이루어진 것이다. 2. 기뵤시『장어구이』·『통인의 잠꼬대』로부터 고칸『색남』에
변용 : 고칸『색남』집필에 있어서, 선행하는 두 작품으로부터 잇구가 차용한 장면
을 다섯 정도 들 수 있다. 개변이 두드러지지만, 그 변천과정을『장어구이』→『통
인의 잠꼬대』→『색남』의 순서로 살필 수 있었다.
　고칸은 기본적으로 웃음과는 무관하며 전기(伝奇)적 경향이 강한 장르라고 일컬
어진다. 그러나 이상과 같이 구상·도안·화제거리 측면에서 논함으로써 본 고칸
은 골계가 주요한 요소로 작용하면서 작품전체에서 읽을 수 있는 요소임을 확인 한
바이다. 특히 고칸 장르의 주류인 기승전결 전체 스토리의 줄거리로 재미를 추구하
는 작품과, 본 고칸『색남』은 성격이 판이하다는 점도 주목해야할 특색이다. 고칸
『색남』의 웃음을 통하여 대중작가 잇구에게 있어서 장르가 어떤 의미를 갖는지 엿
볼 수 있었다.

■日文要約 「艶二郎もののパロディーの趣向と転用─十返舎一九作合巻『色男大安売』を通して」：十返舎一九の膨大な作品群に流れる根本精神の最たるものは、ジャンルを問わず「笑い」であり、そこに一九の個性・才能がある。その一つに文政三年刊合巻『色男大安売』が挙げられる。山東京伝の黄表紙『江戸生艶気樺焼』以来の、艶二郎もの草双紙の系譜を踏んで作製された本合巻を中心に、一九自らの更なる先行作黄表紙『通人嘸言』をも考察範囲に入れつつ、艶二郎もののパロディーの転用と趣向の一端を垣間見る。典拠作との比較によって、大衆作家一九の腕の見せ所を確認するのが本稿の狙いである。

　合巻『色男』では、原拠黄表紙の〈構想〉を悉く逆転させる手法を新たに披露する。つまり、主人公が前半は「美男」、後半は「無一文」であるがゆえに惹起する事件を描いて見せるのである。1. 黄表紙『樺焼』から合巻『色男』へ：話自体(話柄)はほぼ新しく創作しながら、〈絵柄〉のみを転用した例を拾うことができる。このような絵柄のパロディーは、主に艶二郎が零落れてから取られる笑いの方法として選択されていることが分かる。類似性が見られる〈話柄〉をも拾うことができるが、その改変・脚色甚だしい。このような話柄の振りは、艶二郎が零落れる以前から取られる笑いの方法であるといえよう。零落れるまで艶二郎は、モテモテの日本一の色男として原話を逆転させたがゆえに、原拠を逆手にとった改変が施されているのである。2. 黄表紙『樺焼』・『通人嘸言』から合巻『色男』へ：合巻『色男』執筆において、先行する二作から一九が頂いている趣向としては、五つほど挙げられる。改変甚だしいが、その変遷を『樺焼』→『通人嘸言』→『色男』というふうに辿ることができる。

　合巻は基本的に笑いとは関係なく、伝奇的傾向が強いジャンルといわれる。しかし、以上のように構想・絵柄・話柄の面から論じることで、本合巻は滑稽が主要な要素・趣向として作品全体を覆っていることが確認できた。殊に、合巻ジャンルの主流であった物語性を全面に押し出し筋の面白さを追求する作品と、『色男』とは、性格が異なる点は注目すべき特色であろう。合巻『色男』の笑いを通して、大衆作家一九におけるジャンルの意味を垣間見た次第である。

찾아보기 및 용어풀이

[ㄴ]
나가야[長屋] : 뒷골목. 판잣집
난료잇펜[南両. 一片] : 은화 한 닢=25,000엔
누노코[布子] : 무명옷

[ㄷ]
다쟈레[駄洒落] : 서투른 익살. 말장난

[ㄹ]
라쿠고[落語] : 일인만담
레이[霊] : 혼백, (귀의) 신령
료[両] : 한 냥=20만엔

[ㅁ]
만나오시[運直し] : 운수대통
몬[文] : 문. 1푼=30엔
몬메[匁] : 돈쭝. 한 돈=3,200엔
무다쿠치[無駄口] : 잡담
미세모노[見世物] : 구경거리
미타테[見立て] : 비유

[ㅂ]
바카사레루[化かされる] : 홀리다
반즈케[番付] : 서열일람표
부[分] : 1부=25,000엔 또는 50,000엔

[ㅅ]
세키쇼[関所] : 검문소, 관문

[ㅇ]
안돈[行灯] : 각등
야보[野暮] : 촌뜨기, 어수룩한
야츠시[やつし] : 빗대기
오니[鬼] : 도깨비
오이랸[花魁] : 최고급유녀
오쿠자시키[奥座敷] : 안채객실
오토시바나시[落し噺] : 만담
온미츠[隠密] : 밀사
와카이모노[若い者] : 유곽사환
우가치[穿ち] : 천착
이시가키[石垣] : 돌담
인쿄[隠居] : 영감

[ㅊ]
챠반[茶番] : 즉석촌극
챠카시[茶化し] : 얼버무림
쵸시[銚子] : 술 주전자
쵸코[猪口] : 작은 사기술잔
쵸키부네[猪牙船] : 놀잇배
츄겐[中間] : 임시 고용한 하급포졸, 종복무사
츠[通] : 통
츠진[通人] : 달인

[ㅋ]
카요이쵸[通い帳] : 외상 장부
칸도[勘当] : 의절
캬한[脚絆] : 종아리덮개
코바나시[小咄] : 재담, 꽁트

코샤쿠[講釈] : 야담
코샤쿠시[講釈師] : 야담가
코소데[小袖] : 명주속옷
코시마키[腰巻] : 아랫도리속치마
코에토리노 오야지[肥取りの親爺] : 분뇨수거인부. 거름장수 영감
코죠[口上] : 인사말. 서두인사
쿠모스케[雲助] : 짐꾼

[ㅌ]
텐토사마[天道様] : 하늘님
토쿠리[徳利] : 술병
톤야[問屋] : 관리사무소

[ㅎ]
하야가와리[早変わり] : 돌변
한카츠[半可通] : 반가통. 어설프고
헤리쿠츠[屁理屈] : 억지핑계
혼진[本陣] : 공인여관
후쿠로[袋] : 포장지
히게만[卑下慢] : 자학. 저자세

짓펜샤 잇쿠十返舎一九 연보[1]

▶ : 주거 및 가족 관련사항   ▷ : 작품관련 사항
★ : 전체적 흐름   ※ : 기타

1765년(明和二) 1세
▶駿河国府中[현재의 시즈오카시] 駿府町奉行所의 同心(후에 与力로 승진) 重田与八郎鞭助의 장남으로서 출생. 本名은 重田七郎貞一[사다카즈]. 어릴 적 이름은 市九[이치쿠]. 아버지는 重田家八代당주였음.

1783년(天明三) 19세
▶이 즈음에 에도(현재의 동경)의 侯館[小田切土佐守?]에 출사.
▶이 즈음에 大阪町奉行로 부임하는 小田切土佐守를 따라 大阪로 이주.
▶시기는 부정확하나 小田切家근무를 사직하고, 大阪의 어느 材木商의 데릴사위가 되었음.

1788년(天明八) 24세
▶이 즈음에 이혼, 道頓堀에 거주하면서 인형극[浄瑠璃]작자인 近松東南에게 입문.

1789년(寛政元) 25세
▷2월21일부터 大阪 道頓堀 大西芝居(豊竹此吉座)에서 상연한 인형극

---

1 小二田誠二 編,『十返舎一九と駿河府中展　展示会報告書』, 静岡大学発行, 2004; 中山尚夫著,『十返舎一九研究』, おうふう, 2002; 棚橋正博著,『笑いの戯作者 十返舎一九』, 新典社, 1999를 참조 발췌했음. 기존 연표에는 있으나 위 세 가지 책에서 미확인이라고 한 작품은 간행작품 수에서 제외시켰음.

〈木下陰狭間合戦〉을 近松余七라는 이름으로 합작.

1790년(寛政二) 26세
▷2월23일부터 道頓堀東의 芝居(竹本石之助座)에서 상연한 인형극 〈住吉詣婦女行烈〉를 近松余七라는 이름으로 합작.
★약6년간의 大阪생활 동안 耳鳥斎・河内屋河四郎등과 친분을 맺는 등, 이는 이후의 戯作활동에 큰 영향을 미치게 된다.
▶이 즈음에 에도로 돌아옴.

1794년(寛政六) 30세
▷滑稽本『初役金烏帽子魚(山東京伝作, 蔦屋重三郎版)』에 '一九畵'라는 서명으로 삽화 세 장을 그린다.
▷歌舞伎俳優 瀬川菊之丞, 山下金作 및 씨름꾼 怪童大童山文五郎의 채색화[錦絵]를 그린다.
※가을 무렵부터 蔦屋重三郎의 식객이 되어 밑그림에 반수를 먹이는(ドウサ引き) 역할을 담당한다.

1795년(寛政七) 31세
▷唐来参和・樹下石上・宿屋飯盛의 권유로 黄表紙 처녀작인 『心学時計草』・『新鋳小判牘』・『奇妙頂礼胎錫杖』를 삽화도 직접 그려서 蔦屋版으로 출간한다.
▷歌舞伎俳優 片岡仁左衛門의 채색화[錦絵]를 그린다.
★이로써 비로소 희작계에 등단한 一九는 이후 寛政기에는 黄表紙창작에 몰두하게 된다.
▶가을 무렵 蔦屋를 나와 長谷川町 모 町人의 데릴사위가 된다.

1796년(寛政八) 32세
▷『怪談筆始』를 비롯하여 19종의 黄表紙 전부를 삽화도 직접 그려서 간행.
※이 즈음에 千秋庵三陀羅法師측의 狂歌단에 입문.

1797년(寛政九) 33세
▷『忠臣店請状』를 비롯하여 15종의 黄表紙 전부를 삽화도 직접 그려서 간행.

※5월 6일 蔦屋重三郎 48세로 사망.

1798년(寬政十) 34세

▷『十偏舍戲作種本』을 비롯하여 22종의 黃表紙 중, 2종은 勝川春亭, 1종은 歌川
豊国가 삽화를 그리나, 그 외는 직접 그려서 간행.

▷滑稽本『当変卜十露盤占』를 삽화도 직접 그려서 간행.

1799년(寬政十一) 35세

▷『敵討住吉詣』를 비롯하여 17종의 黃表紙 전부를 삽화도 직접 그려서 간행.

▷狂歌絵本『十廻松』를 삽화도 직접 그려서 간행.

▷狂歌集 『狂歌東西集(三陀羅法師撰)』・『俳優楽室通(式亭三馬撰)』에 狂歌게
재.

▷洒落本『傾城買談 客物語(式亭三馬作)』에 後叙게재.

1800년(寬政十二) 36세

▷『稚衆忠臣蔵』를 비롯하여 14종의 黃表紙 전부를 삽화도 직접 그려서 간행.

▷永寿堂作의 黃表紙 『臍煎茶呑噺』・『怪談富士詣』의 삽화를 그린다.

▷狂歌絵本『夷曲東日記』를 삽화도 직접 그려서 간행.

▷狂歌絵本『狂歌毎月集(六樹園編, 간행연도 추정단계)』의 삽화를 그린다.

※그의 狂歌는 千秋庵三陀羅法師를 스승으로 하고 神田측에 속하며,『夷曲東日
記(いきょくあずまにっき)』(村田屋治兵衛版)는 에도의 명승지 17군데를 浮世絵 풍
경화 식으로 직접 그렸고, 말미에는 三陀羅法師의 狂歌가 있다.

▶연말 무렵부터 부인과 별거.

1801년(享和元) 37세

▷『化物忠臣蔵』를 비롯하여 19종의 黃表紙 중, 2종은 勝川春亭, 1종은 栄松斎長
喜가 삽화를 그리나, 그 외는 직접 그려서 간행.

▷洒落本처녀작으로서 『恵比良濃梅』・『埜良玉子』는 栄水[一九?]画, 『色講
釈』는 삽화도 직접 그려서 간행.

※정월부터 5월까지 常陸・下総지방을 여행하고, 가을 무렵에는 箱根온천여행
을 한다.

▶이혼

1802년(享和二) 38세

▷『的中地本問屋』를 비롯하여 15종의 黄表紙 중, 2종은 喜多川菊麿, 1종은 喜多川歌麿, 2종은 화공미상, 그 외는 직접 그려서 간행.

▷黄表紙『異療痲痹種(感和亭鬼武作)』의 삽화를 그린다.

▷『吉原談語』를 비롯하여 9종의 洒落本 전부를 삽화도 직접 그려서 간행.

▷滑稽本『膝栗毛』초편・『南総記行 旅眼石』를 삽화도 직접 그려서 간행.

▷読本처녀작으로서 『列国怪談聞書帖』는 勝川春章・勝川春英画, 『深窓奇談』・『双葉草』는 삽화도 직접 그려서 간행.

▷噺本『落咄臍くり金』를 삽화도 직접 그려서 간행.

▷往来物『算筆早まなび(田村治助編, 十返舎一九補)』・『手紙之文言』・『懐中案紙』간행.

▷噺本『御晶屓咄の親玉(鶏楼五徳作, 喜多川喜久麿画)』에 狂句 게재.

▷狂歌絵本『五十鈴川狂歌車(三陀羅法師作, 北斎辰政画)』에 狂歌와 초상화 게재.

※2월, 洒落本출판단속령[取締り令]이 내린다.

※초가을 무렵부터 12월 중순까지 常陸・下総지방을 여행한다.

▶이 즈음 橘町에 주거.

1803년(享和三) 39세

▷黄表紙 11종(그 중『色外題空黄表紙』는 えい女作・十返舎一九校・栄水画) 중, 『裏面心路地』의 삽화만 직접 그리고, 나머지는 歌川豊国・歌川豊広・一楽亭栄水・北尾重政・貞之가 그린다.

▷紅摺絵本『疱瘡軽口噺(貞之画)』・『子宝山(渓斎英泉画)』간행.

▷滑稽本『膝栗毛』후편・『忠臣蔵岡目評判』을 삽화도 직접 그려서 간행.

▷読本『怪物輿論(京都・大阪・江戸의 다섯 출판사에서 동시 발매)』을 삽화도 직접 그려서 간행.

▷絵本『絵本江戸桜(北尾重政画)』에 서문 게재.

▶이 즈음 여성(民)과 동거하여 사내아이 '定吉'가 태어남.

1804년(文化元) 40세

▷黄表紙 15종 중, 4종은 삽화도 직접 그리나, 나머지는 長喜・豊広・豊国・春亭・武川亭永舟里・喜久麿가 그린다.

▷洒落本『教訓相撲取草(喜久麿画)』간행.

▷滑稽本『膝栗毛』三편・『附会案文』・『田舎草紙』를 삽화도 직접 그려서 간행.

▷噺本 2종을 삽화도 직접 그려서 간행.

▷絵本『青楼絵本 年中行事(喜多川歌麿画)』・『夏讐 播州舞子浜(豊広画)』간행.

▷往来物 2종 간행.

▷和歌書『国字詩階梯(感和亭鬼武著・一九校)』간행.

※이 무렵부터 잇쿠의 黄表紙 원고료가 오름. 『化物太平記』가 절판 처분에 처해지고, 一九는 집필금지(手鎖) 50일형을 당함.

★이 무렵부터 一九를 중심으로 한 咄의 会가 활발해짐. 『膝栗毛』첫 발행처(版元)인 村田屋治郎兵衛를 중심으로, 文化기 초반에 感和亭鬼武・白銀台一麿등이 참가한 '栄邑堂咄之会十返舎社中'가 결성되었던 것으로 필자 추정.

▶いそ(民)와 결혼. いそ와의 사이에 태어난 장남 重田定吉(1860년8월24일 사망)는 후에 重田家十代를 계승한다(九代는 一九의 동생인 重田義十郎正友).

1805년(文化二) 41세

▷黄表紙 15종 중, 3종은 삽화도 직접 그리나, 나머지는 月麿・豊国・春亭가 그린다.

▷洒落本『倡売往来』를 삽화도 직접 그려서 간행.

▷滑稽本『膝栗毛』四편을 삽화도 직접 그려서 간행.

▷噺本『鬼外 福助噺(長喜画)』・『落はなし 正月詞(十返舎社中寄合作)』간행.

▷読本『浪速烏梅(月麿画)』간행.

▷往来物『餅菓子即席 手製集(十返舎一九序)』간행.

▶8월17일 아내いそ(民)사망.

※10월 26일부터 11월 5일까지 伊勢신사참배 여행을 한다.

▶겨울 무렵 '信乃(おえつ)'와 4번째 결혼. 잇쿠 사망할 때까지 부부였음. おえつ와는 2남1녀를 두게 되는데, 이듬해 무렵 오에츠와의 사이에 차남인 まつ 태어남.

1806년(文化三) 42세

▷黄表紙 19종 중, 4종은 삽화도 직접 그리나, 나머지는 春英・豊広・豊国・国長・一雅가 그린다.

▷滑稽本『膝栗毛』五편상하(정월)・追加(5월)의 삽화는 豊国와 같이 그려서 간행. 滑稽本『浮世物真似 旧観帖』二편下권・『文字の知恵』,『即興跡引上戸』는

삽화도 직접 그려서 간행.

▷噺本 3종은 삽화도 직접 그려서 간행.

▷読本『天橋立』前編의 삽화는 豊国와 같이 그려서 간행.

▶3월 4일 큰 화재 피해를 입고, 亀戸에 임시거처(伝馬町亀屋의 숙소)를 둔다.

★合巻기에 들어가기 전후에는 시류를 탄 敵討もの(복수담)가 주류를 이루나, 黄表紙말기의『滑稽しっこなし(1805년)』라든지 合巻『慾の川乗合 ばなし(1822년)』와 같이 골계미가 짙은 작품과, 合巻『金草鞋(1813 년)』・『滑稽旅加羅寿(1820년)』와 같이『膝栗毛』의 合巻版的인 취향의 작품도 시도한다.

1807년(文化四) 43세

▷合巻처녀작인 10종 중, 3종은 삽화도 직접 그리나, 나머지는 豊国・豊広・春亭・月麿・春英가 그린다.

▷滑稽本『膝栗毛』六編(春町삽화),『馬子の歌袋』는 삽화도 직접 그려서 간행.

▷噺本『はなしうなぎ』를 삽화도 직접 그려서 간행.

▷読本 3종을 각각 豊国・春亭・蹄斎北馬의 삽화로 간행.

▷景物本『色摺新形染』를 春亭삽화로 간행.

▶가을 무렵 亀戸에서 通油町緑橋로 이사한다.

▶7월4일 차남 まつ 요절.

1808년(文化五) 44세

▷合巻 18종 중, 2종의 삽화만 직접 그리고, 나머지는 豊広・春亭・春英・鳥居清峯・歌川国貞・画狂人北斎가 그린다.

▷滑稽本『膝栗毛』七編은 삽화도 직접 그려서 간행.

▷噺本『江戸前咄鰻(春町画)』・『春雨夜話(北川美丸画)』

▷読本 4종을 각각 豊国・北馬・豊広의 삽화로 간행.

▷5월 간행한 추모집『縫女追善集(菱花堂糸依의 아내 片糸縫女의 추모집)』에 京伝・三馬・蜀山人 등과 더불어 狂歌 게재.

▶通油町翠橋(みどりばし)의 地本問屋会所에 거주하면서, 駿河屋藤兵衛라고 불린다.

1809년(文化六) 45세

▷合巻 21종의 삽화를 豊広・月麿・式麿・月丸・勝川春扇・春亭・歌川国長・国貞가 그린다.

▷滑稽本『膝栗毛』八편・『江ノ島みやげ』초편의 삽화는 美丸・式麿・一九가 함께 그려서 간행.

▷噺本『落噺 恵方土産(北川美丸画, 感和亭鬼武序)』간행.

▷読本『夏仇女実語教(北馬画)』간행.

1810년(文化七) 46세

▷合巻 10종의 삽화를 歌川国満・春亭・豊広・月麿・式麿美麿・昇亭北寿가 그린다.

▷滑稽本『続膝栗毛』초편은 月麿와 一九가 함께 그린다. 滑稽本『和蘭影絵 於都里綺(月麿画)』・『江之島土産』二편(月麿画)・三편(春亭画) 간행.

▷噺本(桜川慈悲成作, 豊広画) 2종에 서문 게재.

※5월부터 10월까지 눈병을 앓는다.

1811년(文化八) 47세

▷合巻 9종의 삽화를 春亭・勝川春扇・美丸・豊広・式麿・月麿가 그린다.

▷滑稽本『続膝栗毛』二편(北斎画), 『串戯二日酔(北斎画)』, 『六あみだ詣』초편(月麿画) 간행.

▷読本『連理隻袖(狂画堂盧国画)』간행.

▷噺本 2종(1종은 美丸画) 간행.

▷往来物 2종 간행.

▷絵本『朝鮮人来朝行列記(二世歌麿画)』에 서문 게재.

▷合巻『身延山誓仇討(柴舟庵一双作, 月麿画)』・『人武士弓引方(初音楼一炷作, 月麿画)』에 서문 게재.

※上野町一丁目의 常陸屋의 옷감(呉服) 디자인을 一九가 해서 판매한다.

※봄 2월 초순부터 여름 6월 하순까지, 伊勢太々講(이세신사참배를 목적하여 결성하는 계모임) 참가로 大阪에 체재한다.

1812년(文化九) 48세

▷合巻 4종의 삽화를 각각 国丸・春亭・美丸・月麿가 그린다.

▷滑稽本 4종 중 『世中貧福論』의 삽화만 직접 그리고, 나머지는 月麿・式麿・関玉・玉東가 그린다.

▷読本 『絵本 浄瑠璃姫物語(狂蝶子文麿作)』에 서문 게재.

▷『興佳帖(朝寝成丈編)』에 戱文과 戱画 게재.

▷9월 간행한 狂歌絵本 『狂歌波津加蛭子(石川雅望編)』에 그림 게재.

※6월 木曾街道로 취재여행을 떠나 7월 摂州[오사카]에 도착.

▶이 즈음 信乃(おえつ)와의 사이에 삼남 靜一郎(어릴 적 이름'定', 1846년 7월 3일 사망) 태어나다. 信乃(おえつ)와의 사이에 태어난 딸 'てる'는 1848년 11월 12일 사망. 전처 いそ와의 사이에 태어난 장남 定吉(1860년 8월 24일 사망)는 이후 重田家九代당주인 一九의 동생 重田義十郎正友의 양자로 보내져 重田家十代를 계승하게 된다.

1813년(文化十) 49세

▷合巻 『方言修行 金草鞋』初편~五편을 비롯한 8종의 삽화를 月麿・春亭・美丸가 그린다. 이듬해에 이 초・3편을 합하여 초편, 5편을 2편, 2・4편을 합하여 3편으로 재판되었다.

▷滑稽本 3종 중, 『続膝栗毛』 4편의 삽화만 직접 그리고, 나머지는 馬円・月麿가 그린다.

▷往来物 『餅菓子即席 増補手製集』 『手製集後編 手造酒法』 간행.

▷狂歌絵本 『江戸名所画本(十返舎一九編, 自画)』 간행. 후에 『江戸名所図会』로도 간행됨.

▷狂歌絵本 『狂歌関東百題集(鈍々亭和樽編, 芍薬亭長根序)』에 그림 게재.

※墨川亭雪麿의 『稗史通』의 기사에 격노하다.

※이 해에 播州[兵庫県]・四国・九州여행을 떠난다. 이듬해 『金草鞋』 4편에 작품화된다.

★大阪・信州松本・名古屋・上州[群馬県]草津 등을 여행하고, 東海道 또한 몇번씩이나 왕복하면서 지방 문인독자들과의 친밀한 관계를 구축하였다. 이를 기반으로 이 해에 『金草鞋』 초편을 간행한 뒤, 天保五年(1834) 25편까지 연작시리즈로 간행하기에 이른다.

1814년(文化十一) 50세

▷合巻 14종의 삽화를 春亭・月麿(『合鏡ふたつ巴』 등)・国丸・式麿・美丸・柳

川重信(『忠臣蔵跡祭』)・国直가 그린다.

▷滑稽本『続膝栗毛』五편,『膝栗毛』발단의 삽화를 月麿・式麿・一九가 함께 그린다.

▷読本『身延山利生記(春亭画)』간행.

▷往来物 4종 간행된 것으로 추정됨.

※7월~10월 제자 花垣와 信州松本의 高美甚左衛門을 방문, 善光寺참배. 越後・会津여행.

※눈병 재발.

1815년(文化十二) 51세

▷合巻 7종의 삽화를 国丸・春亭・国直・国芳・月麿・美丸가 그린다.

▷滑稽本 3종 중『続膝栗毛』六편은 式麿와 一九가,『秋葉山参詣 一九之記行』는 森玉僊과 一九가 함께 그리고,『方言競茶番種本』는 国直가 그린다.

▷読本『通俗巫山夢(春亭画)』간행.

▷往来物『童子諸礼躾方往来』간행.

▷画帖『東海道膝栗毛画帖(一九自画賛)』간행.

※7월 名古屋 방문, 書誌(출판사) 松屋善兵衛댁에 체류하다.

★読本은 中本もの(주로, 滑稽本・人情本의 서지형태)가 많고,『通俗巫山夢』등은 괴담을 중심으로 하면서도 滑稽本的요소를 많이 포함하고 있다. 만년에는 이 中本의 형태로 世話種(서민의 애정생활 등 세태풍속을 묘사)를 저작하여 人情本의 선구적 작품을 간행하기도 한다.

1816년(文化十三) 52세

▷合巻 7종의 삽화를 国丸・美丸・国直・国信가 그린다.

▷滑稽本『誹語堀之内詣』는 혼자서 그리고,『続膝栗毛』七편은 二世歌麿와 一九가 함께 그린다.

▷噺本 3종을 美丸・静斎英一가 그린다.

▷往来物『子供早学問(二世歌麿画)』에 서문 게재.

※초여름 무렵 奥州[仙台]지방을 여행한다.

★噺本은 선행 噺 또는 다른 작가의 것을 편집 합철한 것이 많으므로, 一九編이라고 하는 편이 타당할 것이다.『落咄腰巾着(1804년)』・『弥次郎口(1816년)』이하 30여 종의 噺本이 있다.

1817년(文化十四) 53세

▷合巻 5종의 삽화를 国丸・春亭・豊国가 그린다.

▷滑稽本『奥州道中之記』를 삽화도 직접 그려서 간행.

▷往来物 3종 중, 2종은 橘正敬筆跡, 1종은 十返舎一九增補改正로 간행.

▷道中記(여행가이드북)『增補改正諸国　道中旅雀』一九校　晋米斎玉粒書 간행.

▷絵本『役者似顔絵早稽古(豊国画)』에 서문 게재 및, 版下(밑그림 또는 밑글씨) 집필.

▷6월, 絵本『画本早引(北斎画)』에 서문 게재.

★文化말년부터 文政초년에 걸쳐서 때마침 江戸시중의 寺子屋 증가와 더불어, 『諸民通用　手紙文言(1802년)』・『親族和合往来(1823년)』 등, 往来物・案文類를 60종 이상 집필한 것도 다른 戯作者에게서는 그다지 찾아볼 수 없는 점이다. 一九는 往来物의 최대 다작가라고 할 수 있다.

1818년(文政元) 54세

▷合巻 4종의 삽화를 国直・国丸・美丸가 그린다.

▷滑稽本『続膝栗毛』八편의 삽화는 직접 그린다.

▷滑稽本 4종은 전부 有楽斎長秀가 그리나 간행년도 미상, 文化연간으로 추정됨

▷噺本『落噺 口取肴(愚者一得画)』 간행.

▷往来物 2종 중, 一九가 직접 그린『三世相』은 간행년도 미상, 文化연간으로 추정됨.

※4월 16일 에도를 출발, 越後지방을 방문, 26일부터 사흘간 鈴木牧之댁에 체류한다. 信州(長野県)草津温泉・上州(群馬県)를 거쳐 8월 10일경에 에도로 돌아온다.

1819년(文政二) 55세

▷合巻 7종 중, 2종의 삽화(『怪談ねこの嫁入』 등)는 직접 그리고, 『今年青物語』는 国丸과 함께 그리며, 나머지는 国貞・国虎・月麿・国直가 그린다.

▷滑稽本『続膝栗毛』九편을 二世北斎・英泉과 一九가 함께 그려서 간행.

※5월 15일 鹿島太々講에 참가하여 鹿島神宮에 참배 후, 下総를 여행. 여름에 武州小河内温泉湯本 체류, 가을에 草津温泉 체류.

※8월 信州 伊那郡大出村의 미술전시회(書画会)에 초대받아서 방문.

※4월 20일~8월 22일의 어느 날 名古屋의 국학자 本居内遠(書誌万券堂菱屋에서

출생, 후에 本居太平의 대를 계승하여 和歌山藩에 출사한다)과 만나다.

▶通油町에서 深川佐賀町로 이사.

1820년(文政三) 56세

▷合巻 13종의 삽화를 国直(8종)·春扇(『色男大安売』)·美丸·国丸·国貞가 그린다.

▷滑稽本『続膝栗毛』十편(二世北斎·春亭·自画),『雑談紙屑籠』初편(美丸画), 『忠臣蔵楽屋問答(自画,『忠臣蔵岡目評判』의 改題再版)』간행.

▷人情本의 효시인『清談峯初花』初편(美丸画) 간행.

▷噺本『初恵比寿』는 직접 그리고,『咄の蔵入』는 愚者一得가 그려서 간행.

▷往来物『婦人手紙之文言』간행.

※7월 鈴木牧之와 함께 上州草津 온천여행을 하며, 秋山를 둘러본다.

1821년(文政四) 57세

▷合巻 2종의 삽화를 각각 月麿·国貞가 그린다.

▷滑稽本『続膝栗毛』十一편의 삽화는 직접 그리고,『堀内詣後編 雑司ヶ谷記行』는 二世北齋와 一九가 함께 그려서 간행.

▷人情本『清談峯初花』後편(美丸畵? 國信畵?)·『所縁の藤波(渓齋英泉畵)』간행.

▷往来物 2종을 橘正敬筆로 간행.

▷狂歌絵本『夷曲ことし俵(田原船積編, 一九画)』에 서문 게재 및, 版下(밑그림 또는 밑글씨) 집필.

▶深川佐賀町에서 通油町의 원래 집(地本問屋会所)으로 이사.

1822년(文政五) 58세

▷合巻 5종의 삽화를 豊国·美丸·春亭가 그린다.

▷読本『遠のしら浪(葛飾戴斗画)』간행.

▷滑稽本 3종 중,『続膝栗毛』十二편의 삽화는 직접 그리고, 나머지는 각각 美丸·竜斎正澄가 그려서 간행.

▷人情本『浮世清濁 水かがみ(英泉画)』간행.

▷噺本『新話竜乃巻』를 직접 그려서 간행.

▷往来物 6종 간행.

※『膝栗毛』완결을 축하하면서 国貞가 그린 美人画 인쇄물을 독자들에게 경품 (景物)으로 배부한다.

1823년(文政六) 59세

▷合巻 5종의 삽화를 豊国·美丸·春亭가 그린다.

▷往来物 16종의 삽화를 国安(13종)등이 그려서 간행.

▷狂歌絵本 『狂歌笛竹集(六樹園飯盛編)』와 『狂歌力くらべ('栄水'라는 서명으로)』에 삽화를 한 장씩 그린다.

▷정월에 간행하는『新吉原細見』에 서문 게재.

※2월 무렵부터 발병한 중풍이 낫지 않아 그 부자유스러움을 한탄한다.

1824년(文政七) 60세

▷合巻 4종의 삽화를 英泉·美丸·国丸가 그린다.

▷戯文『寿福請取帳』을 国安画로 간행.

▷人情本『朧月夜』初편(英泉画)·『操形黄場小櫛』初편(花岡光宣画) 간행.

▷往来物 13종(전부 十返舎一九撰이라고 되어 있음) 중 国安(7종)가 그려서 간행.

▷『戯場役者似顔早稽古』二편(十返舎一九作·豊国画)의 광고가 「鶴屋新版目録」에 있으므로 간행된 것으로 추정됨.

▷8월 간행된『狂歌現在奇人譚(八島定岡著·画, 三編上巻에 삽화1장과 더불어 6丁정도)』에 一九의 기인담 게재됨.

1825년(文政八) 61세

▷合巻 4종의 삽화를 英泉·春亭·国貞·国丸가 그린다.

▷滑稽本『串戯二日酔(文化八년의 再刻再版. 北斎画)』간행.

▷人情本 『朧月夜』 二편(英泉画) 간행.

▷往来物 4종 전부 十返舎一九撰, 晋米斎玉粒書, 国安画로 간행.

※이 해 무렵부터 투병생활이 계속되다.

1826년(文政九) 62세

▷合巻『御膳浅草法(歌川広重画)』·『昔男癖物語(美丸画)』간행.

※투병생활이 계속되다.

1827년(文政十) 63세

▷合巻 8종의 삽화를 国安・広重・歌川貞秀・歌川貞景・歌川国兼가 그린다.

▷往来物『狂歌絵入 職人尽(十返舎一九撰)』간행.

▷狂歌絵本『狂歌波津加蛭子(寛政十二年版『狂歌毎月集』의 改題再版本. 六樹園
編)』에 그림 게재.

※ 병환이 호전되다.

1828년(文政十一) 64세

▷合巻 10종의 삽화를 国安・国丸・英泉・春斎英笑・歌川安秀(『忠臣狸
七役』)・二世重政・歌川国兼가 그린다.

▷読本『名勇発功譚(春斎英笑画, 春水序文)』간행.

▷滑稽本『滑稽忠臣蔵』의 삽화를 직접 그려서 간행.

※4월 21일, 六樹園石川雅望의 문하생인 松寿楼永年이 二世烏亭焉馬를 계승하는 피로
연의 후원자가 되다.

▷11월 29일, 川柳和歌堀句会의 選者로서 선정한 17구가 『誹風柳多留』112편
(天保二年간행)에 수록된다.

1829년(文政十二) 65세

▷合巻 7종의 삽화를 歌川貞房・英泉・英笑・国芳・北尾重政가 그린다.

▷人情本(滑稽本?)『滑稽売色安本丹』前편(五雲亭貞秀画) 간행.

▷噺本 2종 간행된 것으로 추정.

▷往来物 1종 간행. 기타 往来物 5종은 文政 연간 간행으로 추정됨.

▷式亭三馬의 洒落本『潮来婦志』에 序言을 게재.

▶3월 21일 대화재를 당해 長谷川町 뒷골목에 집을 빌어서 산다.

※봄 무렵부터 반신불수(手足偏枯の症『江戸作者部類』)로 인해 수족이 부자유
스럽게 된다.

1830년(天保元) 66세

▷合巻 6종의 삽화를 国安(『三国志画伝』初編 등)・歌川貞繁・貞房・英笑・歌
川安秀・国信가 그린다.

1831년(天保二) 67세

▷合卷 3종의 삽화를 国安・二世豊国가 그린다.

▷滑稽本『続々膝栗毛』정월에 初編, 3월에 二編을 직접 그려서 간행.

▶神田紺屋町에 거주.

※7월 26일 鈴木牧之는『秋山記行』의 발문을 써서 一九에게 보내어 출판을 의뢰한다.

▶8월 7일 사망. 浅草(勝どき로 이전)東陽院에 무덤이 있음. 현존함.

1832년(天保三) 사후 1년

▷合卷 4종의 삽화를 歌川貞秀・国安가 그려서 간행.

▷往来物『上州草津 温泉往来』간행.

※十字亭三九(糸井鳳助)가 二世一九를 계승하다.

※向島의 長命寺에 유족과 제자들에 의해 狂歌비석이 세워진다. 현존함.

1833년(天保四) 사후 2년

▷合卷 5종의 삽화를 国安・英泉・貞秀・国芳가 그린다.

1834년(天保五) 사후 3년

▷合卷『三国志画伝』八・九편(国安画),『金草鞋』二五・二六편(重政画) 간행.

1835년(天保六) 사후 4년

▷合卷『三国志画伝』十편(国安画),『三国太郎再来伝(国芳・国直・国貞画)』간행.

1836년(天保七) 사후 5년

▷往来物『掌中年代記』간행.

1837년(天保八) 사후 6년

▷合卷『結神末之松山(十返舎一九遺稿作・国貞画)』간행.

질의응답형 일본문학의 흐름

일본문학사의 시대구분
〔日本文學史の時代區分〕

'시대구분'은 본래 역사인식의 문제이며, '사관'과 깊은 관계를 갖기 마련이다. 따라서 일본문학사의 시대구분에는 여러 가지 방법이 있지만, 각 시대 정권의 소재지로 나누는 정치사적구분법 — 야마토・나라시대(1~8C) → 헤이안 시대(9~12C) → 가마쿠라・무로마치시대(13~16C) → 에도 시대(17C~1867년) → 메이지 시대(1868년~) → 다이쇼시대(1912년~) → 쇼와시대(1926년~) → 헤이세이시대(1989년~) — 에 덧붙여, 오늘날 일반적으로 관용되어지는 — 상대 → 중고 → 중세 → 근세 → 근대 — 시대구분법으로 발전해 왔다. 이 외에도 문학 담당자의 계급에 주목한 귀족문학 시대 → 무가문학 시대 → 평민문학 시대 등으로도 나눌 수 있겠다. 오늘날 일반적인 5기의 구분법을 보겠다.

상대(上代)는 많은 소국가가 나뉘어 존재하고 있었던 1세기경부터 794년의 헤이안쿄(平安京) 천도(遷都)까지로, 야마토(大和)・나라(奈良)시대를 말한다. 문자가 없었으나 드디어 대륙문화의 유입에 의해 한자를 얻어 사용한 시대이다. 구송문학(口誦文學)의 시대이며, 소박하고 건전한 고대인의 생활을 꾸밈없는 어조로 읊는 『만엽집(万葉集. 만요슈)』의 시대이다.

중고(中古)는 헤이안쿄 천도로부터 1192년에 가마쿠라막부(鎌倉幕府)가 열리기까지의 약 400년간을 말한다. 히라가나의 발달에 따라 '가나'에 의한 자유로운 표현이 가능해지고, 궁정의 여류에 의한 모노가타리 문학(物語文學)이 발생한다. 귀족문학의 시대이다.

중세(中世)는 가마쿠라막부 성립으로부터 1603년 에도막부(江戶幕府)가 성립하기까지의 약 400년간을 말한다. 문학의 주체는 궁정을 벗어나 승려 및 무사 사이로 옮겨갔다. 계속되는 전란의 와중에 불교사상이 문학작품의 근간을 이루고, 문학의 문장은 구어로부터 완전히 분리했다.

근세(近世)는 에도막부 성립으로부터 대정봉환(大政奉還)한 1867년까지의 약 260년간을 말한다. 사회의 중심은 무사에게 있었지만, 문자를 아는 사람의 증가에 따라 문학의 주체는 드디어 일반 서민의 손으로 옮겨갔다. 특히 상인(町人) 계급은 그 경제력으로 인해 중세적 속박으로부터 벗어나 인간성의 개방을 염원하게 되었다. 문장의 회화 부분에 당시의 구어를 사용하는 일은 이 시대부터 많아졌다.

근대(近代)에 접어들어 긴 전통을 가진 문학의 흐름은 서구의 새로운 사상과 문학의 영향을 받아 문학의 혁신과 근대화가 요구되어진다.

이상, 오늘날 일본문학사를 시대 구분할 때 가장 일반적인 상대문학 → 중고문학 → 중세문학 → 근세문학 → 근대문학 이라는 5기의 구분법을 정치사와 더불어 살펴본 바이다.

일본문학의 이념
〔日本文學の理念〕

문학작품에는 작가의 자각에 의해 얻어진 하나의 미적이념이 존재하며, 이것이 중심이 되어 전체를 통일하는 역할을 하고, 작품 및 작가의 개성까지 형성하는 경우가 있다. 이것을 통시적으로 상대·중고·중세·근세로 나누어 논할 수 있겠다.

Ⅰ. 상대문학
기기가요(記紀[2] 歌謠, 키키가요)나『만엽집(万葉集, 만요슈)』에 보이는 '마코토(誠)'는, 감동을 솔직하게 서술하는 명랑 소박하고 힘찬 예술 태도였다. 또한『만엽집』의 '마스라오부리(丈夫振り)'는 어조가 장중하고 남성적이며 쭉쭉 뻗어나가는 듯한 가풍이었다.

Ⅱ. 중고문학
『고금집(古今集, 고킨슈)』을 대표로 하는 헤이안 와카(平安和歌)의 '타오야메부리

---

[2] 『고지키(古事記)』와『니혼쇼키(日本書紀)』를 묶어 이르는 말

(手弱女振り)'는, 여성적이고 우아하며 섬세한 가풍이다. 그러나 중고의 문학정신을 대표하는 미의식은 『겐지 모노가타리(源氏物語)』의 '모노노아와레(物の哀れ)'로써, 자연·세상사 등에 당면하여 일어나는 우아하고 섬세하며 절절한 정취를 말한다. 또한 『마쿠라노 소시(枕草子)』의 '오카시(可笑し)'는 명랑하고 재치 있는 것을 음미 하는 흥취를 말한다.

III. 중세문학

『헤이케 모노가타리(平家物語)』나 사이교 법사(西行法師)의 와카(和歌), 『방장기 (方丈記, 호죠키)』·『도연초(徒然草, 츠레즈레구사)』 등의 초암문학(草庵文學)에는 '무 상관(無常觀)' 사상이 엿보인다. 그러나 『신고금집(新古今集, 신고킨슈)』을 비롯한 중세의 모든 예술의 지배적 미의식은 '유현(幽玄)'으로, 언외(말하지 않은 부분)에 깊 은 여정을 감추고 있는 그윽하고 아름다우며 고요한 상징미를 말한다. '유현'으로부 터 '염(艷)'·'유심(有心)'·'무심(無心)'·'와비(侘び)'[3]도 생겨난다.

IV. 근세문학

바쇼 하이카이(芭蕉俳諧)의 이념으로서 근세 하이카이의 근본이념이 된 '사비(寂 び)'는, 세속을 떠나 자연과 일체가 된 한적미를 말한다. 여기서부터 '시오리(しを り)'·'호소미(細み)'·'카로미(輕み)'[4]가 발전한다. 또한 우키요조시(浮世草子, 상인 소설)나 죠루리(淨瑠璃, 인형극), 샤레본(洒落本, 화류소설)에 보이는 '이키(粹)'는, 유 곽의 사정에 정통하여 모습·언동이 세련된 것을 말한다. 그 밖에 에도 시대에는 의 리·인정이라든지 권선징악의 정신도 있었다.

이상은 일본문학의 이념을 통시적으로 논해 본 것이다. 따라서 가장 큰 흐름은 '마코토 (誠)'·'모노노아와레(物の哀れ)'·'유현(幽玄)'·'사비(寂び)'라는 것을 알 수 있다.

일본문학의 종류(1)

---

3 정확하지는 않겠으나 포인트를 짚어서 번역해 보자면, '염(艷) : 화려한 아름다움. 유심(有心) : 요 염한 아름다움. 무심(無心) : 재치 있는 아름다움. 와비(わび) : 한적한 아름다움'.
4 정확하지는 않겠으나 포인트를 짚어서 번역해 보자면, '시오리(しをり) : 애련한 아름다움. 호소미 (細み) : 섬세한 아름다움. 카로미(輕み) : 경쾌한 아름다움'.

〔日本文學の種類(1)〕

일본문학을 크게 운문문학・산문문학・극문학의 세 종류로 나누어서 개관할 수 있다.

I. 운문문학

운문이란 일정한 음수율 또는 내재율을 지닌 문장을 말하며, 운문문학은 1.가요(歌謠) 2.와카(和歌) 3.렌가(連歌)・하이카이(俳諧) 4.센류(川柳)・쿄카(狂歌) 5.한시문(漢詩文) 6.시(詩)로 크게 구분할 수 있다. 그 중 와카의 여러 가지 형식(歌体) 중 존속할 수 있었던 '단가(短歌)'라든지, 하이카이로부터 한층 분화한 '하이쿠(俳句)'는 오늘날 더욱 왕성한 생명력을 지니고 있어서, 근대시와 함께 현대의 운문문학을 지탱하는 세 개의 기둥이 되고 있다. 또한 센류・쿄카라든지 한시 또한 한 시기에는 인기 있는 시가였다고 할 수 있다.

II. 산문문학

일본의 산문문학은 매우 다양하다. 이것을 먼저 1.축문(祝詞, 노리토)・선명(宣命, 센묘) 2.신화・설화 3.모노가타리(物語)・소설 4.일기・기행 5.수필 6.평론으로 크게 나누어서 생각해 볼 수 있다. 그 중 다시 모노가타리문학(物語文學)으로서, ① 창작 모노가타리(作リ物語)와 노래 모노가타리(歌物語)와 소설 모노가타리, ②의고 모노가타리(擬古物語)와 오토기조시(御伽草子), ③가나조시(仮名草子)・우키요조시(浮世草子)・독본(讀本)・샤레본(洒落本)・인정본(人情本)・골계본(滑稽本)과, 쿠사조시(草双紙)─적본(赤本)・흑본(黑本)・청본(靑本)・황표지(黃表紙)・합권(合卷)─, ④역사 모노가타리(歷史物語)와 군기 모노가타리(軍記物語)에, 근대소설까지 더해 한 묶음으로 할 수 있을 것이다.

III. 극문학

일본문학사에서 극문학으로는 1.노(能) 2.쿄겐(狂言) 3.죠루리(淨瑠璃) 4.가부키(歌舞伎) 5.신파(新派) 6.신극(新劇) 등을 들 수 있다. 중세인 무로마치(室町) 시대에 창작된 '노'와 '쿄겐'은 극의 최초의 것이었지만, 근세를 가로질러 오늘날까지 이르고 있다. 근세의 '죠루리'와 '가부키' 또한 개량되면서 전해지고 있다. 그리고 메이지 시대에 접어들어 '신파'가 출현한 뒤 이윽고 근대극이 상연되기에 이른다.

이상은 일본문학의 종류를 가장 일반적인 문학사라고 하는 관점에서 세 가지로 나누어 개관해 본 것이다. 그러나 근대·현대 문학에서는 소설·평론·시가(시·단가·하이쿠)·연극의 네 종류로 크게 나누기도 한다.

일본문학의 종류(2)
〔日本文學の種類(2)〕

일본문학을 크게 운문문학·산문문학·극문학의 세 종류로 나누어서 개관할 수 있다.

Ⅰ. 운문문학

운문은 산문에 대립하는 호칭으로서 율문이라고도 불리며, 일정한 음수율 또는 내재율을 지닌 문장을 말한다. 운문은 시가(詩歌)라고도 바꿔 말할 수 있지만, 운문문학은 1.가요(歌謠) 2.와카(和歌) 3.렌가(連歌)·하이카이(俳諧) 4.센류(川柳)·쿄카(狂歌) 5.한시문(漢詩文) 6.시(詩)로 크게 구분할 수 있다. 그 중 와카·렌가·하이카이·근대시 등이 가장 대표적인 시가이지만, 센류·쿄카라든지 한시 또한 한 시기에는 인기 있는 시가였다고 할 수 있다.

그리고 시대에 따라 이들의 형태에는 소멸과 성장이 보인다. 최초로 나타난 형태는 '가요'였다. 이윽고 이로부터 '와카'가 분화하여 운문의 대표적인 것으로서 오랫동안 군림했다. 그러나 중세에 접어들면서부터 이로부터 분파한 '렌가'가 오히려 시대 사회에 어울리는 시가로서 사랑받았다. 나아가 근세가 되자 렌가로부터 독립한 '하이카이'가 넓은 층에 걸쳐서 사람들이 공유하는 시가형태가 된다. 그러나 근대의 도래와 함께 그 또한 서구의 문학정신에 의해 숨이 불어넣어진 '근대시'에게 시대를 대표하는 시가로서의 자리를 양보하지 않으면 안 되었다.

그런데 일본문학의 경우 이와 같은 여러 가지 형태의 소멸과 성장을 '형태의 교체'로는 설명하기 어려운 면이 있다. 그 이유는, 물론 그 중에는 중세의 렌가처럼 현재는 명맥이 끊기고, 또한 한시나 센류·쿄카처럼 거의 명맥이 끊기다시피 한 상태에 놓인 형태도 없는 것은 아니지만, 와카의 여러 가지 형식(歌体) 중 존속할 수 있었던 '단가(短歌)'나, 하이카이로부터 한층 더 분화한 「하이쿠(俳句)」는, 옛날처럼 운문의 주류를 차지하고 있지는 않다 할지라도, 오늘날 여전히 왕성한 생명력을 지니고 있어서 근대시와 함께 현대의 운문문학을 지탱하는 3개의 기둥이 되고 있기 때문이다.

II. 산문문학

일본의 산문문학은 매우 다양하다. 이것을 먼저 1.축문(祝詞, 노리토)[5]·선명(宣命, 센묘)[6] 2.신화·설화 3.모노가타리(物語)·소설 4.일기·기행 5.수필 6.평론으로 크게 나누어서 생각할 수 있다. 그 중 다시 모노가타리문학(物語文學)으로서, ① 창작 모노가타리(作り物語)와 노래 모노가타리(歌物語)와 소설 모노가타리, ②의고 모노가타리(擬古物語)와 오토기 조시(御伽草子), ③가나조시(仮名草子)·우키요조시(浮世草子)·독본(讀本)·샤레본(洒落本)·인정본(人情本)·골계본(滑稽本)과, 쿠사조시(草双紙) – 적본(赤本)·흑본(黑本)·청본(青本)·황표지(黃表紙)·합권(合卷) – , ④역사 모노가타리(歷史物語)와 군기 모노가타리(軍記物語)에, ⑤근대소설까지 더해 한 묶음으로 할 수 있을 것이다.

각 시대 산문문학의 전개를 개관해 보겠다.

상대(上代) : 먼저 상대문학에는 오랜 구승(口承)의 시대가 있어서 유동변화(流動變化)와 성장을 거듭하고 있었으므로, 7·8세기가 되어 나타난 『고사기(古事記. 고지키)』·『일본서기(日本書紀. 니혼쇼키)』·『풍토기(風土記. 후도키)』와 같은 기록문학(記載文學)은 풍부한 내용을 가지게 되었다. 이 기록문학은 노래하는 문학(歌謠)·선포하는 문학(宣る文學. 祝詞·宣命)·이야기하는 문학(신화)의 세 계통으로 나눌 수 있다. 그 중 뒤의 두 가지(祝詞·宣命. 신화)가 산문문학에 상응한다고 하겠다.

중고(中古) : 헤이안쿄(平安京) 천도로부터 약 1세기 간(9C)은 한문학의 융성기였다. 가나(仮名)[7]는 귀족 여성의 상용문자로서 가나문의 융성은 섭관(攝關)정치의 정점인 10C 말부터 11C에 걸쳐 궁정여류문학으로서 행해지게 되었다.

중세(中世) : 무사계급이 일약 역사·정치의 중심에 우뚝 서게 된 중세에는, 귀족(公家. 쿠게)·승려·은둔자(隱者) 등 지식인의 손에 의해 신구(新旧) 양면이 복합적으로 작용하여 새로운 문학양식인 군기 모노가타리(軍記物語)라든지 오토기 조시(御伽草子)가 발생하고, 설화문학이나 불교문학·수필 등도 새로운 전개를 보이게 된다.

근세(近世) : 상인(町人)의 경제력 향상, 대량전달 방식에 의한 근세 소설류는 멋

---

5   노리토 : 신관(神官)이 신을 제사지내거나 신에게 빌 때 올리는 고문체(古文體) 문장. 축문(祝文).
6   센묘 : 천황이 내리는 명령을 일컫는 말이었으나, 헤이안 시대 이후에는 천황의 명령문 그 자체를 가리키게 되었다.
7   가나 : 한자의 일부를 빌려 그 음훈(音訓)을 이용해서 만들어낸 일본의 표음 문자.

(粹, 스이 · 이키) · 통(通, 츠) · 의기(意氣, 이키)[8] 등의 정신을 중심으로 한 상인을 위한 문학으로서 만들어져 간다.

　　근대(近代) : 명치유신(明治維新) 이후 근대문학 또한 시민사회에 기초를 두고 자아확립과 인간해방을 목표로 완전히 새로운 출발을 하게 되었다. 서구의 신사조(新思潮)가 차례로 유입되어 방법론적인 자각 하에 소설을 주류로 하는 근대문학이 탄생하는 것이다.

III. 극문학
1.노(能) 2.쿄겐(狂言) 3.인형극(淨瑠璃, 죠루리) 4.가부키(歌舞伎) 5.신파(新派) 6.신극(新劇)

　　① 중세인 무로마치(室町)시대에 창작된 '노'와 '쿄겐'은 극의 최초의 것이었지만, 근세를 가로질러 오늘날까지 이르고 있다. '노'는 렌가(連歌)와 마찬가지로 '유현(幽玄)'을 이념으로 하여 귀족적 세계로의 동경이 두드러지는 고전적 비극이었다.

　　이에 반해 노(能) 사이에 연기되어진 '쿄겐(狂言)'은 골계적 · 현실 풍자적 표현으로 서민의 감정을 잘 나타낸 현대적 희극이었다.

　　② 근세 상인(町人)문학의 영향을 받아 창시된 '조종 인형극(操人形淨瑠璃, 아야츠리 닌교 죠루리)'과 '가부키'는, 극장을 중심으로 한 서민의 오락이 되었다. 인형극(淨瑠璃, 죠루리) 극본작가로서는 치카마츠 몬자에몬(近松門左衛門)이 활약하고, 에도 말기의 가부키 집대성자였던 카와타케 모쿠아미(河竹默阿弥)는 명치(明治) 초기의 가부키 개량에도 힘을 쏟는다.

　　③ 명치(明治) 초기에는 서구 연극의 영향을 받아 신사극(新史劇)에 따른 가부키의 근대화가 시도되어지는 한편, '소시 시바이(壯士芝居, 서생연극)' 등의 '신파(新派)'가 출현했다.

　　④ 명치(明治) 말기에 들어와서 이윽고 '문예 협회' '자유 극장', 대정(大正) 초기의 '예술좌(芸術座)' 등에 의해 유럽의 근대극이 상연되기에 이른다.

　　그후 이 극단들은 해산했으나, 대정 13년(1924년)에 일본 최초의 본격적 극장 · 극단으로서 '츠키지 소극장(築地小劇場)'이 만들어져 '신극(新劇)'운동의 성지가 되었다.

8　정확하지는 않겠으나 포인트를 짚어서 번역해 보자면, '스이 · 이키(粹) : 멋, 츠(通) : 통 · 달인, 이키(意気) : 의기 · 기개'.

일본 중고시대문학의 종류
〔日本中古時代文學の種類〕

일본 고대의 문학에 대해 세 항목으로 나눠 적어라
[日本古代の文学について三項目に分けて記せ]

일본문학사의 시대구분법에는 여러 가지가 있지만, '고대'라고 할 때는 야마토 (大和)·나라(奈良) 시대를 가리키는 상대(上代)와 헤이안 시대(平安時代)를 가리키는 중고(中古)를 한데 합쳐, 약 12세기까지를 말한다고 생각된다. 이 시대의 일본 문학을 운문문학(韻文文學)·산문문학(散文文學)·극문학(劇文學)의 세 종류로 나눠 개관할 수 있다.

Ⅰ. 운문문학

1. 가요(歌謠)

본래 가요는 민중의 생산 작업이나 신앙 행사 등의 일부로서 자연스럽게 불리기 시작한 것으로 기기가요(記紀歌謠, 키키가요) 등에 보인다. 이 상대(上代) 가요가 음악적으로 정리되어 궁중 무용으로서 이용된 것이「카구라 우타(神樂歌, 신전악노래)」·「사이바라(催馬樂)」[9] 등이며, 헤이안 중기에는 『화한낭영집(和漢朗詠集, 와칸로에이슈)』이, 헤이안 말기에는「화찬(和讚, 와산)」[10]·「이마요(今樣, 일종의 유행가)」를 비롯해 각종 '대중가요(雜芸, 조게이)'를 분류하고 모은 가요집으로서 『양진비초(梁塵抄抄, 료진히쇼)』가 있다.

2. 와카(和歌)

와카(和歌)가 발생한 모체는 상대가요(上代歌謠)이다. 즉 기기가요(記紀歌謠, 키키가요) 등에서 보이는 부정형률로부터, 『만엽집(万葉集)』을 거쳐 장가(長歌, 쵸카)·단가(短歌)·세도가(旋頭歌) 등과 같은 5·7조의 정형률로 발전하여 고정되어 온 것이 와카(和歌)인 것이다. 이처럼 야마토(大和)·나라(奈良)시대에는 가요

9 　사이바라(催馬樂) : 나라 시대 민요를 헤이안 시대에 아악 형식으로 가곡화한 것. 원래 풍속가였던 가요를 외래음악인 당(唐)의 풍으로 편곡해서 부른 것.

10 　와산 : 일본어로 불교를 찬탄한 노래.

(歌謡)와 와카(和歌)가 분리되어 있지 않았으나, 헤이안 시대(平安時代)가 되면 양자가 분리 발달하기 시작해, 제1칙찬 와카집(勅撰和歌集)인『고금집(古今集, 고킨슈)』이후 8대집에 이르기까지 와카 전성기를 맞이한다.

3. 렌가(連歌)

중고(中古)가 되면 와카로부터 분리·발생한 단렌가(短連歌 : 윗구나 아랫구를 한 명이 큰소리로 읊어오면, 다른 한 명이 그것에 응해 아랫구나 윗구를 즉시 붙여서 한 수로 하는 것)가 행해진다. 헤이안 말기에서는 장렌가(長連歌 : 세 명 이상의 작자가 5·7·5의 장구와 7·7의 단구를, 쇠사슬 식으로 길게 이어가는 형식의 것)가 시작되어, 다음 시대 렌가의 전성기를 재촉한다.

4. 한시문(漢詩文)

상대(上代)인 나라(奈良)시대가 되어 현존하는 최고의 한시집인『회풍조(懷風藻, 카이후우소우)』가 편찬된다. 중고(中古)인 헤이안 초기에는 중국풍(唐風)의 영향으로 칙찬(勅撰) 한시집『능운집(凌雲集, 료운슈)』·『문화수려집(文華秀麗集, 분카슈레이슈)』·『경국집(經國集, 케이코쿠슈)』등이 편찬되는 등 한시문이 유행했으나, 가나문자의 발달로 10C무렵부터 쇠퇴하기 시작한다.

II. 산문문학

1. 신화(神話)·설화(說話)

구승(口承)적으로 전해진 신화·설화는 상대(上代)의『고사기(古事記, 고지키)』·『일본서기(日本書紀, 니혼쇼키)』·『풍토기(風土記, 후도키)』등에 기재되어 있다.『고사기(712년)』가 신대의 권(신화)과 인간 시대의 권(설화)을 주로 다룬 역사적 문학서라고 한다면,『일본서기』는 특히 신무(神武, 진무) 천황 때부터의 객관적 사실에 입각하여 기술한 정식 역사서(史書)라고 할 수 있다. 또한『고사기』가 시간적으로 야마토(大和) 조정을 다루고자 했다면,『풍토기』는 공간적으로 통일 국가(야마토)를 다룬 인문지리서이다. 한편『일본영이기(日本靈異記, 니혼료이키)』를 설화집의 선조로 하여, 중고 말기『금석이야기집(今昔物語集, 콘쟈쿠 모노가타리슈)』이 설화문학을 확립시킨다.

2. 모노가타리(物語)

10C경이 되면 가나문자의 발달에 따라 산문에 의한 표현도 자유로워져 급속히 모노가타리 문학이 발전한다. 그리하여 창작 모노가타리(作り物語)의 허구성과 노래 모노가타리(歌物語)의 서정성,『카게로 일기(蜻蛉日記)』의 심리묘사를 하나로

융합하여 『겐지 모노가타리(源氏物語)』가 씌어진다. 이 뒤를 헤이안 말기의 소설모노가타리가 잇고 나서, 중세의 의고 모노가타리(擬古物語)와 오토기조시(御伽草子)로 이어진다.

3. 일기·기행(日記·紀行)

일기는 원래 남성이 조정의 행사 등을 한문으로 기록한 것이었다. 중고시대에 접어들면서부터 여성에 의해 성행하게 된 가나의 일기문학은 『토사일기(土佐日記)』·『카게로 일기(蜻蛉日記)』·『이즈미시키부 일기(和泉式部日記)』·『무라사키시키부 일기(紫式部日記)』·『사라시나 일기(更級日記)』로 이어진다.

4. 수필(隨筆)

수필은 일기 안에서 싹텄으나 시간과 장소의 제약으로부터 해방된 문학으로, 헤이안중기의 『마쿠라노 소시(枕草子)』를 최초로 하여 중세의 『방장기(方丈記, 호죠키)』·『도연초(徒然草, 쯔레즈레구사)』로 이어진다.

5. 평론(評論)

나라(奈良)말기, 일본 최초의 문예 평론·시 평론서(歌論書)로서 『가경표식(歌経標式, 가쿄효시키)』이 쓰인다. 그 흐름을 헤이안 시대에 들어가서 『문경비부론(文鏡秘府論, 분쿄히후론)』·『고금집(古今集)』의 가나서문·『신선수뇌(新選髓脳, 신센즈이노)』가 이어받는다.

III. 극문학

태고로부터 있었던 신전에 봉납하는 무악(舞楽)인 카구라(神楽)가, 헤이안 시대에는 신사의 예능으로서 가무(노래와 무용) 중심의 덴가쿠(田楽)가 되었다. 한편 나라시대에 당(唐)으로부터 전래한 산가쿠(散楽)는 헤이안 시대에 사루가쿠(猿楽)라고 불리는 흉내(物眞似) 중심의 기예가 되었다.

이상은 일본 고대의 문학을 세 종류로 나눠 개관해 본 것이다. 그러나 이밖에도 상대문학 장르의 특색으로서 언령(言霊)신앙에 기반하여 황실의 안위와 국민의 번영을 기원하며 말하는 축문(祝詞, 노리토)과, 즉위(卽位)·황후책립(立后)·태자책립(立太子)·연호개정(改元) 등 국가적 행사에 즈음하여 선포한 선명(宣命, 센묘)도 있었다.

상대문학
〔上代文學〕

① 마코토
- ‘마코토(誠)’란 거짓과 위선이 없는 진실이라는 뜻.
- 감동을 솔직하게 서술하는 명랑소박하고 힘찬 예술 태도를 말한다.
- 기기가요(記紀歌謡, 키키가요)라든지 『만엽집(万葉集, 만요슈)』에서 볼 수 있다.

② 마스라오 부리
- ‘마스라오(益荒男)’란 씩씩하고 용맹스러운 남자라는 뜻.
- 곡조가 장중하고 남성적이며 힘차고 쭉쭉 뻗어나가는 듯한 가풍을 말한다.
- 카모노 마부치(賀茂真淵)가 『만엽집』의 가풍을 평가한 명칭.

중고문학
〔中古文學〕

① 타오야메 부리
- ‘타오야메(手弱女)’란 온화하고 나긋나긋한 여성이라는 뜻.
- 여성적이며 우아·섬세한 가풍을 말한다.
- 에도 시대의 국학자 카모노 마부치(賀茂真淵)가 『만엽집(万葉集, 만요슈)』의 ‘마스라오부리(丈夫振り)’에 반해, 『고금집(古今集, 고킨슈)』을 대표로 하는 헤이안 와카(平安和歌)의 ‘고금조(古今調, 고킨쵸)’[11]를 평가한 명칭.

② 아와레·모노노아와레
- ‘아와레(哀れ)’란 ‘아아’라고 하는 감동·영탄을 나타내는 말.
- 자연·세상사 등에 당면하여 일어나는 우아하고 섬세하며 절절한 정취를 말한다. 대상의 본질에 깊이 몰입하는 태도를 취하고 있으므로 주관

---

11 『고킨슈』에서 볼 수 있는 와카의 가풍. 이지적이면서도 우아하고 기교적인 가풍.

적·내면적인 서정미가 있다. 감상적·탐미적이다.

ㅇ 중고(中古)의 문학정신을 대표하는 미의식이다.

ㅇ '모노노아와레(物の哀れ)'란 '아와레(あはれ)'에 '모노노(ものの)'를 가볍게 덧붙인 말.

ㅇ 에도(江戸) 말기의 국학자 모토오리 노리나가(本居宣長)가 『겐지모노가타리 타마노오구시(源氏物語玉の小櫛)』에서 『겐지 모노가타리(源氏物語)』의 본질로서 제창한 헤이안 문학(平安文学)의 이념.

③ 오카시

ㅇ '오카시(可笑し)'란 재미있다, 흥미롭다, 귀엽다라는 뜻.

ㅇ 명랑하고 재기발랄한 것을 음미하는 흥취를 말한다. 대상의 표면을 감각적으로 관찰하는 태도를 취하고 있으므로 객관적·직관적인 지성미가 있다. 이지적이다.

ㅇ 『겐지 모노가타리』의 '모노노아와레'에 반해, 『마쿠라노 소시(枕草子)』를 대표로 하는 헤이안 문학의 이념.

가나산문의 성립과 모노가타리 문학의 형성과정
〔仮名散文の成立と物語文学の形成過程〕

헤이안(平安)시대, 즉 중고가 되면 당풍(唐風)문화를 대신하여 국풍(國風)문화가 기세를 되찾는다. 그 중에서도 한자를 근원으로 한 '가나(仮名)문자'의 발달은 문학에 큰 발전을 가져왔다. 산문에서도 섭관정치(攝關政治, 외척정치)가 전성기를 맞이하는 10세기 말부터 11세기에 걸쳐서는 궁정여류문학의 황금시대가 출현하기에 이른다. 이와 같은 '가나(仮名)' 산문이라고 하면 모노가타리·일기·수필의 세 종류를 먼저 들 수 있는데, 그 중에서도 제일 먼저 발전을 이룩했던 '모노가타리(物語) 문학'의 형성과정에 대해 살펴보겠다.

'모노가타리(物語)'는 이야기되어지고 있던 것을 골자로 하여 그것을 문자로 정착시키면서 출발하는데, 나중에는 문자적 표현이 선행하면서 그것을 이야기해서 들려주는 식으로 발전했다. 즉 가나문자의 발달에 의해 표현이 자유로워지면서, 예로부터의 전승을 소재로 '창작 모노가타리(作り物語)'가 쓰여진 것이다. 공상적인

줄거리를 중심으로 하여 전기성(傳奇性)이 강한 10세기 초의『타케토리 모노가타리(竹取物語)』가 그 최초의 작품이다. 이 계통을 이어받으면서도 사실성(寫實性)이 강해진 작품으로『우츠호 모노가타리(宇津保物語)』・『오치쿠보 모노가타리(落窪物語)』가 있다.

한편 이와 전후해서 노래 이야기(歌語り)를 문자화, 혹은 와카의 노래 머리말(詞書, 고토바가키)을 모노가타리화(物語化, 소설화)한 '노래 모노가타리(歌物語)'가 생겨났다.『이세 모노가타리(伊勢物語)』・『야마토 모노가타리(大和物語)』등으로, 제재와 표현의 사실성(寫實性)과 주제의 서정성을 융합시키고 있다. 이 두 가지 모노가타리의 흐름을 계승함과 동시에 나아가 일기문학의 현실응시 안목까지 이어받아, 이들을 비약적으로 향상시켜서 한 작품으로 형성한 것이 '소설 모노가타리'인『겐지 모노가타리(源氏物語)』이다. 11세기 초에 쓰여진 무라사키 시키부(紫式部)의『겐지 모노가타리』는 모노노아와레(もののあはれ)를 기조로 하고 있으며 일본고전문학 중 최고걸작이라고 할 수 있다.

헤이안후기가 되면『사고로모 모노가타리(狹衣物語)』・『요와노 네자메(夜半の寢覺)』・『도리카에바야 모노가타리(とりかへばや物語)』등의 장편과,『쓰쓰미츄나곤 모노가타리(堤中納言物語)』와 같은 단편 모노가타리집이 나오지만, 귀족사회의 붕괴기라고 하는 세상을 반영하여 퇴폐・감상의 색이 짙다. 모노가타리문학은 그 기반인 귀족사회가 쇠약해지면서 쇠퇴의 일로를 걸어, 후기에는 '역사 모노가타리'라든지 '설화 모노가타리'가 성행하게 된다. 전자에는『에이가 모노가타리(榮花物語)』・『오카가미(大鏡)』, 후자에는『콘쟈쿠 모노가타리(今昔物語)』등이 있다.

이상, 가나산문이 성립하면서 모노가타리문학이 발전해가는 양상을 살펴본 바이다.

중고시대, 가나에 의한 산문문학의 종류와 전개
〔中古時代、仮名による散文文學の種類と展開〕

헤이안(平安)시대, 즉 중고가 되면 당풍(唐風)문화를 대신하여 국풍(國風)문화가 기세를 되찾는다. 그 중에서도 한자를 근원으로 한 '가나(仮名)문자'의 발달은 문학에 큰 발전을 가져왔다. 산문에서도 섭관정치(攝關政治, 외척정치)가 전성기를 맞이하는 10세기 말부터 11세기에 걸쳐서는 궁정여류문학의 황금시대가 출현하기에 이른다. 이와 같은 '가나(仮名)산문'이라고 하면 모노가타리·일기·수필의 세 종류를 우선적으로 들 수 있겠다.

모노가타리에서는 창작 모노가타리(作り物語)(『타케토리 모노가타리(竹取物語)』등)의 허구성과, 노래 모노가타리(歌物語)(『이세 모노가타리(伊勢物語)』등)의 서정성, 『가게로 일기(蜻蛉日記)』의 심리묘사를 하나로 융합하여 『겐지 모노가타리(源氏物語)』가 쓰여진다. 이 뒤를 헤이안 말기의 소설모노가타리가 잇고 나서, 중세의 의고 모노가타리(擬古物語)와 오토기조시(御伽草子)로 이어진다.

일기는 원래 남성이 조정의 행사 등을 한문으로 기록한 것이었다. 중고시대에 접어들면서부터 여성에 의해 성행하게 된 가나의 일기문학은 『토사 일기(土佐日記)』·『가게로 일기(蜻蛉日記)』·『이즈미시키부 일기(和泉式部日記)』·『무라사키시키부 일기(紫式部日記)』·『사라시나 일기(更級日記)』로 이어진다.

수필은 일기 안에서 싹텄으나 시간과 장소의 제약으로부터 해방된 문학으로, 헤이안중기의 『마쿠라노소시(枕草子)』를 최초로 하여 중세의 『방장기(方丈記, 호죠키)』·『도연초(徒然草, 쯔레즈레구사)』로 이어진다.

중고 여류일기문학의 종류·특색에 대해
〔中古女流日記文學の種類·特色について〕

일기는 원래 남성이 조정의 행사 등을 한문으로 기록한 것이었다. 중고시대에 접어들면서부터 여성에 의해 성행하게 된 가나의 「일기문학」은, 모노가타리보다 현실적이고 자조성도 강하여 작자 내면생활의 진실의 기록으로서 문학적으로도 높은 가치를 지닌다.

키노 츠라유키(紀貫之)가 여성을 가장하고 쓴 『토사 일기(土佐日記)』이후, 아내로서의 사랑과 고뇌, 어머니로서의 애정을 솔직하게 고백하고 자신의 내면을 응시한 『가게로 일기(蜻蛉日記)』가 쓰여진다. 심각하고 함축성 있는 사실적인 심리묘사는 『겐지 모노가타리(源氏物語)』에 강한 영향을 주었다. 연애의 노래 모노가타리 일기인 『이즈미시키부 일기(和泉式部日記)』는 풍부한 서정성을 보여준다. 또한 『무라사키시키부 일기(紫式部日記)』는 전반부는 궁정생활의 상세한 기록, 후반부는 편지문 형식으로 궁녀들의 인물평을 하고 있다. 40년의 반평생을 회상한 자전적 일기인 『사라시나 일기(更級日記)』에는 사랑의 세계를 동경한 청순한 영혼의 편력을 볼 수 있다.

『토사일기』의 문학사적 의의
〔『土佐日記』の文學史的意義〕

'최초의 일기문학'임과 동시에 본격적인 '가나문학의 선구'이기도 하다는 점에 그 의의가 크다. 즉 기노 츠라유키(紀貫之)가 가나문으로 자유롭게 마음의 진실을 쓴 일기를 창시하고 나서, 차례차례 여성의 일기문학이 나타나게 되는 것이다.

『고금와카집』의 문학사적 가치
〔『古今和歌集』の文學史的価値〕

905년 헤이안 초기, 약 120명의 노래 1100수 정도가 키노 츠라유키(紀貫之ら)에 의해 편찬된 20권의『고금와카집(古今和歌集, 고킨와카슈)』의 문학사적 가치는 다음 다섯 가지로 요약할 수 있다.

1) 천황의 칙명에 의해 편찬된 최초의 **칙찬와카집**(勅撰和歌集)이라는 점이다. 전부해서 21종이 현존하는 칙찬와카집이 이후 이어지는 것이다.

2) 당풍존중으로부터 와카부흥에 의해 **국풍존중**으로 바뀌는 시대의 흐름을 결정지었다는 점이다.

3) 사적인 자리에서만 지어졌던 와카가 공적인 자리를 쟁취하게 되어 와카의 발전을 이룩했다는 점이다.

4) 우아하고 섬세한 '**타오야메부리**(手弱女振り)'의 가풍은 이후의 문학에 큰 영향을 끼쳤다는 점이다.

5) 권두의 '**가나서문**(仮名序)'은 최초의 정리된 문학론이라는 점, 등을『고금집(古今集, 고킨슈)』의 문학사적 가치로서 들 수 있다.

『이세 모노가타리』의 문학사적 가치
〔『伊勢物語』の文學史的価値〕

『고금와카집(古今和歌集, 고킨와카슈) 성립(905)을 전후하여 쓰인 125단에 1권인 『이세 모노가타리(伊勢物語)』의 문학사적 가치는 다음 다섯 가지로 요약할 수 있다.

1) 최초의 '노래 모노가타리(歌物語)'이다. 가요·민요와 그것에 얽힌 전설·설화와의 결합 형태를 취해 온 그때까지의 일본문학을 지양하고 비로소 순수 문예적 가치를 수립한 것이다.

2) 일본문학사에 있어서 중요한 '청춘문학'이다. 젊은 남녀의 애정생활을 그린 와카를 중심으로, 각 단이 단편 모노가타리적인 통합을 이루고 있는 것이다.

3) 세련되고 우아한 '미야비(雅)'의 마음을 그려냄으로써 서정미가 풍부한 작품이다.

4) 소재와 표현의 실록(實錄)적 사실성·장면성과 주제의 서정성이 융합하고 있어서 후세의 모노가타리문학과 소설에 끼친 영향이 크다. 『야마토 모노가타리(大和物語)』·『헤이츄 모노가타리(平中物語)』·『겐지 모노가타리(源氏物語)』라고 하는 식으로 흘러간 결과, 타니자키 준이치로(谷崎潤一郎)·호리 타쓰오(堀辰雄)·카와바타 야스나리(川端康成) 등, 근대작가 의 작품 안에서 계속 살게 된 것이다.

5) 『이세 모노가타리(伊勢物語)』의 노래는 히키우타(引歌. 모범이 되는 인용노래)로서 많은 모노가타리·일기 등에 직접 인용된다. 뿐만 아니라 헤이안 중기 이후 가인들(歌詠み)의 입문서로서 렌가(連歌)·요쿄쿠(謠曲)·근세의 가부키(歌舞伎)에 이르기까지 이용되고 있는 것이다.

『겐지 모노가타리』의 문학적 특색
〔『源氏物語』の文學的特色〕

11세기 초 헤이안 중기, 무라사키 시키부(紫式部)에 의해 씌어진 54권의 『겐지 모노가타리(源氏物語)』의 문학적 특색은 다음 여덟 가지로 요약할 수 있다.

1) 일본고전문학의 최고걸작이다.

2) 선행 여러 문학의 성과를 종합 발전시킨, 미와 진실의 모노가타리이다. 창작 모노가타리(作り物語)의 허구성과 노래 모노가타리(歌物語)의 서정성·실록적 장면성, 나아가 여류일기의 현실응시·심리묘사를 한 작품으로 융합한 것이다.

3) 작자의 인생비판과 구도정신(求道精神)이 잘 나타나 있다. 모노가타리라는 허구의 세계를 통하여 귀족사회의 사랑과 고민, 이상과 현실을 그리고 인간의 진실을 추구하고 있는 것이다.

4) 와카를 섞어 유려하고 섬세한 문장을 늘어놓은 대표적인 화문체(和文体)로 씌어져 있다.

5) 웅대·주도면밀한 구상 하에 대규모 장편소설이다.

6) 수많은 등장인물의 성격·심리묘사에 뛰어나고 정밀하다.

7) 전편에 '모노노아와레(物の哀れ)'의 정취를 자아냄으로써 통일시키고 있다. '모노노아와레'란 자연·세상사 등에 당면하여 일어나는 우아·섬세하고 절절한 정취를 말한다.

8) 후세의 문학·예능에 끼친 영향은 절대적이다. 예를 들면 중고의 『에이가 모노가타리(榮花物語)』, 중세의 '의고 모노가타리(擬古物語)'·와카(和歌)·요쿄쿠(謠曲), 근세의 『호색일대남(好色一代男)』·『니세무라사키 이나카겐지(僞紫田舍源氏)』, 근대의 히구치 이치요(樋口一葉)·타니자키 쥰이치로(谷崎潤一郎)에 이르기까지 그 영향을 미치고 있는 것이다.

중세문학의 풍토와 이념에 대해서
〔中世文學の風土と理念について〕

중세문학의 특질
〔中世文學の特質〕

일본문학사에서 중세라고 하면 일반적으로 가마쿠라(鎌倉)·무로마치(室町)시대(13C~16C)를 가리키지만, 한마디로 이 중세는 동란(動亂)의 시대였다고 할 수 있다. 안정된 정권을 갖지 못한 채 근세로 향해 갔던 과도기가 중세였다. 이러한 사회적 배경 내지 풍토 하에 놓여 있던 중세문학은 '무상관(無常觀)의 문학'·'유현(幽玄)의 문학'이었다는 두 가지 특질로 논할 수 있다.

I. 무상관(無常觀)의 문학

이 세상의 모든 것은 덧없고 변화하는 것이어서 영구불변하지 않다고 하는 불교적 무상관으로 인생을 바라보는 '초암문학(草庵文學)'이 먼저 중세특유의 문학으로서 발생한다. 『방장기(方丈記,호죠키)』·『도연초(徒然草, 쯔레즈레구사)』 등, 혼란한 세상을 피해 깊은 산속에 사는 승려들의 수필이 이에 포함된다. 또한 전쟁을 소재로 하여 새로운 무사의 모습이 비극적으로 그려진 『헤이케 모노가타리(平家物語)』 등과 같은 '군기 모노가타리(軍記物語)', 몰락한 귀족계층의 지식인이 이전 시대의 왕조설화를 동경하는 한편, 신흥 서민층에 전해지는 민간전설에도 귀를 기울여 편집한 『우지슈이 모노가타리(宇治拾遺物語)』등과 같은 '설화 모노가타리(說話物語)'도 중세를 대표하는 '무상관(無常觀)의 문학'이라고 할 수 있다.

II. 유현(幽玄)의 문학

언외(言外, 말로 표현하지 않은 부분)에 깊은 여정을 감추고 있는 그윽하고 아름다우며 고요한 상징미인 '유현(幽玄)'은, 중세의 모든 예술의 지배적인 미의식이 되어 중세문학을 특징짓는다. 먼저 중세 초기『신고금 와카집(新古今和歌集, 신고킨 와카슈)』에는 동란(動亂)의 현실에서 눈을 돌린 탐미적인 노래가 많았고 유현이 이념으로 되어있다. 그러나 귀족문학으로서의 고전 와카 그 최후에 지나지 않았고, 이것을 대신하여 렌가(連歌)가 성행하게 된다. 와카의 여흥으로서 중고(中古)시대부터 이미 행해지고 있었던 렌가는 중세에는 더욱더 예술화되어 유현을 이념으로 한다. 『신선 츠쿠바집(新撰菟玖波集, 신센쓰쿠바슈)』이 편찬될 즈음에 이르러 전성기를 맞이한 이 렌가도 이윽고 쇠퇴해간다. 대신에 자유분방·골계(滑稽) 비속한 내용의 하이카이 렌가(俳諧連歌)가 널리 행해지게 되어, 근세의 하이카이(俳諧)로 발전한다. 한편 노가쿠(能樂) 또한 유현을 이념으로 했지만 귀족적 세계로의 동경이 두드러진다. 이에 대해 쿄겐(狂言, 희극)은 서민의 감성을 잘 나타내고 있다. 통속 단편 모노가타리인 오토기조시(御伽草子)에도 풍부한 서민성을 표현하는 작품이 존재한다.

이상으로 논한 중세문학의 특질에서도 알 수 있듯이 사회의 중심세력이 귀족에서 무가로, 상류에서 중류로, 소수에서 다수로, 도시에서 지방으로 이동한 중세의 문학은, 전통적인 귀족문화와 새롭게 지방에서 생겨난 서민문화와의 결합 위에서 만들어졌다. 즉 신구(新旧)문화의 결합을 기반으로 한 문학이었다고 요약할 수 있다.

중세문학
〔中世文學〕

① 무상관(無常觀)
　ㅇ'무상(無常)'이란 이 세상의 모든 것은 덧없고 변화하는 것이어서 영구불변한 것은 하나도 없다는 의미.

ㅇ민중적 불교의 융성과 함께 중세를 대표하게 된 문학이념이다.

ㅇ『헤이케 모노가타리(平家物語)』라든지 사이교법사(西行法師)의 와카, 『방장기(方丈記, 호조키)』·『도연초(徒然草, 쯔레즈레구사)』 등의 초암문학(草庵文学)에서 볼 수 있는 사상.

② 유현(幽玄)

ㅇ'유현(幽玄)'이란 옛날에는 불교의 심원함을 나타내는 말로써 쓰였으나, 헤이안(平安)시대에는 학문 예술 일반에 관해서 쉬이 알기 어려운 심원한 신비적인 경지를 나타내는 말로 쓰여, 비로소 후지와라 토시나리(藤原俊成)가 하나의 문학이념으로 주장한 이후,

ㅇ중세문학의 이념으로서 소중히 여겨져 언외(言外)에 깊은 여정을 감추고 있는 그윽하고 아름다우며 고요한 상징미를 말한다.

ㅇ'모노노아와레(物の哀れ)'와 '염(艶)'을 복합·발전시킨 '유현(幽玄)'은, 중세의 『신고금 와카집(新古今和歌集, 신고킨와카슈)』과 유심렌가(有心連歌), 노가쿠(能楽), 수묵화의 '와비(侘び)'로 전개되면서 중세 모든 예술의 지배적인 미의식이 되고, 에도시대의 바쇼 하이카이(芭蕉俳諧)의 '사비(寂び)'[12]에 이르러 완결을 본다.

③ 염(艶)……'우염(優艶)'·'요염(妖艶)'이라고도 한다. '유현(幽玄)'의 일종이다. 우아하고 절절한 정취를 지니면서 화려하게 호소해오는 미.
시대가 뒤로 가면서 초현실적이 되었다.

④ 유심(有心)……후지와라 토시나리(藤原俊成)의 아들 사다이에(定家)가 '유현(幽玄)'을 이어받아, 여정이 깊고 요염한 와카의 미의식으로서 주장한 후, 와카의 전통을 중히 여긴 유심렌가(有心連歌)로 이어진다.

⑤ 무심(無心)……와카·렌가에서 골계 비속한 내용을 샤레(洒落, 말장난)와 기지(機知, 재치) 등을 활용해서 표현한 미의식. 무심렌가(無心連歌)는 하이카이 렌가(俳諧連歌)로 이어진다.

---

12 정확하지는 않겠으나 포인트를 짚어서 번역해 보자면, '염(艶) : 화려한 아름다움. 유심(有心) : 요염한 아름다움. 무심(無心) : 재치 있는 아름다움. 와비(わび) : 한적한 아름다움'. 사비(さび) : 은은한 아름다움.

⑥ **와비**(侘び)······한적·고담(淡白)한 경지를 말한다. 와카의 '유현(幽玄)'을 계승하고 중세 이후, 무상관·염세출가(厭世出家)의 관념과도 결부되어 수묵화의 이념이 되었다.

군기 모노가타리
〔軍記物語〕

가마쿠라(鎌倉)·무로마치(室町)시대(13C~16C)를 가리키는 중세 일본문학의 특색 중 한 가지는 '군기(전기) 모노가타리(軍記(戰記)物語)'이다. 역사적 사실에 제재를 구한 전통적 '역사 모노가타리(歷史物語)'의 영향을 받아 좀 더 창작적인 과장을 포함시켜 전란시대에 제재를 구한 중세의 신흥 모노가타리이다. 즉 원정기(院政期)[13] 말부터 시작하여 중세기 마지막까지 계속된 전쟁을 소재로 하여, 겐페이(源平, 미나모토와 타이라) 두 가문의 흥망을 회고하면서 그리워하거나 한탄하거나 하는 내용이다. 새로운 무사의 모습이 불교적 무상관에 의해 비극적으로 묘사되며, 문장은 화한혼합문(和漢混交文, 와칸콘코분)[14]이다.

『호겐 모노가타리(保元物語)』·『헤이지 모노가타리(平治物語)』에 이어, 군기 모노가타리 중 최고의 걸작으로 중세문학을 대표한다고도 일컬어지는 『헤이케 모노가타리(平家物語)』가 있고 나서, 『태평기(太平記, 타이헤이키)』·『요시츠네기(義経記, 기케이키)』·『소가 모노가타리(曾我物語)』가 군기 모노가타리의 마지막을 장식한다.

『방장기』
〔『方丈記』〕

가마쿠라(鎌倉)·무로마치(室町)시대(13C~16C)에는 동란(動亂)의 세상을 피

---

13 院政 : 일본 헤이안(平安)시대 말기의 비정상적인 정치형태이다. 후지와라(藤原)의 섭관정치(攝關政治 : 섭정과 간바쿠(關白)가 하는 정치)가 세력을 잃은 다음부터 다이묘(大名)에 의한 무가정치(武家政治)가 본격적으로 확립할 때까지의 과도기에 나타난 정치형태를 가리킨다.

14 와칸콘코분(和漢混交文) : ① 한자와 가나문(仮名文)이 섞인 문체 ② 중세시대의 군키 모노가타리의 문체는 왕조시대의 우아하고 유미로운 문체와는 달리 한어체를 섞어 사용한 힘찬 표현의 문체들이다. (일본문학의 흐름1, 한국방송통신대학교 200페이지)

해 산야로 옮겨 사는 은둔자(隱者)들이 불교적 무상관으로부터 자연과 인생을 응시하는 수필을 창작한다. 중세를 대표하는 '무상관(無常觀)의 문학'이라고 할 수 있는 『방장기(方丈記. 호죠키)』가 카모노 쵸메이(鴨長明)에 의해 성립한 것도 1212년, 중세 초기 무렵이다. 문장은 간결 · 평이 · 명료한 화한혼합문(和漢混交文, 와칸콘코분)으로 대조법(對句)[15]과 비유법에 능하다. 내용으로는 천재(天災)와 동란을 접함으로 인한 이 세상의 무상함을 전반부에서 말하고 있고, 초암(草庵)에 은둔하는 한거생활의 즐거움을 후반부에서 말하고 있다. 이 『방장기』는 세이쇼 나곤(淸少納言)의 『마쿠라노 소시(枕草子)』, 요시다 겐코(吉田兼好)의 『도연초(徒然草. 쯔레즈레구사)』와 더불어 일본 삼대 수필의 하나로 일컬어진다.

주제: 불교적 무상관으로 바라보는 자연과 인생. 초암에 은둔하는 한거생활의 즐거움.

일본고전문학사상 대표적인 여성문학 작품 하나, 남성문학 작품 하나를 들어
설명을 덧붙이시오(시대를 명시하시오)
[日本古典文學史上、代表的な女性作品一つと男性作品一つを
擧げて説明を加えよ(時代を明示せよ)]

중고문학의 특질을 '궁녀문학(女房文學)', 중세문학의 특질을 '초암문학(草庵文學)'이라고 할 때, 각 시대의 대표적인 수필로서 세이쇼 나곤(淸少納言)의 『마쿠라노 소시(枕草子)』와 요시다 겐코(吉田兼好)의 『도연초(徒然草. 쯔레즈레구사)』를 들어 설명할 수 있다.

Ⅰ. 『마쿠라노 소시(枕草子. 헤이안 시대)』

가나(仮名)문자의 사용에 따라 산문에 의한 표현이 자유로워지고 섭관정치가 전성기를 맞이할 즈음, 궁정 · 후궁을 중심으로 여류문학의 황금시대가 출현한다. 최초의 수필 『마쿠라노 소시(枕草子)』가 세이쇼 나곤(淸少納言)에 의해 성립한 것도 이 10세기말 무렵이다. 명랑 · 자유분방 · 간결하고 기품 있는 화문(和文, 순 일본말)에 의해, 궁정생활의 회상을 비롯해서 자연이나 인간의 단면을 적확하게 파악하고 있다. 또한 유취적(類聚的) 부분 · 일기적(日記的) 부분 · 수상적(隨想的) 부분 세 가

---

15 츠이구 : "인생은 짧고 예술은 길다"처럼, 표현형식이 같거나 비슷한 두 어구를 늘어놓아, 대조 또는 강조의 효과를 나타내는 수사법.

지로 나눌 수 있고, 문학이념으로는 밝은 젊음·지적·직관적 정신을 생명으로 하는 '오카시(可笑し)'의 미를 기조로 하는 작품이다.

II. 『도연초(徒然草. 쓰레즈레구사. 가마쿠라시대)』

가마쿠라(鎌倉)·무로마치(室町)시대(13c~16c)에는 동란(動亂)의 세상을 피해 산야로 이주한 은둔자(隱者)들이 불교적 무상관으로부터 자연과 인생을 응시하는 수필을 창작한다. 중세를 대표하는 '무상관(無常觀)'의 문학이라고 할 수 있는 『도연초』가 요시다 켄코(吉田兼好)에 의해 성립된 것도 이 14세기 초 무렵이다. 복잡·심각·기교적인 화한혼합문(和漢混交文. 와칸콘코분)[16]에 의해, 자연·인생·취미·신앙 등 다면적인 내용을 거론하고 있다. 또한 사색적인 작풍으로 불교의 무상관 외에도 유교·노장사상 등이 혼재하고 있는 작품이다.

이상은 일본 고전문학사상 대표적인 여성문학 작품 하나와 남성문학 작품 하나를 들어 설명을 덧붙여 본 것이다. 이 외에도 전자에 속하는 작품으로서 무라사키 시키부(紫式部)의 『겐지 모노가타리(源氏物語)』, 후지와라노 카네이에(藤原兼家)의 부인의 『카게로 일기(蜻蛉日記)』, 후자에 속하는 작품으로서는 키노 츠라유키(紀貫之)의 『토사 일기(土佐日記)』, 카모노 쵸메이(鴨長明)의 『방장기(方丈記. 호죠키)』 등이 유명하다.

'카미가타문학과 에도문학'의 특질에 대해서 약술하시오
[「上方文学と江戸文学」の特質について略述しなさい]

에도 시대(17C~19C 중반)를 지칭하는 근세 일본문학의 역사는 전기와 후기로 나눠서 생각할 수 있다. 전기의 문학을 '카미가타 문학(上方文學)'이라 하며, 에도 막부가 열리는 17C부터 18C 중반까지 150년간 쿄토(京都)·오사카(大阪) 지역에서 행해진 문학을 가리킨다. 후기의 문학을 '에도문학(江戶文學)'이라 하며, 향보(京保. 쿄호)개혁이 시작되는 18C 중엽부터 관정(寬政. 칸세이)개혁을 거쳐 19C 중반까지 100년간 에도(江戶. 동경) 지역에서 행해진 문학을 가리킨다.

---

[16] 순 일본말의 문어체와 한문의 훈독체가 어우러진 문체.

I. 카미가타 문학(上方文學)

근세문학 전기의 전반에는 테이몬(貞門)의 하이카이가 차츰 전국으로 퍼져나가게 되었고, 소설은 가나조시(仮名草子)류가 만들어졌으나 문학작품으로서는 아직 정도가 낮은 것이었다.

전기의 후반, 즉 17C 말이 되면 상인(町人, 쵸닌)의 손에 의한 상인을 위한 문학이 급속도로 발전을 이룩하여 근세문학의 최전성기를 맞이했다. 가나조시의 계보에 선 이하라 사이가쿠(井原西鶴)의 비로소 '근세'라는 이름에 걸맞는 소설인 우키요조시(浮世草子), 테이몬·단린(貞門·談林) 두 유파 뒤에 최고점에 도달한 마츠오 바쇼(松尾芭蕉)의 쇼풍(蕉風)의 하이카이(俳諧), 조종인형극(操人形淨瑠璃, 아야츠리 닌교 죠루리)의 위대한 작가 치카마쓰 몬자에몬(近松門左衛門) 등이 그 최전성기를 가져온 것이다. 가부키(歌舞伎) 또한 극장을 설립하여 운영한 상인의 손에 의해 민중오락의 사명을 완수하면서 유곽과 더불어 전개되기 시작했다.

II. 에도문학(江戸文學)

근세문학 후기의 전반에는 중흥 하이카이(俳諧) 운동이 결실을 맺는 한편 센류(川柳)·쿄카(狂歌) 등의 골계시가 유행하며, 또한 와카(和歌)에는 계원(桂園, 케이엔)파의 대두 등이 관찰된다. 읽을거리로는 황표지(黃表紙, 키뵤시)·화류소설(洒落本, 샤레본) 같은 에도다운 성격의 작품이 수없이 창작되었다. 또한 인형극을 대신해 가부키가 더욱 환대를 받게 된다.

후기의 후반이 되면 하이카이는 요사 부손(与謝蕪村)의 하이카이풍(俳風)이 쇠퇴한 뒤에는, 코바야시 잇사(小林一茶) 단 한사람의 특이한 하이카이풍이 주목을 받을 뿐으로 비속화해 간다. 소설에서는 황표지가 발전해서 합권(合卷, 고칸)을 낳게 되며, 한편 독본(讀本, 요미혼)이 합권보다 고급스런 읽을거리로서 환영받았다. 또한 화류소설에 보이는 골계미를 계승한 골계본(滑稽本, 콧케이본)이 유행하고, 화류소설의 인정묘사가 발전해서 인정본(人情本, 닌죠본)이 태어난다. 가부키는 더욱더 번창하게 되고 카와타케 모쿠아미(河竹默阿弥) 같은 뛰어난 작가가 나왔다.

상업 발전에 의해 경제력을 키운 상인문학(町人文學)이 융성하기에 이른 신흥 상인사회에서는, 이전시대의 오토기조시(御伽草子)는 가나조시(仮名草子)·우키요조시(浮世草子)로, 렌가(連歌)는 하이카이(俳諧)로, 노(能)나 쿄겐(狂言)으로 출발했던 일본의 연극은 인형극(淨瑠璃, 죠루리)·가부키(歌舞伎)로 바뀌어 서민적·오락적인 문예가 행해졌다. 따라서 근세문학을 일관되게 흐르는 것은 '골계 및 풍자'

와 같은 '서민성'이라는 것을 알 수 있다.

일본근세 산문문학의 종류
〔日本近世散文文學의種類〕

일본문학사에서 '근세'라고 하면 일반적으로 에도 시대(17C~19C 중반)를 지칭하므로, 이 시대의 산문문학을 소설류와 그 밖의 것으로 대별해서 설명할 수 있겠다. 소설로는 가나조시(仮名草子)의 뒤를 이은 우키요조시(浮世草子)・독본(讀本, 요미혼)・샤레본(洒落本)・인정본(人情本, 닌죠본)・골계본(滑稽本, 곳케이본)이라는 흐름과, 적본(赤本, 아카혼)・흑본(黑本, 쿠로혼)・청본(靑本, 아오혼)을 시작으로 황표지(黃表紙, 키뵤시)・합권(合卷, 고칸)을 포함한 쿠사조시(草双紙)의 흐름이 있다. 기타 산문으로는 수필과 평론을 들 수 있겠다.

I. 근세소설

중세 말의 삽화가 들어있는 단편 모노가타리인 '오토기조시(御伽草子)'의 뒤를 이어, 에도 초기에는 민중 계몽을 위해 학자 등이 가나를 사용해서 집필한 읽을거리인 '가나조시(仮名草子)'와, 그림 중심인 '쿠사조시(草双紙)'가 발생한다.

가나조시의 뒤를 이어 이하라 사이가쿠(井原西鶴)가 상인(町人)계층의 호색생활과 같은 세태인정을 묘사하여 창시한 '우키요조시(浮世草子)'에는, 하치몬지야본(八文字屋本)도 있었다. 이 흐름을 계승하여 읽는 문장을 주체로 한 전기(伝奇)소설인 '독본(讀本)'이 카미가타(上方, 관서지방)에서는 우에다 아키나리(上田秋成), 에도(江戶)에서는 쿄쿠테이 바킨(曲亭馬琴) 등에 의해 전성기를 맞이한다.

한편으로는 우키요조시의 흐름을 이어받아 유곽생활의 사실(寫實)을 지향한 '샤레본(洒落本)'이, 도회지(下町) 남녀의 애정을 그린 저급한 연애풍속소설인 '인정본(人情本)'과, 서민생활을 골계에 의해 사실적으로 묘사한 웃음의 문학・통속소설인 '골계본(滑稽本)'으로 분리되었다. 카미가타 지역에서 우키요조시가 유행하던 즈음, 에도에서는 적본(赤本)・흑본(黑本)・청본(靑本)이라는 아동용그림책인 '쿠사조시(草双紙)'가 제작되고 있었는데, 성인용 그림책인 황표지(黃表紙)로 발전한 후 장편그림소설인 합권(合卷)으로 방향을 바꾸게 된다.

II. 수필과 평론

근세에 접어들자 수필 집필은 국학자나 하이카이 시인들이 중심이 되는데, 모토오리 노리나가(本居宣長)의 『타마카츠마(玉勝間)』, 마쓰다이라 사다노부(松平定信)의 『화월조시(花月草紙. 카게츠조시)』, 코바야시 잇사(小林一茶)의 『나의 봄(おらが春. 오라가 하루)』 등이 있다.

또한 평론 중에 하이카이론(俳論)으로서 무카이 쿄라이(向井去來)의 『쿄라이쇼(去來抄)』 등이 하이카이(俳諧) 유행과 함께 씌어지고, 모노가타리(物語)론으로서 모토오리 노리나가(本居宣長)의 『겐지모노가타리 타마노오구시(源氏物語玉の小櫛)』, 인형극(淨瑠璃)론으로서 호즈미 이칸(穗積以貫)의 『나니와 미야게(難波土産)』 등도 씌어졌다.

이상으로 설명해 본 근세 산문문학의 종류에서도 알 수 있듯이, 소설류를 중심으로 전개된 근세 산문문학은 상인의 경제력 향상, 대량전달 방식을 타고, 멋(粹. 스이·이키)·통(通. 츠)·의기(意氣. 이키) 등의 정신을 중심으로 한 상인을 위한 문학으로서 창작되어져 간다.

일본근세 소설문학의 종류
〔日本近世小說文學の種類〕

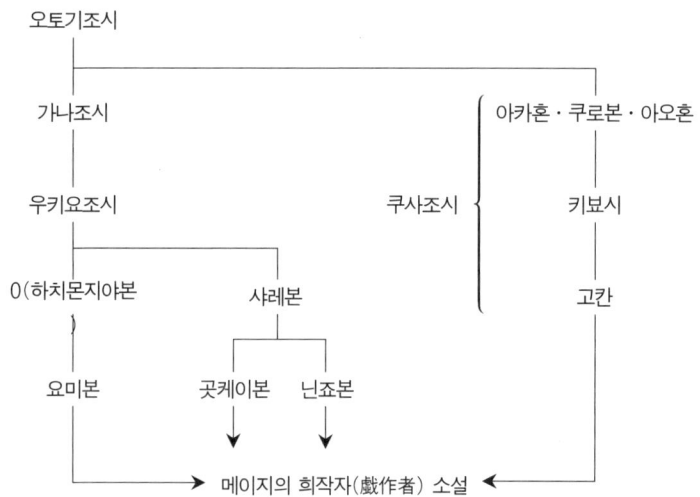

이하라 사이카쿠
〔井原西鶴〕

　근세 17C 말, 오사카의 유복한 상인(町人)이었던 이하라 사이가쿠(井原西鶴)는, 처음에는 담림(談林. 단린)파의 중심 하이카이시인(俳諧師)으로서 활약하고 있었다. 그러나 그 표현에 만족하지 못하고 담림파의 스승 니시야마 소인(西山宗因) 사후에는 우키요조시(浮世草子) 작가로 변신한다. 인간과 세상사를 바라보는 예리한 관찰력으로 현실을 리얼하게 묘사했고, 소설은 전부 단편인 점이 특색인 이하라 사이가쿠의 작품은, 크게 호색물(好色物)·무사물(武家物)·상인물(町人物)·잡담물(雜話物)의 네 가지로 나눌 수 있겠다.

　당시 상인의 향락생활을 주제로 한 '호색물'로서는 『호색일대남(好色一代男. 코쇼쿠이치다이오토코)』·『호색오인녀(好色五人女. 코쇼쿠고닌온나)』 등이, 의리를 중시하는 '무사물'로서는 『무도전래기(武道伝來記. 부도덴라이키)』·『무가의리 모노가타리(武家義理物語. 부케기리모노가타리)』 등이, 재치와 검약에 의해 부자가 되는 '상인물'로서는 『일본영대장(日本永代藏. 니혼에이타이구라)』·『세상꿍꿍이셈(世間胸算用. 세켄무네잔요)』 등이, 그 외의 '잡담물'로서는 『사이가쿠 여러 지방 이야기(西鶴諸國咄. 사이카쿠 쇼코쿠바나시)』 등이 있다.

근세의 문학 중 운문문학에 대해서 장르별로 세 항목 이상으로 나눠서 적고, 각각의 문학이념에 대해서 명기하시오
[近世の文学中、韻文文学についてジャンル別に三項目以上に分けて記し、各々の文学理念について明記せよ]

　일본 문학사에서 근세(近世)라고 하면 일반적으로 에도(江戸)시대(17C~19c 중반)를 가리키므로, 이 시대의 운문문학을 ①와카(和歌) ②하이카이(俳諧) ③센류(川柳)·쿄카(狂歌) 세 종류로 나눠서 각각의 문학이념과 함께 설명할 수 있다.

I. 와카(和歌)

　전시대의 칙찬 와카집(勅撰和歌集)인 '21대집' 이후, 근세에 들어와서 와카는 일부를 제외하고는 국학자가 연구하는 한편 읊는 노래가 된다. 초기에는 와카 혁신을 만엽(万葉, 만요)에서 추구하여 고전의 실증적 연구법을 확립한 승려 케이츄(契沖)의『만엽집대장기(万葉集代匠記, 만요슈다이쇼키)』와, 국학의 수립자로 만엽어(万葉語)를 사용해서 마스라오(대장부) 풍의 노래를 읊은 카모노 마붙이(賀茂眞淵)의『만엽고(万葉考, 만요코)』등이 씌어지면서 '만엽풍(万葉風)'을 내세운다.

중기에는 국학의 완성자로『고사기전(古事記伝, 고지키덴)』·『스즈노야집(鈴屋集, 스즈노야슈)』등을 저술한 '신고금풍(新古今風)'의 모토오리 노리나가(本居宣長)가, 후기에는 감정을 자연스럽게 유창히 읊어야 한다는 리듬 설(調べの說)의 제창자로『계원일지(桂園一枝, 케이엔잇시)』를 쓰고 계원(桂園, 케이엔)파로써 메이지(明治) 초기까지 중심이었던 '고금풍(古今風)'의 카가와 카게키(香川景樹) 등이 유력한 가인으로써 활약하였다.

II. 하이카이(俳諧)

전시대의 무심렌가(無心連歌) 계통으로부터 독립하여 에도 초기가 되어 매우 유행한 것이 하이카이(俳諧)이다. 근세의 하이카이는 마츠나가 테이토쿠(松永貞德)의 유희적·격식적인 '테이몬풍(貞門風)' 및 니시야마 소인(西山宗因)의 기발한 착상·경묘·세련된 '담림풍(談林風)'을 거쳐, 마츠오 바쇼(松尾芭蕉)의 서민적인 정감 속에 유현·한적한 '쇼풍(蕉風)'에 이르러 예술적으로 완성된다.

그 후 중흥시대인 천명(天明, 텐메이:1781~1789)기에는 낭만적·회화적으로 인상 선명한 객관구를 읊은 요사 부손(与謝蕪村)이 있고, 대중화 시대인 화정(化政, 카세이:1804~1830)기에는 인간미 넘치는 생활 하이쿠(俳句)를 읊은 코바야시 잇사(小林一茶)가 있다. 이러한 근세 하이카이의 근본이념은 차분하고 고요하고 정감 있는 미, '사비(寂び)'였다고 할 수 있다.

III. 센류(川柳)·쿄카(狂歌)

'센류(川柳)'는 하이쿠(俳句)의 17자라는 시형식과 같지만, 계절어(季語, 키고)·계절주제(季題, 키다이)·조사(切字, 키레지)[17]를 필요로 하지 않는 대중적인 문학이었다. 하이카이(俳諧)의 앞구(前句付け, 마에쿠즈케)가 독립한 골계시로써 근세 중기부터 말기까지 유행했다. 같은 시기에 유행한 '쿄카(狂歌)'는 단가(短歌, 탄카)의 31자라는 시형식과 같지만, 오로지 속어를 사용해서 골계와 풍자를 즐기는 유희문학이었다.

---

17 키레지 : 윗구에서 구의 매듭을 짓는 말.

이상으로부터 근세 와카(和歌)는 마코토(誠)・유현(幽玄)・타오야메부리(手弱女振り)를, 근세 하이카이(俳諧)는 사비(寂び)[18]를, 센류(川柳)・쿄카(狂歌)는 골계를 각각의 문학이념으로 삼고 있음을 알 수 있다.

와카・렌가・하이카이의 특징을 비교하면서 약술하시오
[和歌・連歌・俳諧の特徴を比較しながら略述せよ]
'렌가문학'과 '하이카이문학'은 어떻게 다른지 약술하시오
[連歌文学と俳諧文学はとはどう違うかについて略述せよ]

와카(和歌)가 발생하는 모태는 상대가요(上代歌謠)이다. 즉 기기가요(記紀歌謠, 키키가요) 등에서 보이는 부정형률로부터,『만엽집(万葉集, 만요슈)』을 거치면서 장가(長歌)・단가(短歌)・세토가(旋頭歌) 등의 5・7조의 정형률로 발전하여 고정되어진 것이 와카(和歌)인 것이다. 이와 같이 야마토(大和)・나라(奈良) 시대에는 가요(歌謠)와 와카(和歌)가 분리되어 있지 않았으나, 헤이안(平安) 시대가 되자 양자가 분리 발달하기 시작해, 제1칙찬 와카집인『고금집(古今集, 코킨슈)』이후, 8대집(八代集)에 이르기까지 와카 전성기를 맞이한다.

렌가(連歌)는 일종의 사교적・유희적인 문예로서 중고(中古) 이전에는 와카(和歌)로부터 분리되어 발생한 단렌가(短連歌: 윗구나 아랫구를 한명이 큰소리로 읊어오면, 다른 한명이 그것에 응해 아랫구나 윗구를 즉시 붙여서 한 수로 하는 것)가 있었다.

헤이안(平安) 말기부터 장렌가(長連歌: 세 명 이상의 작자가 5・7・5의 장구와 7・7의 단구를, 쇠사슬 식으로 길게 이어가는 형식의 것)가 시작된다. 그리하여 와카(和歌)를 대신해 중세(中世)를 지배하게 된 렌가(連歌)는, 중세기에 처음으로 스스로의 존재를 확립, 운문문학으로서의 독립된 장르를 획득한 것이다.

그러나 렌가(連歌)는 '우아함을 중심으로 하는 유심렌가(有心連歌)'의 작자, 이이오 소기(飯尾宗祇)를 정점으로, 차츰 생명력을 잃고 시상은 유형화되어 번거로운 규칙만을 중요시하게 되었다. 이러한 고정화를 타파하고자 '기지・골계를 중심으로 하는 무심렌가(無心連歌)' 계통의 부활을 야마자키 소칸(山崎宗鑑)이 시도했다.

---

[18]　정확하지는 않겠으나 포인트를 짚어서 번역해 보자면, '마코토(誠) : 진솔함. 유현(幽玄) : 고요한 상징미. 타오야메부리(手弱女振り) : 여성미. 사비(寂び) : 은은한 아름다움'.

무로마치(室町) 말기에 등장한 소칸(宗鑑)은 이렇게 렌가(連歌)를 혁신하고 전통적인 와카 렌가(和歌連歌)로부터 하이카이 렌가(俳諧連歌)를 독립시킨 것이었다.

따라서 이 중세(中世) 말기에 대두한 하이카이 렌가(俳諧連歌)는, 근세에 들어와서 렌가(連歌)가 완전히 소멸함에 따라 '하이카이'(俳諧)라고 불리게 되어 하나의 장르로서 번성했다. 그리고 이윽고 테이몬(貞門)·담림(談林)을 거쳐 쇼풍(蕉風)에 도달해 예술적으로 완성되기에 이른다.

> **일본 근대문학을 시대별로 그 특색과 문예사조, 대표작품·작가에 대해서 약술하시오.**
> [日本近代文学を時代別にその特色と文芸思潮、代表作品·作家について略述しなさい]

I. 명치(明治, 메이지)

① **계몽기**(啓蒙期): 1867년에 에도막부(江戶幕府)가 붕괴되고, 이듬해 명치(明治)라고 연호를 바꾼 뒤 약 20년간은 근대국가를 향한 계몽기라고 할 수 있다. 카나가키 로분(仮名垣魯文)의 『서양도보여행기(西洋道中膝栗毛, 세이요도츄히자쿠리게)』 등의 회작문학은, 전시대의 잔존물이며, 그에 섞여 나카무라 마사나오(中村正直)의 『서국 입지편(西國立志編, 사이고쿠릿시헨)』 등의 번역소설·야노 류케이(矢野龍溪)의 『경국미담(経國美談, 케이코쿠비단)』 등의 정치소설이 존재했으나, 이들은 정치 중심의 혁신기가 낳은 시대의 산물이었다.

② **사실주의**(寫實主義): 인간심리의 묘사에 주안점을 두고 그 방법으로서 사실(寫實)을 주장한 이념이다. 전통적 권선징악의 공리적인 문학관을 타파하고자 츠보우치 쇼요(坪內逍遙)가 『소설신수(小說神髓, 쇼세츠신즈이)』 발표로 사실(寫實)을 제창하고, 나아가 후타바테이 시메이(二葉亭四迷)는 『소설총론(小說總論, 쇼세츠소론)』에서 그 입장을 철저히 했다. 이 쇼요(逍遙)·시메이(四迷)의 사실정신에 입각하여 창작활동을 행한 사람은 오자키 코요(尾崎紅葉)를 중심으로 한 현우사(硯友社, 켄유샤)의 사람들과, 코다 로한(幸田露伴)·히구치 이치요(樋口一葉) 등이었다.

③ **낭만주의**(浪漫主義): 봉건체제로부터 개개인의 자아를 해방함으로써 사상의

자유를 추구하고 예술에 의한 현실 극복을 추구한 이념이다. 창작과 번역으로 활발한 계몽활동을 보인『무희(舞姬, 마이히메)』의 모리 오가이(森鷗外)와, 낭만시의 전성을 구가한 키타무라 토코쿠(北村透谷)를 중심으로 모인 문학계(文學界)의 사람들에 의해, 명치(明治) 20년대(1887~1896)에 사실주의의 전개와 때를 같이해서 낭만주의가 일어났다. 타카야마 쵸규(高山樗牛)·이즈미 쿄카(泉鏡花)·토쿠토미 로카(德富蘆花)·쿠니키다 돗포(國木田獨步) 등에 의해 후기 낭만주의로 이어진다.

④ 자연주의(自然主義): 허구를 부정하고 사실을 있는 그대로 서술할 것을 의도한 이념이다. 낭만주의가 절정을 달리던 명치(明治) 33년(1900) 경, 코스기 텐가이(小杉天外)가『첫 모습(はつ姿, 하츠스가타)』·『유행가(はやり唄, 하야리우타)』를 에밀 졸라의 영향을 받아서 쓰고, 나가이 카후(永井荷風)가『지옥의 꽃(地獄の花, 지고쿠노하나)』을 쓰면서 자연주의가 소개된다. 그로부터 시마자키 토손(島崎藤村)의『파계(破戒, 하카이)』, 타야마 카타이(田山花袋)의『이불(蒲団, 후톤)』에 의해 자연주의는 확립된다.

II. 대정(大正, 타이쇼)

① 반자연주의(反自然主義): 사소설(私小說)[19]로 빠진 자연주의(自然主義) 소설을 부정, 명치 43년(1910)에 나타나 대정(大正)기 문단에서 번창한 다음 세 유파의 이념이다.

  A. 여유파(余裕派): 독자적 입장을 견지하면서 자연주의에 대립, 근대문학의 지표를 세운 나츠메 소세키(夏目漱石)·모리 오가이(森鷗外)의 문학을 말한다. 영국·독일 등 외국문학의 풍부한 교양에 기반을 두고 넓은 시야·예리한 비평정신으로 논리적·이지적인 작품을 썼다.
  B. 탐미파(耽美派): 자연주의가 인생의 암흑면을 비관하고 고뇌한 것에 맞서서, 자극과 향락 속에서 자아의 해방을 추구하고자 한 나가이 카후(永井荷風)·타니자키 쥰이치로(谷崎潤一郎) 등의 문학을 말한다. 관능적·퇴폐적인 경향을 지니며 예

---

[19] 사소설 : 작자자신의 개인적 경험을 피력하는 일종의 심경소설이다.

술미 그 자체에 도취했다.

C. 백화파(白樺派): 자연주의가 사회의 암흑면만을 묘사하면서 인생에 대한 적극적 의지를 잃고 있었던 것에 맞서서, 제1차 세계대전 후의 민주주의 사조의 영향 하에 개성 확대·자아 존중을 추구하고자 한 '백화(白樺, 시라카바)'의 동인인 무샤노 코지 사네아츠(武者小路實篤)·시가 나오야(志賀直哉) 등의 문학을 말한다. 밝고 청신한 이상주의적·인도주의적 경향을 지녔다.

② **신현실주의**(新現實主義): 현실을 일상생활에 입각하여 냉정하게 응시함으로써, 인생의 모순이나 의미를 지적 기교로 묘사하고자 한 대정(大正)기 다음 두 유파의 이념이다.

A. 신사조파(新思潮派): 동경대학생 중심의 잡지『신사조(新思潮)』의 제3차·제4차 동인인 아쿠타가와 류노스케(芥川龍之介)·키쿠치 칸(菊池寬)·쿠메 마사오(久米正雄) 등의 문학을 말한다. 이지적·신기교적인 경향을 지니며 근대정신에 입각한 문학으로, 냉정한 관찰에 의해 포착한 인생의 현실을 독자적인 해석을 가미해 그렸다.

B. 기적파(奇蹟派): 와세다(早稻田)대학생 중심의 잡지『기적(奇蹟)』의 동인인 히로츠 카즈오(廣津和郎)·카사이 젠조(葛西善藏)·우노 코지(宇野浩二) 등의 문학을 말한다. 일상생활에 집착하여 특히 인생의 암흑면을 포착함으로써 자연주의(自然主義) 전통을 계승하는 문학적 경향을 지니고, 사소설(私小說) 형성에 중요한 역할을 하였다.

III. 소화(昭和, 쇼와)

① **프롤레타리아파**(プロレタリア派): 대정(大正) 10년(1921)무렵부터 소화(昭和) 9년(1934)무렵까지 행해졌다. 예술파(芸術派) 문학과 대립하면서 사회주의적 경향을 지니고, 프롤레타리아 해방운동에 따라 무산계급의 예술을 목표로 한 문학으로, 하야마 요시키(葉山嘉樹)의『시멘트 통 속의 편지(セメント樽の中の手紙)』, 코바야시 타키지(小林多喜二)의『게공선(蟹工船)』, 토쿠나가 스나오(德永直)의『태양이 없는 거리(太陽のない街)』 등이 있다.

② 예술파(芸術派): 혁명 문학을 목표로 한 프롤레타리아문학에 맞서서, 새로운 서양문학의 영향 등을 받은 결과, 당시의 사소설(私小說)을 중심으로 하던 문단의 혁신을 꾀하고, 예술적·심리적인 표현과 문체를 추구한 소화(昭和) 초기 다음 세 유파의 이념이다.

A. 신감각파(新感覺派): 전위예술의 주장을 받아들여 지적으로 재구성된 감각에 의해 현실을 포착한 잡지『문예시대(文芸時代)』의 동인인, 요코미츠 리이치(橫光利一)·카와바타 야스나리(川端康成) 등의 문학을 말한다. 종래의 전통문학의 사실주의(寫實主義) 방법을 부정하고, 새로운 의인법과 비유 등에 의해 문학기교의 혁신을 꾀하면서 문체혁명을 시도했다.

B. 신흥예술파(新興芸術派): 신감각파(新感覺派)의 흐름을 이어받아, 반 마르크스주의의 입장에서 아메리카니즘(미국주의)의 영향이 강하고, 퇴폐적·향락적 경향을 지닌 이부세 마스지(井伏鱒二)·카지이 모토지로(梶井基次郎) 등의 문학을 말한다.

C. 신심리주의(新心理主義): 신감각파(新感覺派)의 흐름을 이어받아, 제임스 조이스·마르셀 프루스트 등의 심리주의를 배워, 정신분석이나 심층심리를 예술적으로 표현하려고 한, 이토 세이(伊藤整)·호리 타츠오(堀辰雄) 등의 문학을 말한다.

③ 전쟁 중 문학: 소화(昭和) 10년대(1935~1944)에는 프롤레타리아문학으로부터 나카노 시게하루(中野重治) 등의 전향문학이 출현하고, 또한 신인이 배출되면서 소화(昭和) 작가의 등장도 보이지만, 이윽고 전쟁문학이나 국책에 따른 문학이 요구되면서 문학의 공백시대가 찾아온다.

④ 전후 문학: 소화(昭和) 20년(1945) 태평양전쟁이 종결되자, 잡지『근대문학(近代文學)』에 의해 미시마 유키오(三島由紀夫) 등의 '전후파' 작가가, 잡지『신일본문학(新日本文學)』에 의해 미야모토 유리코(宮本百合子) 등의 '민주주의문학'의 작가들이 각자 활약한다. 나아가 다자이 오사무(太宰治) 등의 '신희작파(新戱作派)'에 의해 반속(反俗)[20]정신이 출현하여 전후의 혼란한 세태는 풍속소설로서 그려졌다. 그리고 저널리즘의 거대화에 따른 '중간소설(中間小說)'의 출현은 많은 독자를 얻으면서, 제2·제3의 신인들의 등장에 의해 새로운 시대의 문학이 도출되고 있다.

---

[20] 반속: 세상일반의 생활방식에 따르지 않는 것.

후기

『동해도 도보여행기』와의 만남

　세계를 제패하고 있는 감이 있는 일본만화 일본에니메이션의 원조는 에도 시대의 그림소설책인 '에도회작'에 있으며, 에도회작의 대표적 작자로 짓펜샤 잇쿠를 거론하고자 하는 것이 본 책의 타이틀 '일본 대중문예의 시원, 에도회작과 짓펜샤 잇쿠'가 의미하는 바이다. 이러한 필자의 모든 연구의 출발점은 짓펜샤 잇쿠의 대표작 『동해도 도보여행기』와의 만남에 있기에, 이하 그 만남을 후기를 빌어 간단하게 소개하고자 한다.

　스물 넷 되던 여름 필자는 석사학위 논문테마를 찾아 헤매고 있었다. 일본에서는 중요한 문학사적 위치를 차지하고 있음에도 불구하고 한국에는 그에 대한 선행연구자가 없는 분야가 없을까 헤매던 와중에 '짓펜샤 잇쿠'가 눈에 들어왔다. 일본 국어책 문학사 부분에 거론되는 작가임에도 불구하고 왜 아직 한국인 연구자가 없는 것일까. 일단 그의 대표작을 읽어야겠다 싶어서 처음으로 손에 든 작품이 『동해도 도보여행기』였다.

　그러나 소학관(小学館)에서 일본고전문학 전집 시리즈 중의 한권으로 간행된 『동해도 도보여행기』에는 불행하게도 일본어 현대어역이 붙어 있지 않았다. 고전문법에 그다지 자신이 없던 시기인지라 과연 원문을 제대로 이해할 수나 있을까 덜컥 겁이 났다. 어쨌든 각주를 참고하면서 읽어나갔다. 그 결과 조용한 도서관에서 불경스럽게도 몇 번씩이나 킥킥거리며 웃고 마는 사태에 이르렀다. 물론 전집으로 500여 페이지에 이르는 장편소설이기에 완독하는데 한 달 이상 걸렸다. 당시 실력으로는 정독도 못하고 단지 줄거리와 에피소드를 이해하는데 급급했다고 생각한다. 그럼에도 불구하고 배꼽잡고 웃을 수 있었다는 것은 무엇을 의미할까.

스물 넷 당시의 필자처럼 에도 시대에 대한 지식도 없고 언어유희를 제대로 이해 못하는 독자일지라도 크게 웃을 수 있는 에피소드들이 충만한 소설이었기 때문이리라. 바로 이 점이 21세기 현재까지 일본에서 각종 매체로 변형되면서까지 대중들에게 『동해도 도보여행기』가 면면히 읽혀지고 있는 이유이기도 하리라. 이처럼 대중에게는 사랑받고 있으나 학계에서는 대중의 사랑만큼은 연구대상으로 인기가 없다. 21세기의 대중소설로 충분히 통용되고 있는 에도 시대의 대중소설인 『동해도 도보여행기』는 '대중소설'이라고 하는 바로 그 점 때문에 일본, 한국을 불문하고 학계의 연구대상 순위에서 항상 밀리게 된 것이리라.

순문학, 순수소설과 달리 '대중소설'은 인간의 본능에 호소하는 이야기로 점철되는 경우가 많다. 바로 이 『동해도 도보여행기』(필자의 번역서 『근세 일본의 대중소설가, 짓펜샤 잇쿠 작품 선집』 참조)야말로 식욕과 성욕, 배설이라는 생리작용에 충실한 인물들이 등장하니, 가히 대중소설의 전형이라 할만하다. 인간의 원초적 본능에 기초한 '개그' '코미디' 이야기는, 독자의 소양에 따라 읽기 거북하다는 면에서 호불호가 나누어지기도 하겠으나, 대중적 관점에서 보면 공간적 개념과 시간적 개념, 즉 국적과 시대를 초월할 수 있는 '보편성'을 지니기도 하는 것이다.

그렇다면 단지 보편성을 지니기만 하면 시대, 국적을 초월할 수 있는 작품으로 면면히 남을 수 있을까? 아니다. 오히려 보편적인 작품은 곧 평범한 작품으로 귀결되어 한 시대의 소모품으로 빛을 보고 끝나는 경우가 허다할 것이다. 그러나 『동해도 도보여행기』는 보편성을 그저 평범한 보편성에 머무르게 하지 않고 보석처럼 빛나게 하는 요소가 뒷받침하고 있기 때문이라는 사실을, 석사학위논문 이후 짓펜샤 잇쿠의 여타 작품 및 다른 희작자들의 작품을 읽으면서 비로소 알게 되었다.

무엇보다도 이 작품을 빛나게 하는 가장 큰 요소는 자연스럽게 '웃음'을 불러일으키는 작자의 필법이 아닐까 생각한다. 한마디로 경묘하다. 『동해도 도보여행기』의 골계성은 바로 이 경묘한 문체에 의해 도출되는 웃음이라고 할 수 있다. 당시 소설들은 이미 잘 알려진 토픽을 소재로 하는 경우가 많았는데, 잇쿠의 경우 원작보다 더 우습고 다른 작가의 유사한 에피소드보다도 더 재미있는 이유는 무엇일까. 바로 작가의 필체의 힘인 것이다.

여자, 음식, 배설을 둘러싸고 벌어지는 품위 없는 이야기가 한없이 웃기고 재미있는 이유는, 단지 그 내용이 비속하기 때문이 아니라, 이야기를 풀어가는 템포, 즉 박자가 스피디하면서 경쾌하고 리드미컬하기 때문이다. 문체의 힘인 것이다. 에피소드 속에 독자를 몰입시키는 힘인 것이다. 그래서 고어문법도 시대적배경도 언어유희도 제대로 이해 못하는 스물넷의 외국인 여성조차 처음 접한 원문을 읽으며 킥킥거리고 웃을 수 있었던 것이 아니었을까.

그리고 어느 정도 학문적 지식을 쌓은 후 다시 읽은 『동해도 도보여행기』에서는 언어유희의 진수를 맛보게 되었고 생생한 시대상의 묘사에 혀를 내두르게 되었다.

훌륭한 인물상이나 감동적 표현으로 인해 사랑받고 있는 작품이 아니라면 연구할 가치가 없을까. 19세기 초반의 초베스트셀러가 21세기인 지금까지 다양한 대중매체로 재창출되고 있는 의미를 진지하게 생각해야할 때이다. 당시의 언어유희를 알아야 제대로 읽을 수 있다는 난관을 극복하고, 또 지저분하고 노골적인 일화에 멋쩍고 거북하다고 회피하지 말고 정면으로 부딪쳐 본다면, 당대나 현대나 동일한 인간 삶을 엿볼 수 있는 연구의 보고임을 알 수 있으리라. 일본인에게 뿐만이 아니라 세계인에게 통용될 수 있는 웃음을 지닌 경쾌한 필체의 『동해도 도보여행기』야말로 21세기의 '살아있는 古典'이라고 감히 되뇌어 본다.

본 책의 타이틀 '일본 대중문예의 시원, 에도희작과 짓펜샤 잇쿠'를 다시 말하면 '일본대중소설의 시원, 동해도 도보여행기'이다.

* 이하 필자의 선행연구와 결부시키면서 본 저술서의 의의 및 내용을 요약하고자 한다.

짓펜샤 잇쿠의 총 작품수는 580종을 넘는다. 그러나 통속적이며 비속적인 내용으로 인하여 『동해도 도보여행기』를 제외하면, 다른 유명한 희작자에 비하여 일본에서조차 연구가 미약한 형편이다. 따라서 본인의 햇병아리 연구자로서의 출발점은, 잇쿠의 이름을 세상에 널리 알린 작품 『동해도 도보여행기』에 대해서 논의하는 것으로부터 시작되었다. 이 작품의 남다른 대중성에 대하여 석사논문(「東海道中膝栗毛의 一考察—그 大衆性을 中心으로」) 및 후속 논문들에서 논하였다.

또 다른 석사논문(『日本と韓国の滑稽文学の一考察—『膝栗毛』と『興甫伝』との比較』)에서는 『동해도 도보여행기』가 일본의 대표적 골계소설이라는 점에

착안하여, 한국의 대표적 골계소설『흥보전』과 수사법적 측면에서 대비 분석하였다. 2007년도에 집필한 방각본소설과 에도희작을 중심으로 한 한일근세대중소설양식의 비교연구라든지,『춘향전』과 후기 샤레본의 희극구조 비교연구는 이 흐름을 이어받고 있다.

　박사과정에 진학하면서부터 필자는 아직 일본학계에서조차 연구대상이 되지 않고 있는 잇쿠의 구사조시, 독본, 샤레본들을 중점적으로 논하게 되었다. 그 결과물이 박사학위논문(『十返舎一九の作品論－享和二年を軸として』)이다. 일본문학사상 가장 많은 작품을 간행한 잇쿠이다. 박사논문의 맥락을 이어받으면서 나아가 그의 전 작품들을 고찰하여 작품 취향을 분석하고자 하는 필자의 노력은 향후 계속 될 것이다. 예를 들면「에도 후기 희작의 작자연출방법에 대하여－『屈伸一九著』를 축으로」(『일본학보』 60집, 2004)라는 논문에서는, 창작에 고심하면서 실패를 거듭하는 작가 자신의 내막을 가장한 이야기『잇쿠, 겨우 창작하다』를 고찰함으로써, 자신을 바보로 연출하는 창작수법을 엿보았다. 본 저술서 제2장 1절에서는 이 작품을 포함한 새로운 작품들을 아울러 살펴보면서 희작자의 자기희화화 수법뿐만 아니라 기타 패러디 수법에 대하여 규명하였다. 제2장 2절은 아직 본격적으로 다루어 보지 못한 주제이나, 구사조시에 나타난 나체 소재와 즉물적 삽화에 대해서 논증하고자 하였다.

　한편, 2004년 6월부터 2006년 2월까지 일본학술진흥회 외국인특별연구원으로 동경대학에 재직하는 동안, '희작과 우키요에와 가부키'라고 하는 장르를 초월한 연구에 눈을 뜨게 되었다. 그 결과물이「浮世繪に見る『東海道中膝栗毛』滑稽の旅」(『浮世絵芸術』 151호, 2006)를 비롯한, 「膝栗毛もの繪双六の表象と表現」(『国際日本文学研究集会会議録』 제30회, 2007),「〈膝栗毛も

の〉の繪双六『しんはん東海道鬱散双六』・『五十三驛滑稽膝栗毛道中図會』の位置付け」(『浮世繪芸術』159호, 2010)・「〈膝栗毛もの〉作品群の書誌ーその図様継承史の一環としてー」(『国語国文』923号, 京都大学, 2011年7月) 등이다. 잇쿠를 중심축으로 회작과 우키요에와 가부키를 아울러서 논하는 이 테마를, 본 저술서 제1장 2절 3절에서는 더욱 발전시켜 보다 광범위한 작품들을 다루고자 하였다. 특히 제1장 3절의 작품들에 대해서는 본 저술서에서 처음으로 주목한 바이다.

紫綬褒章 수상에 이어 文化功労者로 지정되시면서 나날이 다망하신 가운데, 불초의 제자의 연구서임에도 불구하고 권두를 장식해주신 나카노 미쓰토시(中野三敏) 교수님, 그리고 주변의 많은 연구자들처럼 오직 연구에만 몰입해서 살 수 있는 행복한 환경을 만들어주신 분들에게, 이 자리를 빌어 깊이 감사드립니다.

2011년 가을
강지현